Gerardus van der Leeuw
Liturgik

TVZ

Praktische Theologie im reformierten Kontext

herausgegeben von Albrecht Grözinger, Stefan Huber, F. Gerrit Immink, Ralph Kunz, Andreas Marti, Christoph Morgenthaler, Félix Moser, Isabelle Noth, David Plüss und Thomas Schlag

Band 16 – 2018

Die Reihe «Praktische Theologie im reformierten Kontext» versammelt Arbeiten aus der praktisch-theologischen Forschung, die in der konfessionellen Kultur der Reformierten verankert sind. Der reformierte Kontext ist einerseits Gegenstand empirischer Wahrnehmung und kritischer Reflexion, andererseits das orientierende Erbe, aus dem Impulse für die zukünftige Gestaltung der religiösen Lebenspraxis gewonnen werden. Er bildet den Hintergrund der kirchlichen Handlungsfelder, prägt aber auch gesellschaftliche Dimensionen und individuelle Ausprägungen der Religionspraxis.

Gerardus van der Leeuw

Liturgik

Aus dem Niederländischen übersetzt von Christina Siever
Herausgegeben von Luca Baschera und Ralph Kunz

T V Z
Theologischer Verlag Zürich

Publiziert mit freundlicher Unterstützung der Universität Zürich, der Ulrich Neuenschwander-Stiftung und des Zürcher Universitätsvereins.

Niederländische Originalausgabe: «Liturgiek», Nijkerk 1946 (2. Auflage)

Der Theologische Verlag Zürich wird vom Bundesamt für Kultur mit einem Strukturbeitrag für die Jahre 2016–2018 unterstützt.

Bibliografische Informationen der Deutschen Nationalbibliothek
Die Deutsche Nationalbibliothek verzeichnet diese Publikation in der Deutschen Nationalbibliografie; detaillierte bibliografische Daten sind im Internet über http://dnb.dnb.de abrufbar.

Umschlaggestaltung
Simone Ackermann, Zürich, unter Verwendung einer Fotografie von Andreas Hoffmann (Ausschnitt) aus der Serie «Krethi & Plethi. Christliches und Nachchristliches in Zürich», 1999 © Evangelisch-reformierte Landeskirche des Kantons Zürich und Katholische Kirche im Kanton Zürich

Satz
Christian Moser, Zürich

Druck
Rosch Buch GmbH, Schesslitz

ISBN 978-3-290-18174-1

www.tvz-verlag.ch

Inhaltsverzeichnis

Vorwort der Herausgeber

In jeder Phase der Kirchengeschichte war die Frage nach den Grundlagen und Formen liturgischen Handelns aufgrund ihrer fundamentalen Bedeutung für die kirchliche Praxis ein integraler Bestandteil theologischer Reflexion. Gleichwohl sind in dieser Geschichte auch Momente intensiverer Beschäftigung damit identifizierbar.

Das sechzehnte Jahrhundert war zweifelsohne ein solcher Moment gewesen: Mit der Reformation gingen weitreichende liturgische Reformen einher, die sich mit einer gewissen Notwendigkeit aus den theologischen Erkenntnissen der Reformatoren ergaben. Am Gottesdienst entzündete sich die Kritik an der »falschen« und im reformierten Ritus zeigte sich die »wahre Religion«. Die römische Kirche reagierte ihrerseits auf diese Umwälzungen und der daraus resultierenden Krise mit einer Gegenreform, indem sie auf Vereinheitlichung drängte und dem Messritus seine bis zur Liturgiereform von 1968 maßgebliche Endgestalt im *Missale* von Papst Pius V. (1570) verlieh.

Nicht minder intensiv und folgenreich war die Arbeit an der Liturgie Ende des neunzehnten und in der ersten Hälfte des zwanzigsten Jahrhunderts. In dieser Zeit entwickelten sich sowohl in den evangelischen als auch in der römisch-katholischen Kirche liturgische Erneuerungsbewegungen, die die Weichen für umfassende Reformen in der zweiten Jahrhunderthälfte stellten. Im Unterschied zur Gottesdienstreform zu Beginn der Neuzeit, die im Sog des Konfessionalismus die Spaltung der Kirchen vorantrieb, steht die Liturgische Bewegung am Ende der Moderne im Zeichen einer Suche nach den gemeinsamen Grundlagen der Una Sancta. Blickt man auf den deutschsprachigen Raum, so fällt der ökumenische Charakter der jüngeren Liturgischen Bewegung sofort auf: Sie wurde in gleichem Maß von römisch-katholischen (Romano Guardini, Alfons Herwegen, Odo Casel) wie von evangelischen Einzelakteuren und Gruppen (Wilhelm Stählin und die Berneuchener, Friedrich Heiler, die Kirchliche Arbeit von Alpirsbach) vorangetrieben. Allerdings waren auf evangelischer Seite vor allem Lutheraner die treibenden Kräfte, was das alte Vorurteil zu bestätigen scheint, Reformierte interessierten sich letztlich nur wenig für Liturgie.

Sobald man aber die Grenzen des deutschsprachigen Raums verlässt, wird es deutlich, dass dieses Vorurteil revidiert werden muss. In der Niederländisch-Reformierten Kirche etwa florierte während über dreißig Jahre eine liturgische Erneuerungsbewegung, deren Akteure intensive ökumenische Kontakte (auch nach Deutschland und zur Schweiz) pflegten und die das liturgische Bewusstsein in den Niederlanden nachhaltig geprägt hat. Die Hauptfigur der Liturgischen Bewegung in den Niederlanden war zweifellos der reformierte Theologe und Religionsphänomenologe Gerardus van der Leeuw (1890–1950). Die Monographie *Liturgiek* (1940, ^{2}1946) ist eine der Früchte seiner Arbeit auf diesem Gebiet. Sie wurde in der deutschsprachigen Diskussion allerdings kaum wahrgenommen, obwohl sie sich durch beeindruckende theologische Geschlossenheit und Formstrenge auszeichnet. Wir hoffen, mit der vorliegenden kommentierten deutschen Übersetzung diesem Werk zu einer breiteren Rezeption zu verhelfen.

Der Band wird durch eine Einleitung eröffnet, in der sowohl auf den historischen Hintergrund zur Entstehung von Van der Leeuws Liturgik wie auf dessen Profil als Theologe und Liturgiker eingegangen wird. Auf die kommentierte Übersetzung folgen vier Aufsätze, in denen aus der Sicht heutiger Liturgik bzw. Liturgiewissenschaft und mit unterschiedlichen konfessionellen Akzentuierungen zur »Leistung« des Liturgikers Van der Leeuw Stellung genommen wird.

Großzügige finanzielle Unterstützung bekam das Projekt von der Ulrich Neuenschwander-Stiftung (Bern) und dem Zürcher Universitätsverein (ZUNIV), wofür wir diesen beiden Institutionen herzlich danken. Die Übersetzung des niederländischen Textes besorgte Dr. Christina Siever, für deren sorgfältige und sprachlich sensible Arbeit wir uns ebenso bedanken möchten. Gedankt sei auch Dr. Christian Moser für die Erstellung des Satzes sowie den Herausgebern von »Praktische Theologie im reformierten Kontext« für die Aufnahme dieses Bandes in ihre Reihe. Ein besonderes Dankwort gilt schließlich folgenden Personen, die in unterschiedlichem Maß, aber immer mit gleicher Großzügigkeit bei der Auffindung von Quellenmaterial und Informationen behilflich waren: Marjolijn Palma (Bibliothekarin an der Theologische Universiteit in Kampen), den Mitarbeitenden der Johannes à Lasco-Bibliothek in Emden, Pfrn. Lieske Keuning, Pfr. Wim van der Schee, Pfr. Hans Uytenbogaardt (ehemaliger Sekretär der Liturgischen Kommission der Protestantischen Kirche in den Niederlanden).

Zürich, im Frühling 2018

Luca Baschera / Ralph Kunz

Vorwort der Übersetzerin

Im vorliegenden Band erscheint erstmals eine vollständige Übersetzung der *Liturgiek* ([2]1946) des niederländischen Theologen Gerardus van der Leeuw. Bei meiner Übersetzung habe ich mich bemüht, dem Stil und der Ausdrucksweise des Autors gerecht zu werden. Van der Leeuw schreibt in einem auffällig modernen, klaren Stil. Zwar weisen die Kasusmarkierungen und die Schreibung darauf hin, dass der Text aus den 1940er-Jahren stammt, aber der Sprachgebrauch ist in Bezug auf den Satzbau und die Wortwahl außergewöhnlich frisch und modern. Daraus resultiert ein lebendiger und ausdrucksstarker Stil. Bei der Übersetzung der im Text zahlreich enthaltenen Liedtexte wurde der Schwerpunkt auf den Inhalt und nicht auf die Form gelegt, das heißt, die Übersetzung ist nicht gereimt. Die Bibelzitate der Übersetzung entstammen der neuen Übersetzung der Zürcher Bibel von 2007.

Bei der Übersetzung stellte mich der Inhalt des Textes als Nicht-Theologin ab und zu vor Verständnisschwierigkeiten. Ich möchte an dieser Stelle ganz herzlich dem Theologen und Pfarrer Tim van de Griend danken, der mir geduldig viele Fragen theologischer und sprachlicher Art beantwortet hat. Auch Dr. Luca Baschera verdankt der vorliegende Text sehr viel: In diversen Diskussionen über die einzelnen Kapitel haben wir der Übersetzung gemeinsam den letzten Feinschliff verpasst. Ihm sei an dieser Stelle herzlich für die angenehme Zusammenarbeit gedankt. Schließlich möchte ich mich auch von Herzen bei Dr. Marja Clement, assoziierte Forscherin am Deutschen Seminar der Universität Zürich (Fachgebiet Niederlandistik), bedanken, die mich den Herausgebern dieses Bandes als Übersetzerin empfahl und die mich bei meiner Arbeit stets mental und praktisch unterstützt.

Wettingen, im Januar 2018

Christina Siever

Einleitung

Luca Baschera

Als 1940 die erste Auflage seiner *Liturgiek* veröffentlicht wurde, gehörte Gerardus van der Leeuw längst zu den zentralen Gestalten der liturgischen Erneuerungsbewegung innerhalb einer der beiden großen reformierten Kirchen in den Niederlanden, der Niederländisch-Reformierten Kirche (*Nederlandse Hervormde Kerk*, abgekürzt NHK).[1] Um die Bedeutung von Van der Leeuws *Liturgiek* besser zu erfassen, ist es somit notwendig, sich zunächst die Geschichte jener Bewegung in ihren Grundzügen zu vergegenwärtigen. In einem zweiten Schritt wird auf den Autor selbst einzugehen sein, indem seine Biographie, die verschiedenen Facetten seines Werks und der zwischen ihnen bestehende Zusammenhang dargelegt werden. Vor diesem Hintergrund befasst sich der dritte Abschnitt mit Van der Leeuws Liturgie- und Sakramentstheologie. Die phänomenologische und theologische Reflexion auf die Sakramente stellte einen der Brennpunkte seiner Beschäftigung mit liturgischen Fragen dar. Dies zeigt sich nicht zuletzt daran, dass Van der Leeuw diesem Themenkomplex seine letzte umfangreiche Monographie (*Sacramentstheologie*, Nijkerk 1949) widmete, die wohl neben der *Liturgiek* als die reifste Frucht seiner liturgiewissenschaftlichen Reflexion zu betrachten und deshalb in die Darstellung miteinzubeziehen ist. Abgerundet wird die Einleitung schließlich durch einige Informationen zu den Richtlinien, die bei der Anfertigung der vorliegenden kommentierten Übersetzung der *Liturgiek* befolgt wurden.

1. Der »liturgische kring« 1921–1950

Angesichts ähnlicher Entwicklungen in anderen Ländern mag es auf den ersten Blick wenig erstaunlich sein, dass sich ab den 1920er Jahren auch in den Nieder-

1 Im 19. Jahrhundert kam es zu verschiedenen Spaltungen innerhalb der reformierten Kirchenlandschaft der Niederlande. Besonders folgenreich war die Gründung der (streng-calvinistischen) *Gereformeerde Kerken in Nederland* im Jahr 1886, die sich bald neben der NHK zur zweitgrößten reformierten Denomination in den Niederlanden entwickelten. Der berühmte Theologe, Publizist und spätere Premierminister Abraham Kuyper (1837–1920), auf den auch die Gründung der Freien Universität in Amsterdam zurückgeht, war an der Gründung der *Gereformeerde Kerken* beteiligt und wohl deren prominentester Vertreter. Das Gegenüber von *hervormde* und *gereformeerde* Kirchen, welche sich beide trotz ihrer Unterschiede als spezifisch reformierte Glaubensgemeinschaften verstanden, prägte zur Zeit Van der Leeuws das kirchliche und theologische Bewusstsein in den Niederlanden. Die NHK, die *Gereformeerde Kerken* und die Lutherische Kirche in den Niederlanden beschlossen schließlich 2004, eine Union einzugehen, was zur Gründung der Protestantischen Kirche in den Niederlanden (*Protestantse Kerk in Nederland*) führte.

landen eine liturgische Bewegung entwickelte. Sie ist jedoch insofern bemerkenswert, als sie in einem eindeutig *reformiert* geprägten Kontext entstand, während im deutschsprachigen Raum eher römisch-katholische oder aber lutherische Akteure und Gruppen tonangebend waren. Darüber hinaus war die niederländische liturgische Bewegung breiter angelegt und einflussreicher, als dies in anderen reformierten Kontexten wie in der französischsprachigen Schweiz oder in Schottland der Fall gewesen ist.

Die entscheidenden Impulse kamen vom sogenannten *liturgische kring* (»liturgischer Kreis«), welcher gegen Ende 1921 bzw. Anfang 1922 von Hendrik Willem Creutzberg (1875–1940),[2] damals Pfarrer der Duinoordkerk in Scheveningen bei Den Haag (NHK), und Van der Leeuw ins Leben gerufen wurde. Zwar hatte bereits die Veröffentlichung von Abraham Kuypers (1837–1920)[3] *Onze Eeredienst* (»Unser Gottesdienst«, Kampen 1911)[4] sowie von Jan Hendrik Gerretsens (1867–1923)[5] *Liturgie* ('s-Gravenhage 1911)[6] wichtige Denkanstöße geliefert. Allerdings formierte sich erst mit der Gründung des *liturgische kring* eine Gruppe von Gleichgesinnten, die auch eine entsprechende Ausstrahlung auszuüben vermochte. Neben Van der Leeuw – der bis 1948 Vorsitzender des *kring* blieb – gehörten der Gruppe auch der Kirchenhistoriker Jan Nicolaas Bakhuizen van den Brink (1896–1987)[7] sowie Willem Hendrik van de Pol (1897–1988),[8] der nach seinem Übertritt zur römisch-katholischen Kirche 1939 Professor für Phänome-

2 Vgl. Biografisch lexicon, Bd. 4, 108f.

3 Kuyper war sowohl als Theologe wie auch als Politiker, Journalist und Staatsmann tätig. Nicht zuletzt aufgrund seiner Mitwirkung bei der Gründung der Vrije Universiteit in Amsterdam (1880) sowie der Vereinigung *Gereformeerde Kerken in Nederland* (1892) gehört er zu den herausragenden Gestalten in der neueren Geschichte des Protestantismus in den Niederlanden. Sein Gedankengut übt darüber hinaus vor allem in reformierten Kreisen im angelsächsischen Sprachraum nach wie vor Einfluss aus. Vgl. Bratt, Abraham Kuyper; Biografisch lexicon, Bd. 4, 276–283; Kolfhaus, Dr. Abraham Kuyper.

4 In diesem Band sammelte Kuyper Artikel über liturgische Themen, die er zwischen 1897 und 1901 in der von ihm gegründeten kirchlichen Wochenzeitung *De Heraut* veröffentlicht hatte, vgl. Schoot, Hervormde eredienst, 123–127. Von *Onze Eeredienst* liegt mittlerweile eine englische Teilübersetzung vor: Kuyper, Our Worship.

5 Vgl. Biografisch lexicon, Bd. 3, 132–135. Gerretsen, der als Pfarrer an der Kloosterkerk in Den Haag 1890 Van der Leeuw getauft hatte, begann 1911, in seiner Gemeinde »liturgische Gottesdienste« zu feiern. Zu seinen Vorschlägen gehörten: das Stehen beim Singen, die Einführung einiger einfacher Responsorien, die Einführung des »Te Deum«, das Mitsprechen des »Amen« durch die Gemeinde, ein dreifaches »Amen« nach dem Segen. Vgl. Barnard, Gerardus van der Leeuw, 247; Jong, A Century, 75; ders., Een hoge inzet, 2; Schoot, Hervormde eredienst, 129–135.

6 Gerretsens *Liturgie* wurde 1941 erneut verlegt, diesmal mit einem Vorwort Van der Leeuws versehen, der darin Gerretsen als »geliebten Diener des Worts« und seinen »Lehrmeister« bezeichnete, vgl. Gerretsen, Liturgie, 3f.

7 Van den Brink war 1934–1966 Professor in Leiden und 1948–1963 Vorsitzender des *liturgische kring*. Vgl. Biografisch lexicon, Bd. 5, 30–33.

8 Vgl. Biografisch lexicon, Bd. 6, 231f.

nologie des Protestantismus and der Katholischen Universität in Nijmegen werden sollte.

Creutzberg, der am Entwurf des neuen Kirchengebäudes in Scheveningen nach anglikanischen Maßstäben beteiligt gewesen war[9] und sich für die Erneuerung des liturgischen Lebens in seiner Gemeinde einsetzte,[10] war bereits 1919 auf Van der Leeuw aufmerksam geworden. Letzterer hatte nämlich in der Zeitschrift *Bergopwaarts* einen Aufsatz publiziert, der wohl als seine erste Stellungnahme zur liturgischen Frage betrachtet werden kann. Darin fornulierte Van der Leeuw unter anderem zwei Forderungen, die jede (gute) Liturgie zu erfüllen hätte: Sie solle »die gewöhnliche Form des Gottesdienstes sein und diesen als Ganzes umfassen« und sie solle »an die ältesten Formen christlicher Anbetung anknüpfen«. So nahm Creutzberg im Februar 1921 brieflich Kontakt mit Van der Leeuw auf und lud ihn dazu ein, in seiner Gemeinde zu predigen, was auch im Sommer desselben Jahres geschah. So entstand eine Verbindung, die kurz darauf zur Gründung des *liturgische kring* führte.

Die erste bedeutsame Leistung des *liturgische kring* stellte die Veröffentlichung von insgesamt sieben *Liturgische Handboekjes* dar. Diese Broschüren im Umfang von jeweils ca. dreißig Seiten, die zwischen 1923 und 1930 gedruckt wurden, behandelten grundsätzliche Fragen betreffend alle liturgischen Haupthandlungen (Predigt- und Abendmahlsgottesdienst, Bestattung, Taufe und Konfirmation, Gedächtnis der Verstorbenen sowie Einsegnung der Ehe), enthielten aber auch liturgische Musterformulare sowie musikalische Beilagen. Mitglieder des *liturgische kring* waren ebenso an der Abfassung von *Het Wezen van de Eeredienst* (Baarn 1933) maßgeblich beteiligt.[11] Diese kurze programmatische Schrift war aus den Beratungen einer Kommission hervorgegangen, die der Verband *Kerkopbouw* ins Leben gerufen hatte. Obwohl dieser 1930 gegründete Verband nicht ausschließlich aus Mitgliedern des *liturgische kring* bestand, stand Ersterer von Anfang an unter dessen Einfluss, nicht zuletzt aufgrund der Präsenz zahlreicher *kring*-Mitglieder in seinen Reihen.[12]

Ein Jahr nach *Het Wezen van de Eeredienst* erschienen ferner zwei Publikationen, die wohl zu den beachtlichsten Leistungen des *liturgische kring* zählen dürf-

9 Kroesen, Between Word and Sacrament, 220f. Der Architekt, der das Kirchengebäude in Scheveningen entwarf, war der Schotte William Adam Forsyth (1872–1951).

10 Dazu sowie zum folgenden Bericht über die Beziehungen zwischen Creutzberg und Van der Leeuw siehe Jong, Een hoge inzet, 5f.

11 Siehe dazu Schoot, Hervormde eredienst, 144f.

12 Anders als der ein Jahr zuvor gegründete Verband »Kerkherstel«, der liturgische Reformen mit eindeutigem konfessionellem Profil anstrebte, war »Kerkopbouw« ökumenischer ausgerichtet und betonte die Notwendigkeit, den Horizont jenseits der konfessionellen Grenzen zu weiten, und zwar sowohl syn- als auch diachron. Zu »Kerkopbouw« vgl. Staples, Liturgical Movement, 42f.; zum Bericht *Het Wezen van de Eeredienst* siehe Schoot, Hervormde eredienst, 144f.

ten. Es handelt sich dabei zum einen um eine Agende für den Gottesdienst mit Abendmahl (*Eeredienst*, Rotterdam 1934), zum anderen um den Sammelband *Handboek voor den Eeredienst in de Nederlansche Hervormde Kerk* (Rotterdam 1934), der eine Art ausführlichen Kommentar zur Agende darstellt.[13] Der Sammelband enthält unter anderem zwei Aufsätze Van der Leeuws zur Predigt und zur Kirchenmusik, zwei Aufsätze von Bakhuizen van den Brink über Taufe und Abendmahl, sowie einen Aufsatz von Van de Pol über das Kirchenjahr. Auch Creutzberg veröffentlichte darin einen Beitrag zum ersten Teil des Gottesdienstes bis zum »Offertorium« (Sammlung der Kollekte), während Van der Leeuw die allgemeine Einleitung verfasste und zusammen mit Van de Pol eine systematische Gesamtbibliographie besorgte.

In diesem Zusammenhang sind zudem zwei weitere Veröffentlichungen zu erwähnen, die zwar nicht aus dem *liturgische kring* hervorgingen, an denen aber Van der Leeuw beteiligt war und in denen sich der »Geist« des *kring* zum großen Teil widerspiegelt. Die erste war eine 1935 erschienene niederländische Übersetzung von einigen Aufsätzen, die Friedrich Heiler in den beiden Sammlungen *Evangelische Katholizität* (München 1927) sowie *Im Ringen um die Kirche* (München 1931) veröffentlicht hatte.[14] Van der Leeuw schrieb das Vorwort zur Übersetzung und verlieh darin seiner – zumindest teilweisen – Geistesverwandtschaft mit Heiler und seinem Anliegen, die »evangelische Katholizität« zu fördern, Ausdruck: »Dieses Buch, mit seinen Aufsätzen unterschiedlicher Art, wird durch das hohepriesterliche Gebet getragen: dass sie alle eins seien. Es führt mitten in die großen Fragen betreffend das Verhältnis von römischem Katholizismus und Protestantismus, von Autorität und Freiheit, von Glaube und Wissenschaft, von Dogma und innerer Erfahrung, von Mystik und Prophetie, von Verkündigung und Gottesdienst. Es ist ein gewaltiges und reichhaltiges Buch. Aber es stellt auch eine Einheit dar. Und diese Einheit ist die Einheit der Kirche selbst, die Einheit in Christus. Ich wünsche diesem Buch viele Leser und vor allem solche, die bereit sind zu lernen, zu überdenken, mitzubekennen und mitzubeten.«[15] Bei der zweiten Publikation handelte es sich um das neue Gesangbuch der NHK (*Psalmen en Gezangen voor de Eredienst van de Nederlandse Hervormde Kerk*, 's-Gravenhage 1938). Dieses Gesangbuch, an deren Entstehung sowohl Creutzberg als auch Van der Leeuw mitbeteiligt waren, zeichnete sich dadurch aus, dass es neben den 150 Psalmen und Vertonungen des Credo, der Zehn Gebote und des Lobgesangs des Zacharias

13 Vgl. Schoot, Hervormde eredienst, 146–149.

14 Übersetzt wurden der Aufsatz »Evangelisches Hochkirchentum« aus *Evangelische Katholizität*, zit., 198–250, sowie insgesamt acht Aufsätze aus *Im Ringen um die Kirche*, zit., 9–60; 373–556. Vgl. auch Schoot, Hervormde eredienst, 149; Staples, Liturgical Movement, 47.

15 Leeuw, Voorwoord, 6.

erstmals auch 306 Kirchenlieder enthielt. Diese waren nach vier Kategorien geordnet: »Kirchenjahr«, »allgemeine Lieder«, »Sakramente«, »geprägte Zeiten«.[16]

Die Arbeit des *liturgische kring* blieb nicht unangefochten. Besonders das Anliegen Van der Leeuws und seiner Mitstreiter, den Reichtum der »katholischen« Tradition wiederzuentdecken und für die NHK fruchtbar zu machen, stieß auf Kritik. Der prominenteste Kontrahent Van der Leeuws und des *liturgische kring* allgemein war dabei wohl Oepke Noordmans (1871–1956, Pfarrer in der NHK).[17] Dieser hatte bereits seit 1937 immer wieder Bedenken zu den Grundsätzen der liturgischen Erneuerung geäußert, gelangte aber erst 1939 mit einer breit angelegten Kritik an die Öffentlichkeit. Auf Noordmans Monographie *Liturgie* (Amsterdam 1939) antwortete Van der Leeuw mit dem Aufsatz *Liturgie in de crisis*, welcher wiederum eine Antwort Noordmans (*Kansel of altaar*) hervorrief. Die beiden Aufsätze Van der Leeuws und Noordmans wurden zudem im selben Jahr – zusammen mit Stellungnahmen Van de Pols – in einem Sammelband veröffentlicht, der so die ganze Debatte dokumentiert.[18]

Fragt man nun danach, worin die Differenzen zwischen Noordmans und Van der Leeuw bestanden, so stellt sich bald heraus, dass es wohl eher um unterschiedliche Sensibilitäten und Akzentsetzungen als um Prinzipien ging.[19] Während Van der Leeuw etwa den liturgischen Gottesdienst als »wirkliche Begegnung von Gott und Mensch« definierte und dem Sakramentsbegriff eine zentrale Bedeutung beimaß, tendierte Noordmans dazu, unter »Liturgie« die bloß äußere, wesentlich uneinheitliche und fragmentarische Gestalt des Gottesdienstes zu verstehen. Van der Leeuw pflichtete zwar Noordmans bei, dass die Form des irdischen Gottesdienstes immer »gebrochen« sei; anders als Noordmans betrachtete er jedoch die Anerkennung dieser Gebrochenheit nicht als hinreichenden Grund für die Ablehnung liturgischen Formwillens. Im Gegenteil lebe christliche Liturgie gerade von der Spannung zwischen Form und Gebrochenheit, in der sich wiederum die Spannung zwischen Kreuz und Auferstehung widerspiegle.[20] Weitere Unterschiede im Ansatz Noordmans' und Van der Leeuws betrafen zum einen das Verhältnis von Wort und Sakrament(en), zum anderen die Wahrnehmung der Liturgiegeschichte: Während Van der Leeuw Taufe, Abendmahl und Wortverkündigung als verschiedene Ausformungen des »Sakraments« als göttlich-menschlicher Handlung betrachtete und sich gerne auf altkirchliche Quellen bezog, wollte Noordmans Ver-

16 Psalmen en Gezangen (1938), »Inhoud« [unpaginiert].

17 Zu Noordmans siehe Blei, Oepke Noordmans. Blei geht auch auf die Auseinandersetzung Noordmans' mit dem *liturgische kring* ein, vgl. a.a.O., 121–135.

18 Vgl. Liturgie in de crisis (1939).

19 Zum Folgenden vgl. Jong, Een hoge inzet, 10–16 sowie Ploeger, Celebrating Church, 319–333.

20 Vgl. Leeuw, Wegen en grenzen, 338f.: »De in Christus nieuw geschapen vorm is de kruisvorm: de vorm van den dood en de vernedering; maar niettemin vorm: de vorm van het opgewekte leven en de herrlijkheid.«

kündigung und Sakramenten eher auseinanderhalten und betrachtete die liturgischen Entscheidungen aus der Reformationszeit als absolut normativ, gar als »Meinung des Heiligen Geistes«.[21] Schließlich erblickte Noordmans in Van der Leeuws Miteinbezug von phänomenologischen Überlegungen die Gefahr, der christliche Gottesdienst werde letztlich bloß als *eine* Ausformung eines allgemein religiösen Phänomens betrachtet. Dass diese Befürchtungen allerdings unbegründet waren, erhellt aus Van der Leeuws Verhältnisbestimmung von Religionsphänomenologie und Theologie, auf die in einem späteren Zusammenhang zurückzukommen ist.[22]

Der Ausbruch des Zweiten Weltkrieges sowie die Besetzung der Niederlande durch deutsche Truppen brachten die Aktivitäten des *liturgische kring* vorübergehend zum Erliegen. Noch 1941 erschien als letzte Frucht der Arbeit in der Vorkriegszeit die *Orde van de Eredienst voor de Nederlandsche Hervormde Kerk* (Amsterdam). Diese kleinformatige, ausführliche Agende enthielt liturgische Ordnungen und Formulare für alle liturgischen Handlungen sowie eine Sammlung von liturgischen Gebeten. Da die *Orde* allerdings nicht offiziell eingeführt wurde, blieb ihre Veröffentlichung ohne spürbare Folgen.[23]

Nach dem Krieg schien der Einfluss des *liturgische kring* zunächst wieder zuzunehmen. Die Synode der NHK verabschiedete im Februar 1950 zehn Thesen zum Gottesdienst (*De hervormde kerkdienst. Proeve van omschrijving*),[24] an deren Abfassung Van der Leeuw beteiligt gewesen war. In ihnen werden einige zentrale Anliegen der liturgischen Bewegung aufgenommen, wie beispielsweise der »liturgische Realismus« (Gott handelt selbst im Gottesdienst an der Gemeinde, These III) sowie die Betrachtung von Verkündigung *und* Sakramenten als verschiedene, doch zusammengehörende Weisen, in denen das Wort durch die Wirkung des Heiligen Geistes seine Kraft in der Kirche entfaltet (These VII). Trotz dieser anfänglichen Erfolge begann der Einfluss des *liturgische kring* jedoch bald abzunehmen. Davon zeugte auch die 1955 eingeführte Liturgie der NHK (*Dienstboek in ontwerp*), welche gerade nicht die Form eines einheitlichen *Book of Common Prayer* aufwies, sondern sich eher – entsprechend einer allgemeinen Tendenz im europäischen Protestantismus der zweiten Hälfte des 20. Jahrhunderts – als »liturgische Anthologie« ausnahm.[25]

21 Noordmans, Liturgie (1939), 51: »De beslissing die achter onze hervormde liturgie ligt, vertegenwoordigt een mening des Geestes.« Vgl. Jong, Een hoge inzet, 12f.

22 Siehe unten, Kap. 2.3.

23 Schoot, Hervormde eredienst, 150.

24 Text in: Schoot, Hervormde eredienst, 220–223.

25 Jong, Een hoge inzet, 18.

Diese Entwicklungen nahm Van der Leeuw allerdings nicht mehr wahr, war er doch bereits am 18. November 1950 an einer Nierenvergiftung plötzlich verstorben.

2. Gerardus van der Leeuw: Theologe, Religionsphänomenologe und Liturgiker

2.1 Leben und Werk

Gerardus van der Leeuw wurde am 19. März 1890 in Den Haag geboren.[26] Von 1908 bis 1913 studierte er Theologie in Leiden mit einem Schwerpunkt in Religionsgeschichte. Nach dem Abschluss verbrachte er zwei Semester an deutschen Universitäten, und zwar in Berlin – wo er sich hauptsächlich mit Ägyptologie beschäftigte – und Göttingen, wo er unter anderem den Kurs in Religionsgeschichte bei Wilhelm Bousset belegte. Kurz vor Ausbruch des Ersten Weltkriegs kehrte Van der Leeuw in die Niederlande zurück und promovierte 1916 bei William Brede Kristensen[27] an der Theologischen Fakultät Leiden mit einer Dissertation über Gottesvorstellungen in den altägyptischen Pyramidentetxten. Im selben Jahr heiratete er Anna Catherina Snoek Henkemans (1890–1946)[28] und wurde in der NHK zum Pfarrer ordiniert. Von 1916 bis 1918 diente er in den Gemeinden 's-Heerenberg und Emmerich.

1918, als er erst 28 Jahre alt war, wurde Van der Leeuw auf einen Lehrstuhl an der Theologischen Fakultät in Groningen berufen. Zu seinem Lehrdeputat gehörten Religionsgeschichte, Geschichte der Theologie und theologische Enzyklopädie. Zugleich unterrichtete er auch Ägyptisch an der Philosophischen Fakultät. Van der Leeuw behielt den Lehrstuhl in Groningen bis zu seinem Tod 1950, lehrte allerdings ab 1945 nicht mehr Theologie, sondern Religionsphänomenologie. Auch während des Zweiten Weltkrieges blieb er akademisch und publizistisch tätig, was Fragen bezüglich seiner Haltung gegenüber der deutschen Besatzungsmacht und dem nationalsozialistischen Regime aufwirft. Das Bild, das Willem Hofstee diesbezüglich zeichnet,[29] ist ambivalent. Im Allgemeinen sah Van der Leeuw in jeder Form von Totalitarismus eine Gefahr für die westliche Zivilisation, obwohl die Angst vor dem Bolschewismus bei ihm deutlich größer als die vor den faschistischen Bewegungen war. Dies bedeutet allerdings nicht, dass er die nationalsozialistischen Ideen bejahte: Bereits 1933 versuchte er, die NHK dazu zu bewegen, Juden in Not zu helfen, und wurde im Mai 1943 selbst in Haft genom-

26 Zu Van der Leeuws Biographie vgl. Hofstee, Goden en mensen, 16–112; Waardenburg, Gerardus van der Leeuw, 187–192; Biografisch lexicon, Bd. 1, 114–120.

27 Vgl. Biografisch lexicon, Bd. 4, 266–269; James, Interpreting Religion, 141–200.

28 Barnard, De dans, 12.

29 Vgl. Hofstee, Essence, 543–547. Siehe auch Hakl, Eranos, 151f.

men, weil sich seine beiden Söhne geweigert hatten, den mittlerweile für alle Studenten obligatorischen Treueid abzulegen. Van der Leeuw weigerte sich jedoch zugleich, dem »comité van waakzamheid« beizutreten, einer exponierten antinationalsozialistischen Vereinigung, der zahlreiche kommunistisch gesinnte Intellektuelle angehörten. Stattdessen unterstützte er eine 1940 ins Leben gerufene Bewegung, die für eine »kritische Zusammenarbeit« mit der Besatzungsmacht plädierte, ein Projekt, das aber bald scheiterte. Vor allem nach seiner Inhaftierung 1943 zog sich Van der Leeuw von der politischen Bühne weitgehend zurück. Diese betrat er allerdings gleich nach Kriegsende prominent wieder, indem er vom 24. Juni 1945 bis zum 3. Juli 1946 das Ministerium für Schulwesen, Kunst und Wissenschaft unter Premierminister Willem Schermerhorn bekleidete.[30]

Auf Van der Leeuws Engagement in der liturgischen Ereneuerungsbewegung der NHK ist bereits oben eingegangen worden. Angesichts seines Interesses an liturgischen Fragen sowie seines internationalen Renommees als Theologe und Religionsphänomenologe ist es wenig verwunderlich, dass er angefragt wurde, den Vorsitz der Kommission »Ways of Worship« einzunehmen. Dabei handelte es sich um eine von drei internationalen Arbeitsgruppen, die im Anschluss an die zweite Weltkonferenz über Glauben und Kirchenverfassung (1937) ins Leben gerufen wurden.[31] Ziel der Arbeit von »Ways of Worship« war zum einen die Untersuchung und Darlegung verschiedener liturgischer Traditionen, zum anderen die Behandlung von theologischen Grundsatzfragen den christlichen Gottesdienst betreffend.[32] Der Kommission gehörten namhafte Theologen und wichtige Gestalten der Liturgischen Bewegung aus verschiedenen Ländern an, wie etwa Hans Asmussen, Yngve Brilioth, Georges Florovsky, William D. Maxwell, Richard Paquier, Julius Schweizer und Wilhelm Stählin.[33] Als Vorsitzender war Van der Leeuw selbstverständlich in die Abfassung des Schlussberichts maßgeblich involviert, steuerte aber auch ein Arbeitspapier zur »Bedeutung von Wort und Sakrament« aus reformierter Sicht bei, welches 1951 zusammen mit allen anderen Beiträgen in einem entsprechenden Sammelband erschien.[34] Van der Leeuw, der zwar bis zur letzten Sitzung im August 1950 an der Arbeit der Kommission teilgenommen hatte, erlebte die Drucklegung jedoch nicht mehr. Im Vorwort gedachten die Herausgeber liebevoll ihres ehemaligen Vorsitzenden: »We remember him best as the beloved Chairman and director of our liturgical study in the Commission. He

30 Waardenburg, Gerardus van der Leeuw, 191; Kehnscherper, Van der Leeuw, 137.

31 Die zwei übrigen befassten sich mit Fragen der Ekklesiologie bzw. mit der *vexata quaestio* der Interkommunion, vgl. Edwall et al., Ways of Worship, 5.

32 A. a. O., 15f.

33 A. a. O., 13f.

34 Leeuw, Inner Meanings.

listened patiently, exposed stupidity with a penetrating flash of humour, and rebuked only harshness and intolerance, simply by being himself.«[35]

Van der Leeuw war ein sehr fruchtbarer Autor, dessen Bibliographie an die 650 Titel umfasst, darunter über siebzig Monographien und dreimal so viele Aufsätze auf den Gebieten der Theologie, Religionsgeschichte und -phänomenologie, Ägyptologie sowie der Liturgik.[36] Als seine Hauptwerke dürften wohl folgende Schriften gelten:[37]

- Inleiding tot de godsdienstgeschiedenis, Haarlem 1924 (dt.: Einführung in die Phänomenologie der Religion, München 1925)[38]
- Wegen en grenzen. Studie over de verhouding van religie en kunst, Amsterdam 1932 (^{2}1948; dt.: Vom Heiligen in der Kunst, Gütersloh 1957)[39]
- Phänomenologie der Religion, Tübingen 1933 (^{2}1955)[40]
- Inleiding tot de theologie, Amsterdam 1935 (^{2}1948)
- De primitieve mensch en de religie. Anthropologische studie, Groningen 1937 (frz.: L'homme primitif et la religion. Étude anthropologique, Paris 1940)
- Der Mensch und die Religion. Anthropologischer Versuch, Basel 1941
- Liturgiek, Nijkerk 1940 (^{2}1946)
- Inleiding tot de phaenomenologie van den godsdienst, Haarlem 1948 (dt.: Einführung in die Phänomenologie der Religion, Darmstadt 1961)
- Sacramentstheologie, Nijkerk 1949 (dt.: Sakramentales Denken, Kassel 1959)[41]

Die wissenschaftlichen Leistungen Van der Leeuws wurden sowohl in den Niederlanden als auch im Ausland anerkannt: Ab 1936 war er Mitglied der niederländischen Königlichen Akademie der Wissenschaften; nach dem Krieg wurde er zum ausländischen Mitglied der belgischen Akademie der Wissenschaften ernannt und 1948 in die prestigeträchtige *Accademia dei Lincei* in Italien aufgenommen.[42] 1946 erhielt er einen Ehrendoktortitel von der Universität Brno (Tschechoslo-

35 Edwall et al., Ways of Worship, 9.

36 Vgl. Vos, Bibliographie.

37 Vgl. Waardenburg, Gerardus van der Leeuw, 190.

38 Die deutsche Übersetzung erschien beim Verlag Ernst Reinhardt als erster Band der durch Friedrich Heiler herausgegebenen Reihe »Christentum und Fremdreligionen«.

39 Die deutsche Übersetzung basiert auf der dritten, von E. L. Smelik überarbeiteten Auflage von 1955. Zu den Mängeln der Überarbeitung Smeliks vgl. Barnard, Dans, 9; LaMothe, Between Dancing and Writing, 173.

40 Die Phänomenologie der Religion erschien bei Mohr Siebeck in der durch Rudolf Bultmann herausgegebenen Reihe »Neue Theologische Grundrisse«.

41 Die deutsche Übersetzung erschien mit einem Geleitwort von Wilhelm Stählin, vgl. Leeuw, Sakramentales Denken, 7f.

42 Hofstee, Goden en mensen, 110.

wakei)[43] und wurde kurz darauf von der Universität Chicago kontaktiert, die ihm eine Professur übertragen wollte, ein Angebot, das er allerdings nicht annahm.[44] Ebenso nach Kriegsende besuchte Van der Leeuw mehrfach die Schweiz. So war er zwischen 1948 und 1950 Referent auf den Eranos-Tagungen in Ascona (Tessin).[45] 1949 hielt er auf Einladung von Carl Gustav Jung auch eine Gastvorlesung an der ETH in Zürich und leitete im Anschluss daran ein dreitägiges Seminar am Jung-Institut in Küsnacht (Zürich).[46]

Vom hohen Ansehen, das Van der Leeuw in der damaligen akademischen Welt genoss, zeugt schließlich die umfangreiche Festschrift, welche ihm anlässlich seines sechzigsten Geburtstags überreicht wurde. Erschienen 1950 unter dem Titel *Pro Regno Pro Sanctuario*, umfasst sie 47 Aufsätze und enthält auch eine Gesamtbibliographie der Schriften Van der Leeuws, die sein damaliger Assistent, Wiebe Vos, zusammengestellt hatte.[47] Unter den Autoren finden sich namhafte Persönlichkeiten wie: Martin Buber, Rudolf Bultmann, Mircea Eliade, Karl Jaspers, Karl Kerényi, Erik Peterson, Raffaele Pettazzoni, Helmut Plessner, Anton A. van Ruler, Joachim Wach. Kaum überraschend ist es ferner, dass der Basler Praktische Theologe Julius Schweizer sowie Wilhelm Stählin (zu jenem Zeitpunkt Bischof der Oldenburgischen Landeskirche) mit je einem Aufsatz zur Festschrift beitrugen,[48] waren beide doch mit Van der Leeuw nicht zuletzt aufgrund ihrer langjährigen Mitarbeit in der Kommission »Ways of Worship« eng verbunden. An der Festschrift ist es schließlich auffallend, dass die Beiträge eine breite Vielfalt an Fächern abdecken und von Autoren unterschiedlicher konfessioneller bzw. religiöser Zugehörigkeit stammen – etwas, was 1950 längst keine Selbstverständlichkeit darstellte. Darin spiegeln sich einige allgemeine Merkmale von Van der Leeuws Lebenswerk wider: sein Eklektizismus und seine ökumenische Weite, oder – mit Worten aus der lateinischen Widmung der Herausgeber – »das bunte und weit strahlende Licht seiner Gelehrsamkeit und Kunst«.[49]

43 Die Rede, die Van der Leeuw anlässlich der Verleihung des Ehrendoktortitels auf Französisch hielt, wurde später in der Zeitschrift *Numen* veröffentlicht, vgl. Leeuw, Confession scientifique.

44 Waardenburg, Gerardus van der Leeuw, 192.

45 Zwei seiner Referate erschienen in den entsprechenden Eranos-Jahrbüchern, vgl. Leeuw, L'homme et la civilisation; ders., Urzeit und Endzeit. Van der Leeuw trug auch zur Festschrift für Carl Gustav Jung bei, welche ebenso in der Reihe der Eranos-Jahrbücher erschien, vgl. Leeuw, Unsterblichkeit. Siehe auch Hakl, Eranos, 152f.

46 Schär, Gerardus van der Leeuw.

47 Vos, Bibliographie. Wiebe Vos (1921–2004) war Pfarrer der NHK, seit 1955 Michaelsbruder und später Gründer der Zeitschrift *Studia Liturgica* (1962) sowie der »Societas Liturgica« (1965), vgl. Völker, In memoriam Wiebe Vos.

48 Schweizer, Konfirmation; Stählin, Liturgische Erneuerung.

49 Kooiman/Veen, Pro Regno, XIII: »Disputationum collatarum varietas lucem repercutiat multicolorem lateque radiantem doctrinae eius et artis.«

2.2 Theologisches Profil

Jean-Jacques Waardenburg hat Van der Leeuw als einen »kreativen« und »von etablierten Schulen unabhängigen« Theologen bezeichnet.[50] In der Tat lässt sich sein theologisches Profil kaum auf eine bestimmte Strömung in der Theologie seiner Zeit zurückführen. Dies mag wohl in der Vielfalt seiner Interessen und der steten Rezeption unterschiedlicher Einflüsse, nicht zuletzt aufgrund seines Engagements in der aufkommenden ökumenischen Bewegung, liegen. Bei allem Eklektizismus lassen sich jedoch einige Inspirationsquellen sowie Leitgedanken identifizieren, die sich durch sein gesamtes Werk ziehen.

Eine entscheidende Prägung bekam Van der Leeuw durch die sogenannte »Ethische Schule«, welche auf Daniel Chantepie de la Saussaye (1818–1874) zurückging und der auch dessen Sohn, der Religionswissenschaftler Pierre D. Chantepie de la Saussaye, angehörte.[51] Diese theologische Strömung der niederländischen Theologie weist Ähnlichkeiten mit der Vermittlungstheologie eines Karl Immanuel Nitzsch oder Julius Müller auf.[52] Innerhalb der Ethischen Schule zeichneten sich allerdings bald zwei verschiedene Tendenzen ab, die einerseits als »ethisch-orthodox«, andererseits als »ethisch-modernistisch« bezeichnet worden sind.[53] Van der Leeuw stand Ersterer nahe.

Die Bezeichnung »ethisch« sollte darauf hinweisen, dass der Mensch die Wahrheit nicht primär mit dem Verstand, sondern mit dem Herzen, d.h. in seiner Eigenschaft als »moralisches Wesen«, erkenne.[54] Es handle sich dabei also um eine existentielle Erkenntnis, welche sich wiederum in einer entsprechenden Lebensform – einem *Ethos* – zu konkretisieren habe.[55] Galt dieser Grundsatz für die gesamte Ethische Schule, so unterschieden sich jedoch die »Orthodoxen« von den »Modernisten« dadurch, dass Erstere die Autorität der biblischen Schriften dezidierter anerkannten und die absolute Zentralität der Offenbarung Gottes in Jesus Christus betonten.[56]

50 Waardenburg, Gerardus van der Leeuw, 243: »The originality of Van der Leeuw's stand as a creative theologian unattached to established schools of theology deserves a special study by a qualified church historian.« Vgl. Carman, The Theology of a Phenomenologist, 41: »What characterizes van der Leeuw's theological approach is his constant effort to combine approaches and themes which, as he himself was aware, cannot be brought together systematically in a unified whole.«

51 Bavinck, Recent Dogmatic Thought, 221; 223.

52 A.a.O., 221f.

53 Mackay, Religious Thought, 215.

54 Bavinck, Recent Dogmatic Thought, 221.

55 Waardenburg, Gerardus van der Leeuw, 242.

56 Vgl. James, Interpreting Religion, 90; Mackay, Religious Thought, 215: »Its [sc. the ethical orthodox school's] tendency has been to concentrate religious thought on the question of divine revelation, and especially on the historical revelation in Jesus Christ«; siehe auch a.a.O., 220f.

Van der Leeuw war 1921 an der Gründung der »Ethischen Vereinigung« (*Ethische Vereniging*) beteiligt und blieb auch zwei Jahrzehnte lang deren Vorsitzender.[57] Was ihn mit der Ethischen Schule während seiner gesamten Karriere verband, war vor allem der inkarnatorische Ansatz. Wie er bereits 1928 in einem auf Deutsch publizierten Aufsatz betonte, stelle die Inkarnation das »Zentralfaktum des christlichen Glaubens« dar, wobei Van der Leeuw darauf bedacht ist, hervorzuheben, dass es dabei nicht bloß um die abstrakte Vorstellung einer Inkarnation des »Göttlichen« im »Menschlichen« geht, sondern um die konkrete Menschwerdung Gottes als »eine einmalig in Christus realisierte Tatsache«.[58] Folglich ist für Van der Leeuw auch *christliche* Theologie – welche die Offenbarung in Christus zum Gegenstand hat[59] und daher auch als »Offenbarungswissenschaft« bezeichnet werden kann[60] – nur denkbar als »Inkarnationstheologie«, d.h. als dezidiert »christozentrische Theologie«.[61]

Das »Faktum der Inkarnation« vereint nun aber in sich – so Van der Leeuw – zwei Dimensionen, jene der »Erneuerung« (Anbruch der neuen Schöpfung) und jene des »Gerichts« (Offenbarung der Gefallenheit der Welt). Dies habe Konsequenzen zunächst im Blick auf die Bestimmung der Aufgabe der Theologie im Allgemeinen, welche immer eine zweifache zu sein habe: Zum einen solle christliche Theologie auf die positive Lebensentfaltung auf allen Ebenen abzielen (kirchlich, kulturell, politisch), zum anderen habe sie das menschliche Handeln auf all den besagten Ebenen im Lichte des einen Dogmas (die Inkarnation) stets kritisch zu betrachten.[62] Wie in einem späteren Zusammenhang erörtert werden soll, spiegelt sich Van der Leeuws Einsicht in die Zweidimensionalität der Inkarnation ferner auch in seiner Sakramentslehre, besteht der Sinn sakramentalen Handelns doch darin, die durch die Inkarnation eröffnete »Wirklichkeit des Glaubens« zu vergegenwärtigen.[63]

War Van der Leeuws Theologie von Anfang an durch einen dezidiert inkarnatorischen Ansatz geprägt, so begann er darüber hinaus gegen Ende der 1920er Jahre, ein immer stärkeres Bewusstsein für die konstitutive »Kirchlichkeit« theologischer Reflexion zu entwickeln. Diese Erkenntnis – die wohl dem Einfluss so unterschiedlicher Autoren wie Erik Peterson, Karl Barth und Otto Piper zu verdanken war[64] – distanzierte Van der Leeuw von der Ethischen Schule, welche

57 Jong, Een hoge inzet, 2.
58 Leeuw, Strukturpsychologie und Theologie, 342.
59 Leeuw, Inleiding [1935], 119; vgl. auch a.a.O., 101: »Het feit, waarvan de Theologie [...] uitgaat, is een feit, waarvan zoowel God als mensch deelhebben, namelijk de Openbaring.«
60 Leeuw, Strukturpsychologie und Theologie, 345f.
61 Leeuw, Inleiding [1935], 115.
62 Leeuw, Inleiding [1935], 119f.
63 Siehe unten Kap. 3.3.
64 Leeuw, Strukturpsychologie und Theologie, 344; 345f.; ders., Inleiding [1935], 99f.; 110–112.

insgesamt durch eine Konzentration auf das Individuum und eine tendenzielle Vernachlässigung der kirchlichen Dimension christlichen Glaubens und Lebens charakterisiert war.[65] Zugleich steht die Betonung der Kirchlichkeit theologischer Reflexion im Zusammenhang mit Van der Leeuws wachsendem Interesse an der Liturgie als kirchlich verankerter Konkretion christlicher Lebensform sowie spezifisch am »Sakrament«. Diese beiden Themen, die in den 1930er Jahren für ihn immer mehr an Bedeutung gewannen, dominierten schließlich die letzte Phase seines Schaffens, wie vor allem die Monographien *Der Mensch und die Religion* (1941), *Sacramentstheologie* (1949) sowie seine *Liturgiek* (^{2}1946) belegen.

Genau aus dieser späten Phase der Karriere Van der Leeuws stammt auch eine kleine Monographie, die erstmals 1940 – zeitgleich also mit der ersten Auflage der *Liturgiek* – erschien und 1947 sowohl in dritter Auflage auf Niederländisch wie auch in deutscher Übersetzung erneut verlegt wurde: *Die Bilanz des Christentums* (*Balans van het Christendom*). Zu dieser knappen, aber sehr dichten Reflexion auf die geistige Lage Europas und besonders auf die Lage des europäischen Christentums gaben – wie Van der Leeuw selbst erläutert – die Feierlichkeiten zum 1200. Todestag des »Apostels der Friesen«, Willibrord (gest. 7. November 739), im Jahre 1939 Anlass. Gegen die verbreitete und durch die Jubiläumsfeier implizit unterstützte Annahme, das Christentum stelle eine Art »ewigen Besitz« der Europäer und ein »unveräußerliches Gut unserer Kultur« dar, hält Van der Leeuw fest: »Das Christentum kam, es kann auch gehen.«[66] Dass es sich dabei nicht um eine bloß theoretische Möglichkeit handle, zeige sich ferner an den Entwicklungen, die die europäische Kultur zwischen dem 16. und dem 20. Jahrhundert geprägt haben. Diese betrachtet Van der Leeuw als Aspekte eines langen »Abmagerungsprozesses«, mit dem eine progressive »Abtakelung der Kirche« einhergegangen sei.

Seit der Renaissance könne man die Entstehung verschiedener Idealvorstellungen bzw. kultureller Leitideen beobachten, welche sich nach und nach gegenseitig ablösten und doch alle durch ihre mehr oder weniger explizite Abgrenzung vom christlichen Wirklichkeitsverständnis auszeichneten.[67] Selbst die Romantik, die

Von Otto Piper (1891–1982) rezipierte Van der Leeuw vor allem die frühe Abhandlung *Theologie und reine Lehre. Eine dogmatische Grundlegung von Wesen und Aufgabe protestantischer Theologie* (Tübingen 1926).

65 Bavinck, Recent Dogmatic Thought, 221; Mackay, Religious Thought, 217.

66 Leeuw, Bilanz, 11.

67 A.a.O., 59: »Das Königreich Gottes verwandelte sich in eine Anzahl zankender oder sich als gemütliche Vereinigungen benehmender Sekten. Das humanistische Fortschrittsideal scheiterte endlich am Krieg, am Polizeistaat und an der Propaganda-Entwicklung. Der biologische Fortschritt stieß mißmutig auf die Überflüssigkeit des Alters: Weil wir jetzt alt geworden sind, gibt es für uns keine Arbeit mehr. Der technische Fortschritt lief sich fest in jenem Frieden, der Arbeitslosigkeit heißt, und in jenem Krieg, der Vernichtung bedeutet.«

zwar »in unendlich stärkerem Maße religiös als die Aufklärung« war, »unterschied […] sich dennoch in bezug auf die Grundstruktur der christlichen Offenbarung und den Charakter der christlichen Botschaft nicht wesentlich von der Aufklärung«.[68] Denn »das Wiederaufleben des religiösen Bewußtseins in der Romantik […] bezieht sich in der Tat nicht auf Gott, Kirche und Glauben, sondern auf Universum, Menschheit und das ›fromme Bewußtsein‹«.[69] Bemerkens- und bedauernswert ist jedoch Van der Leeuw zufolge vor allem die Tatsache, dass Kirche und Theologie angesichts dieser Entwicklungen mehrheitlich »in der Defensive« blieben und damit selbst zu ihrer zunehmenden Marginalisierung beitrugen.[70] Daran zeige sich darüber hinaus, dass sie für den ursprünglichen, wesentlich »missionarischen« Charakter des christlichen Glaubens[71] beinahe kein Gespür mehr hätten.[72]

Van der Leeuw belässt es allerdings nicht bei dieser negativen Diagnose. Er ist vielmehr überzeugt, dass verschiedene Bewegungen und Strömungen in Kirche und Theologie seiner Zeit auf eine allmähliche Rückgewinnung des »kirchlichen Selbstbewußtseins«[73] hindeuten. Diese Hinweise sind deshalb besonders interessant, weil an ihnen gleichsam die theologischen Koordinaten im Denken des späten Van der Leeuw deutlich werden.

Vor dem Hintergrund seines Werdegangs ist es wenig erstaunlich, dass an erster Stelle die Ökumenische und die Liturgische Bewegung genannt werden. Besonders positiv bewertet Van der Leeuw die durch ökumenische Begegnungen ermöglichten Kontakte zur Ost- sowie zur Anglikanischen Kirche, welche früher unter Reformierten als »große Unbekannte« gegolten hätten.[74] Daraus sei ein zweifacher Ertrag entstanden: zum einen ein besseres, tieferes Verständnis der eigenen Tradition; zum anderen die Förderung eines »ökumenischen Bewußtseins«, nämlich des Bewusstseins, dass es letztlich »nur *eine* katholische Kirche« gebe, »einen

68 A.a.O., 42f.

69 A.a.O., 42.

70 A.a.O., 63f.

71 A.a.O., 19f.: »Das Christentum nun tritt in die Welt mit dem Manifest, Gott habe die Königsherrschaft angetreten. […] Die christliche Kirche ist die Gemeinschaft derjenigen, die aus der Welt der Heiden zur Königsherrschaft Gottes berufen sind. Deshalb trägt der Eintritt der christlichen Kirche in die Welt den Charakter einer Offensive. Die Christen sind Missionare mit einer Botschaft, die alle gegenwärtigen Verhältnisse umkehrt.«

72 A.a.O., 64: »In jedem Falle blieb die Kirche in der Defensive. Vom Angriff des Kirchenvolkes auf die Welt war nur mehr wenig zu merken. Das Kirchenvolk hat sich auf dieser Welt häuslich eingerichtet.«

73 Als solches bezeichnet Van der Leeuw (a.a.O., 106) das Bewusstsein der Kirche, »etwas anderes als nur ein frommer Kreis oder eine Einrichtung religiöser Propaganda zu sein«, sondern »das Salz der Erde, das Licht der Welt, eine Stadt auf hohem Berge, ein auserwähltes Volk […], das in keinem anderen Volk, in keiner anderen Gemeinschaft aufgeht, ein Volk, das alle Völker durchdringt und richtet, aber sie alle auch heiligt und tauft«.

74 A.a.O., 102f.

Baum mit vielen Zweigen«.[75] Die Liturgische Bewegung förderte ihrerseits das ökumenische Bewusstsein und wurde zugleich durch Letzteres selbst gefördert. Deren Hauptanliegen fasst Van der Leeuw folgendermaßen zusammen: »Sie versucht die Begegnung Gottes mit seiner Gemeinde wieder als eine heilige Wirklichkeit zu verstehen. Sie [...] versucht den wahren Gottesdienst der Anbetung und Verkündigung wiederherzustellen. Sie hebt besonders den Dienst der Sakramente hervor [...] und versucht diesen zu üben als einen wahren ›Dienst‹, den Menschen einander leisten können auf Grund des Dienstes, den Gott dem Menschen leistete.«[76]

Des Weiteren rechnet Van der Leeuw auch die Wort-Gottes-Theologie den vielversprechenden Erscheinungen seiner Zeit zu. Denn sie wage es ja, »wieder von der Offenbarung auszugehen« und setze »sich jedem Versuch, Gott und seine Offenbarung in geistiges oder religiöses Leben aufgehen zu lassen, energisch entgegen«.[77] Gleichsam im selben Atemzug äußert Van der Leeuw allerdings auch seine Wertschätzung für den »christlichen Neohumanismus« eines Jacques Maritain wie auch für die sogenannte »Gruppenbewegung«. Am Neohumanismus fasziniert ihn das Bestreben – welches bereits ein Anliegen Abraham Kuypers und der niederländischen »Neocalvinisten« gewesen war –, den christlichen Glauben für sämtliche Bereiche menschlichen Lebens fruchtbar zu machen: »Gott schenkt uns sein Leben in menschlicher Form. Dies schafft Möglichkeiten, die, vom Menschen aus gesehen, schlechterdings unmöglich wären: Möglichkeiten einer christlichen Zivilisation, einer christlichen Kunst, eines christlichen Lebens.«[78] In der Gruppenbewegung – deren Schattenseiten er nicht verschweigt – erblickt er schließlich ein Wiederaufleben des »wahrhaft apostolischen Geistes« sowie das Ernstnehmen des »Prinzips, daß eigener Glaube unmittelbar zur Sorge um andere Leute führen soll«.[79]

Van der Leeuw ist sich der tiefen Differenzen bewusst, welche zwischen Wort-Gottes-Theologie, »Neohumanismus« und Gruppenbewegung bestehen, bleibt aber überzeugt, dass sie nicht als Gegensätze zu betrachten seien, sondern vielmehr als sich gegenseitig ergänzende Strömungen.[80] Hier begegnet uns jener oben bereits erwähnte Eklektizismus, der eines der Hauptmerkmale des theologischen Profils Van der Leeuws darstellt und in dem sich auch seine geistige Gesamthaltung widerspiegelt: Genauso wenig, wie er sich akademisch auf eine einzige Disziplin beschränken wollte, sondern sowohl Theologe als auch Phänomenologe

75 A.a.O., 105.
76 A.a.O., 107.
77 A.a.O., 110f.
78 A.a.O., 112.
79 A.a.O., 114f.
80 A.a.O., 113.

und Kulturhermeneut blieb, verschrieb er sich auch nie einer einzigen theologischen Schule oder kirchlichen Bewegung. Vielmehr würdigte er jeden Versuch, das spezifisch Christliche in Kirche und Theologie wiederzuentdecken und damit der »Abtakelung des Christentums« entgegenzuwirken. Dadurch lief er freilich Gefahr, sich bei jeder der verschiedenen Strömungen, zu denen er sich positiv äußerte, verdächtig zu machen. Auch dessen war sich Van der Leeuw bewusst und blieb dennoch seiner »katholischen« Haltung treu: »Ich kann [...] nicht einsehen, daß es vorteilhafter sei, das Christentum vom Standort einer Strömung oder einer Richtung aus zu betrachten. Ich sehe mir das Christentum lieber von allen Seiten genau an.«[81]

2.3 Zum Verhältnis von Theologie und Religionsphänomenologie

Im deutschsprachigen Raum ist Van der Leeuw nicht so sehr als Theologe oder Liturgiker, sondern vornehmlich als Vertreter jener phänomenologischen Schule bekannt, die zwischen den beiden Weltkriegen den religionswissenschaftlichen Diskurs prägte und der auch Gestalten wie Rudolf Otto und Friedrich Heiler zuzurechnen sind. Dies ist vor allem dem Umstand geschuldet, dass es sich bei einer beträchtlichen Anzahl der Werke Van der Leeuws, die überhaupt in deutscher Übersetzung vorliegen, um Monographien zur Religionsphänomenologie[82] oder aber um Werke handelt, bei denen die religionsphänomenologische Perspektive im Vordergrund steht.[83] Auch in spezifisch theologischen Werken wie die *Liturgiek* oder *Sakramentales Denken* bezog aber Van der Leeuw die phänomenologische Perspektive stets mit ein, sodass sich die Frage stellt, was genau er unter Religionsphänomenologie versteht und vor allem wie er das Verhältnis dieser Disziplin zur Theologie bestimmt.

Die Phänomenologie der Religion befasst sich Van der Leeuw zufolge mit Phänomenen im Leben der Menschen, die diesen als »Religion« erscheinen. Religiöse Phänomene sind nach Van der Leeuw solche, die sich an der Konvergenz zweier Dimensionen, einer horizontalen und einer vertikalen, manifestieren. Zum einen – auf der horizontalen Ebene – würden jene Phänomene (Texte, Artefakte, Handlungen) als religiös betrachtet, die im Rahmen einer bestimmten Kultur eine sich auf sämtliche Bereiche des Lebens erstreckende Normativität für sich beanspruchen. Zum anderen – auf der vertikalen Ebene – zeichneten sich religiöse Phänomene dadurch aus, dass ihre Normativität als nicht bloß durch Menschen gesetzt, sondern auf das Hereinbrechen einer transzendenten Macht zurückgeführt

81 A.a.O., 114.

82 Vgl. Leeuw, Einführung [1925]; ders., Einführung [1961]; ders., Phänomenologie. Für eine theologische Lektüre der Religionsphenomänologie Van der Leeuws siehe Hermelink, Verstehen und Bezeugen; Kehnscherper, Theologisch-philosophische Aspekte.

83 Vgl. Leeuw, Vom Heiligen in der Kunst.

wird, wobei sich diese Macht in den genannten Phänomenen gleichzeitig offenbart und verborgen hält.[84]

Offensichtlich setzt die Definition der Disziplin »Religionsphänomenologie« also einen Religionsbegriff voraus. Allerdings betont Van der Leeuw, dass die Aufgabe der Phänomenologie nicht darin besteht, das »Wesen« der Religion ein für allemal zu bestimmen. Vielmehr stellten die Religionsbegriffe, mit denen die Phänomenologen arbeiten, immer nur das (vorläufige) Resultat der Betrachtung von konkreten religiösen Phänomenen dar: Der Phänomenologe beginne zwar seine Arbeit immer von einem bestimmten Standpunkt aus, solle aber immer bereit bleiben, seine Annahmen zu revidieren, ohne dass die Beschränktheit seiner Perspektive je völlig überwunden werden könnte. Diese Beschränktheit wird durch Van der Leeuw auch nicht bloß als Last oder Hindernis betrachtet. Vielmehr stellt sie die Bedingung der Möglichkeit der Phänomenologie dar, denn Letztere kann sich nur ausgehend von einem bestimmten Standpunkt und von einem bestimmten Blickwinkel aus entfalten.[85] Was für die Religionsphänomenologie konstitutiv ist, ist also nicht eine vermeintliche Objektivität, sondern die Bereitschaft des Phänomenologen, das unendliche »Oszillieren« zwischen seiner eigenen Identität und den Erlebnissen anderer Menschen und Kulturen, die sich ihm jeweils zeigen, zuzulassen.[86] Der Religionsphänomenologe solle somit eine bestimmte Haltung pflegen, welche Van der Leeuw mit dem Begriff der »Epoché«

84 Leeuw, Phänomenologie, 778–780. Vgl. LaMothe, Dancing, 162–164.

85 Leeuw, Phänomenologie, 736f.: »Es ist eine Zeitlang Mode gewesen, bei der Behandlung historischer Fragen, insonderheit auf dem Gebiete der Religion, die eigene Religion möglichst sorgfältig hintanzustellen und den Schein zu erwecken, als wäre man in bezug auf die Religionen ganz ohne Vorurteil. [...] Allmählich fängt man allerseits an einzusehen, daß der Mensch auf einer bestimmten Weise in der Welt *ist* und daß [...] ein ›vorurteilsloses‹ Verfahren nicht bloß unmöglich, sondern geradezu verhängnisvoll ist. Denn es verhindert, daß die ganze Person des Forschers an die wissenschaftliche Aufgabe gesetzt wird. Und gerade wenn der Forscher nicht ein bewußter Jünger irgendeiner Religion ist, sondern Eklektiker oder Agnostiker, m.a.W. wenn er um seine Religion (die er hat!) nicht weiß, – wirkt der Versuch verhängnisvoll, indem für die Durchdringung eines religiösen Stoffes gerade die lebendigen religiösen Regungen des Forschers außer Dienst gestellt werden; dieses Außerdienststellen ist überdies nur eine Scheinbewegung, denn kein Mensch kann sich von seinem In-die-Welt-gesetzt-sein losmachen; der einzige Erfolg ist ein ›vorurteilsfreies‹, d.h. verständnisloses Verfahren, das in allen seinen Teilen normiert wird von einer wissenschaftlich nicht klargewordenen und daher völlig unkontrollierbaren und indiskutablen religiösen Einstellung. *Denn die ›vorurteilsfreien‹ Forscher pflegen in der Regel ohne weiteres von einer Auffassung der Religion auszugehen, die einem liberalen westeuropäischen Christentum oder dem Aufklärungsidealismus oder aber dem sog. naturwissenschaftlichen Monismus entlehnt ist*« (Hervorhebung, LB). Diese Position vertrat Van der Leeuw bereits in seiner Antrittsvorlesung aus dem Jahr 1918 (*Plaats en taak van de godsdienstgeschiedenis in de theologische wetenschap*), vgl. Waardenburg, Religion, 177.

86 LaMothe, Dancing, 151: »Whatever understanding a scholar gleans will transform her. [...] only by practicing being open to such transformation will a person retain the flexibility to grasp new appearances as they erupt arbitrarily and unpredictably.«

umschreibt.[87] Dies bedeutet freilich auch, dass die Beschreibung von »Religion«, die Van der Leeuw vorschlägt, selbst als vorläufiges Resultat dieser oszillierenden Bewegung anzusehen ist.

Schon die allgemeine Definition der Phänomenologie als »Rede über das Sich-Zeigende«[88] verdeutlicht die grundlegende Differenz, welche Van der Leeuw zufolge zwischen Theologie und Religionsphänomenologie besteht: »Die Theologie redet von Gott. Gott ist in der Phänomenologie weder Subjekt noch Objekt, er müsste denn ein Phänomen sein, d.h. sich zeigen.«[89] Der Religionsphänomenologe versucht zudem nicht, eine wahre von einer falschen Religion zu unterscheiden. Sein Augenmerk richtet sich auf die Erscheinungen des religiösen Lebens des Menschen, um den zwischen ihnen bestehenden »verständlichen Zusammenhängen« auf die Spur zu kommen und so die Phänomene zu klassifizieren.[90] Demgegenüber zeichne sich die (christliche) Theologie dadurch aus, dass ihr Ausgangspunkt und ihre Voraussetzung der *Glaube*, ihr Horizont die *Kirche* und ihr Gegenstand die Offenbarung Gottes in *Christus* sind.[91]

Dies bedeute einerseits, dass sich hinsichtlich ihrer Voraussetzung und Absicht Phänomenologie und Theologie grundsätzlich unterscheiden, weshalb auch »kein Kompromiss zwischen ihnen« möglich sei.[92] Daher darf die Phänomenologie der Religion für Van der Leeuw keineswegs etwa als eine bessere, zeitgemäßere Form von Theologie angesehen werden.[93] Andererseits möchte er jedoch ebenso vermeiden, dass Theologie und Religionsphänomenologie als voneinander vollkommen unabhängig betrachtet oder Letztere von Seiten der Theologen gar als gefähr-

87 Leeuw, Phänomenologie, 774f.: »Die Phänomenologie [...] beachtet die Zurückhaltung, die Epoché [...]. Es bedeutet diese Zurückhaltung nicht bloß einen methodischen Kniff, eine Maßregel der Vorsicht, sondern die Eigenart allen menschlichen Verhaltens der Wirklichkeit gegenüber. [...] Phänomenologie ist nicht eine ausgeklügelte Methode, sondern die echt menschliche Lebensbetätigung, die darin besteht, daß man sich weder an die Sachen noch an den Ego verliert [...]: verstehend zur Seite stehen und schauen, was sich zeigt.« Zugleich betont Van der Leeuw auch (a.a.O., 737): »Epoché [...] ist nur vom eigenen Erleben aus möglich.«

88 A.a.O., 781.

89 A.a.O., 787.

90 Leeuw, Einführung [1925], 3; ders., Phänomenologie, 775. Der Begriff »verständliche Zusammenhänge« entnimmt Van der Leeuw der *Allgemeinen Psychopatologie* Karl Jaspers' (Berlin ^{3}1922), vgl. Leeuw, Einführung [1925], 8; ders., Inleiding [1935], 55f.; Waardenburg, Religion, 164f.

91 Leeuw, Inleiding [1935], 112; 119f.; 131.

92 A.a.O., 113: »De Godgeleerdheid gaat uit van de bizondere openbaring, die niet gelijkelijk het deel is van alle menschen; de Godsdienstwetenschap onderwerpt zich slechts aan zg. algemeen geldige beginselen. De eerste kent het gezag der openbaring Gods; de tweede slechts de autonomie der rede van den mensch. Hier is een compromis niet mogelijk«

93 Leeuw, Confession scientifique, 13: »Je n'ai jamais éprouvé le besoin d'oublier que je suis théologien, et naturellement j'ai cherché à faire profiter la théologie de la méthode phénoménologique. Non pas, assurément, pour faire de le théologie une science de la religion, mais au contraire pour faire mieux ressortir la méthode théologique qui, de mon avis, est absolument autonome.«

lich oder nutzlos abgetan wird. Wie sind nun aber Van der Leeuw zufolge die Betonung der Andersheit *und* die Würdigung des Zusammenhangs von Theologie und Religionsphänomenologie gleichzeitig zu begründen?

Bereits in der ersten Auflage seiner Enzyklopädie (*Inleiding tot de theologie*) unterscheidet Van der Leeuw zwischen einem weiten und einem engen Theologiebegriff. Im engeren und »eigentlichen« Sinn ist Theologie »Dogmatische Theologie«, welche »von der Offenbarung Gottes ausgeht, so wie diese durch die Kirche gelehrt wird«,[94] und somit im Glauben an diese Offenbarung gründet.[95] Im weiteren Sinn wird als Theologie hingegen das Gefüge der drei Disziplinen Dogmatik, Phänomenologie der Religion und Historische Theologie (oder Kirchengeschichte) bezeichnet. Was sie eint, ist die Tatsache, dass sie sich alle mit demselben Gegenstand befassen, diesen allerdings auf unterschiedliche Weise untersuchen. Während der Historiker Daten sammle und damit »der Theologie ihr Überlieferungsmaterial liefert«,[96] trachte der Phänomenologe danach, »Verstehenszusammenhänge aufzuzeigen«, ohne sich allerdings über den Wahrheitsgehalt dessen, was er zu verstehen trachtet, zu äußern.[97] Der Theologe im engeren Sinn sei der Dogmatiker, der schließlich als einziger den jeweiligen Gegenstand – etwa die biblischen Berichte über Jesus – *als* Offenbarung betrachte, weil sein Ausgangspunkt der Glaube ist: »Die reine Theologie, welche historische und verstehende Theologie hinter sich und in sich aufgenommen hat, versucht Gottes Gedanken nachzudenken und hat als einzige Richtschnur den Gehorsam.«[98]

Nun könnte allerdings der Eindruck entstehen, dass Van der Leeuw Historische Theologie und Phänomenologie gleichsam als Vorstufen der Dogmatik betrachtet und Letztere als eine spezielle Ausformung der allgemeinen Gattung »Theologie« präsentieren möchte. Um einem solchen Missverständnis vorzubeugen, erklärt er unter Rekurs auf das Bild einer Pyramide, dass die Dogmatik zwar als Spitze – als »Pyramidion« – der gesamten Theologie (im weiteren Sinn) zu betrachten ist, sie aber gleichzeitig das eigentliche Fundament des Ganzen darstelle.[99] Daher ist die Dogmatik das, wovon Historische Theologie und Phänomenologie abhängen und wozu sie beide zugeordnet sind. Zwar ist es möglich und sogar geboten, dass geschichtliche und phänomenologische Betrachtung unter zeitweiliger Absehung des dogmatischen Gesamthorizontes der Theologie betrieben werden. Als Theo-

94 Leeuw, Inleiding [1935], 175.

95 A.a.O., 192f.: »Met God is […] geen communicatie mogelijk, tenzij Got tot ons afdaalt en zich met ons op één lijn stelt. In het geloof, dat Hij dit deed, rust de gansche Theologie. […] Zij [sc. die Dogmatik] moet een daad des geloofs zijn.« Van der Leeuw verweist in diesem Zusammenhang auf Barth, Kirchliche Dogmatik, Bd. I/1, 16f.

96 Leeuw, Inleiding [1935], 125.

97 A.a.O., 130.

98 Leeuw, Strukturpsychologie und Theologie, 348. Vgl. Leeuw, Inleiding [1935], 131.

99 A.a.O., 105.

loge hält jedoch Van der Leeuw daran fest, dass sie ihren »Gesichtspunkt« nicht absolut setzen dürfen, sondern zum dogmatischen Fluchtpunkt hin offen bleiben sollen.[100]

Religionsphänomenologie ist also für Van der Leeuw sowohl eine von der Theologie im engeren Sinn zu unterscheidende Disziplin als auch eine Facette der Theologie im weiteren Sinn, deren Spitze und Fluchtpunkt die Dogmatik als »Tat des Glaubens« darstellt. Dass auf diese Weise die Religionsphänomenologie (und damit die Religionswissenschaft im Allgemeinen) in bestimmter Hinsicht unter die Theologie subsumiert wird, rührt allerdings nicht vom geheimen Wunsch her, Erstere zur bloßen »Magd der Theologie« zu deklassieren. Vielmehr wird Van der Leeuw zu dieser Ansicht von der Überzeugung bewogen, dass nur ein dezidiert inkarnatorischer, und damit theologischer Ansatz *beiden* Bewegungen gleichermaßen gerecht werden kann: der Bewegung Gottes auf die Menschen (Offenbarung – in der Dogmatik thematisiert) und derjenigen des Menschen auf Gott zu (Religion – in der Phänomenologie thematisiert).

Um dies zu erläutern, fügte Van der Leeuw in der zweiten Auflage seiner Enzyklopädie einen zusätzlichen, speziell diesem Fragekomplex gewidmeten Abschnitt hinzu, mit dem Titel: »Die zwei Wege der Theologie«.[101] Dort geht er von der Feststellung aus, dass die besagten zwei Bewegungen oder Wege in ihrer Verschiedenheit zu würdigen seien.[102] Gleichwohl wäre es ihm zufolge fatal, wenn die beiden Bewegungen und die Disziplinen, die sich mit jeder von ihnen befassen, gegeneinander ausgespielt würden: »An eine Offenbarung, die keinen Standpunkt in der irdischen Wirklichkeit hat, vermögen wir nicht zu glauben [...]. Andererseits [...] kommt der Glaube immer erst durch die Offenbarung«.[103] So hätten auch die Dogmatik und die Religionsphänomenologie kein Recht, sich absolut zu setzen und gegenseitig ihre Legitimität abzusprechen. Van der Leeuw möchte aber ebenso wenig zugunsten einer Komplementarität oder nahtlosen Kontinuität argumentieren, als stellte die christliche Offenbarung nichts anderes als einen Spezialfall der allgemeinen Religiosität des Menschen und die Theologie bloß eine Ausformung der neutral wissenschaftlichen Untersuchung von Religion dar.[104]

Die Antwort auf die Frage nach dem Verhältnis von Religion und Offenbarung sowie von Religionsphänomenologie und Dogmatik liefert nun Van der Leeuw

100 A.a.O., 129–135.

101 Leeuw, Inleiding [1948], 163–175. Carman, The Theology of a Phenomenologist, 25, schreibt dazu: »This section [...] seems to me to be one of the most brilliant and engaging bits of writing of a master of that art [sc. theology], one which gives us an insight into van der Leeuw's chief theological concern, which is at the same time the chief difficulty in his theology.«

102 Ebd.

103 A.a.O., 171.

104 A.a.O., 170: »In onzen tijd wordt het eindelijk volledig duidelijk, dat de christelijke Godskennis niet mogelijk is als onderdeel van een algemeene of aangeborene en dat zij daarop niet kan steunen.«

zufolge das zentrale Dogma des christlichen Glaubens: die Inkarnation. Denn wie das Konzil von Chalkedon bekräftigte, ist Jesus Christus Gott und Mensch zugleich, ohne dass seine menschliche und seine göttliche Natur miteinander vermischt oder voneinader getrennt werden könnten.[105] Daraus folge zweierlei: Zum einen begegneten sich Gott und Mensch und damit auch beide oben genannten »Wege« in Christus; zum anderen begründe dieses Faktum die Legitimität beider Disziplinen, welche genauso wie göttliche und menschliche Natur in Christus als unvermischt und ungetrennt zu betrachten seien.[106]

Betont Van der Leeuw auf diese Weise sowohl die relative Autonomie als auch den engen Zusammenhang von Religionsphänomenologie und Theologie (Dogmatik), so ist die Begründung, die er dafür liefert, letztlich eine theologische: Theologie und Religionsphänomenologie verhalten sich zueinander so wie die göttliche und die menschliche Natur in der einen Person Christi. Insofern ist Jean-Jacques Waardenburg zuzustimmen, wenn er bemerkt: »Although from a formal methodological point of view the different branches of historical and phenomenological theology have their own autonomy with regard to dogmatic or systematic theology, these branches finally receive their substance from Van der Leeuw's theological viewpoint which is itself determined in the last analysis by his dogmatic or systematic theology.«[107]

2.4 Der Platz der Liturgik innerhalb der theologischen Enzyklopädie

Die Liturgik bzw. Liturgiewissenschaft[108] gilt im gegenwärtigen deutschsprachigen evangelischen Kontext als Teildisziplin der Praktischen Theologie.[109] Als umfassende »praktisch-theologische Reflexion des öffentlichen kirchlichen Gottesdienstes«[110] habe sie sich gleichermaßen mit systematischen Fragen nach dem Wesen des Gottesdienstes, mit der historischen Entwicklung liturgischer Formen, mit deren seelsorgerlichen Bedeutung und mit Fragen gegenwärtiger liturgischer »Gestaltung« zu befassen.[111] Zu Van der Leeuws Zeiten – besonders im reformierten Kontext – war der Status der Liturgik als theologische Disziplin allerdings alles andere als unumstritten. Da er selbst an der Wiederentdeckung und Weiterentwicklung einer bewussten theologischen Reflexion auf liturgische Formen be-

105 Vgl. Wohlmuth, Conciliorum oecumenicorum decreta [Konzil von Chalkedon], 86,31–87,2.

106 Leeuw, Inleiding [1948], 173f.

107 Waardenburg, Gerardus van der Leeuw, 207; vgl. auch a.a.O., 247.

108 Obwohl der Terminus »Liturgiewissenschaft« häufiger in römisch-katholischen als in evangelischen Publikationen verwendet wird, »kann man in der Terminologie keine [prinzipielle] konfessionelle Präferenz feststellen« (Schmidt-Lauber, Begriff, 19). Vgl. Meyer-Blanck, Gottesdienstlehre, 8.

109 Meyer-Blanck, Liturgie und Liturgik, 9f.

110 Meyer-Blanck, Gottesdienstlehre, 8.

111 Schmidt-Lauber, Begriff, 19.

teiligt war, tragen diesbezügliche Ausführungen in seiner Enzyklopädie (*Inleiding tot de theologie*) programmatischen Charakter.

Die Praktische Theologie stellt bei Van der Leeuw eine von sechs Diszplinen innerhalb der Theologie im engeren Sinn dar, welche er in Abgrenzung von der Historischen Theologie und der Religionsphänomenologie als »Dogmatische Theologie« bezeichnet.[112] Dem Terminus »Praktische Theologie« zieht er allerdings – in Anlehnung an Abraham Kuyper[113] – die Bezeichnung »Lehre des Dienstes« (*Leer van den Dienst*) vor. Denn die kirchlichen Handlungen, mit denen sich die verschiedenen Teildisziplinen der Praktischen Theologie befassen (Liturgie und Verkündigung, Katechese, Seelsorge),[114] stellten Teilaspekte jenes umfassenden »Dienstes« dar, zu dem die Kirche in Antwort auf den Dienst Christi an den Menschen berufen sei: »›Dienst‹ ist immer sakramental, weil nur derjenige dienen kann, dem Christus dient. ›Dienst‹ ist die Antwort auf den Appell, den Christus an uns in jener existentiellen Kommunikation richtet, die wir mit dem einfältigeren und theologisch präziseren Wort ›Kommunion‹ bezeichnen. Alles, was wir in der Kirche tun, geschieht aus dieser Kommunion heraus. Alles, was hingegen aus diesem Rahmen herausfällt, geschieht eigentlich nicht. Dies macht uns die Normen für die ganze ›Praktische Theologie‹ deutlich.«[115] Gegenstand der »Lehre des Dienstes« ist also Van der Leeuw zufolge die gesamte christliche Lebensform in ihren verschiedenen Facetten. Dies bedeutet zum einen, dass in ihr die Einheit der Theologie deutlich wird, und zum anderen, dass sie gerade deswegen – aber auch nur deshalb – als »Krone« des theologischen Fächerkanons betrachtet werden kann: »Praktische Theologie [...] ist nichts anderes als die Theologie selbst, nun aber in ihrem Charakter als Dienst gesehen.«[116]

Die Liturgik bzw. *Theologia Liturgica*[117] umfasse ihrerseits drei Dimensionen: die Erforschung der Geschichte der Liturgie; die »liturgische Technik«, die »die Kenntnis der Geschichte voraussetzt und sich stets theologisch begründen lassen

112 Siehe oben, Kap. 2.3. Die übrigen fünf spezifisch theologischen Disziplinen sind die *Theologia biblica* (Leeuw, Inleiding [1935], 180–185), die *Theologia symbolica* (a.a.O., 186–190), die *Theologia dogmatica* (a.a.O., 190–194), die *Theologia ethica* (a.a.O., 194–201) und die *Theologia politica* (a.a.O., 202–207).

113 Kuyper benutzte den Begriff »Diaconiologie«, vgl. a.a.O., 208.

114 A.a.O., 210–216.

115 A.a.O., 210.

116 A.a.O., 207. Vgl. a.a.O., 208: »De eenheid der Theologie wordt zeer duidelijk, zoodra wij ons aan de bestudeering van eenige vraag van de Leer van den Dienst zetten. Wij krijgen dan namelijk niet te maken met de zg. practische vragen in niet-theologischen zin. Integendeel, wij worden telkens met kracht in de eigenlijk theologische, politieke, ethische en ten slotte dogmatische vragen teruggebracht. *Zoo ergens, dan blijkt hier, dat wij de Theologie niet kunnen onderverdeelen, maar dat haar verschillende vakken slechts zoovele aspecten zijn van denzelfden existentievorm*« (Hervorhebung, LB).

117 A.a.O., 210.

muss«; die »eigentliche liturgische Theologie«.[118] Letztere, welche nach Van der Leeuws Verständnis den Kern der Liturgik ausmacht, gehe von der Grundeinsicht aus, dass sich im Gottesdienst als »Form des Verkehrs zwischen Gott und seiner Kirche« die »Grundform der Inkarnation« widerspiegle. Insofern sei der gesamte Gottesdienst sakramentaler Natur, denn in ihm »handeln die Menschen aus dem Glauben heraus, dass Gott selbst dabei handelt«.[119] Die Aufgabe der *Theologia Liturgica* bestehe ferner darin, »Schlussfolgerungen aus dem sakramentalen Charakter des Gottesdienstes« zu ziehen. Erstens solle sie den Gottesdienst als ein einheitliches Ganzes betrachten und seine verschiedenen Aspekte in ihrer Relevanz für die christliche Lebensform untersuchen. Dabei müsse sie zweitens der steten »Kritik des Heiligen Geistes« Rechnung tragen, d.h., die Angemessenheit liturgischer Formen immer am Maßstab der Inkarnation und des biblischen Zeugnisses im Allgemeinen überprüfen. Und schließlich müsse sie sich in allem vom Grundsatz leiten lassen, nach dem der Gottesdienst nicht bloß »ein Ornament und auch nicht ein Höhepunkt christlichen Lebens, sondern dessen Voraussetzung und Basis ist«.[120]

Wie Van der Leeuw ausgehend von diesen Grundsätzen seine eigene *Theologia Liturgica* entfaltete, soll im Folgenden skizziert werden.

3. Liturgie- und Sakramentstheologie

Van der Leeuw widmete sich der ausführlichen Behandlung liturgischer und – speziell – sakramentstheologischer Fragen zwar erst gegen Ende seines Lebens,[121] beschäftigte sich jedoch seit den 1920er immer wieder und auf unterschiedlichen Ebenen mit ihnen: auf kirchlicher Ebene im Rahmen des *liturgische kring*, als Redakteur der Zeitschrift *Kerk en Eeredienst* sowie im Rahmen verschiedener Publikationen.[122] In der Retrospektive lässt sich deshalb wohl mit Waardenburg sagen, dass sein gesamtes Werk als Theologe *und* als Religionsphänomenologe vom Thema »Sakrament« beherrscht war: »We may conclude that, in the last analysis, theology in Van der Leeuw's eyes is essentially sacramental, that the history of religions and phenomenology of religion are for him essentially a history and phenomenology of what have been sacramental realities for man«.[123]

118 Ebd.

119 A.a.O., 211.

120 Leeuw, Inleiding [Handboek], 15f. Vgl. Leeuw, Inleiding [1935], 211.

121 Vgl. Leeuw, Liturgiek; ders., Sacramentstheologie.

122 Vgl. Leeuw, Strukturpsychologie und Theologie; ders., Inleiding [1935]; ders., Mensch und Religion.

123 Waardenburg, Gerardus van der Leeuw, 217.

Van der Leeuws Behandlung von Liturgie und Sakrament ist von bestimmten allgemeinen Grundsätzen geleitet. *Theoretisch* geht sie vom Inkarnationsgedanken aus, während sie sich *methodisch* entlang des Dreischritts von historischer Untersuchung, phänomenologischer Interpretation und dogmatischer Beurteilung bzw. Fundierung entwickelt (wobei diese drei Schritte auf liturgischer Ebene durch einen vierten, den Vollzug, ergänzt werden).[124] Schließlich hält Van der Leeuw *terminologisch* an der Definition des Sakraments als »Symbolon« fest, denn dieser Begriff mache auf das Wesen des Sakraments aufmerksam, welches nicht bloß auf etwas Abwesendes verweise, sondern »zwei Dinge, das Bezeichnende und das Bezeichnete«, in sich vereine.[125] Zugleich ist Van der Leeuw jedoch ebenso sehr darauf bedacht, die christliche Auffassung des »Symbolon« von jeglicher Form von »Pansakramentalismus« abzugrenzen.[126]

3.1 Die Liturgie im Allgemeinen

Im Leitsatz zum vierten Abschnitt der *Liturgiek* ist zu lesen: »Liturgie ist eine amtlich festgelegte Form des Verkehrs zwischen Gott und der Kirche. Die Aufgabe der Liturgik ist es, diese Form immer wieder an der Grundform dieses Verkehrs zu überprüfen: an der Fleischwerdung des Wortes.«[127] An diesem Leitsatz wird sofort der Zusammenhang deutlich, der Van der Leeuw zufolge zwischen Gottesdienst und Inkarnation besteht.

Wie bereits erwähnt,[128] sind für Van der Leeuw im »Faktum der Inkarnation« zwei Dimensionen vereint, nämlich jene der Erneuerung bzw. Neuschöpfung und jene des Gerichts. Denn es ist einerseits in und dank der Fleischwerdung des Wortes, dass die »Welt« erneut als die gute Schöpfung Gottes wahrgenommen werden kann. Andererseits zeigt die Inkarnation aber auch, dass dieselbe »Welt« gefallene, der Erlösung bedürftige Schöpfung ist: Das Ereignis der Inkarnation mündet zwar in die Auferstehung, aber der Weg dahin führt notwendigerweise über das Kreuz.

Nun spiegeln sich Van der Leeuw zufolge diese beiden Aspekte der Grundform (Fleischwerdung) auch in der Form wider, die von Ersterer abgeleitet wird (Liturgie). Denn in der kirchlichen Liturgie geschehe zwar ein wirkliches »Einstimmen in die himmlische Liturgie«,[129] wodurch sich die Liturgie als sakramentale – d.h. Teilhabe am Göttlichen gewährende – Form erweise. Zugleich blieben christ-

124 Vgl. Leeuw, Sacramentstheologie, 337–348.

125 Leeuw, Mensch und Religion, 120; ders., Sakramentales Denken, 12; 201; ders., Inner Meanings, 228f.

126 Siehe unten, Kap. 3.3.

127 Siehe unten, S. 7.

128 Siehe oben, Kap. 2.2.

129 Siehe unten, S. 11.

liche liturgische Formen jedoch immer gebrochen und kreuzförmig: Die Menschen dürfen zwar in den Lobgesang der Engel ein-*stimmen*, können ihn aber nicht selbst *an*-stimmen. Insofern sei der Liturgie nicht nur sakramentaler, sondern auch verkündigender Charakter zuzuschreiben, legt die Verkündigung doch »das Wort Gottes offen, auch in dem Sinn, dass es dadurch anfechtbar, strittig wird«; in ihr »wohnt das Wort Gottes unter uns in der ganzen Demut und Anfechtbarkeit seiner gebrochenen Gestalt«.[130]

Diese Aussagen zum sakramentalen und verkündigenden Charakter der Liturgie könnten nun so interpretiert werden, als wollte Van der Leeuw den Form-Charakter der Liturgie ausschließlich im Sakrament, deren Gebrochenheit hingegen ausschließlich in der Verkündigung verorten. Dies wäre jedoch ein Missverständnis seiner Position. Denn er möchte vielmehr betonen, dass der Gottesdienst in seiner Totalität und in jedem seiner Teile *gebrochene Form* sei, sodass »Verkündigung« und »Sakrament« bei ihm nicht nur bestimmte liturgische Handlungen benennen, sondern auch mögliche Bezeichnungen des gesamten Gottesdienstes sind. Beides ist für Van der Leeuw wahr: »Der Gottesdienst ist [...] sakramental in all seinen Bestandteilen« und: »Die ganze Liturgie ist Verkündigung«.[131] Vor diesem Hintergrund ist es denn auch nicht verwunderlich, dass selbst der Wortverkündigung im engeren Sinn sakramentale Qualität zugeschrieben wird: »Die Verkündigung des Wortes ist wie keine andere Handlung sakramental, wie jeder weiß, der diese Handlung jemals ausgeführt hat.«[132]

3.2 Das Sakrament in phänomenologischer Perspektive: Die Differenz von »Religion« und Offenbarung

In allgemein phänomenologischer – d.h. nicht spezifisch christlicher – Perspektive lässt sich das Sakrament Van der Leeuw zufolge als »eine elementare Handlung, die der Mensch in dem Bewusstsein verrichtet, dass er damit etwas in einer anderen Sphäre bewirkt«, definieren.[133] Die beiden hier genannten »Sphären«, welche in der sakramentalen Handlung in Berührung miteinander kommen, seien jene der »Natur« und der »Übernatur«.

So verstanden, resultierten Sakramente zum einen aus der grundsätzlich menschlichen Fähigkeit, aus einer Handlung einen Ritus zu machen, d.h. »so zu handeln, dass nicht der alltägliche naheliegende Zweck des Handelns der eigentliche Zweck ist, sondern die *Darstellung einer anderen Handlung, eines andersartigen Seins*«.[134] Zum anderen könne das »Sakrament« die erhoffte Überbrü-

130 Siehe unten, S. 25.
131 Siehe unten, S. 22; 25.
132 Siehe unten, S. 26.
133 Leeuw, Sakramentales Denken, 111.
134 Leeuw, Mensch und Religion, 148 (Hervorhebung, LB).

ckung der Kluft zwischen Natur und Übernatur nur insofern herbeiführen, als eine grundsätzliche, gar »unendliche Identität beider Welten« postuliert werde.[135] Die Möglichkeit von solchen sakramentalen Überschneidungen zwischen Natur und Übernatur beruhe deshalb letztlich auf einer Form von »Pansakramentalismus«, nämlich auf der Vorstellung einer »ursprünglichen oder unendlichen Identität beider Welten«, welche bewirke, dass die (natürliche) Welt als solche »›Zeichen‹ einer anderen Welt« sei.[136] Eine solche Auffassung des »Sakraments« schreibt Van der Leeuw der »Religion« zu, die er deutlich von der »Offenbarung« abgrenzt.[137]

»Religion« ist für ihn ein allgemein menschliches Phänomen. Dies bedeutet nicht nur, dass der Mensch grundsätzlich als religiöses Wesen zu bezeichnen sei, sondern auch, dass sich Religion als Produkt des menschlichen Geistes erweise. Religion ist Van der Leeuw zufolge ein wesentliches Moment in der Suche des Menschen nach sich selbst. Sie entsteht, weil der Mensch durch sie versucht, einen transzendenten Standpunkt zu gewinnen, von dem aus er sich besser – oder überhaupt – verstehen kann.[138] So beginne der Mensch, sich Bilder der Gottheit zu machen und nach Wegen zu suchen, um mit ihr in Beziehung zu treten.[139] Denn der Mensch empfinde eine tiefe Kluft zwischen Natur – dem Zustand, in dem er lebt – und »Übernatur«, und diese Kluft versuche er zu überbrücken, indem er nach »Anknüpfungspunkten« zwischen den beiden Sphären suche.[140] Solche Anknüpfungspunkte erwiesen sich als »Symbola«, weil in ihnen ja zwei Wirklichkeiten, nämlich die natürliche und die übernatürliche, ineinander- bzw. zusammenfielen (gr.: *syn-ballein*).[141] Da religiöses Leben jedoch stets »die Form einer Handlung« trage, nähmen auch solche Symbola immer rituelle Gestalt an und würden somit zu »sakramentalen« Handlungen.[142]

Dieser religiösen Suche nach »Anknüpfungspunkten« zwischen Natur und Übernatur wohne nun aber eine eigentümliche Tragik inne. Denn der Mensch, »sobald er sich ein Bild macht von dem, was im Himmel und auf Erden ist, [findet] nicht die Welt [...] oder Gott, sondern *immer wieder nur sich selbst*«.[143] Wer sich Bilder des Göttlichen mache, Symbole schaffe und im Horizont des

135 Leeuw, Sakramentales Denken, 113.

136 Ebd.

137 Die fundamentale Bedeutung dieser Unterscheidung zwischen allgemein religiösem und spezifisch offenbarungstheologischem Sakramentsverständnis im Denken Van der Leeuws wurde in der Forschungsliteratur leider nicht immer erkannt, vgl. etwa Hubbeling, Divine Presence, 15.

138 Leeuw, Mensch und Religion, 110.

139 A.a.O., 123.

140 Leeuw, Sakramentales Denken, 112; ders., Mensch und Religion, 136.

141 A.a.O., 120.

142 A.a.O., 149.

143 A.a.O., 124.

Pansakramentalismus nach Anknüpfungspunkten zwischen Natur und Übernatur suche, drehe sich also letztlich im Kreis.[144]

Im Bereich der Religion als menschlichem Phänomen sei auch nichts anderes möglich. Nur die Theologie vermöge den *circulus vitiosus*, in dem der Mensch gefangen sei, zu durchbrechen, weil sie einen ganz anderen Ausgangspunkt habe: die Offenbarung Gottes in Christus.[145] Während sich die Religion Bilder des Göttlichen mache, empfange die Theologie Christus als wahres Bild Gottes, das den Menschen wahre Erkenntnis Gottes und ihres Selbst ermögliche.[146] Im Horizont der christlichen Offenbarung werde deshalb die Suche nach »Anknüpfungspunkten«, welche so zentral für die Entwicklung der Religion(en) war, bedeutungslos. Hier handle Gott selbst, indem er in Christus Mensch werde.[147]

Van der Leeuw zufolge wird selbst der »Natur«-Begriff im Lichte der Offenbarung Gottes in Christus fragwürdig. Diese lasse die Welt vielmehr wieder als das in Erscheinung treten, was sie in Wirklichkeit sei: Kreatur, Schöpfung, die sündhaft und geheiligt zugleich ist.[148] Die Gefallenheit und Erlösungsbedürftigkeit der Schöpfung würden dadurch offenbar, dass Christus Knechtgestalt annehmen musste.[149] Zugleich werde jedoch durch die in Christus – den »Schöpfungsmittler« – bewirkte »Neuschöpfung« auch eine neue Perspektive eröffnet, die die Geschöpflichkeit der Welt überhaupt wieder wahrnehmbar mache.[150] Denn in Christus und durch die Wirkung des Heiligen Geistes schaffe Gott die Wirklichkeit neu, wobei er nicht eine *neue* Wirklichkeit erschaffe, sondern die Schöpfung *erneuere*.[151] So erkenne sich der Mensch in Christus als Sünder und gleichzeitig als Geschöpf Gottes und werde dazu ermächtigt, seinem Schöpfer erneut in »Glau-

144 In dieser Hinsicht meint Van der Leeuw sogar, eine strukturelle Ähnlichkeit zwischen der »magischen Einstellung«, die den »Pansakramentalismus« charakterisiert, und der modernen Lebenshaltung allgemein zu erkennen. Denn in beiden Fällen stelle sich der Mensch »seinem eigenen Leben als eigenwilliger Herrscher gegenüber. Es geschieht aber rein nichts als das ewige Hin und Her, das wir schon kennen lernten: der Mensch wird von der Welt immer wieder auf sich, von sich auf die Welt zurückgeworfen. Er gibt sich den Anschein eines schöpferischen Handelns, ohne zu bemerken, daß die Wege, die er entdeckt und einschlägt, ihm immer schon vorgezeichnet sind und immer dieselben« (a.a.O., 151).

145 A.a.O., 144: »Es gibt Theologie nur unter der Voraussetzung der Offenbarung.«

146 A.a.O., 124.

147 A.a.O., 130.

148 Deshalb lehnt Van der Leeuw auch die Möglichkeit einer »Natürlichen Theologie« grundsätzlich ab, vgl. Leeuw, Inleiding [1935], 147: »Er is geen theologia naturalis, die bij den Schepper begint om dan tot den Verlosser voort te schrijden. Theologie is slechts het denken, dat bij het Kruis begint en vandaar tot de Schepping komt. Gen. 1 kan slechts worden verstaan in het licht van Joh. 3:16 en Joh. 1:1. Anders blijven wij stoische philosofen met christelijke vroomheid in plaats dat wij theologen worden.«

149 Leeuw, Mensch und Religion, 135.

150 A.a.O., 117; 137f.

151 Leeuw, Sakramentales Denken, 211.

bensgehorsam« zu dienen: »Die erlösende Inkarnation richtet das Leben von Mensch und Welt, vernichtet es sogar, aber erlöst es auch. Sie gibt ihm seine neue Form: dem Bild Seines Sohnes macht Gott es ›gleichförmig‹«.[152]

Diese erneuerte Wirklichkeit bezeichnet Van der Leeuw als »sakramentale Wirklichkeit des Glaubens«[153] bzw. als »sakramentale Lebenssphäre«.[154] Damit verdeutlicht er zum einen, dass es sich bei der Erneuerung der gesamten Wirklichkeit in Christus nicht um ein »direkt zugängliches, empirisches« Phänomen handle.[155] Vielmehr bleibe sie der unmittelbaren Erfahrung verborgen und offenbare sich nur im Glauben an den Schöpfer und Erlöser,[156] weil jene Erneuerung zwar angebrochen, aber noch nicht vollkommen realisiert sei: »Das Reich ist gekommen, aber es ist nicht vollkommen, der Schatten von Golgatha liegt über ihm. […] Wir sind am Abend seine Gäste unter dem breiten Schlagschatten des Kreuzes, das sein Thron ist. […] Wir sind rein auf Grund seines Wortes, das er an uns richtet, aber wir gehen mit ihm und verlassen ihn, und noch ist es Nacht.«[157] Zum anderen erweise sich diese erglaubte Wirklichkeit sowohl hinsichtlich ihres Fundaments wie auch im Blick auf ihre Zugänglichkeit als »sakramental«. Denn einerseits gründe sie in der »Begegnung mit Christus als dem geoffenbarten Kyrios«, der das Ur-Sakrament darstelle; andererseits werde sie in den sakramentalen Handlungen der Kirche für die Menschen zugänglich gemacht, und zwar deshalb, weil der Mensch in jenen Handlungen und durch sie an Christus selbst teilhabe, in der Begegnung mit dem die erneuerte Wirklichkeit erst wahrnehmbar werde.[158]

Van der Leeuws Ausführungen zur sakramentalen Wirklichkeit des Glaubens lassen den grundlegenden Unterschied zwischen »Religion« und christlicher Offenbarung einmal mehr zutagetreten. In phänomenologischer, d.h. allgemein religiöser, Perspektive war das Sakrament als »elementare Handlung, die der Mensch in dem Bewusstsein verrichtet, dass er damit etwas in einer anderen Sphäre bewirkt«, definiert worden.[159] Da der Pansakramentalismus, auf dem jene Definition beruht, in theologischer Perspektive allerdings grundsätzlich in Frage zu stellen ist, muss nun auch das Wesen des Sakraments neu bestimmt werden.

152 A.a.O., 176. Vgl. Leeuw, Mensch und Religion, 137f.

153 A.a.O., 141: »Der Creator Spiritus schafft aus der sündigen Wirklichkeit der ›Natur‹ die sakramentale Wirklichkeit des Glaubens.« Vgl. Leeuw, Wegen en Grenzen, 336: »Hij [Gods Geest] schept in en uit de zondige werkelijkheid der ›natuur‹ de sacramenteele werkelijkheid van het geloof.«

154 Leeuw, Sakramentales Denken, 206.

155 Leeuw, Mensch und Religion, 138.

156 A.a.O., 140f.; 143.

157 Leeuw, Sakramentales Denken, 235.

158 A.a.O., 184; 200.

159 A.a.O., 111.

3.3 Das Sakrament in christlich-theologischer Perspektive

In christlich-theologischer Perspektive geht das Sakrament genau so wenig wie die Offenbarung selbst auf menschliche Initiative zurück, sondern »setzt eine Wahl voraus, ein Absondern einer bestimmten Lebenshandlung von einer anderen, und zwar eine Wahl durch Gott, eine Schöpfungs- oder besser gesagt eine Neuschöpfungstat. […] Gott handelt, der Mensch wiederholt, er folgt nach, aber das [!] agens ist Gott.«[160] Im Horizont der Religion versuchte der Mensch, ein Stück Natur als Brücke zum Göttlichen zu benutzen, indem er es zum Sakrament (im phänomenologischen Sinn) konsekrierte; im Horizont der christlichen Offenbarung wählt Gott Geschöpfliches aus und heiligt es zum Sakrament (im theologischen, eigentlichen Sinn). Folglich kann Van der Leeuw das Sakrament nun theologisch als »die Gegenwart Gottes in und an einer geschaffenen Handlung« bestimmen.[161] Eine ausführlichere Definition lautet: »Sakramente sind elementare Lebensvorgänge, von Gott hervorgerufen und bestimmt, Träger zu sein der wahrhaftigen Gegenwart Christi in seinem ganzen Erösungswerk und seiner Ausstrahlung in das Leben der Kirche«.[162] An diesen Formulierungen werden verschiedene grundlegende Aspekte von Van der Leeuws Sakramentsverständnis deutlich.

Erstens stehen bei ihm eindeutig *Handlungen* im Fokus der Aufmerksamkeit, was wiederum auf die grundsätzliche Kontinuität zwischen seiner Position und der reformierten Tradition hinweist: Als sakramental gelten nicht einzelne konsekrierte Dinge oder »Elemente« sondern immer elementare Handlungen (wie etwa das Teilen von Brot und Wein), die zu Sakramenten geheiligt werden.[163] Die Bezeichnung der zu Sakramenten geheiligten Handlungen als »geschaffen« deutet ferner darauf hin, dass die beiden Dimensionen, die im christlichen Sakrament »zusammenfallen« (*syn-ballein*), nicht – wie im Bereich der allgemeinen Religion – jene der »Natur« und der »Übernatur« sind, sondern die der »gefallenen« und der »wiederhergestellten Schöpfung«, wobei beides in Christus geoffenbart wird: die Wiederherstellung *und* die Gefallenheit.[164]

Zweitens gründet die sakramentale Qualität solcher Handlungen nicht in ihnen selbst, sondern darin, dass sie von Gott selbst als Sakramente »hervorgerufen und bestimmt« worden sind. Dies markiert zum einen den grundsätzlichen Unter-

160 A.a.O., 165.
161 A.a.O., 189.
162 A.a.O., 194.
163 A.a.O., 221; Lescrauwaet, Liturgische beweging, 168: »Van der Leeuw legt het accent op heel de handeling als zodanig, waar de Heilige Geest (epiclese) gemeente en elementen in dienst nemt om Christus' werk present te stellen.« Vgl. Bullinger, Dekaden [V.6], Bd. 3, 273f.: »Sakramente sind heilige Handlungen, bestehend aus Worten oder Verheißungen aus dem Evangelium und aus vorgeschriebenen Riten«; a.a.O., 290: »In der Tat sind sakramentale Zeichen nicht einfach Zeichen, sondern Zeremonien oder religiöse Handlungen.«
164 Leeuw, Sakramentales Denken, 201.

schied zwischen dem christlichen Sakramentsverständnis und jeglicher Form von Pansakramentalismus. Zum anderen nimmt die göttliche Einsetzung die Menschen in die Pflicht, diese Handlungen auch tatsächlich zu vollziehen. Denn selbst wenn das göttliche Wirken die Grenzen des kirchlichen Handelns sprengen kann, darf dies nicht als Argument zur Vernachlässigung der Sakramente benutzt werden: Gott lasse sich zwar nicht an die Sakramente binden, aber er bindet *uns* an sie.[165]

Drittens geht nicht nur die Einsetzung, sondern auch die Wirkung der Sakramente auf Gott allein zurück. Diese sind zwar wahrhaftige »Träger der Gegenwart Christi« und können deshalb auch als »Mysterien« bezeichnet werden, weil in ihnen und durch sie das »eigentliche Mysterium, nämlich [...] Christus, wie er lebte, litt, starb und auferstand«, aktualisiert wird.[166] Diese Aktualisierung wird aber weder durch den Ritus als solchen noch durch menschliche geistige Anstrengung geleistet, sondern ist und bleibt ein pneumatisches und damit unverfügbares Geschehen, welches die Menschen nur von Gott erbitten können (Epiklese): »Wir können [...] im Gottesdienst auch kein Wort hervorbringen, das Er uns nicht auf die Lippen legt, keine Tat ausführen, die Er uns nicht aufträgt«;[167] »Amt und Sakrament gehören unauflöslich zusammen, weil im Sakrament nicht der Mensch das [!] eigentliche agens ist – er ist nur Diener – sondern Gott. [...] beide zeigen uns immer wieder, [...] daß Gott handelt und keinesfalls wir.«[168] Würde hingegen der zwischen prioritärem, unverfügbarem Wirken Gottes und sakramentaler Handlung bestehende Zusammenhang nicht beachtet, so würde aus dem christlichen Sakrament entweder eine »magisch hergestellte Dinglichkeit« oder eine »platte Gedächtnisfeier«.[169]

3.4 Die einzelnen Sakramente

Bei der Behandlung der Frage, welchen konkreten liturgischen Handlungen sakramentaler Charakter zuzuschreiben sei, treten verschiedene Interessen Van der Leeuws in Spannung zueinander. Einerseits erachtet er die Bestrebung, die Anzahl der Sakramente eindeutig und endgültig zu bestimmen, als wenig sinnvoll,[170] was wiederum mit seiner Betrachtung des Gottesdienstes als ein in all seinen Aspekten »sakramentales« Geschehen resonniert. Andererseits ist sich Van der Leeuw des-

165 A. a. O., 210; 214.

166 A. a. O., 186. Vgl. a. a. O., 234f.: »Die Sakramente sind das Tor, durch das der König einzieht. [...] Das ist eucharistischer Advent oder täuferischer Advent oder verkündigter Advent. In jedem Fall Advent. Der König tritt in unser Leben ein.«

167 A. a. O., 217.

168 A. a. O., 219.

169 Leeuw, Strukturpsychologie und Theologie, 343.

170 Leeuw, Sakramentales Denken, 200.

sen bewusst, dass eine übermäßige Vermehrung der Sakramente kaum biblisch zu rechtfertigen und deshalb noch problematischer wäre.[171]

Um diesen verschiedenen Anforderungen – zumindest ansatzweise – gerecht zu werden, knüpft Van der Leeuw erneut an den Inkarnationsgedanken an. Denn die Fleichwerdung des Wortes in Christus stelle die »Grundform« allen liturgischen Handelns und das »Ursakrament« dar, aus dem die kirchlichen Sakramente gleichsam hervorgingen. Besonders interessant ist, dass Van der Leeuw eine Rangordnung der Sakramente entwirft, indem er ihnen gleichsam unterschiedliche Grade von Sakramentalität zuschreibt, und zwar in Abhängigkeit davon, wie eng jedes von ihnen mit der Inkarnation selbst zusammenhängt.[172] Ab einem gewissen Grad der »Entfernung« vom Ursakrament sei ferner sinnvoll, nicht von Sakramenten im engeren Sinn zu sprechen, sondern – in Anlehnung an eine in der römisch-katholischen Sakramentenlehre verbreitete Unterscheidung – von »Sakramentalien«.[173] Anders als in der römisch-katholischen Lehre bleiben bei Van der Leeuw die Grenzen zwischen Sakramenten und Sakramentalien allerdings eher fließend. Denn gerade an den Sakramentalien, die zwar ohne die Sakramente im engeren Sinn nicht existierten und doch an deren Sakramentalität gewissermaßen partizipieren, zeigt sich nach Van der Leeuw, dass der »Ausstrahlung« des Erlösungswerks Christi »in das Leben der Kirche« keine prinzipiellen Grenzen gesetzt sind: Das Leben der Kirche hat zwar sein unentbehrliches Zentrum in der Inkarnation *und* in der Liturgie als dem Ort, an dem jenes Erlösungswerk immer wieder vergegenwärtigt wird. Aber das im Gottesdienst immer wieder beginnende neue Leben darf und soll sich entfalten weit über dessen Grenzen hinaus, damit letztlich alle Aspekte des individuellen und gemeinsamen Lebens dadurch erneuert werden.[174]

Zu den Sakramenten im engeren Sinn gehören selbstverständlich die Taufe und das Abendmahl, wobei Van der Leeuw Letzteres eindeutig als »das zentrale Sakrament« betrachtet, »weil es in direkter Beziehung steht zu Christi Tod und Auferstehung« und folglich »seinem Wesen nach nichts anderes als die sakramentale, d.h. eigentliche Form der Kirche selbst« bilde.[175] Mit der Taufe stünden ferner die Konfirmation und Ordination zum Pfarramt in engem Zusammenhang. Die Konfirmation sei nichts anderes als »ein aufgeschobener Teil der heiligen Taufe«, weshalb ihre »sakramentale Bedeutung […] ebenso groß wie die der Taufe« sei.[176] Bei der Ordination handle es sich wiederum letztlich um »eine beson-

171 A.a.O., 200; 256.
172 Siehe unten, S. 28f.
173 Siehe unten, S. 23; 29.
174 Leeuw, Sakramentales Denken, 200.
175 A.a.O., 228.
176 A.a.O., 241.

dere Form der Konfirmation in zweiter Instanz«, denn bereits mit der Konfirmation werde »dem Christen die priesterliche Würde, die *dignitas regalis et sacerdotalis*« verliehen.[177] Ebenso im Zusammenhang mit der Taufe stehe schließlich auch ein Ritus, der gleichsam als die »letzte Anwendung der Taufe« anzusehen und für den eine biblische Begründung keineswegs ausgeschlossen sei:[178] die letzte Ölung. Diese habe allerdings nicht als Sakrament, sondern als Sakramentale zu gelten, denn sie nehme ihre »Kraft überhaupt nur aus der sakramentalen Sphäre« und besitze deshalb nur in abgeleitetem Sinn sakramentale Qualität.[179]

Als Taufe und Abendmahl ebenbürtig betrachtet Van der Leeuw des Weiteren die Wortverkündigung. In Anlehnung an reformatorisches Gedankengut und zugleich Impulse zeitgenössischer Autoren wie Karl Barth rezipierend[180] betont er, dass in der Wortverkündigung – die ihr »Fundament« in der Gnadenzusage habe[181] – nicht weniger als in Taufe und Abendmahl das »Mysterium, die Gegenwart des Gekreuzigten und Auferstandenen« erfahrbar werde.[182] Deshalb distanziert sich Van der Leeuw auch von der traditionellen Formel »Wort *und* Sakrament«, denn diese suggeriere, dass die beiden »nebeneinander« oder gar im Gegensatz zueinander stünden. Demgegenüber gelte es vielmehr, daran festzuhalten, dass »in der Predigt nichts anderes als im Sakrament [ist] und umgekehrt«.[183] Ist nun die Wortverkündigung für Van der Leeuw in vollgültigem Sinn Sakrament, so folgert freilich daraus, dass auch bei ihr Gott selbst als primäres Subjekt anzuerkennen sei: »In ihr [der Wortverkündigung] wird uns durch den Schöpfergeist das ganze Christusgeschehen real dargestellt. Der ›Diener des Wortes‹, der Pfarrer, ist nur Diener. In Wirklichkeit spricht Gott. Insofern ist es richtig, daß die Verkündigung des Wortes Gottes selbst Wort Gottes ist.«[184]

Blieb Van der Leeuws Behandlung der einzelnen Sakramente bislang der reformatorischen Tradition treu, so betritt er dadurch, dass er nun die Ehe als viertes und letztes Sakrament betrachtet, Neuland. Van der Leeuw erkennt zwar an, dass die Ehe eine Ausnahmestellung unter den Sakramenten besitze, weil sie – anders als Abendmahl, Taufe und Wortverkündigung – gerade »nicht die Grundlage einer göttlichen Handlung mit einem anderen als dem direkten Ziel« sei.[185] Die Ehe sei keine Handlung, deren sich Gott durch seinen Geist bediene, um Teilhabe an

177 A.a.O., 242.
178 A.a.O., 106, mit Berufung auf Jak 5,14f. sowie Mk 6,13.
179 A.a.O., 242.
180 A.a.O., 245f.
181 A.a.O., 246: »Wortverkündigung ist in ihren tausend Formen doch immer Lossprechung.«
182 A.a.O., 248.
183 A.a.O., 249.
184 A.a.O., 245. Vgl. Bullinger, Zweites Helvetisches Bekenntnis [Kap. 1], 18: »Die Predigt des Wortes Gottes ist Gottes Wort.«
185 Leeuw, Sakramentales Denken, 253.

Christus zu gewähren. Vielmehr und umgekehrt stelle sie (nach Eph 5,31f.) ein Abbild der Gemeinschaft dar, die Christus und die Kirche verbindet.[186] Dass die Ehe dennoch als Sakrament zu gelten habe, resultiert Van der Leeuw zufolge aus der »christlichen Überzeugung«, dass eine Ehe nur insofern wirklich zustandekomme, als Gott selbst sie vollziehe: »Die einzige Grundfeste für ein Gelöbnis, das zwei ständig sich verändernde Menschen für das Leben zu Liebe und Treue verbindet, ist der feste Glaube, daß Gott sie zusammengefügt hat, und *das ist der sakramentale Charakter der Ehe.*«[187] Selbst wenn auf die Ehe die Konnotation »Träger der wahrhaftigen Gegenwart Christi« also gerade nicht zutrifft, kann und soll sie gleichwohl zu den Sakramenten gerechnet werden, weil in ihr göttliches und menschliches Handeln sich genauso zueinander verhalten, wie dies bei Abendmahl, Taufe und Wortverkündigung der Fall ist: Gott und Mensch handeln zugleich und zusammen, wobei sich Gott als der eigentlich Wirkende und der Mensch als der ministerial Tätige erweisen.

4. Zur vorliegenden Ausgabe der »Liturgiek«

Van der Leeuws *Liturgiek* erschien erstmals 1940. 1946 wurde sie erneut verlegt, wobei sich die zweite Auflage lediglich durch ein zusätzliches kurzes Vorwort sowie durch einige Ergänzungen in der Bibliographie von der ersten unterscheidet.

Die *Liturgiek* wird in den Niederlanden zwar immer noch als ein »Klassiker« reformierter Liturgiewissenschaft wahrgenommen, wie Hinwiese darauf in der Fachliteratur belegen.[188] Auffallend ist es jedoch, dass diese Schrift in den über siebzig Jahren, die seit der Veröffentlichung der zweiten Auflage vergangen sind, weder in der niederländischen Originalfassung nachgedruckt noch in andere Sprachen übersetzt wurde. Insofern teilte sie bislang das Schicksal der meisten *theologischen* Werke Van der Leeuws, die im Unterschied zu seinen religionsphänomenologischen Schriften nicht nur längst vergriffen, sondern auch außerhalb der Niederlande kaum rezipiert worden sind.

Der folgenden deutschen Übersetzung liegt die zweite Auflage (1946) zugrunde. Sowohl die Bibliographie als auch das Namen- und Sachregister wurden aus dem niederländischen Original übernommen. Die Seitenangaben im Sachregister beziehen sich auf die Paginierung des niederländischen Originals, die in der Übersetzung am Seitenrand wiedergegeben wird. Die bibliographischen Angaben Van der Leeuws wurden vereinheitlicht und wenn nötig auch ergänzt. Durch Van der Leeuw selbst verfasste Anmerkungen erscheinen als Fußnoten, wobei die darin

186 A.a.O., 251.
187 A.a.O., 253 (Hervorhebung, LB).
188 Vgl. Oskamp/Schuman, De weg van de liturgie, 476; Immink, Het heilige gebeurt, 38; 58; 193; 306.

enthaltenen Angaben bisweilen ebenso ergänzt werden mussten. Anmerkungen der Herausgeber zu im Text vorkommenden Personen sowie zu nicht explizit nachgewiesenen Zitaten und Quellen erscheinen hingegen als Endnoten. Schließlich wird bei jedem Vorkommen des Adjektivs »reformiert« in eckigen Klammern angegeben, ob das niederländische Original an der entsprechenden Stelle »hervormd« oder »gereformeerd« lautet. Ersteres wird gelegentlich zwar auch als Synonym für »reformatorisch« benutzt, aber in erster Linie galten »hervormd« und »gereformeerd« zu Van der Leeuws Zeiten als offizielle Bezeichnung zweier Kirchen, die zwar getrennt, aber konfessionell gesehen beide im reformierten Lager verortet waren.[189] Daneben verwendet Van der Leeuw »gereformeerd« durchgehend als Bezeichnung für die reformierten liturgischen Quellen aus dem 16. und 17. Jahrhundert.

Die *Liturgiek* geht zum Teil auf Vorlesungen zurück, die Van der Leeuw im Rahmen von Vikariatskursen für künftige Pfarrer der NHK gehalten hatte.[190] Darin werden zunächst grundelegende Fragen betreffend die Natur liturgischen Handelns im Allgemeinen behandelt (Kap. 1–3). Auf eine Erörterung der kirchlichen Ämter (Kap. 4) folgen drei Kapitel (5–7), in denen die zeitliche, die räumliche und die akustische Dimension der Liturgie nacheinander reflektiert werden. In den Kapiteln 8 bis 11 untersucht Van der Leeuw sodann unterschiedliche Gottesdienstformen (Sonntagmorgen- und Festgottesdienste, Tagzeitengebete sowie Kasualgottesdienste) hinsichtlich ihrer geschichtlichen Entwicklung und ihrer Bedeutung im Rahmen des kirchlichen Lebens. Dabei nimmt er an verschiedenen Stellen Bezug auf die konkrete liturgische Praxis der NHK seiner Zeit, reflektiert sie kritisch und liefert Impulse zu deren Erneuerung. Erwartungsgemäß werden in diesem Zusammenhang die Einflüsse seiner langjährigen Mitarbeit im *liturgische kring* immer wieder deutlich spürbar. Van der Leeuws *Liturgiek* runden schließlich acht Anhänge zur Vertiefung einzelner Themen, ein Literaturverzeichnis und ein Namen- und Sachregister ab.

5. Bibliographie

Barnard, Marcel: De dans kan niet sterven. Gerardus van der Leeuw (1890–1950) herlezen – Essay over religie en cultuur, Zoetermeer 2004 (Onderbreking).

Barnard, Marcel: Gerardus van der Leeuw [1890–1950] as a Liturgical Scholar, in: Patterns and Persons. A Historiography of Liturgical Studies in the Netherlands in the Twentieth Century, hg. von Louis van Tongeren et al., Leuven et al. 2010 (Liturgia condenda 25), 243–260.

189 Siehe oben, Anm. 1.

190 Vgl. Waardenburg, Gerardus van der Leeuw, 190.

Barth, Karl: Die kirchliche Dogmatik, 4 Bde. in 13 Teilen, Zollikon 1932–1967.

Bavinck, Herman: Recent Dogmatic Thought in the Netherlands, in: The Presbyterian and Reformed Review 3/10 (1892), 209–228.

Biografisch lexicon voor de geschiedenis van het Nederlands protestantisme, hg. von D. Nauta et al., 6 Bde., Kampen 1978–2006.

Blei, Karel: Oepke Noordmans. Theologian of the Holy Spirit, Grand Rapids, MI/Cambridge, UK 2013 (The Historical Series of the Reformed Church in America 78).

Bratt, James D.: Abraham Kuyper. Modern Calvinist, Christian Democrat, Grand Rapids, MI/Cambridge, UK 2013.

Bullinger, Heinrich: Das Zweite Helvetische Bekenntnis – Confessio Helvetica Posterior, hg. von Walter Hildebrandt/Rudolf Zimmermann, Zürich 1966.

Bullinger, Heinrich: Dekaden, hg. von Emidio Campi et al., 3 Bde., Zürich 2006 (Heinrich Bullinger Schriften 3–5).

Carman, John B.: The Theology of a Phenomenologist. An Introduction to the Theology of Gerardus van der Leeuw, in: Harvard Divinity School Bulletin 29/3 (1965), 13–42.

Edwall, Pehr et al. (Hg.): Ways of Worship. The Report of a Theological Commission of Faith and Order, London 1951.

Gerretsen, Jan Hendrik: Liturgie, ’s-Gravenhage/Rijswijk 1941.

Hakl, Hans Thomas: Eranos. An Alternative Intellectual History of the Twentieth Century, Sheffield 2013.

Hermelink, Jan: Verstehen und Bezeugen. Der theologische Ertrag der »Phänomenologie der Religion« von Gerardus van der Leeuw, München 1960 (Beiträge zur evangelischen Theologie 30).

Hofstee, Willem: Goden en mensen. De godsdienstwetenschap van Gerardus van der Leeuw 1890–1950, Kampen 1997.

Hofstee, Willem: The Essence of Concrete Individuality. Gerardus van der Leeuw, Jan de Vries, and National Socialism, in: The Study of Religion under the Impact of Fascism, hg. von Horst Junginger, Leiden/Boston 2008 (Numen Book Series 117), 543–552.

Hubbeling, Hubertus G.: Divine Presence in Ordinary Life. Gerardus van der Leeuw’s Twofold Method in his Thinking on Art and Religion, Amsterdam et al. 1986 (Mededelingen der koninklijke nederlandse akademie van wetenschappen [afd. letterkunde] nieuwe reeks 49/1).

Immink, F. Gerrit: Het heilige gebeurt. Praktijk, theologie en traditie van de protestantse kerkdienst, Zoetermeer [3]2011.

James, George Alfred: Interpreting Religion. The Phenomenological Approaches of Pierre Daniël Chantepie de la Saussaye, W. Brede Kristensen, and Gerardus van der Leeuw, Washington, D.C. 1995.

Jong, Klaas-Willem de: Een hoge inzet. De positie van Noordmans in de discussie Noordmans – Van der Leeuw over de liturgie, geplaatst in historisch en actueel perspectief, in: Het debat Noordmans – Van der Leeuw, hg. von Akke van der Kooi et al., Overveen 2008 (Noordmanscahier 7), 1–25.

Jong, Klaas-Willem de: A Century of the Liturgical Movement within the Dutch Protestant Churches, in: Patterns and Persons. A Historiography of Liturgical Studies in the Netherlands in the Twentieth Century, hg. von Louis van Tongeren et al., Leuven et al. 2010 (Liturgia condenda 25), 69–100.

Kehnscherper, Günther: Van der Leeuw – sein liturgisches Lebenswerk, in: Jahrbuch für Liturgik und Hymnologie 33 (1990/91), 130–139.

Kehnscherper, Jürgen: Theologisch-philosophische Aspekte der religionsphänomenologischen Methode des Gerardus van der Leeuw, Frankfurt a.M. 1998.

Kolfhaus, Wilhelm: Dr. Abraham Kuyper 1837–1920. Ein Lebensbericht, Elberfeld 1924.

Kooiman, W. J./Veen, J. M. van (Hg.): Pro Regno Pro Sanctuario. Een bundel studies en bijdragen van vrienden en vereerders bij de zestigste verjaardag van Prof. Dr. G. van der Leeuw, Nijkerk 1950.

Kroesen, Justin E. A.: Between Word and Sacrament. Protestant Church Architecture and Furnishings in the Netherlands during the Twentieth Century, in: Patterns and Persons. A Historiography of Liturgical Studies in the Netherlands in the Twentieth Century, hg. von Louis van Tongeren et al., Leuven et al. 2010 (Liturgia condenda 25), 215–240.

Kuyper, Abraham: Our Worship, hg. von Harry Boonstra, Grand Rapids, MI/Cambridge, UK 2009 (Calvin Institute of Christian Worship Liturgical Studies).

LaMothe, Kimerer L.: Between Dancing and Writing. The Practice of Religious Studies, New York 2004.

Leeuw, Gerardus van der: Confession scientifique – faite à l'Université Masaryk de Brno le lundi 18 novembre 1946, in: Numen 1 (1954), 8–15.

Leeuw, Gerardus van der: Der Mensch und die Religion. Anthropologischer Versuch, Basel 1941 (Philosophia universalis 2).

Leeuw, Gerardus van der: Die Bilanz des Christentums, Zürich 1947.

Leeuw, Gerardus van der: Einführung in die Phänomenologie der Religion, München 1925 (Christentum und Fremdreligionen 1).

Leeuw, Gerardus van der: Einführung in die Phänomenologie der Religion, bearb. von Hans-Christoph Piper, Darmstadt ²1961.

Leeuw, Gerardus van der: Inleiding, in: Handboek voor den Eeredienst in de Nederlandsche Hervormde Kerk – samengesteld door den Liturgischen Kring, Rotterdam 1934, 9–16.

Leeuw, Gerardus van der: Inleiding tot de theologie, Amsterdam 1935; ²1948.

Leeuw, Gerardus van der: L'homme et la civilisation – ce que peut comprendre le terme: évolution de l'homme, in: Der Mensch (zweite Folge), hg. von Olga Fröbe Kapteyn, Zürich 1948 (Eranos-Jahrbuch 16), 141–182.

Leeuw, Gerardus van der: Liturgiek, Nijkerk ²1946.

Leeuw, Gerardus van der: Phänomenologie der Religion, Tübingen ²1955 (Neue theologische Grundrisse).

Leeuw, Gerardus van der: Sacramentstheologie, Nijkerk 1949.

Leeuw, Gerardus van der: Sakramentales Denken. Erscheinungsformen und Wesen der außerchristlichen und christlichen Sakramente, übers. von Eva Schwarz, Kassel 1959.

Leeuw, Gerardus van der: Strukturpsychologie und Theologie, in: Zeitschrift für Theologie und Kirche NF 9/5 (1928), 321–349.

Leeuw, Gerardus van der: The Inner Meanings of Word and Sacrament – Reformed, in: Ways of Worship. The Report of a Theological Commission of Faith and Order, hg. von Pehr Edwall et al., London 1951, 224–230.

Leeuw, Gerardus van der: Unsterblichkeit, in: Aus der Welt der Urbilder – Sonderband für C. G. Jung zum fünfundsiebzigsten Geburtstag 26. Juli 1950, hg. von Olga Fröbe Kapteyn, Zürich 1950 (Eranos-Jahrbuch 18), 183–206.

Leeuw, Gerardus van der: Urzeit und Endzeit, in: Der Mensch und die mythische Welt, hg. von Olga Fröbe Kapteyn, Zürich 1949 (Eranos-Jahrbuch 17), 11–51.

Leeuw, Gerardus van der: Vom Heiligen in der Kunst, übers. von Annelotte Piper/Rudolf Alexander Schröder, Gütersloh 1957.

Leeuw, Gerardus van der: Voorwoord, in: Friedrich Heiler, De strijd om de kerk, übers. von J. K. van den Brink, Baarn 1935, 5f.

Leeuw, Gerardus van der: Wegen en grenzen, Amsterdam ^{2}1948.

Lescrauwaet, Joseph Frans: De liturgische beweging onder de Nederlandse Hervormden in oecumenisch perspectief. Een fenomenologische en kritische studie, Bussum 1957.

Liturgie in de crisis (1939), in: Oepke Noordmans, Verzamelde werken, Bd. 6, Kampen 1986, 165–243.

Mackay, James H.: Religious Theought in Holland during the Nineteenth Century, London et al. 1911.

Meyer-Blanck, Michael: Gottesdienstlehre, Tübingen 2011 (Neue theologische Grundrisse).

Meyer-Blanck, Michael: Liturgie und Liturgik. Der evangelische Gottesdienst aus Quellentexten erklärt, Göttingen ^{2}2009.

Noordmans, Oepke: Liturgie (1939), in: ders., Verzamelde werken, Bd. 6, Kampen 1986, 45–164.

Oskamp, Paul/Schuman, Niek (Hg.): De weg van de liturgie. Tradities, achtergronden, praktijk, Zoetermeer ^{4}2008.

Ploeger, Mattijs: Celebrating Church. Ecumenical Contributions to a Liturgical Ecclesiology, Utrecht 2008.

Psalmen en Gezangen voor de Eredienst van de Nederlandse Hervormde Kerk (1938), Zoetermeer 2010 (Nachdruck).

Schär, Riwkah: Gerardus van der Leeuw, in: Neue Zürcher Zeitung, 14. Januar 1949 – Abendausgabe, Nr. 90, Bl. 7.

Schmidt-Lauber, Hans-Christoph: Begriff, Geschichte und Stand der Forschung, in: Handbuch der Liturgik. Liturgiewissenschaft in Theologie und Praxis der Kirche, hg. von Hans-Christoph Scmidt-Lauber et al., Göttingen ^{3}2003, 17–41.

Schoot, Ebel van der: Hervormde eredienst. De liturgische ontwikkeling van de Ned[erlandse] Herv[ormde] Kerk, 's-Gravenhage 1950.

Schweizer, Jiulius: Konfirmation als liturgisches Problem in den Reformierten Kirchen der Schweiz, in: Pro Regno Pro Sanctuario. Een bundel studies en bijdragen van vrienden en vereerders bij de zestigste verjaardag van Prof. Dr. G. van der Leeuw, hg. von W. J. Kooiman/J. M. van Veen, Nijkerk 1950, 469–480.

Stählin, Wilhelm: Liturgische Erneuerung als ökumenische Frage und Aufgabe, in: Pro Regno Pro Sanctuario. Een bundel studies en bijdragen van vrienden en vereerders bij de zestigste verjaardag van Prof. Dr. G. van der Leeuw, hg. von W. J. Kooiman/J. M. van Veen, Nijkerk 1950, 483–503.

Staples, Peter: The Liturgical Movement in the Netherlands Reformed Church 1911–1955. With Special Reference to the Anglican Dimension, Utrecht ²1985 (Interunversitair Instituut voor Missiologie en Oecumenica – Research Pamphlet 9).

Völker, Alexander: In memoriam Wiebe Vos, in: Jahrbuch für Liturgik und Hymnologie 43 (2004), 7f.

Vos, Wiebe: Dr. G. van der Leeuw – Bibliographie zijner geschriften, in: Pro Regno Pro Sanctuario. Een bundel studies en bijdragen van vrienden en vereerders bij de zestigste verjaardag van Prof. Dr. G. van der Leeuw, hg. von W. J. Kooiman/J. M. van Veen, Nijkerk 1950, 553–638.

Waardenburg, Jean-Jacques: Gerardus van der Leeuw as a Theologian and Phenomenologist, in: ders., Reflections on the Study of Religion, Den Haag 1978, 187–247.

Waardenburg, Jean-Jacques: Religion between Reality and Idea. A Century of Phenomenology of Religion in the Netherlands, in: Numen 19 (1972), 128–203.

Wohlmuth, Josef (Hg.): Conciliorum oecumenicorum decreta, Bd. 1: Konzilien des ersten Jahrtausends, Paderborn et al. 2002.

Gerardus van der Leeuw

Liturgik

|7 | Vorwort

In unserem Land gab es Bestrebungen, eine Liturgik zu entwickeln, und zwar von Gunning,[1] Kruyf[2] und Kuyper.[3] Von diesen dreien fand der Groninger Professor die straffeste Form, der reformierte [*hervormd*] Pfarrer hatte den weitesten Wissenshorizont, der reformierte [*gereformeerd*] Kirchenleiter hatte das größte kirchliche und katholische Wissen. Alle drei leisteten auf ihre Art ausgezeichnete Arbeit.

Aber seit sie geschrieben haben, hat sich viel verändert. Die Liturgische Bewegung entwickelte sich in fast allen christlichen Kirchen. Sie kam auch bei uns auf, auch in der Reformierten [*hervormd*] Kirche. Seit Gerretsen und Creutzberg begonnen haben,[4] wurde hier sehr viel entdeckt, überdacht, besprochen, entworfen, erprobt. In letzter Zeit ist die liturgische Frage sogar brennend geworden. Die Grundprinzipien des Gottesdienstes werden auf einem viel höheren Niveau, als dies früher möglich war, erörtert. Es zeigte sich zumindest, dass allerlei Ausdrücke in den letzten zehn Jahren wiederbelebt wurden: Kirche, Wort Gottes, Verkündigung, Sakrament. Sie wurden in der Liturgie wieder aktuell. Man kann wohl über all diese Dinge einen theologischen Diskurs führen. Man kann sie in der Predigt erörtern. Aber eigentliche Aktualität gewinnen diese Dinge erst im Gottesdienst, wenn man mit ihnen arbeitet: Wenn man sich in der Kirche befindet, das Wort verkündigt, das Sakrament austeilt.

Darum hat das immer intensiver werdende theologische Leben die Liturgie von sich aus in den Mittelpunkt gestellt. In der Reformierten [*hervormd*] Kirche zeigte sich dies auf vielerlei Weise: Es zeigte sich sowohl an nicht geglückten Experimenten als auch am aufrichtigen Wunsch des gegenwärtigen Theologiestudenten, auf jeden Fall zu wissen, was er mit seinem Votum und seinem Gebet, seiner Abendmahlsfeier und seinem Segen eigentlich tut. Es zeigte sich an der Arbeit des *liturgische kring*,[5] in dem ich jahrelang zu dieser Materie hinzulernte, aber auch im freisinnigen Kreis »Eredienst«.[6] Es zeigte sich an intensiven theologischen Diskussionen, aber auch an allerlei kleinen Veränderungen in manch einem Gottesdienst.

Dieses Buch möchte nun dem Leser zunächst einmal bei der Besinnung auf das Wesen des Gottesdienstes und bei dessen Anwendung auf die Reformierte [*hervormd*] Kirche helfen. Aber das Buch möchte gleichzeitig auch eine Handreichung
|8 | für die Praxis sein. Wenn wir Gott in seinem Haus dienen, darf nichts unordentlich oder zufällig, und schon gar nichts seelenlos sein. Darüber sind wir uns sicherlich einig. Aber dann müssen wir uns auch Rechenschaft darüber ablegen können, was die Bedeutung jedes Wortes und jeder Gebärde ist. Dann erst können

wir beurteilen, ob und inwiefern der Gottesdienst anders werden muss. Dieses Buch ist folglich nicht nur für Pfarrer, sondern auch für Gemeindeglieder geschrieben. Es soll ein bescheidener Versuch sein, zur Entfaltung des Gottesdienstes beizutragen. Es möchte uns helfen, bewusst am Dienst der Verkündigung und Anbetung teilzunehmen. Es will uns bewusst machen, was wir besitzen und was wir vermissen. Es stellt eine Richtlinie dar, aber es wendet diese auch auf die Praxis an.

Der *liturgische kring* hat zu vielen Erkenntnissen, die hier zum Besten gegeben werden, seinen Anteil beigetragen. Er darf jedoch auf keinen Fall für dieses Buch zur Verantwortung gezogen werden. Wenn man wissen möchte, was der *liturgische kring* denkt, konsultiere man das von ihm herausgegebene *Handboek* (das einen komplett anderen Charakter als dieses Buch aufweist) und seine anderen Publikationen.[7]

Dieses Buch ist ein Lehrbuch und es ist für alle Gemeindeglieder, die gerne etwas lernen wollen, geschrieben. Der Verfasser zählt sich selbstverständlich auch selbst dazu. Er ist nicht der Meinung, dass er bereits alles weiß. Vielmehr trachtet er danach, gemeinsam mit anderen zu lernen, was Gott von uns will, wenn wir – laut seinem Gebot – zusammenkommen.

Das Schreiben dieses Buches hat mich in den dunklen Monaten nach dem 10. Mai 1940[8] beschäftigt, getröstet und gestärkt. Das Buch hat sein Ziel erreicht, wenn es einigen bewusst machen kann, dass – auch wenn alle irdischen Häuser abgerissen werden – Gottes Haus offen steht.

Vorwort zur zweiten Auflage

Dieses Buch erschien erstmals 1940. Seither ist das kirchliche Gespräch über den Gottesdienst gut in Gang gekommen. Für bestimmte Schlussfolgerungen ist es noch zu früh. Darum wurde an dieser Neuauflage nahezu nichts verändert. Lediglich die Literaturangaben wurden überarbeitet.

August 1946.

|9 # | Kapitel 1

Liturgik

§ 1. Die Liturgik ist die Lehre des Gottesdienstes. Sie zählt in der theologischen Enzyklopädie zur »Lehre des Dienstes«.[9] *Diese wiederum ist nichts anderes als die Theologie selbst, so wie diese als »Dienst«, d.h. als Tat in Antwort auf Gottes Tat in die Welt tritt.*

Liturgik als [ein Aspekt der] Lehre des Dienstes ist ein wirklich dogmatisches Fach. Genauso wenig, wie man die Lehre des Dienstes oberflächlich als »praktische Theologie« abtun darf, darf man die Lehre des Gottesdienstes zu einer Art Technik oder kirchlichem Savoir-vivre machen. Das kleinste liturgische Detail, die geringste Veränderung des liturgischen Wortes oder des liturgischen Handelns ist unmittelbar von theologischer Bedeutung. Ein beinahe zwanzigjähriges Gespräch mit Theologen über liturgische Fragen hat sie und mich in zunehmendem, manchmal nahezu beklemmendem Maß zur Überzeugung geführt, dass man keinen kleinen liturgischen Finger geben kann, ohne dass unmittelbar die ganze theologische Hand genommen wird. Als wesentlicher Bestandteil der Lehre des Dienstes ist die Liturgik also nicht ein wichtiger Zusatz der theologischen Wissenschaft, sondern vielmehr diese Wissenschaft selbst. Die Lehre des Dienstes ist jedoch nichts anderes als ein anderer Aspekt der Dogmatik, der Ethik und der Politischen Theologie. Sie ist die Lehre des amtlichen Handelns, wie es sich aus der Offenbarung Gottes ableiten lässt. Und von diesem amtlichen Handeln ist der Gottesdienst wiederum eine bestimmte Form.

§ 2. Im Rahmen der Lehre des Dienstes bezieht sich die Liturgik auf das amtliche Handeln, das an bestimmte Regeln gebunden ist.

Der Begriff »Liturgie«, wie auch immer genauer definiert, umfasst auf alle Fälle eine feste Ordnung des Handelns und Sprechens. Im heidnischen Altertum bedeu-
|10 tete dies eine verpflichtende | Aufgabe, eine Art Frondienst. Der Ausdruck gelangte erst spät aus der griechischen Kirche in den Westen, wo er nun die Gesamtheit der feststehenden Worte und Handlungen bezeichnet, die zusammen den Gottesdienst bilden. Im Unterschied zum amtlichen Handeln also, das beispielsweise in der Seelsorge, in der Kirchenleitung oder im Unterricht vorhanden ist, bei denen der Dienst an Gott in jeweils verschiedenen Formen unter Berücksichtigung der Personen, der Zeitumstände, der Verstehbarkeit usw. verwirklicht wird, geht es in der

Liturgie um das amtliche Handeln, das an feste Formen gebunden ist. Die »Festigkeit« ist abhängig von der Autorisierung durch die Kirche, wobei diese Autorisierung entweder von der Gewohnheit oder von einem ausdrücklichen Beschluss herrühren kann.

> *§ 3. Die Liturgik hat die Aufgabe, die festen Regeln, nach denen der Gottesdienst stattfindet, aufzuspüren, zu beschreiben, aus der Offenbarung heraus zu rechtfertigen und für die Anwendung bereitzustellen.*

Liturgik ist keine »Theorie des Kultus«. Solch eine Theorie gehört in die Religionsphilosophie.[10] Die Liturgik aber geht nicht von allgemeinen Prinzipien aus, sondern von der Offenbarung Gottes in Christus. Sie ist, wie die ganze Lehre des Dienstes, wie die ganze Theologie, konfessionell und kirchlich gebunden – nicht wie jemand, dessen Freiheit durch gewisse Umstände eingeschränkt ist, die außerhalb seines Willens und Wesens liegen, sondern wie jemand, der im Dienst die Erfüllung des eigenen Willens und Wesens findet. Die »Festigkeit« der Regeln, die die Liturgik aufspürt, beruht denn auch nicht auf einem historischen Recht – das würde sie bestenfalls zu Monumenten machen –, genauso wenig auf einem eigenen konsequenten Charakter, sondern allein auf der Tatsache, dass sich diese Regeln als geeignet erwiesen haben, um dem Herrn zu dienen. Eine bestimmte Haltung beim Gebet, bestimmte Worte beim Segen müssen nicht nach ihrem Alter beurteilt werden – auch wenn dieses zweifellos ein Aspekt ist, der eine Rolle spielt. Ebenso wenig dürfen diese Dinge im Blick auf ihre »Stilgerechtheit« beurteilt werden, d.h. ob sie in das »Kunstwerk« der Liturgie hineinpassen, auch wenn dies sicherlich nicht ohne Bedeutung ist. Aber die Liturgie ist keine Antiquität und genauso wenig stilreine Gotik. Sie ist Dienst an Gott und all ihre Bestandteile müssen hinsichtlich ihrer Eignung für diesen | Dienst beurteilt werden. Nur diese |11
kann ausschlaggebend sein, wenn es um die Frage geht, ob die Bestandteile »fest« sein sollen oder nicht, mit anderen Worten ob sie zur Liturgie gehören sollen oder nicht. Die Kirche hat hier im Laufe der Jahrhunderte eine Art liturgischen Kanon geschaffen. Aber wenn sie nicht zum Denkmalamt oder zur Kunstjury verkommen will, darf sie diese Kanonbildung nicht als abgeschlossen betrachten. Diese geht immer weiter: Jedes Element der Liturgie muss sich immer wieder rechtfertigen, und auch neue Elemente können sich anbieten und müssen beurteilt werden. Wir befinden uns also ganz und gar auf dem Gebiet der »Lehre«.

Die Arbeit der Liturgik kann, in Übereinstimmung mit dem oben Gesagten, in vier Aspekte gegliedert werden:

Wer die Regeln des Gottesdienstes finden möchte, muss zuallererst *historisch* vorgehen. Inhaltlich betrachtet ist der größte Teil der Liturgik historische Wissenschaft (so wie auch inhaltlich betrachtet der größte Teil der Theologie historische Theologie ist). Es muss erstens untersucht werden, wie die Regeln im Laufe der Zeit entstanden sind, wie sie sich entwickelt und verändert oder ihre Gültigkeit verloren haben. Genauso, wie die Dogmatik nicht ohne Bibelwissenschaft, Kirchen- und Dogmengeschichte auskommen kann, kann die Liturgik ohne Liturgiegeschichte nicht funktionieren. Und dies ist ihre erste Aufgabe. Diese Aufgabe wurde in letzter Zeit in einigen Kirchen – ich denke vor allem an die Arbeit der Benediktiner und an die Arbeit von deutschen und skandinavischen Liturgikern[11] – mit großem Elan und Erfolg in Angriff genommen. Liturgiegeschichte ist ein besonders interessantes Fach. Man kann an ihr die ganze Kirchen- und Dogmengeschichte ablesen. Aber darum geht es uns hier nicht. Die Liturgiegeschichte ist für die Liturgik nur von Bedeutung, weil sie ihr das Material zur Verfügung stellt: Diese Regeln hatten einst Gültigkeit. Aber in diesem Punkt ist sie dann auch absolut unentbehrlich. Wer über Gottesdienst ohne historisches Wissen spricht, kann noch so scharfsinnig sein – er redet trotzdem in den Wind.

Zweitens muss der Liturgiker *phänomenologisch-beschreibend* arbeiten. Genauso, wie auf die historische Theologie die phänomenologische Theologie folgt, die das gesammelte Material zusammenfasst und dieses im Verstehen des dort sich manifestierenden
|12 Wesens systematisch beschreibt,[12] so muss auch auf die Liturgiegeschichte im engeren | Sinn eine systematische Beschreibung der liturgischen Phänomene hinsichtlich ihres Wesens folgen. Dies ist nicht nur wichtig und nützlich, es ist auch notwendig, wenn wir wissen wollen, worüber wir eigentlich sprechen. So wird sich herausstellen müssen, was die verschiedenen liturgischen Formen sind: Gebet, Glaubensbekenntnis, Sakrament; dabei werden – auch wenn die Forschung sich selbstverständlich innerhalb der Grenzen der christlichen Kirche bewegt – allerlei Unterschiede zu Tage treten, Unterschiede, die nicht selten mit Unterschieden der Strömung, Konfession oder Kirche korrelieren. Aufgrund der hier konstatierten Gemeinsamkeiten und Unterschiede kann man also zu einer Typologie des Gottesdienstes gelangen, wobei Liturgien als Ganzes miteinander verglichen werden. Zuerst kann man den christlichen Gottesdienst als Ganzes mit dem griechisch-heidnischen vergleichen; dann mit dem jüdischen. Man kann auch im christlichen Gottesdienst zwischen einem östlichen und einem westlichen Typus unterscheiden, zwischen einem römischen, einem gallikanischen oder mozarabischen, zwischen einem römisch-katholischen und einem protestantischen oder anglikanischen, zwischen einem reformierten [*gereformeerd*] und einem lutherischen, zwischen einem calvinistischen und einem zwinglianischen sowie zwischen einem kirchlichen und einem sektiererischen. Und so weiter. Wir werden dies in diesem Buch nicht versuchen. Eine derartige Typologie gehört sowohl hinsichtlich des Umfangs als auch hinsichtlich des Wesens eher in eine eigenständige Phänomenologie des Gottesdienstes. Wir werden aber trotzdem in unseren Darlegungen neben der historischen auch der phänomenologischen Betrachtungsweise ständig Aufmerksamkeit schenken. Und wir werden auch immer wieder eine typologische Perspektive einnehmen müssen.

Drittens müssen wir überdies jedoch auch *grundsätzlich theologisch* vorgehen. Dies ist die wichtigste Aufgabe der Liturgik, und sie steht nicht aufgrund einer Rangordnung an

dritter Stelle, sondern weil sie gut vorbereitet sein muss. Wir wissen nun ungefähr, welche Regeln des Gottesdienstes es gibt. Wir haben etwas vom Wesen dieser Regeln verstanden. Wir haben versucht zu verstehen, wie sie aus einem bestimmten Milieu, aus bestimmten Überzeugungen und Erfahrungen hervorgegangen sind. Und wir sind uns bewusst, welche Rolle sie im Gottesdienst spielen. Nunmehr sind wir vorbereitet auf unsere theologische Aufgabe. Der Segen beispielsweise hat diese oder jene Geschichte. Man kann ihn in diesem oder jenem Sinn verstehen. Es gibt eine konkrete Auffassung vom | Segen, bei der gleichsam Heilkraft von den segnenden Händen und durch die Worte |13
des Offizianten auf das Gesegnete übergeht; es gibt aber auch eine Gebetsform des Segens, bei der für das Gesegnete die Gemeinschaft mit Gott erbeten wird; und es gibt noch weitere Möglichkeiten. Doch nun stellt sich die Frage: Was ist richtig? Nicht: »Was können wir mit dem Segen meinen?«, sondern: »Was müssen wir damit meinen, wenn wir Gottes Offenbarung gehorsam sind, wenn wir uns in deren Dienst stellen?« Hier bildet sich also die eigentliche Lehre. Und sie bezieht sich nicht nur auf den Gottesdienst als Ganzes, sondern auf jedes noch so kleine Detail. Jedes Element des Gottesdienstes muss sich, nachdem seine historische Herkunft aufgezeigt wurde, nachdem man sich mit seinem Wesen bekannt gemacht hat, hinsichtlich der Offenbarung rechtfertigen lassen.

Schließlich müssen dann die so gefundenen Regeln für die *Anwendung* vorbereitet werden. Damit ist nicht in erster Linie gemeint, dass jede bestehende Form im Laufe der Zeit gewissen Änderungen unterliegen muss. Das stimmt zwar, auch wenn es nichts Konservativeres als die liturgische Form gibt. Aber hier geht es um etwas anderes. Das historisch Gegebene, in seinem Charakter verstanden und durch die Offenbarung gerechtfertigt, muss jetzt zu einer gegenwärtigen Handlung werden. Es muss also angewandt werden. Hier kommt nun schließlich die »Praxis« zur Geltung. Wenn ich weiß, was der Segen war, ist und sein muss, wird es Zeit, dass ich mich frage: *Wie* muss ich ihn nun erteilen? Auch das ist natürlich keine Praxis im Sinn von Technik, die mit dem Grundsätzlichen nichts zu tun hat, oder im Sinn von Kunst, die nur nach dem Stil fragt. Ich muss hier aus Gegebenem, Verstandenem und Grundsätzlichem die praktische Schlussfolgerung ziehen. Der Segen *war* dies, *ist* das, *muss* so sein, folglich muss ich ihn wie folgt erteilen, mit dieser Geste und mit diesen Worten. Das geringste Detail ist hier von Bedeutung. An die Stelle gedankenloser Bequemlichkeit und individualistischer Willkür trete die bewusste Anwendung der gefundenen Regeln.

|14 # | Kapitel 2

Liturgie

§ 4. Liturgie ist eine amtlich festgelegte Form des Verkehrs zwischen Gott und der Kirche. Die Aufgabe der Liturgik ist es, diese Form immer wieder an der Grundform dieses Verkehrs zu überprüfen: an der Fleischwerdung des Wortes.

Liturgie ist also *Form.* Wir haben es uns unter dem Einfluss des Spiritualismus und des Pietismus angewöhnt, die Form als belanglos anzusehen. Wir stellen dahingegen häufig den Inhalt als das Wesentliche dar. Im krassen Widerspruch dazu steht die scholastische Ausdrucksweise, in der – in Anlehnung an Aristoteles – die Form gerade als das Wesentliche betrachtet wird. Der ungeformte Stoff *(hyle)* erhält ein »Wesen« erst dadurch, dass er sich mit einem bestimmten *eidos* verbindet, sodass ein eigenes Bild entsteht; das *hypokeimenon* oder Substrat ist nicht zu erkennen, es existiert nicht, wenn es nicht begrenzt bzw. zu etwas Eigenständigem gemacht wird durch die *morphe,* die Gestalt; die *materia* wird erst zu etwas durch die *forma,* die sie von anderer Materie unterscheidet.[13] Wir kennen übrigens das Wort »Wesen« noch in seiner ursprünglichen Bedeutung von »Antlitz«. Etwas existiert für uns nur dann, wenn es ein vertrautes Antlitz, ein Wesen hat. Liturgie ist ein solches Wesen.

Es ist unmöglich, ein Wesen selbst zu erschaffen. Es ist ein Stempel, den Gott dem Stoff aufdrückt. Es ist seine Schöpfung. Gott verkehrt mit uns unter bestimmten Gestalten; seine Offenbarung ist nicht ein unsagbares und ungreifbares innerliches Licht, nicht eine unhörbare innerliche Stimme, sondern sie zeigt ein Antlitz. Sie kommt zu uns als Wort, als Tat, als Person. Die Liturgie ist solch ein Antlitz und die amtliche Festsetzung der Form ist nichts anderes als das Bekenntnis, das Gottes Wesen erkennt. Dadurch erhält das christliche Leben ein Element der Festigkeit, der klaren Abgrenzung, dem wir auch begegnen, wenn wir die Theologie unter anderen Aspekten betrachten: im Dogma, im Gesetz. Unser Verkehr mit Gott hat ein irdisches Gesicht; er ist sichtbar oder hörbar oder greifbar
|15 oder erlebbar. Er ist konkret. Er | benötigt einen Ort und eine Zeit, ein Wort und eine Tat. Und dies alles wird ihm auch geschenkt.

Auf der anderen Seite bleibt der Verkehr zwischen Gott und der Kirche *Verkehr,* d.h. er ist dialektisch. Dies bedeutet nicht nur, dass für diesen Verkehr zwei benötigt werden, sondern auch, dass die gegebene Form immer wieder zerbrochen wird oder zumindest zerbrochen werden kann. Der Verkehr mit Gott ist zwar konkret, aber er ist keine feste Substanz. Er ist keine tote Masse, sondern ein lebendiges Antlitz: Das Antlitz des Menschensohnes. Der Verkehr ist beweglich, es geht dabei hin und her. Gott spricht und wir antworten. Wir sprechen und Gott antwortet. Aber die Antwort erfolgt nicht mit absoluter, automatischer Sicherheit auf die Frage. Dies muss freigestellt bleiben. Liturgie ist ein Gespräch, nicht die Probe eines Theaterstücks.

Liturgie ist *eine* Form des Verkehrs Gottes mit seiner Kirche. Es gibt auch noch andere Formen. Es gibt beispielsweise den Verkehr zwischen Gott und Menschen im persönlichen Gebet. Außerdem gibt es den Verkehr zwischen Gott und den Menschen, die nach seinem Willen handeln und die ihren Nächsten Gottes Barmherzigkeit nahebringen. Es gibt noch viel mehr Formen. Aber wenn wir in seinem Namen zusammenkommen, um seinem Gebot folgend Gott zu loben und zu preisen, zu bitten und anzuflehen, um sein Wort zu verkündigen und sein Abendmahl anzurichten, ist dies eine Form dieses Verkehrs, die auf ihre eigene Weise bestimmt ist. Der persönliche Verkehr, der persönliche Auftrag ist nicht unabhängig davon, sondern basiert darauf, er geht davon aus. Mit anderen Worten: Mystik und Ethik wie auch Dogmatik entstehen im Gottesdienst.

Die in der Liturgie gegebene Form muss fortwährend an der Grundform des Verkehrs mit Gott, d.h. der Fleischwerdung des Wortes, geprüft werden. In dieser zentralen Tatsache der Offenbarung sind sowohl das Entstehen als auch das Zerbrechen der Form begründet. Gott ist in Christus Fleisch geworden; er hat eine Gestalt angenommen, er wollte in konkreter Gestalt an unserer menschlichen Wirklichkeit teilhaben. Die Inkarnation ist in höchstem Maß konkret. Dies wird uns noch klarer, wenn wir den griechischen Ausdruck *sarx* auf seinen semitischen Ursprung zurückführen: *basar*. *Basar* bedeutet reales menschliches Leben, sichtbares und hörbares, geistiges und materielles. Es ist kein Stoff, keine Materie, sondern »geprägte Form«,[14] menschliche Gestalt. Dass wir mit Gott verkehren dürfen und dass dieser Verkehr feste Formen erhält, ist die Folge | dieser zentralen |16
Heilstatsache. Gott verkehrt mit der Welt in der Gestalt von Jesus Christus. Aber in der Inkarnation liegt zugleich das Prinzip der Dialektik. Die Gestalt, die Gott annimmt, ist eine gebrochene Gestalt, sie ist die Gestalt des Dieners, der sich entledigte, des Gekreuzigten, dessen Leib für uns gebrochen und dessen Blut für uns vergossen wurde. Die Form, die uns im Gottesdienst gegeben ist, ist eine gebrochene Form. Sie richtet sich nach der Grundform der Offenbarung. Sämtliche Liturgie trägt die Form des Kreuzes.

Dass Liturgie in dem soeben angedeuteten Sinn Form ist, bedeutet Beschränkung und Weite zugleich. »Das göttliche Geheimnis wohnt nicht bei denen, die ein unstillbares Verlangen nach grenzenloser Weite in sich tragen, die das Allgemeine dem Besonderen vorziehen, die das Einmalige verachten und die spotten, der Herr der Himmel könne nicht wohnen in dem Schrein der Enge und Armut. Das gött-

liche Geheimnis wohnt, offenbart und verbirgt sich in dem engen Raum des Gefäßes, das es sich selbst bereitet.«[15] Es ist »nicht das uns Menschen unzugängliche Geheimnis des überweltlichen und verborgenen Gottes, sondern es ist das Wunder der Gegenwart Gottes in dieser Welt« (Stählin).[16] Die Form des Gottesdienstes richtet sich auch darin nach der Grundform der Offenbarung: nicht die »allgemeine«, sondern die »besondere« Offenbarung ist der Ausgangspunkt; nicht die Menschheit, sondern der Mensch Jesus Christus; nicht die Welt, sondern Israel; nicht Gott-im-Allgemeinen, sondern Gott-in-Christus; nicht die heiligen Bücher der Menschheit, sondern die Bibel; nicht das göttliche Leben in der Natur, sondern Brot und Wein, und das Taufwasser. Aber diese Beschränkung ist keine Einengung des göttlichen Lebens. Die Kirche bekennt im Gegenteil, dass sie in Christus das Leben im Überfluss hat. Die Offenbarung bezieht sich nicht auf einen separaten Teil des Lebens, sondern auf das ganze Leben in all seinen einzelnen Aspekten. In diesem Sinn ist die Liturgie der Kern unseres Lebens. »Ich habe es dir ausdrücklich gesagt, verspotte nicht den Gottesdienst, Danilka,« sagt eine Person in Nikolai Leskows Roman *Die Klerisei.* »Und weshalb habe ich dir das gesagt? Weil der Gottesdienst der Kern unseres Lebens ist und daran ist nicht zu rütteln«.[17] Im Gottesdienst erhält das göttliche Geheimnis eine amtliche Form und
|17 von dort aus verbreitet sich seine Gnade über das ganze | Leben der Christen, so wie dies durch dieselbe Gnade als ein Wunder Gottes möglich gemacht wird. Dogmatik und Ethik haben ihren Ursprung im Gottesdienst.

Das menschliche Handeln im Gottesdienst deutet auf das göttliche Handeln hin und ist davon abhängig: So ist das menschliche Sprechen vom göttlichen Wort abhängig und die menschliche Form von der göttlichen Form, der Gestalt Gottes auf Erden. Gottes Handeln nennen wir Schöpfung. Es ist nicht eine einmalige Begebenheit mit beschränkter Bedeutung, es ist nicht nur ein kausales Handeln. Gott ist der lebendige Gott, dessen Wesen seine Beschäftigung mit dem Leben auf Erden ist. Gott ist Liebe.* Gottes Schöpfung geht weiter, nicht nur in der Erhaltung und Vorsehung, sondern vor allem in der Neuschöpfung:

> Die Erde war in der Nacht versunken,
> doch das Schöpfungswort ist widerklungen
> und das Licht entströmte zu Vaters Thron (Lied Nr. 30).[18]

In der Neuschöpfung wird Gottes Schöpfung erst vollendet und es wird auch das Bild Gottes, das anfangs vorhanden war, wiederhergestellt. Die Neuschöpfung ermöglicht die Form, weil sie die Fleischwerdung des Wortes ist. Aber wir dürfen

* Vgl. [Johann Georg] Hamann[, Aesthetica in nuce. Eine Rhapsodie in kabbalistischer Prose, in: ders., Sämtliche Werke, hg. von Josef Nadler, Bd. 2, Wien 1950, 198,28–30]: »Rede, dass ich dich sehe! Dieser Wunsch wurde durch die Schöpfung erfüllt, die eine Rede an die Kreatur durch die Kreatur ist denn ein Tag sagt's dem andern.«

sie nicht von der Schöpfung trennen. Wir müssen die Inkarnation im Lichte der Schöpfung und die Schöpfung im Lichte der Inkarnation sehen. Die Möglichkeit des Gottesdienstes beruht auf Gottes Handeln in beidem. Wir können auch sagen: Sie beruht auf Gottes Wort, und wir meinen damit nicht ein »Schriftprinzip« oder etwas in dieser Art, sondern genau dasselbe, was wir auch unter Schöpfung und Neuschöpfung verstehen: Gott, der kraft seines Wesens – der Liebe – aus sich selbst herausgeht und in die Welt kommt. Die Liturgie ist die Botschaft und die Feier davon. Allerdings gibt es keinen direkten Weg von der Schöpfung zur Neuschöpfung. Dazwischen liegt der Sündenfall, über den wir nicht hinwegsehen können. Die Einheit von Schöpfung und Neuschöpfung beruht nicht auf Entwicklung oder Kontinuität. Wenn wir uns zu dieser Einheit bekennen, dann nicht deshalb, weil wir sie sehen, sondern weil wir an sie glauben. Und wenn wir an sie glauben,
ist das | die Folge der schöpferischen Gnade Gottes, die uns nicht als Menschen |18
dastehen lässt, sondern uns ein Amt verleiht.

> *§ 5. Die Liturgie der Niederländisch-Reformierten Kirche (und von allen anderen christlichen Kirchen) ist nicht eine Ordnung, die willkürlich festgelegt werden kann, sondern das Ergebnis der Art und Weise, auf die diese Kirche ihren Platz in der Ordnung sucht, die bereits in den Anfängen der Kirche existierte und die sich seither ständig weiterentwickelt.*

Die »Liturgie« war im heidnischen Sprachgebrauch – wie wir gesehen haben – eine feste verpflichtende Aufgabe und wurde im Westen zu einem *munus, officium, ministerium,* mit anderen Worten: zu einem Dienst. Das Wort »Dienst« gebrauchen wir dann auch zu Recht für das, was wir mit einem anderen, weniger schönen und weniger korrekten Wort »Religionsausübung« nennen. Wenn wir diesen Dienst noch näher bestimmen wollen, dann sprechen wir von »Gottesdienst«, womit wir andeuten, dass wir uns in den Dienst Gottes stellen, um ihn damit zu ehren.[19] Liturgie beginnt folglich bei Gott, der uns in seinen Dienst stellt, und kehrt auch wieder zu Gott, dem der Dienst gilt, zurück. Im Osten hat das Wort einen etwas anderen Klang. »Liturgie« wurde übrigens erst im 17. Jahrhundert auch im Westen die Bezeichnung für *officium,* Dienst.

Der auffälligste Charakterzug der christlichen Liturgie ist, dass sie *da ist,* d.h., dass sie nicht gleichsam ein Kleid ist, das eine Kirche sich willkürlich maßgeschneidert hat, sondern sie ist ein lebendiger Organismus, der von Anfang an dagewesen ist. Dieser Organismus ist ein echter Organismus; es ist nicht möglich, ihn so zu beschreiben, wie man ein totes Ding beschreiben kann. Man kann nicht sagen: Dies gehört unbedingt dazu und jenes nicht; es kann nicht eine Standardversion *der* christlichen Liturgie geben. Sie ist für Wachstum und Schrumpfen, für Entwicklung und Degeneration empfänglich. Aber unabhängig von alledem *ist* sie

einfach *da*. Eine Kirche schafft sich keine Liturgie an, wie sie sich eine Orgel anschafft, sondern sie tritt in einem bestimmten historischen Augenblick in den Gottesdienst der Kirche ein. Der bestimmte historische Augenblick zeitigt Folgen für die Liturgie. Wenn wir nun wieder, nach langen Jahren der absoluten Gleich-
|19 gültigkeit, | als Niederländisch-Reformierte Kirche in diesen Gottesdienst treten wollen, werden wir dies anders tun als unsere Vorfahren im 16. Jahrhundert. Und die liturgischen Regeln, die wir dann finden, werden infolgedessen auch anders sein. So ist das bei allen Kirchen: Die anglikanische und die römische Kirche sind auch zu einem bestimmten Zeitpunkt, unter bestimmten Umständen in die Liturgie der Kirche eingetreten und ihre Liturgien tragen davon Spuren. Mutatis mutandis gilt dies für jede christliche Kirche. Aber das ändert nichts an der Tatsache, dass die Liturgie als solche ein eigenes unantastbares Leben führt. Sie existiert, weil Gott sie der Kirche gegeben hat. Gott hat ihr seinen Dienst anvertraut.

Gibt es also einen bestimmten Archetyp der christlichen Liturgie? Es versteht sich natürlich von selbst, dass wir einen solchen in der rein historischen Entwicklung auf keinen Fall ausmachen können. Zwar ist das Erforschen der ältesten Formen des christlichen Gottesdienstes in höchstem Maß erforderlich, aber es ist nicht so, dass wir – wenn wir die älteste Liturgie fänden – zugleich auch die wahre, die eigentliche Liturgie vorgefunden hätten. Die historische Entwicklung und die Entwicklung des Wesens hängen zwar zusammen, aber sie sind nicht identisch. Es kann sein, dass wesentliche Züge erst im Laufe der Geschichte zum Vorschein kommen. Deshalb sind die ältesten Formen der Liturgie, die wir kennen – die liturgischen Elemente aus der *Didache*,[20] von Justin dem Märtyrer,[21] von Hippolyt,[22] aus den sogenannten *Apostolischen Konstitutionen*,[23] auch »Klementinische Liturgie« genannt – zwar von sehr großer Bedeutung, aber wir dürfen sie nicht einfach so zur Norm erheben. Nach christlicher Überzeugung ist aller Gottesdienst ein Einstimmen in die himmlische Liturgie. Im Jenseits wird das eingesetzt, was im Diesseits fortgesetzt wird. Der christliche Gottesdienst beginnt in der Christnacht mit dem Engelsgesang.[24] Der Mensch antwortet darauf. Der Hymnus der Engel wird mit dem Psalm des Simeon beantwortet.[25] Gott spricht, der Mensch antwortet. Die Engel singen vor, die Menschen singen nach. »Immer wird die Liturgie der Kirche ... die Teilnahme an einer himmlischen Liturgie bedeuten«,[26] sagt Peterson. In der Präfation wird das Wesen der Liturgie enthüllt: »Darum singen wir mit Engeln und Erzengeln und mit dem ganzen himmlischen Heer den Lobgesang deiner Herrlichkeit.«[27] Gottesdienst ist ein Dienen zusammen mit
|20 den Engeln, ein Einstimmen ihr ihr Loblied. Aber es gibt auch einen historischen | Berührungspunkt der himmlischen und der irdischen Liturgie. Wir müssen diesen nicht in der altkirchlichen Tradition suchen, sondern im Neuen Testament selbst, besser noch: in dem, was Christus selbst eingeführt hat. Wir befinden uns hier zwar also im historischen, aber nicht nur im historischen Bereich. Wir befinden

uns in der Heilsgeschichte. Wir fragen nicht nach dem Ältesten oder Klassischen, sondern wir fragen nach dem vom Herrn Gebotenen. Jesus hat am Gottesdienst der Synagoge und des Tempels teilgenommen. Er hat keinen eigenen Gottesdienst ins Leben gerufen. Aber er hat schon die Grundlage dafür geschaffen. Im Grunde stammt der christliche Gottesdienst von ihm. Der neue Kultus, den er gebietet, ist festgehalten in seinen Worten: »Tut dies zu meinem Gedächtnis« [Lk 22,19; 1Kor 11,24]. Am deutlichsten wird dies in der besonderen Offenbarung, die Paulus vom Herrn empfangen hat, 1Kor 11,26: »Sooft ihr von diesem Brot esst und aus diesem Kelch trinkt, verkündet ihr den Tod des Herrn, bis dass er kommt.« Paulus zieht da die Schlussfolgerung aus der Überlieferung (*paradosis*) der Einsetzung des Heiligen Abendmahls. In den Evangelien selbst ist noch nicht die Rede von einem Ritus; dort bleibt es bei der Schilderung dieser momentanen Szene. Aber die Gemeinde hat unter der Leitung des Paulus zu Recht die Handlung des Herrn als Einsetzung verstanden. Im Obergemach, wo Jesus mit seinen Jüngern beisammen ist, beginnt der christliche Gottesdienst.

Jede Kirche, die sich auf ihren Gottesdienst besinnt, wird folglich ihren Platz im lebendigen Organismus des christlichen Gottesdienstes suchen müssen. Versteht sie ihre Aufgabe, dann wird sie nicht ruhen, bis sie diesen Platz gefunden hat. Die großen dogmatischen Bewegungen, die zu Ketzereien oder zur Ausbildung neuer Kirchen führen, gehen entweder von der Liturgie aus oder haben liturgische Folgen. Und alle großen christlichen Kirchen haben denn auch ihren eigenen liturgischen Charakter. Die Kirche wird sichtbar in der Liturgie. Wir stellen hier in Kürze die Haupttypen dar:

Im *Gottesdienst der Orthodoxie* wird der *östliche Kirchentypus* sichtbar. Dort vergegenwärtigt sich der »Himmel auf Erden«. Das rührt daher, dass man keinen klar definierten Sakramentsbegriff hat. Alles, was im Gottesdienst geschieht, ist sakramental, d. h. Träger der göttlichen Mitteilung. Einen großen Raum nimmt der Gesang ein, und zwar in solchem Maß, dass die Hierarchie musikalisch geordnet ist (der Diakon muss eine tiefe Bassstimme haben | usw.). Von noch viel größerer Bedeutung sind die Ikonen, die Bilder, |21
die in eminentem Sinn sakramentale Bedeutung haben. Das Herstellen einer Ikone ist eine heilige Tätigkeit; die Ikonostase oder Bilderwand, die das Heiligtum von der Kirche trennt, ist die Pforte, durch die die Verbindung mit dem Göttlichen zustande kommt. Im Kultus wird das Heilsgeschehen gegenwärtig. In den Hymnen kommt dies eindrücklich zum Ausdruck, z. B. im Osterhymnus: »Gestern bin ich mit dir begraben worden, o Christus; und mit dir stehe ich heute auf.«[28]

Der *westliche Kirchentypus* unterscheidet sich im Allgemeinen vom östlichen durch seine kritischere Haltung: Die Kluft zwischen Himmel und Erde, zwischen Gott und Mensch, wird als so breit angesehen, dass der Gottesdienst lediglich einen Vorgeschmack auf die himmlische Seligkeit geben kann. Darum ist die westliche Kirche auch stärker pädagogisch ausgerichtet und legt seit jeher großen Wert auf Unterricht und Predigt. Dem Mysterium der Inkarnation, zu dem sie sich wie auch die östlichen Kirchen bekennt, versucht sie im Allgemeinen eine solche Form zu verleihen, die einen Anschluss an die menschliche Vorstellung und an das menschliche Handeln ermöglicht.

Dieser Typus manifestiert sich zunächst in der *römisch-katholischen Liturgie.* Das Sichtbarwerden der Kirche wird hier möglichst rationalisiert. Um dem im Osten drohenden Pantheismus vorzubeugen, wird die Hierarchie (sowohl in Bezug auf die Feier des Mysteriums als auch auf die Lehre) streng geregelt. Die Trennung von Heiligtum und Kirche ist weniger absolut als in den östlichen Kirchen; man kann alles sehen, aber man kann es nur *sehen,* während man es im Osten *handelnd erfährt.* Der Chorraum ist den Priestern vorbehalten. Jegliche Kritik wird hierarchisch neutralisiert. Der Drang zur Rationalisierung wird u.a. daran deutlich, dass das Mysterium der Fleischwerdung durch die späte Theorie der Transsubstantiation in akzeptable Bahnen gelenkt wird. Man erkennt das Mysterium an, aber nur innerhalb bestimmter, exakt definierter Grenzen. Die Anzahl der Sakramente wurde folglich auch genau festgelegt, und zwar auf sieben (obwohl dies erst sehr spät definitiv so festgelegt wurde und die Kategorie der Sakramentalien einen gewissen Spielraum lässt).[29]

Der westliche Typus manifestiert sich zudem in den *lutherischen Kirchen.* Wir dürfen nicht vergessen, dass die reformatorischen Kirchen, wie stark auch immer manchmal ihr Gegensatz zu der römischen Kirche sein mag, trotzdem mit Letzterer zusammengehören, wenn sie mit den östlichen Kirchen verglichen werden. Auch sie stehen der Form kritisch gegenüber, die das Leben mit Gott in der Kirche annimmt. Ihre Kritik setzt in der Reformationszeit etwas tiefer an, als dies jahrhundertelang geschehen war. Auch die festen Bahnen der Hierarchie und des rational betrachteten Sakraments werden verworfen. Die einzige Gestalt, die anerkannt wird, ist die »Gestalt des Glaubens« (Tillich).[30] Darin findet sich sowohl das Formprinzip als auch die Kritik an der Form. Daher kann man keine absolut festen Formen festlegen: das Amt, das Sakrament, die Lehre – sie alle können nur *sub conditione* existieren. Eine Neufassung dieses Prinzips konnte die Reformation nicht leisten; obwohl das Amt und die Sakramente unangetastet blieben, gerieten sie allmählich in den Hintergrund und die Theologie beschäftigte sich wenig damit.
|22 In Luthers Konsubstantiation | findet sich zwar eine Entrationalisierung der römisch-katholischen Lehre, aber es blieb bei einem Ansatz. Die positiven Kräfte der Reformation galten der Predigt, zunächst vor allem als Katechese, dann aber auch als *kerygma.* Das Wort Gottes wurde das zentrale Mysterium, in der Bedeutung einem Sakrament gleich, sogar mehr als gleich; oft jedoch auch ein neues Mittel zur Rationalisierung, wobei das Göttliche wiederum kanalisiert wurde. Die Anzahl der Sakramente wurde aus rational-biblischen Gründen auf zwei beschränkt. Und wo die Norm der Heiligen Schrift nicht ausreichend erschien, musste die Norm des Staates die Ordnung der Kirche wahren.

Nochmal anders verwirklicht sich die Kirche im Gottesdienst der *reformierten [gereformeerd] Kirchen.* In Bezug auf unsere Thematik müssen diese als die konsequentesten Trägerinnen der Reformation betrachtet werden. Der Chorraum fällt gänzlich weg, das Sakrament wird eingeschränkt und verliert seinen zentralen Stellenwert im Gottesdienst (den es zumindest in den lutherischen Kirchen im Prinzip behielt). Dies kann eine neue

Rationalisierung bedeuten, wie wir sie vor allem bei Zwingli sehen. Der Gottesdienst verliert dann seinen objektiven Wert. Dies muss jedoch keineswegs der Fall sein, und ist es bei Calvin auch nicht. Doch entbehrt er einer festen, dauerhaften Form. Er ist immer *ad hoc*. Eine leere, reformierte [*gereformeerd*] Kirche ist ein Saal, ein emeritierter Amtsträger ein gewöhnliches Gemeindeglied. Das Predigen des Wortes ist die bewegliche Form, in der das Leben mit Gott sich äußert. Wird es zu beweglich, dann beruft man sich auf die Schrift. Das Kennzeichen einer wahren Kirche ist dann auch, dass die Sakramente und die Schrift ausgeteilt werden.

Anglikanische Kirche – Sie wird zu Recht »Brückenkirche« genannt. In ihrem gegenwärtigen Zustand weiß die Kirche Englands viele Elemente zu vereinigen, die in anderen Kirchen getrennt sind. Sie ist stolz auf ihre »comprehensiveness«. Seit jeher der Dogmatik abgeneigt, legt sie den Schwerpunkt auf das Handeln, und zwar sowohl in praktisch-ethischer Hinsicht als auch im Gottesdienst. Der Dienst wird verrichtet und bildet das objektive Element bei allem Wechsel von Predigt und Auslegung. In konfessioneller Hinsicht ist die Liturgie wichtiger als das eigentliche Bekenntnis. »Sacraments are for use, not for discussion«, sagte einmal ein anglikanischer Bischof in einem Gespräch über die Theologie der Sakramente.[31] Die englische Kirche beruft sich gerne – sowohl gegenüber Rom als auch gegenüber der Reformation – auf die altkirchlichen Vorfahren. Weder rationalisiert noch kanalisiert sie, auch wenn sie sowohl das Amt (apostolische Sukzession) als auch die Lehre (Bekenntnisrevision, an der sie hart arbeitet) und den eigentlichen Gottesdienst im Auge behält. Die Gemeinschaft mit Gott in Christus ist hier – genauso wenig wie in der Kirche des Ostens – an rationale oder hierarchische Vermittlung gebunden. Der Schwerpunkt liegt auf dem Existentiellen. Man versuchte zwar dabei das kritische Element der Reformation, die Bedingung des Glaubens, beizubehalten. Das eine zusammen mit dem anderen führt mitunter natürlich zu ziemlich stark divergierenden Ansichten (von den »Anglo-Catholics« bis hin zu den »Evangelicals«).[32]

Schließlich die *pietistisch-methodistisch gefärbten Kirchen und Gemeinschaften*. Man trifft diese nicht nur als selbstständige Kirchen (vor allem in Amerika und England) an, sondern auch und vor allem als Gruppen innerhalb anderer | Kirchen. In unseren nie- |23
derländischen Kirchen machen sie einen nicht geringen Teil dessen aus, was in der Regel »die Orthodoxie« genannt wird. Sie haben die Neigung, das ganze Leben mit Gott ins Innere zu verlegen. Jede Form wird dabei zu einer »bloßen Form« (dies gilt sowohl für die Lehre als auch für den Gottesdienst). Der Gottesdienst wird zu einer erbaulichen Zusammenkunft und damit im Grunde aufgehoben. Dasselbe gilt auch für das Sakrament. Als Korrektiv zur Rationalisierung und zur Kanalisierung leisten diese Strömungen immer noch einen unersetzlichen Dienst. Sie können aber der Kirche als Ganzes nicht eine Richtung weisen, im Gegenteil: Sie sind für den völligen Mangel an kirchlichem Bewusstsein verantwortlich, unter dem wir noch immer leiden. Auf der anderen Seite dürfen wir nicht vergessen, dass noch immer der größte Teil der lebendigen Frömmigkeit der christlichen Gemeinde (auch bei uns) in diesen Strömungen geboren und von ihnen genährt wird, für die die Frage nach der Form des Lebens mit Gott kaum in Betracht gezogen wird.

Auf der Suche nach ihrem Platz in der Gesamtheit des christlichen Gottesdienstes kann eine Kirche nicht einfach der historischen Entwicklungslinie folgen. Eine solche Linie führte übrigens zu einem willkürlichen Ziel: Man kann mit ihr genauso gut bei der westlichen wie bei der östlichen Liturgie, beim anglikanischen Reichtum wie bei der pietistischen Innerlichkeit enden. Aber ebenso wenig kann eine Kirche sich einfach mit demjenigen abfinden, was sie im Augenblick ihrer Besinnung zu besitzen scheint. Sie würde dann Gefahr laufen, dem Historizismus und dem Traditionalismus anheimzufallen. Und tatsächlich ist die Gefahr groß, dass man aufgrund einer Form der Liturgie, mit der man aufgewachsen ist und an der man aufgrund starker Verbundenheit hängt, eine Art Apologie dieser Form aufstellt, die deutlich macht, dass sie die bestmögliche ist. Solche Versuche sind – sei es, dass sie sich im phänomenologischen Sinn auf einen volksbedingten Frömmigkeitstypus stützen, sei es, dass sie mit Gottes Fügung in der Geschichte verteidigt oder sogar mit »biblischen« Argumenten gerechtfertigt werden – genauso gefährlich für die theologische Gesundheit einer Kirche wie ähnliche Versuche, eine Konfession immer im gleichen Zustand zu erhalten. Sie haben den Tod des Gottesdienstes zur Folge, wie auch die anderen Versuche den Tod der Lehre. Noordmans Buch ist bezüglich des erstgenannten Totschlags ein genialer Versuch.[33]

Eine Kirche hat folglich keinen unmittelbaren Zugang zum lebendigen Gottesdienst der Kirche. Sie muss diesen Zugang suchen. Und dabei muss sie die Entwicklung berücksichtigen, die | der lebendige Organismus der Liturgie durchmacht. Der Ausdruck »Entwicklung« darf hier natürlich nicht im evolutionären Sinn verstanden werden. Dann wäre ja die neueste Liturgie die beste. Vielmehr muss der Entwicklung im Zusammenhang mit der Grundform des Verkehrs Gottes mit den Menschen nachgespürt werden. So kann es sein (genauso, wie es beim Dogma der Fall ist), dass manche Elemente des Gottesdienstes erst sehr spät in der Geschichte der Kirche zutage treten; es kann auch sein, dass bestimmte Elemente, die einst lebendig und kräftig waren, im Laufe der Zeit verkümmern. Es gibt in der Liturgie Knospen, die lange geschlossen blieben; es gibt abgestorbene Triebe; es gibt auch scheinbar tote Zweige, die zu neuem Leben erblühen. Mit anderen Worten: der Gottesdienst ist eine lebendige Pflanzung Gottes und seine Entwicklung ist Wachstum.

|24

Wenn sich nun die Niederländisch-Reformierte Kirche auf ihren Gottesdienst besinnt, wird sie natürlicherweise bei sich selbst beginnen müssen. Sie wird also zuallererst der Frage nachgehen müssen, was an Liturgie in ihr lebendig ist; im Anschluss daran wird sie überlegen müssen, ob dieses noch Lebendige, gemessen am ursprünglichen Einsatz im reformierten [*hervormd*] liturgischen Leben, nicht eher eine Verkümmerung ist. Nun also bei den reformatorischen Liturgien angelangt, insbesondere bei derjenigen Calvins, wird sie sich ferner fragen müssen,

inwieweit im Blick auf die Grundform des Verkehrs Gottes mit dem Menschen eine Änderung dieser Formen erforderlich ist. Dabei wird sie ihren Blick zuallererst auf die ältesten Formen des christlichen Gottesdienstes richten müssen, die uns in den sogenannten *Apostolischen Konstitutionen* (*Constitutiones apostolorum*),[34] bei Justin dem Märtyrer,[35] bei Hippolyt[36] und in der *Didache*[37] überliefert sind. Aber auch diese ältesten Formen können nicht über die heutigen entscheiden. Auch sie müssen, genauso wie die reformatorischen und die aktuellen, an der Grundform selbst gemessen werden, so wie sie in der Heiligen Schrift offenbart wird. Dort jedenfalls sehen wir, wie der Verkehr Gottes mit dem Menschen in der Einsetzung des Heiligen Abendmahls liturgische Form annimmt. Schließlich wird die Kirche, die so ihren Platz sucht, in keinem Moment vergessen dürfen, dass sie – kraft ihres Wesens – mit allen anderen christlichen Kirchen organisch verbunden ist, auch mit solchen, von denen sie durch dogmatische und kultische Differenzen getrennt ist. Es ist also nicht nur nützlich, sondern sogar auch Pflicht, dass sie den Gottesdienst | dieser Kirchen erforscht und versucht, daraus zu lernen. |25
Von sklavischer Nachahmung kann hier ebenso wenig die Rede sein wie von verständnisloser Ablehnung. Der Gottesdienst, den die Kirche braucht, wird sicher nicht eine Mischung von allerlei liturgischen Typen sein können. Aber die Kirche wird ebenso wenig leben können ohne die Berührung mit dem Gottesdienst in anderen Zweigen der einen Kirche. Und diese anderen Zweige sind sowohl die entferntesten Ausläufer als auch die nächsten Nachbarn.

§ 6. Die Stelle, an der die Niederländisch-Reformierte Kirche in den Gottesdienst eintreten sollte, liegt an der Schnittstelle zwischen Verkündigung und Liturgie.

Wenn überhaupt ein Unterschied zwischen dem Römischen Katholizismus und dem Reformierten [*hervormd*] Katholizismus deutlich wird, dann wohl im Bereich der Liturgie. In beiden Kirchen gibt es eine liturgische Bewegung. Aber was für ein Unterschied zwischen den beiden! Auf der römisch-katholischen Seite umspült diese Bewegung das feste Gebäude des Gottesdienstes. Zwar wissen ihre Priester, dass dieses Gebäude ebenso wenig wie Rom an einem Tag erbaut wurde. Und doch sind verschiedene Stile deutlich zu erkennen. Es ist zwar unverkennbar, dass die ursprüngliche Struktur an nicht wenigen Stellen verändert, ja sogar entstellt wurde. Es muss schon zugegeben werden, dass manche Teile des gewaltigen Komplexes nicht mehr als interessante Ruinen sind, eingebaut und konserviert durch spätere Bestandteile anderen Stils, wohingegen andere Teile stark den Fassadencharakter der Renaissance oder des Barock aufweisen. Aber so wie der Dom in Aachen trotz der Kombination eines romanischen Oktogons mit einem gotischen Chor und selbst trotz der Renaissancefront eine lebendige Einheit ist, so ist auch

der römisch-katholische Gottesdienst eine solche lebendige Einheit, auch wenn einige die Renaissance gerne ein wenig tarnen würden und die ursprünglichen Züge der altkirchlichen Struktur stärker hervortreten ließen. Die römisch-katholische liturgische Bewegung ist eine Erweckungsbewegung: Der jahrhundertealte Besitz muss bewusst gemacht werden, die ursprüngliche Kraft des Gottesdienstes muss wiedergefunden werden, die Gemeinde muss aktiviert werden. Vielleicht
|26 können wir auch sagen: Das | barocke, heilige Schauspiel muss wieder in einen echten Kultus verwandelt werden. Aber weiter können wir nicht gehen.

Die reformatorische liturgische Bewegung dahingegen kann, wenn sie überhaupt etwas sein soll, nicht weniger als eine Umgestaltung bedeuten. Der Gottesdienst wurde im 16. Jahrhundert von den Reformatoren unterschiedlich behandelt. Luther ließ ihn möglichst intakt, sowohl aus Verbundenheit mit dem katholischen Bekenntnis, das im Kultus trotz allem lebendig war, als auch aus taktischen und pädagogischen Überlegungen heraus. Er blieb bei der Messe als Grundform. Noch zu Bachs Zeiten sang man in Leipzig die Messgesänge abwechselnd in Latein und Deutsch und wer sich die Messe mit einem musikalischen Ohr anhörte, fand möglicherweise keine großen Unterschiede zum vorreformatorischen Kultus. Was Luther gestrichen hat, stand ja im Canon Missae, dem am wenigsten äußerlich sicht- und hörbaren Teil der Messe. Und doch veränderte diese Weglassung das Wesen. Denn damit wurde der sakramentale Mittelpunkt des Gottesdienstes, so wie er im Spätmittelalter festgelegt wurde, beseitigt. Das Gebäude blieb, auch der Altar blieb; aber die innere Struktur, der eigentliche Grundriss wurde verändert. Es wurde nicht mehr länger das »Messopfer« dargebracht. Auch wenn Luthers Sakramentenlehre sehr konservativ war und auch blieb, auch wenn sein Glaube an die reale Gegenwart des Herrn im Sakrament felsenfest war: Die Darbringung des Opfers Christi an Gott fiel weg. Damit wurde zwar nicht der Mittelpunkt des christlichen Gottesdienstes beseitigt. Denn auch das christliche Altertum hatte diesen nicht dort gesucht, wo ihn das Mittelalter gefunden hat. Aber damit fiel schon das Zentrum des Kultus weg, so wie es das Mittelalter gesehen und bestätigt hatte. Der Altar blieb, aber seine Funktion wurde problematisch.

Auch das Element, das Luther einführte oder besser gesagt erneuerte, führte nicht zu einem bleibenden Ergebnis: Die Predigt wurde wesentlich, aber verwuchs mit dem Gottesdienst nicht zu einem Ganzen, geschweige denn, dass sie zu einem neuen Mittelpunkt wurde. Der Gottesdienst wurde teils zur Katechese – und es ist Luthers unsterblicher Ruhm, dass er dieses liturgische Opfer brachte, denn es war sehr nötig! – teils zur Verkündigung, und im besten Falle beides in einem. Aber das richtige Verhältnis zwischen Verkündigung und sakramentalem Gottesdienst
|27 wurde nicht gefunden. Der | Mittelpunkt war weg. Es entstand diese eigenartige Form von Gottesdienst, der aus einer »Liturgie« besteht, die eine Art Einleitung

ist; danach folgt eine Predigt und schließlich die Abendmahlsfeier, an der lediglich ein Teil der Gläubigen in der Kirche teilnehmen: drei separate Elemente, durch keinen zentralen Gedanken miteinander vereint. Daher rührt etwas, das zwar sehr schön, aber liturgisch äußerst bedenklich ist: die fast tropische Blüte der lutherischen Kirchenmusik. Wie in unserem – in dieser Hinsicht weniger gesegneten – Vaterland die überreichen Renaissance- und Barock-Orgelprospekte den leeren Altarraum füllten, so wurde dieser in den deutschen evangelischen Kirchen durch die polyphone Musik gefüllt.

In den calvinistischen Kirchen wurde das Vakuum deutlicher sichtbar. Calvin ist im Vergleich zu Luther ein revolutionärer Geist. Zwar war auch seine Reformation des Gottesdienstes keineswegs ein Bildersturm und ebenso wenig eine Reduktion auf das liturgische Monstrum methodistisch-puritanischen Ursprungs, das viele gegenwärtig ja als typisch calvinistisch ansehen. Dass auch Calvin nicht im Geringsten den christlichen Gottesdienst durch erbauliche Zusammenkünfte ersetzen wollte, zeigt sich zunächst an der großen Sorgfalt, die er persönlich in Bezug auf die kultische Form an den Tag legte (wobei sogar besonders erfreuliche liturgische »Neuerungen« – in Wirklichkeit Entwicklungen – nicht fehlten, wie die Lesung des Gesetzes des Herrn,[38] der stereotype Gebrauch des *Nunc Dimittis*,[39] der Abendmahlstisch, an dem die Gemeinde sitzt);[40] aber auch und vor allem zeigte sich dies an seinem Wunsch nach monatlichen, ja sogar wöchentlichen Abendmahlsfeiern.[41] Aber das ändert alles nichts an der Tatsache, dass die calvinistischen Kirchen in vielerlei Hinsicht radikal mit der Form des Gottesdienstes gebrochen haben. Das Wort »Messe« wurde für sie zum Inbegriff des Abscheulichen. Die Verkündigung des Wortes dagegen wurde nicht zum Zentrum, denn auf die Dauer blieb nur wenig anderes neben dieser Verkündigung übrig. Die Abendmahlsfeier erhielt einen separaten Ort und fiel so aus dem Rahmen des regelmäßigen Gottesdienstes heraus. Der »Dienst des Betens«,[42] in den reformierten [*gereformeerd*] Kirchen ursprünglich ein selbstständiger Teil des Kultus, wurde immer mehr zur Umrahmung der Predigt. Der Gesang war dies beinahe schon von Anfang an. So füllten die reformierten [*gereformeerd*] Kirchen das entstandene Vakuum zwar nicht, aber sie ersetzten die | ganze Struktur durch etwas |28
anderes: die Predigt des Wortes. Der Rest blieb lediglich als Relikt bestehen. Dass dabei viel Wertvolles gerettet wurde und dass sogar – vor allem was den Schatz der Gebete betrifft – allerlei Neues gewonnen wurde, kann an der Hauptsache nichts ändern: An die Stelle des Altars, der auch äußerlich verschwand, trat die Kanzel. Die Sakramente blieben zwar bestehen, aber daneben und abseits, in einem Winkel der Kirche.

Es versteht sich daher von selbst, dass die liturgische Bewegung im evangelischen, vor allem im calvinistischen Bereich eine ganz andere Aufgabe hat als diejenige in der römisch-katholischen Kirche. Nicht Aktivierung oder Wiederher-

stellung – auch wenn diese Momente stark mit hinein spielen können – beherrschen die liturgische Bewegung in unserer Kirche, sondern etwas von viel größerer Tragweite. Nicht zu Unrecht hat Noordmans, der diese Bewegung mit einer gewissen Unruhe beobachtete, von einer neuen Reformation als Konsequenz gesprochen,[43] wenn auch nicht als unmittelbare Wirklichkeit. Mit weniger werden wir in der Tat nicht auskommen. Bei uns geht es bei der Liturgie um alles, nicht nur um die Lehre des Dienstes im engeren Sinn, sondern auch um Dogmatik und Ethik, Kirchenordnung und Lebensordnung. Es geht ja um den Mittelpunkt des Gottesdienstes. Und dieser kann schwerlich etwas anderes sein als die äußere Form des christlichen Lebens, so wie Gott es dem Menschen schenkt. Der Platz des Altars steht zur Diskussion. Der Calvinismus entfernte ihn aus dem Gottesdienst. Er zog damit lediglich die Konsequenz aus Luthers Ablehnung des Messopfers. Er rückte die Kanzel, die davor auf der Seite oder mitten in der Kirche unter dem Volk stand, in den Mittelpunkt. Die reformierte [*gereformeerd*] Kirche versammelte sich mit ihren Gemeindeältesten und Diakonen rund um die Kanzel. Diese wurde zum Mittelpunkt des Gottesdienstes. Natürlich blieben die Sakramente bestehen. Aber sie wurden von einem festen Mittelpunkt der liturgischen Struktur zu beweglichen, zeitweiligen Lagern im Feldzug von Gottes verkündigter Gnade. Das Abendmahl wird in längeren Zeitabständen ausgeteilt, irgendwo in der Kirche, an einzelnen Tischen. Wenn es vorüber ist, bemerkt man seine Existenz an keinem Symbol, an keinem Gerät. Die Taufe benötigt kein Taufbecken mehr. Ein an der Kanzel befestigtes simples Becken ist ausreichend und wird
|29 gleich nach der Spendung der Taufe wieder entfernt. Aber auf dieser | Kanzel liegt ständig Gottes offenes Wort, das Wort der Verkündigung.[*]

Das ist der Gewinn, der dem Verlust gegenübersteht, den die Reformation in liturgischer Hinsicht bedeutete. Wir können diesen Gewinn nicht hoch genug einschätzen. Er besteht in der Wirksamkeit der Heiligen Schrift in der Gemeinde durch die Predigt. Predigen ist nur eine von zwei Formen der Verkündigung. Die erste Form ist liturgisch. Sie besteht in der Wirksamkeit von Gottes Wort in Lesung und Gebet, Lobgesang und Gnadenzuspruch. Die Reformation hat sie (leider!) auf sehr wenig reduziert. Aber die zweite Art der Verkündigung, die Predigt, hat sie in den Mittelpunkt gestellt. Das gepredigte Wort fehlte zwar in der Kirche niemals gänzlich, aber die Reformation entdeckte wieder die selbstständige Wirkung von Gottes Wort durch die Predigt. Luther und Calvin waren Humanisten im Dienst der Kirche. Sie gingen vom Lateinischen hin zum Hebräischen und Griechischen, und von dort aus zu den Landessprachen. Ein neues Verständnis

* Es ist folglich nicht so, wie Noordmans es darstellt, dass das Sakrament das »Sesshafte« und das Wort das »Reisende« ist. Zumindest in den reformierten [*gereformeerd*] Kirchen ist es genau umgekehrt! [Oepke Noordmans, Kansel of altaar (1939), in: ders., Verzamelde werken, hg. von J. M. Hasselaar et al., Kampen 1986, 188].

von Gottes Wort, eine Entdeckung und Entkrustung fanden statt. Die stete Korrektur des Glaubens und des Lebens, die anhaltende Inspiration des Gottesdienstes und des Unterrichts, die Kontinuität der Offenbarung selbst fanden darin ihren Platz. Sie sprengten den liturgischen Rahmen. Die Auslegung der Heiligen Schrift, die »Eröffnung des Wortes«, erlangte zentrale Bedeutung. Unweigerlich wurde somit ein Gebet vor oder nach der Predigt, ein Lied davor und danach zum bloßen Rest erklärt; anfänglich blieben immerhin das Sündenbekenntnis und das Credo, das Fürbittengebet und der Psalm bestehen, dazu kam noch das Gesetz.

Verkündigung durch Predigt, das heißt: Ein offener Gottesdienst verbunden mit der Möglichkeit oder, wenn man so will, mit dem Risiko von Reform und Ketzerei. Das heißt: ein offenes Glaubensbekenntnis, unter stetiger Korrektur der Auslegung des Wortes Gottes. Dies kann menschliche Willkür bedeuten, aber es kann auch das offene Tor für Gottes Geist bedeuten. Die immer wieder neue Formulierung von Gottes Wort zum Menschen in immer wieder neuen aktuellen Kontexten, die immer wieder erneuerte »Anwendung« (seit jeher der Kern der Predigt) können in Prinzipienreiterei oder – moderner ausgedrückt – | in einem |30
erbaulichen Essay ausarten. Aber sie können auch ein lebendiges Bekenntnis gewährleisten.

Verkündigung und Liturgie – werden sie in permanentem Widerspruch zueinander stehen? Muss Rom von der Verkündigung absehen und Genf von der Liturgie? Schließt die Offenheit der Verkündigung die feste Ordnung des sakramentalen Gottesdienstes aus, und umgekehrt? Oder gibt es hier noch eine dritte Möglichkeit? Es muss nach dem Gesagten kaum mehr ausgeführt werden, dass Noordmans völlig recht hat, wenn er diese dritte Möglichkeit mit einer eventuellen neuen Reformation gleichstellt.[44] Die Perspektive der liturgischen Bewegung ist tatsächlich großartig und beinahe bedrückend aufgrund der Tiefe. Eine reformierte [*hervormd*] liturgische Bewegung muss zu einem Wiederfinden der Struktur des Gottesdienstes führen, wobei sowohl die Verkündigung als auch die sakramentale Ordnung zur Geltung kommen sollen. Sie kann und muss sich dabei am altkirchlichen Gottesdienst orientieren, von dem sowohl der reformierte [*hervormd*] als auch der römisch-katholische Typus des Kultus Entwicklungen bzw. Degenerationen sind, natürlich in entgegengesetzter Richtung. Aber sie wird dies doch nicht einfach gemäß bestimmten Stilprinzipien tun können. Es gibt nur etwas, was schlimmer als eine degenerierte Liturgie ist: eine aufgrund von Prinzipien des Denkmalschutzes restaurierte Liturgie. Ein reformierter [*hervormd*] Gottesdienst bedeutet, wenn er sowohl Gottesdienst als auch reformiert [*hervormd*] sein soll, eine Entdeckungsfahrt, wobei weder das seit jeher Bekannte noch das scheinbar Unbekannte gescheut werden dürfen. Das heißt, dass derjenige Teil der Theologie, der dem Gottesdienst am Nächsten ist und der im Spätmittelalter zu einer eigenen Vollendung gebracht wurde, nunmehr aufs Neue betrachtet werden muss: die

Theologie der Sakramente.[45] Nicht, dass die Reformatoren dies nicht getan hätten. Aber während die rituelle Praxis der reformatorischen Kirchen im Großen und Ganzen intakt blieb, war Luther der einzige, der einen Versuch in Richtung einer konstruktiven Theologie der Sakramente wagte. Und selbst seine Kirche, genauso wie die nach Calvin benannte, sanken immer mehr zu einer zwinglianischen, d.h. zu einer unsakramentalen Betrachtung des Sakraments ab. Dieses dogmatische Defizit verläuft parallel zum liturgischen Defizit der reformatorischen Kirchen und ist zugleich auch dessen Ursache. Und ihre liturgische Bewegung wird, an Luther anknüpfend, die Theologie der Sakramente entwickeln müssen.
|31 Die | Reformation erkannte, dass die Formulierung der Sakramentenlehre, die im Officium des Thomas von Aquin[46] ihre endgültige Form fand, eine Deviation war. Aber sie schlug nichts anstelle dessen vor, weder theoretisch noch praktisch. Sie blieb bei der Verkündigung und der Liturgie, in der Regel: Verkündigung mit einem Minimum an Liturgie. Beide jedoch nicht in organischem Zusammenhang und nicht im Geringsten in einem Zusammenhang mit dem abseits gefeierten Sakrament.

Sind Verkündigung und Liturgie tatsächlich einander entgegengesetzt? Von der Antwort auf diese Frage hängt die dritte Möglichkeit ab. Wir müssen uns deshalb noch einmal in Erinnerung rufen, was Liturgie und was Verkündigung eigentlich ist. Liturgie ist die uns von Gott geschenkte Form des Verkehrs mit ihm. Gott spricht zum Menschen und verleiht ihm den Mut, die Offenheit (*parresia*), zu ihm zu sprechen; »… audemus dicere: Pater noster, qui es in coelis …«.[47] Das ist der grundlegende Sinn der Offenbarung. Sie ist keine Kaaba, kein vom Himmel gefallener Stein, kein Orakel, auch kein Gesetz. Sie ist Rede und Gegenrede, Wort und Antwort, sie ist wahrhaftig Gott und wahrhaftig Mensch, sie ist Heiliger Geist, der von unserem Geist bezeugt wird. Auf jeder Seite spricht die Bibel von diesem Gespräch zwischen Gott und Mensch. Wensinck[48] hat uns auf großartige Weise gezeigt, wie bereits im alten Bund dieses Gespräch im Gelöbnis und in der Bitte, in Heilsbotschaft und Danksagung eine Form erhält.[49] Im neutestamentlichen Gottesdienst wird es nicht nur fortgeführt, sondern erhält es erst seinen eigentlichen Sinn. Der prophetische Charakter macht dem apostolischen Zeugnis Platz. In diesem Gottesdienst dürfen wir Gott begegnen und mit ihm sprechen wie Kinder mit ihrem Vater:

> Was für ein Heil für Sünder, was für eine Ehre,
> zum Herrn aller Herren
> als Kind sprechen zu dürfen (Lied Nr. 176).[50]

Weshalb im Gottesdienst? Warum nicht zuhause? Sicherlich auch zuhause, aber dann im Hausgottesdienst, im Gebet der Hausgemeinde. Weshalb nicht allein? Weil sich die Offenbarung Gottes nicht an einzelne Menschen richtet, sondern an

Menschen, die sich in seinem Namen versammeln: Familie, Volk, Kirche. In Chris-
tus sind wir eins mit Gott und miteinander. In ihm finden wir Gott als Vater und
den anderen als den Nächsten. Jesus | Christus ist nicht nur der Garant für unseren |32
Verkehr mit Gott, sondern er ist *selbst* dieser Verkehr, der Weg, die Wahrheit und
das Leben.[51] In ihm haben wir die Vergebung der Sünden.[52] Wer in ihm ist, ist eine
neue Schöpfung.[53] Gottesdienst, im Alten Bund der Verkehr in Gottes Haus, be-
deutet neutestamentlich: Blühen als Trieb des Weinstocks.[54] Darum *ist jeglicher
Gottesdienst sakramental,* in all seinen Bestandteilen. Das heißt: Wir sprechen
und handeln im Gottesdienst, jedoch lediglich antwortend, als Beauftragte. Wir
geben unsere Liebe, aber nur, weil wir zuvor geliebt wurden. Wir dienen, aber
nur, weil auch uns gedient wurde.

Der Gottesdienst ist sakramental. Dies unterscheidet ihn von jeder religiösen Zusammenkunft, von Erweckung und Katechese, von Mysterienspiel und musikalischer Aufführung. Jeder, der an einem Gottesdienst teilnimmt, einem römisch- oder griechisch-katholischen, einem anglikanischen oder lutherischen, aber auch einem calvinistischen oder selbst einem zwinglianischen, spürt dies. Nicht nur an den liturgischen Relikten, also Votum und Segen (die ja nichts bedeuten, wenn sie nicht sakramental sind!), nicht nur in Gebet und Gesang, sondern auch am Ton und der Verbindlichkeit der Predigt. Unverbindliche Predigt ist ein Oxymoron. Im Gottesdienst wird verbindlich gesprochen. Deshalb irritiert eine schlechte Predigt so sehr; darum ist eine mechanisch heruntergeleierte Liturgie so etwas Schreckliches. Der Gottesdienst ist also sakramental in all seinen Bestandteilen. Aber es muss auch ein Zentrum geben. Nicht jeder Teil ist an sich sakramental. Die Liturgie ist ein Organismus. Auch sie hat ein Haupt und Glieder. Wo ist das Haupt?

Wiederum richten wir unsere Blicke zweifelnd zum Altar und zur Kanzel. We-
der die Reformation noch die römisch-katholische Kirche wollten jemals eins von
beiden aufgeben. In jeder römisch-katholischen Kirche gibt es eine Kanzel. In
jeder reformierten [*hervormd*] Kirche wird das Heilige Abendmahl gefeiert, auch
wenn der feste Abendmahlstisch verschwunden ist. Aber wenn wir nach dem
Zentrum unseres Gottesdienstes suchen, liegt es doch auf der Hand, zuallererst
den Gottesdienst zu betrachten, den der Herr uns selbst gegeben hat: die Austei-
lung des Heiligen Abendmahls. »Tut dies zu meinem Gedächtnis« [Lk 22,19;
1Kor 11,24]. Hier wird die Schar der Jünger zur Gemeinde, hier wird das Bei-
sammensein mit dem Lehrer zum Sakrament: »Das ist mein Leib«, »das ist mein
Blut« [Mt 26,26.28 parr.]. | Im Mittelpunkt dieses Gottesdienstes steht der Abend- |33
mahlstisch. Daran ändert sich nichts, auch wenn man ihn jedes Mal nach der
Austeilung entfernt (aber es ist besser, ihn als sichtbares Zeugnis des Opfers
Christi stehen zu lassen!). Das Sakrament des Heiligen Abendmahls ist Zeichen
und Besiegelung des Opfers des Herrn. Darin haben wir die Vergebung der Sün-
den, die Gemeinschaft mit dem Herrn und miteinander, die Gegenwart Christi:

Marana-tha [1Kor 16,22], das bedeutet: Komm, Herr! Und zugleich auch: Der Herr ist gekommen! Darin haben wir den Vorgeschmack auf die Gemeinschaft der Heiligen. »Darum singen wir mit Engeln und Erzengeln den Lobgesang seiner Herrlichkeit: Heilig, heilig, heilig! [Jes 6,3]«.[55]

In diesem Sakrament ist die Grundform für jeden Gottesdienst gegeben, weil es das Symbol der Offenbarung selbst ist, nämlich des Todes und der Auferstehung des Herrn, seiner Fleischwerdung und Verherrlichung, seiner Ankunft und Wiederkunft. Jede Handlung im Gottesdienst muss sich in ihrem sakramentalen Charakter durch ihren Bezug zu dieser Grundhandlung rechtfertigen. Bei der Heiligen Taufe versteht sich dies von selbst. Aber das gilt sicherlich auch für andere Sakramente. Es ist bekannt, dass Luther und seine Kirche lange gezögert haben, ob das Sakrament der Buße der Taufe und dem Abendmahl an die Seite gestellt werden müsste.[56] Die anglikanische Kirche spricht von fünf rituellen Handlungen, »sometimes called sacraments«.[57] Da sich jetzt das Humanistenkriterium der Autorisation aufgrund der historisch unzweifelhaften Einsetzung durch den Herrn als untauglich erwiesen hat, besteht mehr denn je Revisionsbedarf für die Theologie der Sakramente. Und es ist auch notwendig, dass allerlei Handlungen, die – ohne dass sie zu den Sakramenten im engeren Sinn gerechnet werden – doch einen gewissen sakramentalen Charakter haben, ihren theologischen Platz erhalten. Dass die römisch-katholische Kirche die Frage der Sakramentalien[58] nicht lösen konnte, ist noch kein Grund dafür, dass die reformierte [*hervormd*] Theologie sich dieser Angelegenheit nicht annehmen müsste. Was macht der reformierte [*hervormd*] Diener am Wort, wenn er einen Anwärter auf den Heiligen Dienst mittels Handauflegung ordiniert? Wenn er eine Ehe einsegnet? Wenn er – in jedem Gottesdienst – den Segen erteilt? Warum sind diese Handlungen noch etwas anderes als Gebete und werden von jedem, der Zeuge davon ist, auch als etwas
|34 anderes aufgefasst? Wo befindet sich der theologische | Ort der Sakramentalien? Unserer Ansicht nach kann dieser Ort nur auf einem Kreis liegen, der rund um das zentrale Sakrament des Heiligen Abendmahls gezogen wird. Auf dem Radius dieses Kreises liegen die Heilige Taufe und eventuell andere Sakramente.[59]

Was bedeutet nun dieser sakramentale Charakter des Gottesdienstes mit dem Heiligen Abendmahl als Mittelpunkt? Es ist keineswegs eine Thaumaturgie, noch viel weniger eine Theurgie, d.h. ein göttliches Handeln *per se*. »Gott geht nicht so in die Kirche, wie wir in die Kirche gehen«, sagt Noordmans zu Recht.[60] Aber ebenso wenig geht es hier um ein eigenwilliges Zusammensein. Wir kommen im Gottesdienst von Amtes wegen zusammen, und was wir dort tun oder sprechen, tun oder sprechen wir in Gottes Auftrag. Aber die Form, die unser Leben mit Gott im Gottesdienst hat, ist eine *gebrochene Form*. Es ist die Kreuzform, die Form des Gebrochenen, des Schmerzensmannes, der sich opferte, um Herr zu sein.

> Das Brot, das ich dort sah, wie es gebrochen wurde,
> wurde mir zu einem Symbol
> seines Leibes, der einst
> am Kreuz gebrochen wurde
> und durchbohrt:
> Ich sah den Kreuzestod meines Herrn.
> Im Wein, den ich sah, wie er vergossen wurde,
> sah ich das Strömen
> seines damals vergossenen Blutes:
> Ich sah durch ihn meine Schuld gesühnt (Lied Nr. 256).[61]

Diese gebrochene Form beherrscht die Ethik, die Ordnung unseres Lebens; sie beherrscht die Dogmatik, die Ordnung unseres Glaubens; sie beherrscht die Kirchenordnung und auch die Ordnung des Gottesdienstes.

Und hier liegt das tief verwurzelte und berechtigte Misstrauen der Reformation gegenüber aller geschlossenen Form, gegenüber allen Versuchen, die Kreuzform in die Kreisform übergehen zu lassen. Wir führen hier nicht weiter aus, was dies bezüglich der Dogmatik (Synergismus, Mystik), der Ethik (Lehre der Verdienste) und der Hierarchie (Macht der Kirche) bedeutet. Für die Liturgie bedeutet das, dass jede Form jeden Tag und zu jeder Zeit durch den Geist Gottes zerschlagen werden können muss, dass jede Form gebrochen ist und ihrem Wesen nach offen, so dass ein Altar entbehrt werden können muss. Der dialektische Charakter der Offenbarung | muss gewahrt bleiben. Gott spricht nicht *per se*. Der Mensch ant- |35
wortet nicht *per se*. Hier liegen Vorbehalte bezüglich der Sakramentenlehre (die Gegenwart!) und der *fides implicita* (obschon diese Vorbehalte keineswegs zu einer pauschalen Ablehnung werden dürfen). In einem Bild ausgedrückt: Das Gebet der Kirche geht weiter, morgens und abends, Stunde um Stunde, Jahr um Jahr. Aber es muss auch Platz für einen grellen Schrei geben, für den Schrei der Verzweiflung und für das Wort eines protestierenden Glaubens. Die Kerze auf dem Altar brennt beständig mit stiller Flamme. Aber es muss auch Zugluft in der Kirche geben, auf die Gefahr hin, dass die Flamme ausgeblasen wird.

Dies alles meint eine reformierte [*hervormd*] Liturgie, wenn sie der Verkündigung im Gottesdienst einen zentralen Platz einräumt. Kein Gottesdienst ohne Verkündigung. Hier ist die Kehrseite des Sakraments, genauso unentbehrlich wie das Sakrament selbst: »So verkündet ihr den Tod des Herrn, bis dass er kommt« [1Kor 11,26]. Die Verkündigung ist folglich nicht eine Zugabe zum Gottesdienst, sondern ein wesentlicher Teil davon.* Aber sie steht ebenso wenig im Widerspruch zum Sakrament. Sie ist eins mit dem Sakrament: »Denn sooft ihr von diesem Brot

* Natürlich kann es außerhalb des Gottesdienstes Verkündigung geben, beispielsweise in Mission und Evangelisation. Aber diese führen unwiderruflich zurück zum Gottesdienst, aus dem sie auch stammen.

esst und aus diesem Kelch trinkt, verkündet ihr den Tod des Herrn, bis dass er kommt« [1Kor 11,26]. Verkündigend essen und trinken wir. Essend und trinkend verkündigen wir. Das eine kann ohne das andere nicht sein. Die Gebrochenheit (und damit auch die Verletzlichkeit, die Offenheit) des Gottesdienstes wird in seinem Charakter der Verkündigung sichergestellt, d.h. im Kerygma, der Verkündigung in verständlicher Sprache. Verkündigung ist eindeutig: Der Herr ist König. Unser Gottesdienst ist nicht identisch mit demjenigen von Jes 6 oder der Offenbarung,[62] sondern ist lediglich ein Vorgeschmack davon. Wir stimmen das Trishagion nicht *an*, sondern wir stimmen lediglich *in* das Sanctus *ein*, das von Engeln und Erzengeln und dem ganzen himmlischen Heer vor dem Thron des Lammes gesungen wird.[63] Die Verkündigung legt das Wort Gottes offen, auch in dem Sinn, dass es dadurch anfechtbar, strittig wird. Wie wir gesehen haben, ist die ganze Liturgie Verkündigung. Aber in der Predigt wohnt das Wort Gottes unter uns in
|36 der ganzen Demut und Anfechtbarkeit seiner gebrochenen Gestalt. Deshalb ist | neben der Lobpreisung und der Schriftlesung die Predigt absolut unentbehrlich. Sie ist dies zuallererst als *Auslegung*. Die Schrift lebt nur in der Auslegung, nicht als gelehrter Kommentar, auch wenn dieser sicherlich Voraussetzung ist (diesbezüglich haben Luther und Calvin recht). Aber die Auslegung in der Predigt ist »praktisch«, d.h. »Anwendung«. Gott spricht so, und das bedeutet *nun* und *für dich* dies. In zweiter Linie ist die Predigt unersetzlich als *Ermahnung*. Auch dies ist Anwendung, aber direkt auf das Gewissen. Hier findet Seelsorge statt, Pastoral im eigentlichen Sinn. Und schließlich ist die Predigt unersetzlich als *Verkündigung von Gottes Wort*, als Prophetie im neutestamentlichen Sinn. Nicht: So spricht Jahwe, sondern: Jesus ist Herr. Das ist das Wesentliche, das die Predigt von der erbaulichen Ansprache unterscheidet. Wenn dies fehlt, fehlt das Ärgernis, aber es fehlt auch die Predigt. Die Botschaft muss gepredigt werden.

Daraus folgt, dass die Predigt im Gottesdienst niemals nur reine Exegese (»einfache« Auslegung ist immer mehr als das), reine Kanzelrede oder Moralpredigt (auch wenn dies alles darin Platz hat), reine Prophetie sein kann. Letztgenannte hört mit Johannes dem Täufer auf. In der Kirche gibt es nicht das charismatische, sondern das priesterliche Amt. Was ist dieses Amt? Im folgenden Kapitel sprechen wir darüber ausführlicher. Jetzt nur kurz das Folgende im Zusammenhang mit dieser letzten und abschließenden Frage: *Es ist das priesterliche Amt der Vergebung der Sünden*, das die Kirche konstituiert. Die Verkündigung selbst ist ja nicht ausreichend. Der ganze Gottesdienst beruht auf der Verkündigung, auf der Botschaft, auf dem Evangelium. Aber es geht nicht um die Verkündigung, sondern um das Verkündete, nicht um den Herold, sondern um den König, nicht um Johannes den Täufer, sondern um Jesus Christus. Darum findet die Verkündigung ihre höchste Aufgabe dort, wo sie aufhört, weil sie selbst zum Sakrament wird: im freisprechenden Wort, das unsere Banden löst.

In letzter Zeit wurde wiederholt die Bemerkung gemacht, dass der Stellenwert, den die Kirchen der Reformation der Verkündigung des Wortes eingeräumt haben, derart wesentlich ist, dass diese Kirchen nur konsequent wären, wenn sie die Verkündigung als Sakrament anerkennen würden, bzw. als solches lehrten.[64] In
der Tat: Die Verkündigung des Wortes | ist wie keine andere Handlung sakramen- |37
tal, wie jeder weiß, der diese Handlung jemals ausgeführt hat. Aber damit wurde nicht ein »neues« Sakrament entdeckt. Das dritte Sakrament, auf das auch Luther nicht verzichten wollte, findet hier einfach seine reinste Anwendung. Im Sakrament der Buße und Beichte ist das eigentlich Sakramentale weder die Buße noch die Beichte, sondern die Gnadenzusage. Nun denn: Die ganze Verkündigung des Evangeliums, wie sie von den Kirchen der Reformation verstanden wird, ist im Wesentlichen nichts anderes als diese Gnadenzusage, die auf tausenderlei Art und Weise wiederholt und mitten in die Gemeinde gebracht wird. Das Sakramentale an der Verkündigung ist die Vergebung der Schuld.[65] Das eine Thema von tausend Predigten ist: Als Diener Jesu Christi verkündigen wir jedem die Vergebung der Sünden. Darum haben die Kirchen der Reformation – liturgisch doch nicht so unfähig, wie dies uns anfänglich erschien, doch durch die spätere Entwicklung im Rationalismus und Pietismus zur kultischen Unfruchtbarkeit verdammt – mit sehr richtigem dogmatischem Takt die »Offene Schuld« als wesentlichen Bestandteil in die Liturgie eingefügt; anstelle des individuellen »Confiteors« der Messe also das Sündenbekenntnis der Gemeinde. Es ist auch kein Wunder, dass dieser Teil der schönste und kostbarste der ganzen reformierten [*gereformeerd*] Liturgie ist: »Nous confessons et recognoissons sans feinctise devant ta saincte Maiesté, que nous sommes paovres pécheurs, conceuz et nez en iniquité et corruption, enclins à mal faire, inutiles à tout bien…«[66] Die Predigt besteht liturgisch-dogmatisch in nicht anderem als im Gnadenzuspruch, in der Lossprechung nach dem Bekenntnis der Sünden.

Der Platz des Altars ist nun vielleicht deutlicher geworden. Es ist der Tisch des Herrn, an dem die Gemeinde das Heilige Abendmahl feiert. Aber es ist zugleich der Ort der Verkündigung des Todes des Herrn, »bis dass er kommt«, der Ort der Verkündigung des Evangeliums der Vergebung der Schuld im Blut Christi. Die Kanzel ist nichts anderes als eine Erweiterung und Erhöhung des Altarraums. Was von der Kanzel gesprochen wird, wird vom Altar gesprochen: Es ist dasselbe Wort, dieselbe Handlung Gottes. Man kann auch sagen: Die Kanzel ist die Öffnung des Altarraums zur Gemeinde hin. Sie unterbricht die Abzäunung des Chor-
raums. Sie steht auf der Grenze. Sie symbolisiert die | offene Form und befindet |38
sich deshalb an dem Punkt, an dem das Haupt des Kreuzes in die Glieder übergeht. Zwei Schriften bringen unsere reformierte [*hervormd*] Uneinigkeit zum Ausdruck: Noordmans *Liturgie*, die ein Testament des Puritanismus ist, und Wensincks *Testament*, das im Kern eine Liturgie ist![67] Aber in beiden ist das Verlangen nach der Kreuzform stark.

|39 # | Kapitel 3

Liturgische Handlung

§ 7. Das liturgische Handeln trägt als Form des Verkehrs zwischen Gott und der Kirche den Charakter eines Dienstes, d.h. einen sakramentalen Charakter.

Der Gottesdienst erwächst weder einer unverbindlichen Andacht noch einer beliebigen Sehnsucht, sondern er ist ein wirkliches *Dienen*, d.h. ein existenzielles Verhältnis zwischen Gott und Kirche. Gott spricht und der Mensch antwortet, Gott handelt und der Mensch dient. Das heißt, dass der erste und eigentliche Urheber dessen, was im Gottesdienst geschieht, Gott ist. Darum trägt der Gottesdienst sakramentalen Charakter. Denn eine sakramentale Handlung ist nichts anderes als eine Handlung, die zwar durch Menschen ausgeführt wird, die aber ein anderes Ziel hat als andere derartige Handlungen und die dieses Ziel erreicht, weil der eigentliche Urheber der Handlung Gott ist, der sein Versprechen daran hängte. Eine sakramentale Handlung ist eine Tat, die ausgeführt wird im Dienste Gottes und in Gottes Namen, wobei der Mensch nicht als Individuum, sondern lediglich »amtlich« auftritt. Das Sakramentale ist also im Gottesdienst nicht eine notwendige Ergänzung des gesprochenen Wortes, um unserer sinnlichen Natur entgegenzukommen; ebenso wenig ist es eine Art von Stimmungshöhepunkt. Es ist einfach der Charakter des ganzen Gottesdienstes.

§ 8. In der sakramentalen Sphäre müssen zwei Kreise unterschieden werden: derjenige der Sakramente im vollen Sinn und derjenige der Sakramentalien. Beide Kreise gehen ineinander über; die sakramentale Bedeutung einer liturgischen Handlung wird bestimmt durch ihr Verhältnis zum zentralen Sakrament, dasjenige des Heiligen Abendmahls.

In der sakramentalen Sphäre ist alles Gottes Tat, durch Menschen ausgeführt. Die
|40 Bezeichnung »sakramental« bedeutet | – weit entfernt davon, dem Menschen das Verfügungsrecht über Gott geben zu können –, dass Gott im Gottesdienst über den Menschen verfügt. Der Mensch, der als Glied des Leibes Christi, als Träger des Amtes, das ihm durch die Vergebung der Schuld zugewiesen wurde, eine liturgische Handlung ausführt, bindet damit nicht Gott an das Ausführen dieser Handlung, sondern Gott bindet ihn, Gott benutzt ihn zu seinem Dienst. Im Gottesdienst wirkt der Creator Spiritus durch die Amtsausübung der Menschen. »Die

schöpfungsmäßige Heiligkeit der Wirklichkeit wird im Sakramente wieder hergestellt. Es ist nicht mehr die gefallene Schöpfung, die nur ein gebrochener Spiegel von Gottes Wesen ist, sondern sie ist reine Schöpfung Gottes, in der Gottes Wesen ungebrochen sich darstellt« (Hennig).[68] In der Austeilung des Sakraments ist Gott vollkommen überlegen. Darum ist er auch niemals an sein Sakrament gebunden, *wir* sind es aber sehr wohl. In einer Erzählung von Nikolai Leskow, *Der ungetaufte Pope*,[69] wird erzählt, wie ein Pope in seiner Gemeinde mit großem Eifer, außergewöhnlicher Frömmigkeit und offensichtlichem Segen tätig ist. Zufällig stellt sich dann heraus, dass es einst versäumt wurde, ihn zu taufen. Nach russischer Manier ist man seinerzeit mit dem Kind im Schlitten ins Nachbarsdorf gefahren und hat in der Herberge reichlich gegessen und getrunken, aber als man damit fertig war, war man vom Alkohol dermaßen beeinflusst, dass vergessen wurde, das Kind taufen zu lassen. Alles, was der Pope nun, seit er sein Amt angetreten hat, ausgeführt hat, ist ungültig geworden: seine Weihen, seine Amtshandlungen, alles ist nichtig. Aber der kluge Bischof bestraft den Propst, der die Angelegenheit zur Sprache gebracht hat, mit Verweis auf die Taufe in der Wolke und im Roten Meer, von der Paulus spricht,[70] und mit Verweis auf das Vorbild von Gregor dem Theologen, der von Basilius dem Großen sagt,[71] dass »er den Christen schon vor seiner Weihe ein Priester war.«[72] So ist es uns allerdings nicht erlaubt, die uns von Gott aufgetragenen Handlungen zu unterlassen, sie binden uns an den Dienst; aber wir können nicht umgekehrt Gott binden durch das Ausführen der Handlungen. Der Schöpfergeist geht, wohin er will.[73] Hierin liegt auch bereits die Antwort auf die Frage nach der Art und Weise, in der sich Gottes Werk in der sakramentalen Handlung vollzieht. Weder die Wirkung *ex opere operato*, auf römisch-katholische Weise, noch die »Heraufbeschwörung« durch »Symbole« von Gottes Wirkung gehören in den Gottesdienst. Der Gottesdienst ist weder eine Anwendung noch | eine Allegorisierung von Gottes Werk. Beide Auf- |41
fassungen verkennen Gottes Offenbarung und deren Form: »So geht es; ob man aus dem Schiff hinten oder vorne fällt, so liegt man im Wasser«,[74] sagt Luther bezüglich der römisch-katholischen und der zwinglianischen Auffassungen.[75] In der sakramentalen Sphäre geht es um »Zeichen und Siegel«, wie es in unserem Bekenntnis heißt.[76] Aber diese Zeichen sind keine leeren Allegorien, die Siegel keine eitlen Verzierungen. Gott beweist uns in den Sakramenten seine Tat, er zeigt uns diese und macht sie uns offenbar; auch besiegelt er diese, d.h. er macht seine Tat wirksam. Die römisch-katholische Gleichsetzung von Zeichen und Ursache der Gnade (die Sakramente sind nicht nur Zeichen von Gottes Wirkung auf uns, sondern sie bewirken diese auch), ist damit ebenso dezidiert abzulehnen wie die zwinglianische Reduktion der Handlung auf »leere Zeichen«[77] (Luther). Gott will unsere Hände, Münder, Köpfe und Herzen gebrauchen, um seine Gnade auszuteilen. Er bindet uns an diesen Dienst.

Trägt der Gottesdienst als Ganzes sakramentalen Charakter, so unterscheidet man seit jeher zwischen Sakramenten und Sakramentalien.[78] Hier kann nicht erörtert werden, was Sakrament und Sakramentalie voneinander unterscheidet. Die Berufung auf die Einsetzung der Sakramente durch Christus, wohingegen die Sakramentalien lediglich kirchliche Einrichtungen sein sollen, ist zweifelhaft und kaum grundsätzlich. Es geht hier nicht um Autorität, sondern um den Glauben und darum, dass in der sakramentalen Handlung Gott sich unseres Handelns für sein egenes Handeln bedient. Und dies gilt sowohl für Sakramente als auch für Sakramentalien, d.h. für durch Christus mit Sicherheit eingeführte ebenso wie für durch ihn sicher nicht eingeführte Handlungen. Ich muss hier auf den Exkurs über die Theologie der Sakramente verweisen.[79] Das dort und im vorherigen Kapitel Gesagte kann hier am besten zusammengefasst werden in einer graphischen Darstellung: Der Mittelpunkt M ist die Grundform des Verkehrs zwischen Gott und Kirche, die Inkarnation. Diese hat im Gottesdienst selbst keinen Platz. Wir können den Fleischgewordenen nicht irgendwie aufzeigen (keine Transsubstantiati-
|42 on). Aber seine Gegenwart ist das Zentrum und die Kraft des | Gesamten.

Der innerste Kreis C ist das Sakrament des Abendmahls, der Beginn des Gottesdienstes und zugleich das Wesen davon: die unmittelbarste Form, die der Verkehr zwischen Gott und Kirche annimmt. Der äußerste Kreis c ist der Gottesdienst in seiner größten Ausdehnung, die Gesamtheit von Worten und Handlungen. Auf dem Strahl R, der vom Mittelpunkt über C zur Peripherie c verläuft, befinden sich die übrigen Sakramente und Sakramentalien. Was am nächsten zum innersten Kreis liegt, nennen wir »Sakrament«, in erster Linie die Heilige Taufe und die Sündenvergebung. Was am nächsten zur Peripherie liegt, nennen wir »Sakramentalien« (Segen, Handauflegen etc.). Eine scharfe Grenze zwischen beiden lässt sich nicht ziehen.

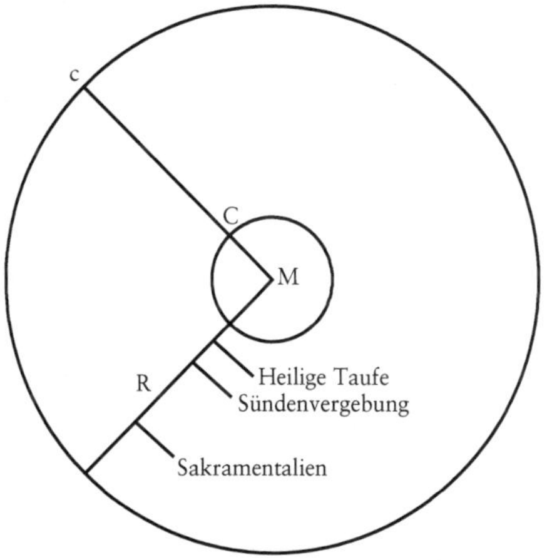

§ 9. Der Gottesdienst ist die Lebensfunktion der Kirche und hat als solcher dialektischen Charakter.

Der Dialog ist das Zeichen, an dem man die Kreuzform, die gebrochene Form des Gottesdienstes erkennt. Diese Kreuzform finden wir überall dort, wo christliches

Leben ist. Wir finden es in den Taten der Christen (Ethik), in ihrer Denkweise (christliche Philosophie), in ihrer Kunst. Von alledem ist der Gottesdienst das Herzstück. Nimmt man dieses weg, dann schrumpft alles zusammen, weil es einseitig, unzerbrochen geworden ist. Schlägt die Waage auf die Seite des Göttlichen aus, dann kommt man zu wortloser Mystik. Neigt sie sich zum Menschlichen, dann kommt man zum Humanismus. In ihren konsequenten Formen bedürfen weder die Mystik noch der Humanismus des Gottesdienstes. Dieser ist lediglich dort notwendig, wo der Verkehr zwischen Gott und Mensch als ein Gespräch, das unbeschreibliche Gespräch von Schuldbekenntnis und Freisprechung, von Gesetz und Demütigung, von Offenbarung und Lobpreisung, geführt wird. Alle Unterredung zwischen Menschen | ist dann begründet im Gespräch, das Gott mit den |43
Menschen führt.

Als Form hat der Gottesdienst natürlich auch ästhetische Bedeutung. Die Liturgie ist ein großartiges Kunstwerk, eines der Werke, worin wir die Züge der Schöpfung wiedererkennen. Sie ist selbst das höchste Kunstwerk, das jemals hervorgebracht wurde. Sie ist in gewissem Sinn zugleich Drama, Dichtung, Gesang, Skulptur und Tanz. Und darum ist sie das Vorbild und gleichzeitig der Gegenstand der Sehnsucht aller antiken und modernen Versuche, ein »Gesamtkunstwerk« zu erschaffen. »Considérez la liturgie, c'est le type transcendant et suréminent des formes d'art chrétiennes; l'Ésprit de Dieu l'a lui-même façonnée, pour pouvoir s'y complaire«, sagt Maritain.[80] Aber er fügt dem unmittelbar hinzu: »Pourtant … l'Église n'y cherche pas la beauté, ni des motifs décoratifs, ni à toucher le coeur. Elle ne se propose que d'adorer, et de s'unir au Saveur; et de cette adoration amoureuse la beauté déborde par surcroît.«[81] Darum zieht die Kirche in der Kunst die »moyens pauvres« den »moyens riches« vor. Tatsächlich: es gehört zum »Dienst«, den Gott von uns verlangt, dass wir alle Schönheit, die er uns gibt, wieder ihm widmen. Es gibt keine Rechtfertigung für das Hässliche im Gottesdienst, wohl aber für das Ärmliche. Die höchste Kunst diene im Gottesdienst, der wohl auch als Kunstwerk stets ihr Meister bleibt. Aber das ist alles Zugabe. Der Gottesdienst ist nicht eine ästhetische Angelegenheit. Er ist Form und muss darum gehört, gesehen und getan werden. Es ist Pflicht, Klang und Bewegung so schön zu gestalten, wie wir es können. Aber diese Schönheit ist niemals Selbstzweck. Sie wird nicht gesucht, sondern dankbar angenommen von denen, die das Königreich Gottes suchen, wie ein Tier Gaben annimmt, die ihm zugeworfen werden.

> Himmlische Schönheit,
> Schönheit der Erde
> finden wir in deiner Schönheit wieder;
> mir ist kein Wert
> höher auf Erden,
> als du allein, mein schönster Herr! (Lied Nr. 221)[82]

Exkurs über die Theologie der Sakramente. Ein französischer Student, Altphilologe, Michel Vieuchange, kann im Leben keinen Sinn erkennen. | Er fasst, zusammen mit seinem Bruder Jean, den Plan einer Reise in die verlassene Ruinenstadt Smara, im wüstesten Teil der spanischen Kolonie Rio del Oro, ein durch Europäer noch nie betretenes Gebiet, wo wilde Stämme einander ohne Unterbrechung bekämpfen. Dieser Plan hat kein anderes Ziel als die Tat an sich, die Tat, die dem Leben Sinn verleihen soll. Der junge Franzose hat weder geschäftliche noch wissenschaftliche Absichten. Selbst die Lust nach Abenteuer fehlt in seinem Vorhaben. Er trotzt Gefahren und Elend, Durst und Hunger, Verrat und Hinterhalt. Nach endlosen Mühen erreicht er die Traumstadt Smara, ein paar elende, zerstörte Häuser und Moscheen, ohne Bewohner. Schon nach drei Stunden muss er aus Angst vor einem Angriff der benachbarten Stämme das monatelang heiß begehrte Reiseziel wieder verlassen. Auf dem Rückweg erliegt er der Dysenterie. Smara, die Ruinenstadt, ist für ihn ein konkretes Lebensziel geworden, das ihn anlockte und das er in mystischen Worten beschreibt. Doch er ist kein Romantiker, sein Reisebericht ist ein Beispiel für Sachlichkeit. Als ich dieses Buch* las, war es, als ob die Zeiten des Propheten Hosea auflebten, der eine Prostituierte heiratete, um die Beziehung Gottes zu seinem Volk konkret, greifbar zu machen.[83] Vieuchange weiß wieder, was *symbolisches* Leben bedeutet. Damit ist er auf ein anderes Gebiet des Lebens gekommen als auf dasjenige, in welchem Spiritualisten und Rationalisten zuhause sind. Es ist denn auch kein Zufall, dass er sich sterbend zum Römischen Katholizismus bekehrt, »wie Claudel«. Selten habe ich die Not unserer Zeit, das brennende Verlangen nach der konkreten Gegenwart Gottes, nach dem Sakrament, so tief gespürt wie bei der Lektüre dieses nüchternen, sehr modernen, aber ergreifenden Buches, das, wo kein Sakrament ist, eines erschafft… in der Sahara.

|44

Es gibt keinen Zweifel, dass die Theologie der Sakramente ein Stiefkind der Reformation gewesen und stets mehr geworden ist. Die damaligen Lehre und Praxis wurden angegriffen, ohne dass allgemein anerkannte, nicht römisch-katholische, in sich selbst klare Lehre und Praxis den leeren Platz einnahmen. Das religiöse Ethos der Reformation lag anderswo: in der leidenschaftlichen Verkündigung von Sünde und Gnade, Glaube und Rechtfertigung. Auf die Sakramente hatte diese Verkündigung lediglich negative Auswirkungen, insofern sie das weglegte, was in Lehre und Praxis nicht dem *sola fide* entsprach. Auch mussten die Reformatoren in diesem Punkt an zwei Fronten kämpfen, gegen Spiritualisten und Rationalisten, einerseits gegen Karlstadt[84] und die »Schwärmer«,[85] andererseits gegen Oekolampad[86] und Zwingli; und auch Luthers Schrift *Dass die Worte Christi »Das ist mein Leib« usw. noch feststehen*,[87] obschon noch stets das größ-

* Michel Vieuchange, Smara. Reiseaufzeichnungen, Zürich/Leipzig [1937].

te, was von reformatorischer Seite über das Sakrament gesagt wurde, ist mehr eine Apologie als eine Theologie. Luther und Calvin haben sich beide, wenn auch auf sehr unterschiedliche Art und Weise, gegen die Versuche gewehrt, das Mysterium aus dem Sakrament zu entfernen und es damit seiner Realität zu entledigen; | sie weigerten sich, das Sakrament den Gefühlen der menschlichen Seele oder |45
den Überlegungen des menschlichen Verstandes zu unterwerfen. Aber, auch wenn unsere Dankbarkeit, dass sie die Sakramente für die Kirchen der Reformation bewahrt haben, dadurch nicht weniger groß wird, zu einer neuen offensiven, zu einer positiven Theologie der Sakramente sind sie nicht gekommen. Und seither sind die Sakramente die Stiefkinder der reformatorischen Kirchen, in Lehre und Praxis. Man wehrt sich gegen die Sekten, die sie einfach abschaffen wollen. Aber man kommt selbst nicht weiter als zu einer konservierenden, höchstens zu einer zaghaften defensiven Haltung. Die Sakramente sind stets weiter weg vom Zentrum der theologischen Wissenschaft geraten, stets weiter weg auch vom Mittelpunkt des kirchlichen Lebens.

Ich glaube, dass diese theologische Situation bezüglich der Sakramente eine der Hauptursachen, womöglich *die* Ursache für die heutigen Aporien im christlichen Denken und für die Unfruchtbarkeit des christlichen Lebens ist. Denn wo es um das Sakrament geht, geht es um den Kern, um das Wesen des christlichen Glaubens. Und wo das Sakrament keine lebendige Wirklichkeit ist, muss auf die Dauer die Beziehung der Kirche zu diesem Kern lockerer werden. Das kann kaum besser gesagt werden als mit den Worten von Karl Hennig: »Der Mensch verfügt über keine Sicherungen für die Gegenwart Gottes. Gott bindet sich nicht im Sakramente, sondern Gott verfügt auch über die Sakramente. Die ursprüngliche religiöse Tiefe dieses Protestes der Reformation ist später zu dem allgemeinen Protest verebbt, dass Gott sich in dinglicher Gestalt darbieten wolle, und dass das Transzendente nicht Gegenstand werden könne – eine primitive Vereinfachung, die sich nicht bewusst war, dass die Fleischwerdung damit selbst in Frage gestellt wurde.«[88] In der Tat: Die moderne, rationalistische oder spiritualistische Abneigung gegen das »Ding« als möglicher Träger der göttlichen Selbstmitteilung ist, ob es nun so gemeint ist oder nicht, zugleich eine Abneigung gegen die Grundform des christlichen Glaubens, gegen die Fleischwerdung des Wortes. Hat Christus diese unsere »Natur« akzeptiert, dann ist nicht klar, warum diese nicht imstande sein sollte, Offenbarungsträger zu werden, denn der Erlöser hat sie durch seine Tat geheiligt.

Wir können in diesem Punkt kaum theologisch weiter kommen ohne die Hilfe der Religionswissenschaft, die uns von der griechischen aufgeklärten Abneigung gegen den Leib, den Stoff und alles, was nicht »geistig« ist, befreien kann. Der primitive Mensch kennt keine »Dinge«, keine »Gegenstände«, sondern bloß »Geschöpfe«, die, ob sie nun nach unserem Maßstab »beseelt« sind oder nicht,

»geistig« oder »materiell«, stets als Träger einer heiligen Macht auftreten können. Der englische Anthropologe R. R. Marett hat ein gutes Buch mit dem Titel *Sacraments of Simple Folk*[89] geschrieben, in dem er das primitive Leben aus der Perspektive betrachtet, dass jede elementare Lebenshandlung – wie Essen, Trinken, Kämpfen, Sich-Fortpflanzen, Sterben – mehr ist oder in jedem Fall mehr sein kann als eine willkürliche menschliche Tat, dass sie etwas anderes ausdrücken und
|46 verwirklichen kann; mit anderen Worten: | dass sie ein Sakrament sein kann. Die Natur der »Dinge« ist niemals etwas Geschlossenes, aber stets eine Möglichkeit. So finden wir überall in der Welt Handlungen, die als solche zu den elementaren Lebensverrichtungen gehören: Waschen, Essen, Trinken, Sterben, Aufziehen – und die zu tun haben mit den gewöhnlichen in der Natur gegebenen »Dingen« oder lieber »Geschöpfen«: Wasser, Feuer, Speise etc. Sie bedeuten jedoch mehr: Reinigung von Schmutz, aber auch von Unreinheit und Sünde; trinken, um den Durst zu löschen, aber auch um die Gemeinschaft zu stärken; sterben, weil ein Ende kommen muss, aber auch um in ein neues Leben überzugehen; aufziehen, um zu erziehen, aber auch um neue, wiedergeborene Menschen zu schaffen.

Nun ist es selbstverständlich, dass die Theologie ihren Sakramentsbegriff nicht diesen »natürlichen« Sakramenten entlehnen kann. Sie kann allerdings daraus lernen, dass es nicht mehr ist als ein moderner Irrtum, wenn man meint, dass die Natur ein geschlossener »Gegenstand«, ein »Ding« ist; dass vielmehr seit jeher in jedem Ereignis und in jedem Geschöpf eine Möglichkeit gesucht und gefunden wurde. Wenn sie dies gelernt hat, muss die Theologie jedoch die nicht passende Kategorie der »Natur« in diejenige der »Schöpfung« umwandeln. *Im Sakrament wird ein Stück geschaffenen Lebens durch menschliche Feier zum Träger von Gottes Taten*, oder, mit den Worten des *Report of the Commission on Christian Doctrine* (in Auftrag gegeben durch die Erzbischöfe von Canterbury und York): »In the sacraments Christ, availing Himself of the principles of our nature, offers to men through the Church the redeeming power of His life in ways appropriate to their various needs.«[90] Menschliches Handeln wird umgewandelt durch den Geist Gottes. Sakramentale Wirklichkeit ist die Wirklichkeit, die nicht nur aus der ersten Schöpfung stammt, sondern durch die zweite gegangen ist. Die Struktur des Sakraments richtet sich nach der Grundform der Fleischwerdung, die der Beginn einer neuen Wirklichkeit ist.

Das Problem der Sakramente geriet auf einen vollkommen falschen Weg, als der mittelalterliche Überfluss an Sakramentalien auf sieben reduziert und in der Reformationszeit wiederum auf zwei beschränkt wurde. Das sakramentale Leben der Kirche verlor dabei stets mehr die enge Beziehung zu Christus. Ein Sakrament wurde als solches anerkannt, nicht weil es eine lebendige Form des göttlichen Lebens war, sondern weil Christus es eingesetzt hat; oder es wurde verworfen, nicht weil es keinen Bezug hatte zum inneren Leben der Kirche, sondern weil man meinte, dafür in der Heiligen Schrift keine Grundlage finden zu können. Wir können dieser Schrifttreue dankbar sein, dass sie uns in einer ungünstigen Zeit zumindest zwei Sakramente bewahrt hat, aber wir können nicht verhehlen, dass das sakramentale Leben der Kirche einerseits mangels theologischer Grundlage zusammenschrumpfen musste, während es andererseits wieder zurückfiel auf das Niveau des »natürlichen« Sakraments, das wir soeben kennengelernt haben.

Nun gibt es in der Kirche einerseits sicherlich eine Menge heiliger Handlungen, die wir höchstens Sakramentalien nennen – d. h. menschliche | Handlungen, wel- |47
che getragen werden durch die große Flut der uns geschenkten göttlichen Gnade – die wir jedoch nicht als Sakramente betrachten können, in denen Gott der Kirche sein neues Leben schenkt.[91] Andererseits gibt es eigentlich nur ein Sakrament: die erlösende und versöhnende Gegenwart Christi in der irdischen Leiblichkeit. Diese wird durch seine Kirche »gefeiert« und die heiligen Handlungen, in denen sie gefeiert wird, stehen alle in größerem oder kleinerem Abstand zu diesem zentralen Geschehen, sie haben alle Bezug auf die einzige Grundform. Es ist darum klar, dass das Heilige Abendmahl das zentrale Sakrament ist, weil es ganz und gar Träger der zentralen Offenbarungshandlung ist: das Eingehen des Sohnes in die irdische Erniedrigung bis zum Tod. Ein wenig weiter weg steht das Sakrament der Taufe, in unmittelbarem Bezug zum Abendmahl, als reinigender Zugang zur ganzen Gemeinschaft Christi. In nun noch etwas größerem Abstand können andere Sakramente folgen, und selbst das geringste Sakramentale wird einerseits seinen Bezug zum Zentrum beweisen müssen (siehe die Graphik oben), denn sonst wäre es nichts als eine schöne und fromme Zierde, d. h. eine Sünde; andererseits hat es dann auch einen Platz irgendwo auf dem Strahl, der vom Mittelpunkt ausgeht. Wir sind der Leib Christi und die Wirklichkeit seiner neuen Schöpfung ist organisch: jedes Offenbarungsmoment hat darin seinen eigenen, mit den anderen Momenten organisch verbundenen Platz.

Wir finden folglich im Sakrament ein Zusammenfließen von zwei Lebensbewegungen. Die eine ist die menschliche. Sie kommt von unten, pflanzt sich fort bis zu einer gewissen Höhe, wo sie durch eine Ahnung zu fühlen anfängt, dass sie in eine andere, übermenschliche Bewegung übergehen kann. Bleibt es dabei, dann entsteht, was wir ein »natürliches Sakrament« genannt haben, das Feiern der als göttlich verehrten Naturmächtigkeit. Wer etwas tut, tut damit mehr, als er beabsichtigt und weiß. Im christlichen Sakramentsglauben jedoch trifft diese menschliche Lebensbewegung auf die göttliche Lebensbewegung, die von oben auf Mensch und Welt herabsteigt. Diese göttliche Lebensbewegung, die den Glauben die Ankunft des Herrn nennt, vernichtet die menschliche Bewegung nicht (hier die Wahrheit von Thomas von Aquin: »Gratia non tollit naturam«,[92] und Barth: »Der Realismus der sakramentalen Heiligung ist keine Zerstörung des eigenen Daseins der Zeichen«),[93] aber sie durchkreuzt und verwandelt sie. Die Naturmacht macht

Platz für die Schöpfermacht Gottes. Wer etwas tut, tut weniger, als er beabsichtigt und weiß; Gott tut es durch seinen Dienst:

> Das Aug' allein das Wasser sieht,
> wie Menschen Wasser gießen;
> der Glaub' im Geist die Kraft versteht
> des Blutes Jesu Christi (Luther).[94]

Die Frage des Sakraments ist absolut keine abstrakte theologische oder bloß fromme Angelegenheit, sondern außerordentlich praktisch. Zu Recht sagt A. G. Hebert: »Baptisms, weddings and funerals. On these great occasions of life and
|48 death the Church still comes into | their [der Menschen] lives, and the Church liturgy has great things to say to them, if they had ears to hear, about the mystery of birth and life and death. This is significant. Other places are associated with religious experiences, as, for instance certain large hotels for members of the Group Movement; but no one goes there for baptisms, weddings and funerals. They go to the church, because the church is the House of God and the home of the people.«[95] Die Kirche, das Gotteshaus und das Zuhause des Volkes: Hier begegnen sich die beiden Bewegungen, die »volkstümliche«, natürliche, und die schöpferische, pneumatische. Aber das Pneumatische ist das Zuhause des Natürlichen: Die Natur findet nur in der schöpferischen Erlösung, in der neuen Schöpfung, den Weg nach Hause. Im Leib Christi kommt das menschliche, alltägliche Leben, das aus Geboren-Werden und Sterben besteht, Heiraten und Aufgezogen-Werden, Essen und Trinken, zur Geltung, oder lieber: zu Gottes Recht. Es wird in Gottes Leben gebracht; es wird dadurch nicht vernichtet, auch nicht einfach angenommen, sondern »wiedergeboren«. Das menschliche Leben und Sterben birgt sich im Leben und Tod Jesu Christi. Das ist der Grund, weshalb Kirche und Sakrament bedingungslos zusammengehören: Das Sakrament außerhalb der Kirche wäre Zauberei; die Kirche ohne das Sakrament eine unverbindliche religiöse Versammlung. »In der Kirche«, sagt Käsemann, »wird die Schöpfung zugänglich.«[96] In der Kirche findet das Volk den Weg nach Hause.

> Seht, wie so mancher Ort
> hochtröstlich ist zu nennen,
> da wir Ihn finden können
> in Nachtmahl, Tauf und Wort.[97]

Für die Religion, auch für die »natürliche« Religion, ist das Leben nicht, wie für uns, ein Bericht von »Who's who«: Publikationen, Auszeichnungen, Ämter und Würden – sondern stets nur das nackte Leben, das Leben in der Kurzform, wie die Einfältigen es besser verstehen als die Gebildeten: Geburt, Heirat, Krankheit und Tod, das alltägliche, aber ewige Geschehen des Menschenlebens, alt und doch

immer wieder neu. Darauf beziehen sich die Riten, die »Feiern«. Für die Religion sind weder Lebenseinstellungen noch persönliche Vorstellungen von Bedeutung; für die Religion gibt es nur den Menschen, wie er zwischen Leben und Tod steht. Hier kommt uns das Leben des Herrn entgegen. Die Zeit, in der wir »das Leben Jesu« als eine Art historischer Roman oder Gedicht glaubten auffassen zu können, ist vorbei. Wir sprechen nicht mehr über Jesus wie über eine »Persönlichkeit«. Wir sehen, dass Paulus Recht hatte, als er die ganze Lebensvollendung, die die Lebensgeschichte Jesu ihm bot, zu diesem einen lapidaren Satz »verkürzte«: »Jesus Christus am Kreuz« (1Kor 1,23), und dass das Glaubensbekenntnis Recht hat, wenn es alles zusammenfasst in wenigen Worten: empfangen, geboren, gelitten, gekreuzigt, begraben, wieder auferstanden.[98] Jesus hat alles durchlebt, was wir auch durchleben müssen; in seinem Leben bekommt unser Leben ein neues Fundament; es gibt Raum für das | Sakrament, in dem sich sein Leben durch das |49
Medium von unserem Leben verwirklicht. Im Sakrament sind wir Glieder seines Leibes *in actu*.

Jedes Sakrament besitzt, in Übereinstimmung mit den obigen Ausführungen, zwei Elemente: einen Stoff, d.h. ein natürliches Etwas, das wir besser *creatura*, Geschöpf nennen; dies kann ein Gegenstand, eine Handlung oder beides sein. An zweiter Stelle steht die Form, welche die Handlung erst zu einem Sakrament macht, die das Leben Christi auf unser Leben überträgt. Diese Form ist Gottes Tat, Gottes Wort, das wir lediglich betend wiederholen können.

Nach diesen Maßstäben begegnen wir in jedem Fall den folgenden Sakramenten in der Kirche:

A. Das *Heilige Abendmahl* – Dieses zentrale Sakrament ist so reich an Inhalt, dass es nicht möglich ist, es in einer einzigen Formel auszudrücken. Wir müssen das Abendmahl mindestens mit fünf Namen bezeichnen, um seine Tiefe auch nur annähernd zu ergründen. Erstens, das Abendmahl ist *Eucharistie*, d.h. die einfache Mahlzeit, die mit Dank eingenommen wird, das Brechen des Brotes mit Gejauchze (Apg 2,46). Die Danksagung und das Gejauchze jedoch, die im jüdischen Brauch beim Kiddusch[99] der Schöpfung galten, haben hier einen Bezug zum Herrn, der gekommen ist und kommt (*Maranatha* [1Kor 16,22] bedeutet: der Herr ist gekommen, aber auch: der Herr kommt),[100] der eine neue Welt erschafft und welcher der Gastgeber ist. Der Stoff ist hier die Handlung der Mahlzeit, die Form ist die Ankunft des Herrn, um die wir bitten (Epiklese: ἔρχου κύριε Ἰησοῦ, Offb 22,20), aber die wir auch jauchzend verkünden (ὁ κύριος ἦλθεν, in der koptischen Liturgie).[101] Diese Ankunft des Herrn ist sowohl seine Ankunft in der Welt, wo er immer wieder aus unserem Blickfeld verschwindet, wie bei den beiden Jüngern in Emmaus,[102] als auch die Wiederkunft am Jüngsten Tag: Die Eucharistie ist folglich ein Pfand der zukünftigen Herrlichkeit, Vorgeschmack der himmlischen Seligkeit.
Zweitens ist das Abendmahl jedoch auch *communio*, d.h. Gemeinschaft, κοινωνία. Das Bild aus der *Didache* von den Getreidekörnern, die auf den Bergen verstreut waren, um

zusammengebracht zu werden und ein Brot zu formen,[103] deutet auf den Zusammenhang der Kommunion mit der Grundform des Glaubens hin.

Drittens ist das Heilige Abendmahl *Anamnese*, Kommemoration, nicht im Sinn von unseren Gedenkfeiern, sondern als eine ausdrückliche Übertragung des Todes Christi auf das sakramentale Beisammensein der Menschen. Hier liegt das heilsgeschichtliche Moment des Abendmahls, das, laut Lietzmann, durch Paulus endgültig diesem Sakrament seinen Charakter verliehen hat.[104] Ohne die Anamnese bleibt es bei einer jüdischen Mahlzeit oder einem »natürlichen« Sakrament. Aber mit ihr wird das Sakramentale zum Sakrament im vollen Sinn: Der Herr ist alles, in seinem Tod wird uns das Leben geschenkt, das uns verbindet; eine andere Wirklichkeit zeigt sich, die Möglichkeit des menschlichen Lebens wird erfüllt. Auch hier wird gepriesen und verkündet: Jesus der Herr! (Phil 2,11). Und auch hier steht alles unter der eschatologischen Voraussetzung:
|50 Wir verkündigen den Tod des Herrn, bis dass er kommt [1Kor 11,26]. Die historische | Existenz Christi tritt hier in die menschliche Existenz über und Letztere zur Kirche. »Dass der Herr Jesus, in der Nacht, in der er verraten wurde«, wird nicht nur vorgelesen, sondern »gefeiert«, das »Gedächtnis« Christi wird »geübt«.

> Heiliges Gedächtnis des Todes unseres Herrn!
> Leben schenkst du uns Menschen, Heiland, lebendiges Brot.
> Gib meinem Geist zu leben aus deinem Überfluss,
> schenk uns von deinem Reichtum Erkenntnis, rein und süß! (Lied Nr. 250)[105]

Das Heilige Abendmahl ist viertens *oblatio*, *sacrificium*, nämlich Christi und der Kirche. Christi Opfer wird durch die Anamnese gegenwärtig. Die Kirche opfert als Leib Christi das eigene Leben. Auch hier begegnen sich Gottes Leben und Menschenleben. Durch Gottes Gnade treten wir in das Opfer Christi, an dem wir teilhaben; wir opfern uns mit Christus. Wir tun dies »amtlich«, es ist keinesfalls unsere Leistung, sondern Gottes Tat in und durch uns. Luther hat sich an der Widersprüchlichkeit gestoßen, dass wir also im Abendmahl Spender und Empfänger zugleich sein sollten. Aber das ist genau das Wunderbare am Opfer, dass es immer beides ist: geben und empfangen, »Introibo ad altare Dei«, und »Domine, non sum dignus, ut intres«.* Die römische Ketzerei beginnt erst dort, wo wir den einen Aspekt im Abendmahl losgelöst vom anderen betrachten. Wir müssen zurück zu Augustinus: »Wir, die viele sind, sind ein Leib in Christus, das ist das christliche Opfer« (Civ. Dei X, 4).[106] Wir opfern, indem wir teilhaben am Leib Christi. Und reformatorisch bleiben wir (oder lieber: werden es, das ist wichtiger!), solange wir das Opfer nicht von der Kommunion trennen, wie Brilioth sagt.[107] Und Pascal: »Il est vrai qu'il y a encore une autre partie, après la mort de l'hostie, sans laquelle sa mort est inutile; c'est l'acceptation que Dieu fait du sacrifice. C'est ce qui est dit dans l'Écriture: et odoratus est Dominus odorem suavitatis, ›et Dieu a reçu l'odeur du sacrifice‹ [Gen 8,21]. C'est véritablement celle-là qui couronne l'oblation, mais elle est plutôt une action de

* [Ps 43,4; Mt 8,8. Vgl. Missale Romanum (Anm.), 271; 344.] Luther verwarf übrigens das Opfer im Abendmahl nicht gänzlich; der Gedanke, dass wir in des Herren Opfer treten und uns mit ihm Gott opfern, kommt bei ihm vor, wie auch derjenige vom Lobopfer.

Dieu vers la créature que de créature vers Dieu, et elle n'empêche pas que la dernière action de la créature ne soit la mort« (Pensées XXX).[108] Doch weit entfernt davon, eine Leistung des Menschen zu sein, bedeutet das Opfer deren Tod. Die Handlung des Abendmahls bedeutet im Hinblick auf den Menschen Gehorsam bis in den Tod, im Hinblick auf Gott eine neue Schöpfung, wie Luther sagt: »Gott nennt was nicht ist, dass es sei« [Röm 4,17]; wenn er[109] das Brot Leib Christi nennt, dann ist es dieser Leib.
Fünftens ist das Heilige Abendmahl schließlich (und darin ist alles noch einmal enthalten) ein μυστήριον: der Herr ist gegenwärtig in unserer Mitte *sub velamine*. Das Abendmahl ist also zumindest eine Verherrlichung des irdischen Fleisches; die Diener-Figur bleibt auch hier, und | alles steht unter der eschatologischen Voraussetzung. Reisner sagt |51
zu Recht, dass das Abendmahl immer *Abend*mahl bleibt und mit der Bereitschaft verzehrt werden muss, dieses Leben ohne Einschränkung dem ewigen Tag zu opfern. Aber auch hier dürfen wir die Kehrseite keinen Augenblick aus den Augen verlieren: Unser Dienst bei der Austeilung des Abendmahls ist ein göttliches Amt, das auf den Dienst der himmlischen Heerscharen hinweist, wie Theodor von Mopsuhestia[110] sagt.[111]

B. *Heilige Taufe und Konfirmation* – Das sind Sakramente, die den Weg bahnen zum Abendmahl, ursprünglich verschiedene Riten des gleichen Sakraments. Die Taufe, zugleich Reinigung und Wiedergeburt, knüpft, was den Stoff anbelangt, an das Elementarste an: die Geburt des Menschen aus dem Wasser. Die Form des Sakraments ist die regenerative Kraft des Heiligen Geistes. Darum taufen wir auf den Namen der Dreieinigkeit, d.h. in der Kraft Gottes. Die Taufe macht aus dem Menschen, dessen Existenz zwischen Geburt und Tod schwebt, ein Kind Gottes, dessen Leben in direkter Beziehung zu Gott steht. Die Konfirmation ist die Mitteilung des Heiligen Geistes, der das geschenkte Leben stets wieder erneuert. Sie macht das Kind zum Priester, zum Amtsträger, sie bekleidet es mit der *dignitas regalis et sacerdotalis* seines Herrn. Mit diesem zweiten Sakrament treten wir also den eigentlichen Dienst an.

C. Eine der fatalsten Folgen der Isolierung der Sakramente ist der Gegensatz zwischen Sakrament und Wort. Dabei gilt dann häufig das Wort als das eigentliche, weil es einen weniger sinnlichen Eindruck hinterlässt als andere Gebilde. Auch Barth, wenn auch in viel geringerem Ausmaß als seine Schüler, entzieht sich nicht gänzlich diesem Spiritualismus. Denn dies ist es, wenn es nicht gleich griechischer Idealismus ist. Und übrigens ist es falsch gedacht. Das Wort, die Sprache des Menschen, ist ebenso sehr Kreatur, wie auch das Brot, der Wein oder das Wasser. Wir können es nicht anfassen oder sehen, sondern nur hören. Aber das macht keinen Unterschied. Das Wort ist ein Geschöpf Gottes genauso wie das Wasser. Es ist genauso sinnlich und es ist genauso geeignet zum Dienst Gottes, denn es hat dieselben Möglichkeiten. Unter Androhung, in eine Wortspekulation zu verfallen, die uns zur brahmanistischen Theologie bringen würde, müssen wir uns davor hüten, im Wort etwas anderes zu sehen als ein menschliches Wort, das in göttlichen Dienst genommen wird, wie das Brot und der Wein und das Wasser auch. Und das ist das Wort der Vergebung der Schuld, das sakramentale Wort der Freisprechung. Die Verkündigung des Wortes Gottes, das Predigen, ist entweder ein Sakrament oder ein frommes Vergnügen. Natürlich ist sie Sakrament: Das Wort des Menschen dient amtlich

dem Wort Gottes. »Verkündigung ist menschliche Rede, in der und durch die Gott selber spricht … (sie) dient dem göttlichen Selbstwort«,[112] sagt auch Barth.[*] Übrigens besitzen
|52 wir die sakramentale Verkündigung | schon lange in der Freisprechung, die auf die Beichte folgt. Das Wort der vergebenden Gnade, wie es in der Kirche verkündigt wird, findet seine Zusammenfassung und seine definitive Form in der sakramentalen Freisprechung, entweder im Gottesdienst der Gemeinde, bei der sogenannten allgemeinen Beichte, oder in der kirchlichen Seelsorge, bei der sogenannten Ohrenbeichte. Die Beichte, deren praktische Bedeutung uns durch die Psychoanalytiker wieder klar gemacht werden musste, findet heutzutage in der Gruppe[113] ein Stück ihrer Aufgabe wieder als Gehorsam gegen Gottes Gebot. Allerdings müssen wir Chesterton Recht geben, wenn er sagt, dass eine Beichte ohne Freisprechung eine seltsame Sache ist.[114]

D. Noch ein Sakrament müssen wir nennen: die *Ehe*. Die Ehe hat einen besonderen Platz unter den Sakramenten, weil sie keine Handlung ist, die eine andere Wirklichkeit trägt, wie die übrigen. Kein Mensch heiratet, um dadurch etwas anderes zu bezeugen oder zu erreichen. Diese Ausnahmestellung hat bereits der Theologie der Sakramente viel Mühe bereitet. Aber genau hier tritt ihre Bedeutung deutlich zutage: Kein Mensch verwendet das Abendmahl zum Essen oder Trinken; in der Ehe jedoch heiratet der Christ, um zu heiraten, und aus keinem anderen Grund. Doch gerade durch das Verrichten dieser allgemeinsten und natürlichsten Handlung handelt er amtlich, im Dienste seines Herrn. Hier wird nicht die natürliche Macht des Eros offenbar, im Gegenteil: Der Niedergang des Menschen ist kaum irgendwo so unbarmherzig klar wie im Scheitern der Geschlechtergemeinschaft, im Misslingen des geschlossenen Bundes. Aber hier wird deutlich, dass es keine echte Liebe und Treue geben kann, wenn nicht Gott den Mann zu seiner Frau, die Frau zu ihrem Mann »wie mit seiner eigenen Hand« bringt. Gerade in diesem separat stehenden Sakrament wird die Möglichkeit des Gehorsams sichtbar, d. h. dass Gott das natürliche Leben umwandelt zu einem geschenkten, einem empfangenen.

Die Lebensform der Kirche ist sakramental. Die Tat Gottes in Christus hat die Möglichkeit des Geschöpfs erfüllt. Dies bedeutet keine Verherrlichung des Geschöpfs. Es geziemt uns nicht, uns selbst zu rühmen. Und doch geschieht eine Art Transfiguration: Leben wir, so leben wir dem Herrn (Röm 14,8).

Aller Ruhm ist ausgeschlossen,
unverdiente Seligkeiten
habe ich von meinem Gott genossen,
ich rühme nur in freier Gunst!
Ja, noch bevor ich geboren war,

* Vgl. auch Barth, Kirchl[iche] Dogm[atik] I/2, [Zollikon 1939,] 248 ff. Alle Zeichen haben etwas vom Sakrament. Die Kirche muss sakramental verstanden werden, in Bezug auf Taufe und Abendmahl. »Der Raum der subjektiven Wirklichkeit der Offenbarung ist der sakramentale Raum« [ebd., 253].

ehe Gottes Hand, die alles schuf,
etwas aus nichts zur Existenz rief,
hat seine Liebe mich erwählt:
Gott ist Liebe, o Engelsstimme,
Menschenzunge, verherrlicht ihn! (Lied Nr. 173)[115]

|53 # | Kapitel 4

Liturgische Gemeinschaft

§ 10. Der Gottesdienst als Dialog findet nicht zwischen Gott und Mensch im Allgemeinen statt, auch nicht zwischen Gott und einzelnen Menschen, sondern zwischen Gott und der menschlichen Gemeinschaft, d.h. der Gemeinschaft der Kirche, dem Leib Christi.

Es gibt einen Verkehr zwischen Gott und dem einzelnen Menschen. Dieser Verkehr findet im Gespräch des persönlichen Gebetes statt, im Wort, das an den Propheten ergeht. Regeln gibt es dabei keine, doch versucht die Mystik eine Anleitung für diesen Verkehr im Gebet zu sein. Der Gottesdienst hingegen findet zwischen Gott und einer Gemeinschaft von Menschen statt. Dies schließt den Verkehr des Einzelnen mit Gott natürlich keineswegs aus; im Gegenteil, es setzt diesen individuellen Verkehr voraus, wie es ihn gleichzeitig auch wieder zur Folge hat.

Der Verkehr mit Gott, der im Gottesdienst stattfindet, stellt Gott als demjenigen, der das Gespräch begonnen hat, eine menschliche Gemeinschaft gegenüber, die allerdings keine natürliche Gemeinschaft ist, obwohl sie an eine solche anschließt. Sie ist vielmehr eine Gemeinschaft der Berufenen, sie ist *ekklesia*, die ihre Existenzgrundlage in Christus findet und die der Leib Christi ist. Das ist die Kirche, d.h. die menschliche Gemeinschaft, die gleichzeitig auch göttlich ist. Sie ist sichtbar, aber sie steht nicht im Gegensatz zur unsichtbaren Kirche, sie ist im Gegenteil deren Sichtbarwerden im »Dienst«. Darum kann sie sich auch an die natürliche Gemeinschaft anschließen. Die Kirche hat niemals gezögert, diese Verbindung anzuerkennen und zu pflegen. Sie hat das ganze natürliche Leben in ihren Raum hineingetragen: die Ehe, die Neugeborenen, die jungen Menschen, die Toten. Nur wenn sie diese Verbindung anerkennt, kann sie wirklich ihre Funktion
|54 als nicht-natürliche Gemeinschaft erfüllen, nur dann kann sie dienen. »In | der Kirche wird die Schöpfung zugänglich« (Käsemann).[116]

Die Kirche ist eine organische Gemeinschaft, der Leib Christi (Röm 12,5; 1Kor 10,17; Kol 1,18.24). Aber sie ist gleichzeitig eine Gemeinschaft der Berufenen. Sie *existiert* lediglich dann, wenn die Kraft Christi in ihr wirkt (Haupt und Glieder, Weinstock und Reben). Diese Wirkung ist zwar organisch, aber nicht natürlich. Sie kommt durch den Heiligen Geist zustande, d.h. durch die Berufung. Scheinbar liegt hier eine Doppeldeutigkeit vor: Man wird in die Kirche hineingeboren, aber auch getauft; man gehört dazu, aber man muss auch bekennen, dass man dazu gehört; man ist darin gegründet, aber man wird auch gleichzeitig zur Kirche berufen. Darum gehen wir auch von der Gemeinschaft unserer Familie aus in die Kirche. Wir kommen nicht einzeln aus der Welt, sondern wir kommen aus einer Gemeinschaft, der Hausgemeinschaft, die sich nachher, wenn wir aus der Kirche zurückkommen, auch als Hausgemeinde erweisen wird. Wir können allerdings nicht zuhause bleiben. Wir müssen aufbrechen, zumindest wenn wir Berufene sind. Umgekehrt sind wir in der Kirche Heilige, d.h., wir haben an der Kraft Christi teil, die vom einen zum anderen übergeht wie vom einen Ehepartner zum anderen (1Kor 7,14). Diese Heiligkeit ist aber nicht ohne die kontinuierliche Berufung möglich, die uns aus der Kirche wieder in unsere Familie zurückbringt und von dort in alle anderen menschlichen Gemeinschaften.

Dieses Andauern der Berufung als Voraussetzung der kirchlichen Gemeinschaft und folglich des Gottesdienstes ist das Wahrheitselement in der Argumentation derjenigen, die den Gottesdienst ganz und gar auf der Heiligen Schrift beruhen lassen wollen, wie etwa Asmussen.[117] Die Heilige Schrift, die im Gottesdienst gelesen wird, ist nicht eine Art Stiftungsurkunde, an die man einander jeweils wieder erinnern muss, sondern das lebendige Wort Gottes, das als Ruf zum Menschen kommt. In diesem Sinn, und nur in diesem allein, kann man sagen, dass die Schrift den Gottesdienst konstituiert. Noch deutlicher und besser ist es zu sagen, dass dies sich durch das lebendige Wort Gottes ereignet, das als Freisprechung sündhafte Menschen zum Gottesdienst aufruft.

| *§ 11. Die Gemeinschaft, die den Gottesdienst ausübt, wird durch die* |55
Berufung Gottes konstituiert, die Vollmacht erteilt, d.h. durch das Amt der Vergebung der Sünden.

Wir kommen hier zur Voraussetzung von alledem, was Gegenstand der vorherigen Kapitel war: das Amt. Menschlicher Gottesdienst wäre eine Vermessenheit ohne dieses Amt. Und die Kirche ohne das Amt ist lediglich eine religiöse Vereinigung. Nicht du oder ich nehmen am Gottesdienst teil, nicht die »Laien« kümmern sich darum und ebenso wenig der »Klerus«. Der Gottesdienst ist die Angelegenheit derer, die dazu von Gott berufen sind, die sein Amt ausführen, die von ihm bevollmächtigt sind. Diese sind es, die in den Briefen des Paulus »Heilige« heißen. Sie sind nicht heilig aufgrund von etwas an ihnen selbst, sondern allein durch Gottes Berufung. Sie haben ein »kirchliches Amt« inne. Du und ich, wir kommen nicht einzeln in die Kirche, so wie wir zu einer Versammlung gehen. Wir kommen nicht um der Erbauung willen oder für was auch immer. Wir kommen dahin, weil wir zum heiligen Dienst gerufen werden.

Dass unwürdige Menschen auf diese Weise zum heiligen Dienst gerufen werden können, ist Gottes Gnade. Das Amt ist dasjenige der Vergebung der Sünden. Alles, was wir oben gesagt haben, wäre Dummheit oder schlimmer, wenn dies auf die Menschen, so wie sie sind, bezogen würde. Es gibt keinen Menschen, der ein Sakrament austeilen kann, der das Wort predigen kann. Es existiert auch kein Mensch, der das Sakrament empfangen oder dem Wort einen geeigneten Boden bereiten kann. Was wir in der Kirche machen, tun wir amtlich, kraft der uns gegebenen Vollmacht, kraft der Freisprechung, die aus Sündern Kinder Gottes macht. »Du bist Petrus, und auf diesen Felsen werde ich meine Kirche bauen« [Mt 16,18]. Dieser Ausspruch des Herrn der Kirche wird seit Origenes[118] zu Recht auf diejenigen angewandt, die berufen werden. Gott baut seine Kirche auf Sündern auf, auf schwachen Petrussen. Er überträgt ihnen das Amt. Er verleiht ihnen die Heiligkeit, die sie aus sich selbst heraus nicht besitzen. Er vergibt ihnen die Schuld, er spricht sie frei.

Im griechischen Alten Testament ist ἐξουσία die Macht Gottes, seine Autorität.
|56 Im Neuen Testament delegiert Gott diese an Jesus. | Dieser hat »alle ἐξουσία« (Mt 28,18) im Gegensatz zu Satan, der lediglich über eine eingeschränkte »Macht« verfügt. Jesus hat folglich Vollmacht und dahinter steht Gottes Macht. Das Wesen dieser Vollmacht ist die Vergebung der Sünden (Mk 2,10), d.h. das, wozu Gott allein im Stande ist. Durch sie gibt der Herr die Ermächtigung weiter an seine ἐκκλησία, an diejenigen, die er beruft. Sie empfangen seine Vollmacht zur Sündenvergebung. Darin liegt der ganze Gottesdienst begründet.

Die Streitfrage ist sehr alt: Konstituiert die Kirche die Heilige Schrift oder die Schrift die Kirche? Beides ist m.E. korrekt. Es kann keine Schrift geben ohne die Verkündigung der Kirche, die den Kanon festlegt. Aber umgekehrt konstituiert auch die Schrift die Kirche. Denn die Heilige Schrift ist die Verkündigung von Gottes Gnade, die Freisprechung, die die Kirche erst möglich macht.

Alle, die im Leib Christi miteinander verbunden sind und gemeinsam mit einer Stimme Gottes Namen im Gottesdienst verherrlichen, sind also Diener, Amtsträger: die »Laien« oder »gewöhnlichen Gemeindeglieder« genauso wie die Amtsträger im engeren Sinn. Alle Gläubigen sind Priester. Denn alle haben nur insofern am Glauben teil, als sie auch am Opfer des Herrn beteiligt sind. Diese Teilhabe wird im Gottesdienst Wirklichkeit. Sie kann niemals etwas Passives sein. Wer in die Kirche kommt, ist aktiv. Wenn er es nicht ist, legt er sich quer. Es gibt kein Bepredigt-Werden oder bloßes Sakramente-Empfangen. Das Geben ist immer gleichzeitig auch ein Empfangen und das Empfangen ist ein Geben. Am Abendmahlstisch, zu dem sich alle begeben und an dem alle handeln, wird dies ersichtlich: Alle sind Priester. Aber es ist genauso zutreffend bei der Austeilung von anderen Sakramenten. Es ist im Besonderen auch wahr bei der Verkündigung des Wortes. Eine Predigt erfordert, wenn sie Verkündigung des Wortes sein soll, nicht allein einen Pfarrer, der aktiv ist, sondern auch eine Gemeinde, die aktiv ist.

§ 12. Alle Gläubigen sind im Gottesdienst Amtsträger. Es gibt jedoch eine Rangfolge von Ämtern, nicht nach menschlichem Verdienst oder Fähigkeit, sondern nach Gottes Fügung.

Das Amt der Vergebung der Sünden trägt alles, | »was aus der Taufe gekrochen |57
ist«, um mit Luther zu sprechen.[119] Der natürliche Mensch empfängt im Bad der Wiedergeburt von Gott eine neue Grundlage des Lebens, er wird ein neues Geschöpf. Alle getauften Gemeindeglieder sind folglich Priester. Un dies nicht bloß in einem vagen, allgemeinen Sinn: Das Amt sinkt nicht von den »Priestern« zu den »Laien« hinab, sondern es wird in seinem Wesen in der Taufe mitgeteilt und durch das Glaubensbekenntnis bestätigt. Die speziellen Ämter sind nichts anderes als das allgemeine Amt, angepasst an eine besondere Aufgabe durch eine besondere Gnade Gottes. Über das Essenzielle des Amtes verfügen alle Gläubigen.

Die Ämter in der Kirche müssen wir als eine Entfaltung der Priesterschaft der Gläubigen ansehen. Er, der vorbetet, hat ein besonderes Amt inne. Aber auch wer mitbetet, tut dies kraft des ihm übertragenen Amtes. Sonst könnte er es nicht wagen, ihm fehlte der Freimut (*parresia*) dazu. Das allgemeine Priestertum der Gläubigen ist in der Kirche immer anerkannt, jedoch sind selten die Konsequenzen daraus gezogen worden. 1Petr 2,9 spricht klare Worte. Natürlich existiert ein Klerus, d.h. *kleros* oder *ordo*, d.h. eine Ordnung von Ämtern, wobei verschiedenen Gliedern des Leibes Christi unterschiedliche Aufgaben zugeteilt werden, genauso wie dies auch bei den Gliedern unseres Körpers der Fall ist. Der sogenannte »Laie« jedoch hat dennoch einen *kleros*, d.h. ein Los, eine Aufgabe, er steht genauso in einer Ordnung wie der sogenannte »Geistliche«.

Das besonders protestantische Missverständnis, nach dem das Ernstnehmen des allgemeinen Priestertums der Gläubigen eine Schwächung des priesterlichen Gedanken bedeutete, muss unerbittlich zurückgewiesen werden, genauso wie die Meinung, dass es in der reformierten [*hervormd*] Kirche für Priester keinen Platz gäbe. Das Amt ist ein Priesteramt, d.h., es bedeutet nichts anderes als Opferdienst, der uns mit und durch und im Opfer des Herrn aufgetragen ist. Wir erfüllen dieses Amt im strengsten Sinn am Abendmahlstisch, aber wir erfüllen es auch beim Lauschen der Predigt oder beim Opfern unserer Gaben oder dem Anstimmen unseres Gesangs. Und weit davon entfernt, durch das allgemeine Priestertum geschwächt zu werden, bekommt der priesterliche Charakter des Amtes
dadurch ein stärkeres Gewicht: Aus einer Berufung und | einer Beanspruchung |58
weniger wird die Berufung und die Beanspruchung aller.

Das Amt in der Kirche ist der Gemeinde übertragen. Wir üben es alle gemeinsam in der Gemeinschaft Christi aus. Dies kommt zum Vorschein in der Kirchenordnung und im Gottesdienst. Es ist die Grundlage des Presbyterats (das allerdings nicht notwendigerweise im Widerspruch zum Episkopat steht). Alle Autorität, alle Leitung ist Amt. Und alles Amt ist von allen für alle: »Ut omnes unum sint« [Joh 17,11]. In den ersten Jahrhunderten saß der Bischof auf seinem Stuhl hinter dem Abendmahlstisch in der Apsis der Kirche. Um ihn herum in einem Halbkreis waren die Presbyter versammelt. Und alle zusammen, auch die Diakone, leiteten den Gottesdienst. Dies drückt auf vortreffliche Weise aus, wie das Amt, das die Kirche und den Gottesdienst konstituiert, im christlichen Sinn ausgeführt werden kann: Es geschieht immer gemeinschaftlich, es geschieht im Gespräch. Und dies gilt sowohl für die Ordnung als auch für das Dogma und für die Liturgie.

Dies lässt sich in unserem Gottesdienst durch die Teilnahme aller an der liturgischen Handlung realisieren. Viel öfter, immer wenn dies irgendwie möglich ist, werde der Gottesdienst von mehr als einem Pfarrer geleitet (präsidiert, nach dem alten Ausdruck). Man breche mit der dummen Vorstellung, dass ein Pfarrer, der in die Kirche geht und nicht zu »predigen« hat, deshalb nichts zu tun haben sollte. Man breche mit dem – übrigens nicht allzu zahlreich vorkommenden – »Kirchen-Wechseln«.[120] Anstelle – wenn irgendwie möglich – in benachbarte Gemeinden auszufliegen und dort nur wieder zu »predigen«, bleibe der Pfarrer, der »keinen Dienst« hat, in der eigenen Gemeinde und assistiere seinem Bruder in der Darreichung des Heiligen Abendmahls, im Lesen der Liturgie. Es gibt kein besseres Mittel, um die Gemeinde spüren zu lassen, dass wir keine »Pfarrerkirche« haben, als dass der Gottesdienst durch zwei, drei oder mehr Pfarrer geleitet wird, sodass man einander nicht mehr fragen kann: Bei wem bist du zur Kirche gegangen? So erhalten auch die anderen Amtsträger einen viel größeren und regelmäßigeren Anteil am Gottesdienst. Die Gemeinde erlangt dadurch, dass von ihr Antwort und Bestätigung erwartet wird – sich hinsetzen oder niederknien und aufstehen –, das Bewusstsein, dass sie aktiv und tätig ist in der Ordnung, in der sie ihren Platz hat.

|59 | Das allgemeine Priestertum bedeutet keineswegs Uniformität des Amtes. Im Gegenteil. Vor allem in dieser Hinsicht hat sich die Kirche im Lauf der Jahrhunderte viel von dem Reichtum, den sie besaß, entgehen lassen, nicht nur die Kirchen der Reformation, sondern auch, ja vor allem die Kirche Roms. Die äußerst unterschiedlichen Ämter, die uns in der Heiligen Schrift genannt werden und die die ältesten Gemeinden kannten, sind durch die römisch-katholische Kirche auf die Würden des einen Priesteramtes reduziert worden; man wird schnell nacheinander zum Subdiakon, Diakon, Presbyter, und dies bedeutet nichts Besonderes. Die Reformation war auch in dieser Hinsicht eine Restauration und dies insofern, als dass ein vielfältigeres Amt wiederhergestellt wurde: Presbyter und Diakone zumindest bekamen wieder eine eigene, eigenständige Aufgabe, die darüber hinaus verhinderte, dass sich ein »Klerus« im klerikalen Sinn bildete, und zwar dadurch, dass in ihren Ämtern die Gemeinde in engem Kontakt mit dem Amt blieb. Die Professionalisierung wird auf diese Art und Weise mit Erfolg ferngehalten. In

anderer Hinsicht jedoch bedeutet die Reformation auch eine Degeneration des Amtes, das nicht selten eine Art von Volksvertretung wird. Die presbyteriale Ordnung wird auf diese Weise zu einer Art kirchlichen Demokratie. Im Gottesdienst bedeutet das Amt in der reformierten [*hervormd*] Kirche im Allgemeinen wenig, zu wenig.

Der volle Reichtum des Amtes wird deutlich, wenn wir in der sogenannten Klementinischen Liturgie, die den Gottesdienst der Gemeinde von Antiochien um die Mitte des vierten Jahrhunderts herum beschreibt, die Ämter folgendermaßen aufgeführt finden: Zuerst empfängt der Bischof die Kommunion, danach die Presbyter, die Diakone, die Subdiakone, die Lektoren, die Sänger, die Asketen, und von den Frauen die Diakonissen, die Jungfrauen, die Witwen; danach die Kinder, und zum Schluss das ganze Volk.[121] Hier entfaltet sich im Kern des Gottesdienstes der volle Reichtum des Amtes.

> | *§ 13. Die Berufung und das Amt werden der Gemeinde im Sakrament der Heiligen Taufe zuteil, das deshalb am Anfang allen Gottesdienstes steht (sacramentum initiationis, initium sacramenti). Die Konfirmation, die mit der Taufe zusammen ein Ganzes bildet und den Übergang zum Heiligen Abendmahl darstellt, verleiht den Getauften die Gnade des aktiven allgemeinen Priestertums.* |60

Die Heilige Taufe geschieht auf den Namen des Vaters und des Sohnes und des Heiligen Geistes zur Vergebung der Sünden. Sie ist eine Reinigung, die nicht nur von den Sünden reinigt, sondern das Fundament der neuen Schöpfung legt, das Bad der Wiedergeburt (Tit 3,5), das Hand in Hand mit der Erneuerung durch den Heiligen Geist geht. In der Heiligen Taufe tritt Gott dem Menschen entgegen und der Mensch empfängt von ihm das neue Leben, das ihm geschenkt wird, nicht im Anschluss an etwas, das er bereits hat, nicht als etwas, das er sich hätte erwerben können, sondern als etwas, das von ganz anderer Art ist als alles, was er hat oder ist: eine neue Schöpfung. Der Mensch nimmt diese Taufgnade amtlich auf sich, nicht als eine Eigenschaft, eine Art Frömmigkeit oder Religiosität, sondern als eine Gabe Gottes, die er im Glauben empfangen darf. Deshalb beginnt aller Gottesdienst bei der Heiligen Taufe. Durch die Taufe betritt der Mensch die Kirche, mit der Taufe verrichtet er seine erste liturgische Handlung.

Deshalb erfolgte in altkirchlicher Zeit die Taufe oftmals in einem separaten Gebäude, dem Baptisterium. Später auch in einer Taufkapelle, die sich am Eingang der Kirche befand. Diese Symbolik des Eingangs ist natürlich nicht notwendig. Man spendet heutzutage die Taufe besser so, dass die ganze Gemeinde daran teilnehmen kann. Denn es ist ihr Amt, das das Spenden der Taufe möglich macht.

Die altkirchliche Taufe fiel zusammen mit dem Glaubensbekenntnis und der
Konfirmation. Die *photizomenoi*, die die Erleuchtung empfangen sollen, oder
|61 *competentes*, die die Taufe begehren, werden | auf bestimmte Weise unterrichtet
und bekommen Anweisungen (*scrutinia*). Sie schwören dem Teufel ab und der
Exorzismus bannt die bösen Mächte, die in ihnen wirken. Das Glaubensbekennt-
nis wird ihnen bekannt gegeben und sie sprechen es nach (*traditio* und *redditio
symboli*), ebenso das Gebet des Herrn. Sie empfangen einen neuen Namen und ein
weißes Gewand, das Kleid der Unschuld. Sie werden durch Untertauchen getauft
und mit heiligem Öl (*chrisma*) gesalbt, das ihnen das Siegel (*sphragis*) verleiht, das
sie als *electi* und *fideles* kennzeichnet, als Auserkorene, als Gläubige (vgl. Offb
9,4; 7,3). Die letzte Handlung heißt Konfirmation (*bebaiosis*, *confirmatio*, *con-
signatio*). Die Stirn des Konfirmanden wird mit dem Kreuzzeichen versehen (»si-
gno te signo crucis et confirmo te chrismate salutis«).[122] Diese Salbung geht mit
der Handauflegung einher (*cheirothesia*). Beide, Salbung und Handauflegung, ha-
ben die Verleihung des Heiligen Geistes zum Ziel (vgl. Apg 8,14–17), die den
neuen Menschen schafft, das Kind Gottes.

In den Kirchen des Ostens blieben Taufe und Konfirmation verbunden. Im
Westen brachte das Aufkommen der Kindertaufe beide je länger je mehr ausein-
ander. Im dritten Jahrhundert steht die Konfirmation losgelöst von der Taufe da.
In der weiteren Entwicklung wurde daraus ein gesondertes Sakrament gemacht.
Diese Entwicklung fand ihren Abschluss in der Bulle »Exultate« von Eugenius IV.
(1439)[123] und ihren Niederschlag in der siebten Sitzung des Konzils von Trient.[124]
Ihrem Wesen nach ist die Konfirmation jedoch nichts anderes als ein Teil der
Taufe, der hinausgeschoben wird.

Die alte Kirche hatte für diesen Aufschub keinen anderen Grund als die Erset-
zung der Erwachsenentaufe durch die Kindertaufe. Unterweisung in der Lehre
und Glaubensbekenntnis sind erst möglich bei einem gewissen Grad an Bewusst-
heit. Die Reformation knüpft hier an. Was die Heilige Taufe selbst betrifft, so
wird stark die Voraussetzung des Glaubens hervorgehoben, aber nicht zum Nach-
teil der konkreten Wirklichkeit der neuen Schöpfung. Dies wird deutlich an der
Aufrechterhaltung der Kindertaufe und dem Widerstand gegen die Wiedertäufer.
Luther im Großen Katechismus: »Nicht bloß das schlichte Wasser, sondern ein
Wasser, das in Gottes Wort und Gebot gefasst und dadurch geheiligt ist, sodass es
|62 nichts anderes ist als ein Gotteswasser. Nicht dass | das Wasser an sich edler wäre
als anderes Wasser, sondern weil Gottes Wort und Gebot dazu kommt. Denn
wenn man das Wort vom Wasser sondert, so ist es kein anderes Wasser als das,
womit die Magd kocht, und das mag wohl eine Badertaufe heißen.«[125] Im Glau-
ben geschieht es, dass das Wasser in Gottes Wort gefasst wird. Der Glaube jedoch
tut der Faktizität der Taufe, die nicht von menschlichem Ermessen abhängt, kei-
nen Abbruch. Eine Schwierigkeit ist hier das Glaubensbekenntnis. Die Kindertau-

fe akzentuiert sehr stark das Amtliche und das Überindividuelle: Der Glaube, der verlangt wird, ist in gewissem Sinn *fides implicita*, er muss dem Täufling nicht zu Bewusstsein gekommen sein. Die Verantwortung des Glaubens wird durch den *compater* und die *commater* (*peter* und *meter*, *Gevatter*, *godfather*, *compère*, *commère* usw.) übernommen, die – im Gegensatz zu den natürlichen Eltern – die Eltern des wiedergeborenen Kindes sind. Im Mittelalter wurde die Patenschaft als Ehehindernis betrachtet: Als so stark wurde diese Beziehung erachtet. Luther spricht bei der Taufe das Kind noch direkt an und lässt den Paten an seiner Stelle antworten.[126] Farel und Calvin ersetzen die Frage an das Kind durch diejenige an die Taufzeugen, die sich verpflichten, das Kind in der richtigen Lehre zu unterweisen oder unterweisen zu lassen.[127] Schlüssig ist dies nicht.*

Für die Spendung der Kindertaufe wird das Glaubensbekenntnis der Gemeinde vorausgesetzt. Das Kind bekennt nicht, auch wenn es am Glauben der Gemeinde teilhat. Darum muss die Konfirmation, bei der das Glaubensbekenntnis explizit abgelegt wird, folgen. Es hat lange gedauert, bevor die Reformation diese Konsequenz gezogen hat. Und der Prozess ist noch immer nicht gänzlich abgeschlossen.

Die Reformation hat vor allem die Notwendigkeit des Unterrichts betont. Natürlich gab es diesen Unterricht auch in der alten Kirche, aber er wurde vernachlässigt. Luther und Calvin haben all ihre Kräfte für die Unterweisung der Gläubigen aufgewendet. Mit der Taufe, die ja den Säuglingen gespendet wird, konnte diese Notwendigkeit jedoch nicht in Zusammenhang gebracht werden. Und ebenso wenig war dies der Fall bei der Konfirmation, die als Sakrament durch die | |63
Reformatoren verworfen wurde. Nur der Straßburger Reformator Bucer schlug hier eine andere Richtung ein: Er verwarf die Konfirmation zwar als Sakrament, aber behielt die Handlung als öffentliches Glaubensbekenntnis bei, in welchem man davor unterrichtet wurde. Er verband mit dem Glaubensbekenntnis selbst die Handauflegung und die Formel: »Empfange den Heiligen Geist«.[128] Die Liturgie, die À Lasco[129] für die Flüchtlingsgemeinde in London aufstellte, verbindet in ihrer Tauffomel Taufe und Konfirmation auf die Weise der Alten Kirche: »Ego te baptizo, N., in nomen Dei Patris et Filii et Spiritus Sancti; Deus Pater Domini nostri Iesu Christi obsignet te et nos pariter omnes in dono nostrae omnium in Christo regenerationis et iustitiae per Spiritum Sanctum suum ad vitam aeternam. Amen.«[130] Die seltsame Kombination der gemeinsamen Versiegelung des Täuflings und der Gläubigen zeigt hier die Verwirrung an. Zumindest die Kindertaufe macht den Aufschub der Konfirmation zwingend notwendig. Bucer hat dies ver-

* Wollte man ganz konsequent sein, dann müsste man auch die Taufformel: »Ich taufe dich« in: »Ich taufe dieses Kind« (Asmussen[, Die Lehre vom Gottesdienst, München 1937, 294]) abändern. Aber das Kind, organisch mit Zeugen und Gemeinde verbunden, ist, obschon nicht bewusst, nichtsdestoweniger aktiv!

standen und in seiner Konfirmationshandlung zumindest die Objektivität eines Sakramentals mit der Forderung des bewussten Bekennens vereinigt. Erst der Pietismus jedoch hat die Konfirmation zu einem allgemeinen Gebrauch in lutherischen und reformierten [*gereformeerd*] Kirchen gemacht. Er fasste die Konfirmation als eine äußere Spiegelung der inneren Umkehr des Herzens auf. Unter pietistischem Einfluss wurde die Konfirmation auch in der Niederländisch-Reformierten Kirche 1816 zu einer öffentlichen Zeremonie.[131]

Unser reformiertes [*hervormd*] Taufformular stammt größtenteils aus der Pfalz; es umfasst auch Teile, die von Micron[132] und Dathenus[133] stammen. Als die Konfirmation offiziell wurde, hatte unsere Kirche ihre liturgieformende Kraft bereits verloren; man hat niemals einen Versuch zu einem Konfirmationsformular gewagt und es bei den bekannten, nicht sehr glücklichen Fragen belassen.[134] Weder diese noch das Taufformular (an sich eine der schönsten und tiefsten symbolischen Schriften, die unsere Kirche hervorgebracht hat) stellen eine eigentliche Ordnung dar. Die Regeln, nach denen getauft und konfirmiert wird, muss unsere Kirche nunmehr finden.

|64 | *§ 14. Die Heilige Taufe ist ein Sakrament, das jedem Gemeindeglied einmal gespendet wird; die Spendung erfolgt in der Regel inmitten der Gemeinde, und zwar indem diese, insbesondere aber die Taufzeugen, ihren Glauben bekennen; bei der Konfirmation, die die Ergänzung zur Taufe ist und folglich zum Sakrament gehört, wird das Bekenntnis vom Täufling übernommen, der daraufhin zur Gemeinschaft des Opfers des Herrn zugelassen wird.*

Die Spendung der Heiligen Taufe erfolgt in der Regel an Kindern. Seitdem die Kirche im dritten und vierten Jahrhundert davor bewahrt wurde, zu einer christlichen Mysterienreligion in Analogie zu den vielen bestehenden heidnischen Mysterienreligionen zu werden, hat sie die Kindertaufe nie überdacht, obwohl es selten an spiritualistischen Sekten fehlte, die für die Spendung einen Glauben verlangten, der persönlich bekannt wird. Natürlich bleibt in besonderen Fällen neben der Kindertaufe immer auch die Erwachsenentaufe notwendig. Unsere Kirche besitzt dafür auch ein eigenes Formular, und zwar von rein niederländischem Ursprung. Diese Taufe erfolgt selbstverständlich auf das persönliche Bekenntnis des Glaubens durch den Täufling hin. Sie findet nur bei Personen statt, die aus Sekten, welche die Kindertaufe verwerfen, in die Kirche übertreten (daran dachten die reformierten [*gereformeerd*] Väter) und bei Juden und Heiden. Jede andere, lockerere Handhabung der Erwachsenentaufe verstößt gegen das Wesen der Kirche, die auf der Kindertaufe basiert. Auf die Erwachsenentaufe kann die Konfirmation unverzüglich folgen.

In unserer Zeit steht die Kirche oft vor der Schwierigkeit, dass viele sich anmelden, um das Bekenntnis abzulegen und konfirmiert zu werden, die nicht getauft sind. In den großen Städten beträgt die Anzahl der nicht getauften Konfirmanden nicht selten mehr als ein Drittel von allen. Diese Tatsache, die die Folge der zunehmenden Säkularisierung ist, darf uns nicht zu Handlungen verleiten, die gegen das Wesen unserer Kirche verstoßen. Man kann nicht sagen, dass wenn die Taufe noch nicht | gespendet wurde, Taufe und Konfirmation wieder von selbst zu |65
der einen Handlung werden, die sie ursprünglich waren. Mit der Annahme der Kindertaufe ist die Konfirmation von der Taufe losgelöst. Man kann ebenso wenig behaupten, dass die Taufe desjenigen, der nicht als Kind getauft wurde, auf sein eigenes Glaubensbekenntnis hin erfolgt. Dies gilt nur für jene, die aus einer Sekte oder dem Heidentum, auch aus dem Judentum, kommen. Die hier gemeinte Gruppe ist nicht getauft, weil das Band ihrer Eltern zur Kirche zu locker geworden war. Ihr Nicht-Getauft-Sein ist ein anormaler Zustand. Man muss ihnen deswegen keine Vorwürfe machen, im Gegenteil: Man muss es sehr schätzen, dass sie aus eigenem Antrieb dahin gelangen, wo ihre Eltern sie hätten hinbringen müssen. Aber man darf ihre Taufe nicht wie eine gewöhnliche Taufe betrachten und spenden. Ein Versäumnis muss gutgemacht werden. Die Konfirmanden, die in Eigeninitiative den Beschluss zum Glaubensbekenntnis gefasst haben, werden dies in der Regel auch vollkommen verstehen. Sie haben zumindest bereits das Bewusstsein, dass sie etwas tun, das von der durch ihre Eltern verfolgten Linie abweicht. Darum muss man bei der Konfirmation die Taufe solchen, bei denen dies zuvor unterlassen wurde, nicht (wie dies leider oft üblich ist) *nach* der Konfirmation spenden, sondern *davor*. Man korrigiere das Versäumnis, bevor man dem üblichen Weg der Kirche weiter folgt. Man tue dies so einfach wie möglich, ohne Formular, nur mit dem, was essenziell ist. Das Glaubensbekenntnis der Taufzeugen wird in diesen Fällen ersetzt durch das Glaubensbekenntnis der ganzen Gemeinde, das gerade vorangegangen ist.

Das Spenden der Heiligen Taufe finde in der Regel inmitten der Gemeinde statt. Sie ist jedenfalls eine Angelegenheit der Gemeinde, sie trägt alles andere als einen privaten Charakter. Separate Taufgottesdienste sollten deshalb so oft wie möglich vermieden werden; allzu oft werden sie lediglich durch direkt Betroffene besucht. Die Taufe erfolge möglichst in einem gewöhnlichen Gottesdienst, und zwar an dessen Beginn, wie dies im Taufgottesdienst des *liturgische kring* angegeben ist.[135] Die Eltern haben ein Recht darauf, dass ihr Kind in die Gemeinde aufgenommen wird; die Gemeinde hat Anspruch auf Teilnahme an der Taufhandlung. Immerhin ist es ihr bekannter Glaube, aufgrund dessen | getauft wird. Die Tauf- |66
zeugen sind nicht anwesend als interessierte Onkel und Tanten, sondern als Mitglieder der Gemeinde, die ihren Glauben bekennen und versprechen, dass sie die Kinder, soweit es an ihnen liegt, damit in Berührung bringen werden. Die Heilige

Taufe steht im Grunde am Beginn jedes Gottesdienstes. Darum gehört sie auch in den Gottesdienst, sie soll nicht hinterher stattfinden. Natürlich gibt es für diese Regel Ausnahmen: Im Krankheitsfall beispielsweise gibt es nicht das geringste Bedenken gegen die Haustaufe. Die Gemeinde ist jedenfalls dort, wo zwei oder drei im Namen Christi versammelt sind.[136]

Die grundlegende Bedeutung der Taufe für das Amt der Gläubigen und damit für den Gottesdienst werde ausgedrückt durch die Anwesenheit des Taufbeckens, das für die ganze Gemeinde deutlich sichtbar sein muss, und zwar an dem Ort, wo sich auch der Abendmahlstisch befindet und von wo aus das Evangelium verkündet wird. Einzelne Becken, an der Kanzel aufgehängt, sind nicht nur hässlich, sondern stehen auch im Widerspruch zum Wesen der Taufe. Das Taufbecken, im Erdboden tüchtig verankert, gekrönt mit dem Deckel, auf dem sich die Taube des Heiligen Geistes befindet, ist Ausdruck der Stellung der Gläubigen: Bereits als Kinder von getauften Eltern geheiligt (Taufformular),[137] durch die Taufe in die neue Gemeinschaft der Wiedergeborenen eingegliedert. Der zweiseitige Charakter der Kirche findet darin sein Symbol. Und das Gerät für das *sacramentum initii* habe seinen festen Platz neben dem des Heiligen Abendmahls. Die Spendung muss ferner so erfolgen, dass die ganze Gemeinde daran teilnehmen kann, also alles deutlich hören und sehen kann.

Die Frage, ob die Konfirmation ein Sakrament sei, ist sinnlos. Sie gehört zur Taufe, sie ist die Ergänzung davon und steht damit im sakramentalen Raum. Die Konfirmation ist:

a) das öffentliche Glaubensbekenntnis durch die getauften Kinder, die Unterscheidungsvermögen erlangt und die notwendige Unterweisung erhalten haben. Der Täufling nimmt jetzt also das Bekenntnis auf sich, in das er bereits bei der Taufe einbezogen worden war. Dies bedeutet nicht eine Trennung vom Bekenntnis der Gemeinde, sondern im Gegenteil eine Zustimmung dazu. Der Täufling weiß nun, was er tut: Sein Alter und der genossene
|67 Unterricht im Katechismus befähigen ihn zum selbstständigen Sprechen | inmitten der Gemeinde, zur Bestätigung des Taufgelübdes. Damit ist natürlich keineswegs gesagt, dass der Konfirmand ausspricht, dass er keine Zweifel hat oder dass er gut und ganz bekehrt ist oder etwas Derartiges. Er ist nicht ein ausgewachsener Gläubiger (wo sind solche übrigens zu finden?), sondern ein sehr junger Mensch (es gibt nicht den geringsten Grund, das Konfirmationsalter zu erhöhen), der jedoch alt genug ist und genügend Bewusstsein und Verständnis hat, um zu verstehen, worum es beim Taufgelübde gegangen ist;

b) die Bestätigung vonseiten Gottes, dass dem Täufling das Amt der Gläubigen, die Vergebung der Schuld und die Teilnahme am Opfer des Herrn geschenkt wird. Zu diesem Zweck empfängt er den Heiligen Geist, nicht als ob dieser ihm nicht bereits bei der Taufe verliehen worden wäre, aber zur besonderen Gnade der Amtserfüllung in der Gemeinde

Christi, zu der er nunmehr zugelassen wird, d.h. die Teilnahme am Heiligen Abendmahl und am ganzen damit zusammenhängenden Gottesdienst;

c) als Folge der Bestätigung vonseiten des Täuflings und vonseiten Gottes wird der Täufling nun auch als vollwertiges Mitglied der Gemeinde anerkannt, wie sie aktuell versammelt ist in Gottes Dienst, d.h. also in unserem Fall in der Niederländisch-Reformierten Kirche.

Es sind unterschiedliche Meinungen möglich bezüglich der Frage, ob nicht auch bereits getaufte Kinder Träger des allgemeinen Priestertums sind. Im Prinzip sind sie das sicherlich. In manchen Kirchen führt dies zur Zulassung zum Heiligen Abendmahl noch vor ihrer Konfirmation. Auch hier sind unterschiedliche Auffassungen möglich. Aber die aktive Ausübung des Priestertums wird aus gutem Grund beschränkt auf jene, die persönlich ihren Glauben bekannt haben und damit zu erkennen geben, dass sie nicht nur der Kirche angehören (das tun die Kinder ganz gewiss auch), sondern auch dazu gehören wollen. Hier liegt keine Negation, aber doch eine Einschränkung der *fides implicita* vor. Die römisch-katholische Kirche, die die Kommunion als eine Austeilung der Gnadengaben und weniger als eine aktive Teilnahme am Opfer des Herrn auffasst, kann hier ihre Ansprüche weniger stark stellen. Es ist gut reformiert [*gereformeerd*], die Konfirmation als Zulassung zum Heiligen Abendmahl zu betrachten.

| *§ 15. Die Spendung der Heiligen Taufe (in der Regel vorgenommen in einem gewöhnlichen Gottesdienst) und die Konfirmation (in aller Regel in einem besonderen Gottesdienst) haben je eine eigene Ordnung, die gänzlich durch ihre Bedeutung in der Heilsordnung Gottes bestimmt wird.* |68

Die Spendung der Taufe ist eine selbstständige Handlung, die auch nach außen als solche gänzlich zu ihrem Recht kommen muss. Dies geschieht am besten, wenn sie sich ganz um das Taufbecken konzentriert, das im Chorraum platziert ist. Wenn sich das Taufbecken direkt beim Lesepult befindet (siehe unten), kann die Liturgie teils beim Lesepult, teils stehend beim Taufbecken im Chor abgehalten werden. Auf diese Art und Weise kann die ganze Gemeinde an der Handlung teilnehmen; durch eine vernünftige Platzierung der Eltern, Taufzeugen und Kinder, d.h. während der Rezitation der Formulare und Gebete direkt vor dem Taufbecken beim Lettner, dann stehend im Chor beim Taufbecken, zeigt sich der eigene Charakter der Handlung deutlich. Handelt es sich um einen separaten Gottesdienst, einen sogenannten Taufgottesdienst (an sich unerwünscht), dann findet der ganze Gottesdienst auf diese Weise statt. Ist die Spendung der Taufe (wie es sich gehört) am Beginn eines gewöhnlichen Gottesdienstes angesetzt, dann verschiebt sich das liturgische Zentrum nach der Taufe in Richtung Abendmahlstisch und Kanzel, während die Eltern und Taufzeugen ihren gewöhnlichen Platz einnehmen. Die Täuflinge werden erst während des Gesangs kurz vor der Spendung der Taufe hereingebracht, obwohl sie sofort nach dem abschließenden Segen wieder weggebracht werden.

Die Heilige Taufe ist ein Sakrament, das jedem Gemeindeglied einmal gespendet wird. Deshalb ist deren dogmatische und ethische Erklärung in jedem Gottesdienst, in dem sie gespendet wird, erwünscht. Beim Heiligen Abendmahl ist dies anders. Aber weil die Predigt natürlich nicht bei jeder Spendung der Taufe dieser gewidmet sein kann, ist es notwendig, dass in der Taufliturgie selbst die Erklärung einen breiten Platz einnimmt. Wir haben dazu unser Taufformular, das in Form und Inhalt zumindest einen Ansatz für eine solche Erklärung bietet.[138]
|69 Der | erste Teil davon, bis zum Gebet, stammt aus der Pfalz, wo man ihn wiederum von Genf und Micron[139] entlehnt hatte. Das Gebet ist von unbestimmter Herkunft; es kommt vor bei Luther, in der Pfalz und in Zürich, während auch das *Book of Common Prayer* es übernommen hat.[140] Die Tauffragen stammen von Dathenus.[141] Die Danksagung, die das Formular beschließt, stammt wieder aus der Pfalz. Natürlich ist das Formular zu lang, um am Stück gelesen zu werden. Es umfasst auch Teile (Bibellesung usw.), die erst zur Geltung kommen, wenn sie separat gesetzt werden. Deshalb muss das Formular in den liturgischen Rahmen eingepasst und die didaktische Linie immer wieder durch die Aktivität der Gemeinde in ihrem Gesang unterbrochen werden. Die durch den *liturgische kring* herausgegebene Taufordnung bemüht sich darum.[142]

Nachdem der Gottesdienst auf die gewöhnliche, unten näher beschriebene Weise begonnen hat, trägt der Pfarrer, beim Taufbecken oder hinter dem Lesepult stehend, das Formular vor. Zwischen die verschiedenen Abschnitte tritt der Gemeindegesang, vorzugsweise immer derselbe Psalm, etwa Ps 136. Der Vortrag geht weiter mit den Worten: »einen ewigen Bund mit Gott haben«.[143] Da beginnt die Schriftlesung, die nicht im Formular verschwinden darf, sondern als solche erkennbar sein muss. Sie wird mit den Worten des Formulars eingeleitet: »Und obwohl unsere jungen Kinder diese Dinge nicht verstehen« usw.[144] Da das Formular bereits drei Schriftlesungen vorsieht, ist hier eine schöne Gelegenheit zur Wiederherstellung der vierfachen, altkirchlichen Bibellesung: Lesung aus den Gesetzesbüchern, aus den Propheten, der Apostelgeschichte und dem Evangelium. Als Lesung aus den Gesetzesbüchern des alten Testaments gebrauche man diejenige des Formulars (Gen 17,7), als prophetische Lesung den Locus des neuen Bundes (Jer 31,31–34), als apostolische Lesung wieder diejenige des Formulars, nämlich Apg 2,39, schließlich als Evangelium das alte Taufevangelium, auch Kinderevangelium genannt: Mk 10,13–16. Das letztgenannte kommt in nahezu allen christlichen Taufliturgien vor. Es hat gerade bei der Taufe einen ganz vertrauten Klang. Die vier Bibellesungen werden durch die Worte des Formulars miteinander verbunden. Auf das Evangelium antwortet die Gemeinde auf die gewohnte Art und Weise.

Das darauffolgende Gebet, eingeleitet durch die Worte des Formulars, werde in jedem Fall beim | Taufbecken gesprochen. Es ist das alte sogenannte Sintflutgebet, |70 das an das uralte Symbol des Wassers des Todes erinnert, das zugleich Wasser des Lebens ist. Die schulmeisterliche Ermahnung »durch welches die Taufe deutlich wird« sollte jedoch wegfallen. Der Gemeinde kann dies erklärt werden, Gott weiß es ja. Man täte gut damit, die alte Symbolik an ihrem Ort zu belassen, auch wenn nicht abgestritten werden kann, dass das Gebet erst in seiner zweiten Hälfte den tiefen Ton findet, die es zu einem kostbaren Bestandteil der reformierten [*hervormd*] Liturgie macht. Es ist reformiert [*gereformeerd*] im wahrsten Sinn des Wortes, und zugleich gut katholisch; es schließt mit der in allen christlichen Kirchen gebräuchlichen Anrufung Gottes durch Christus, »der in der Einheit des Heiligen Geistes mit dir lebt und herrscht in Ewigkeit, Amen.« Die Gemeinde macht das Gebet mit dem Amen zu ihrem eigenen.

Die Taufe wird nach dem Glaubensbekenntnis gespendet. Dieses wird von den Taufzeugen verlangt. Aber es ist bloß eine persönlich angeeignete Form des Glaubensbekenntnisses der Gemeinde. Darum muss der Taufe das Glaubensbekenntnis der ganzen Gemeinde vorausgehen. Das Sakrament wird ja gespendet kraft des Amtes, das der Gemeinde übertragen wurde. Die Übernahme dieses Amtes ist ihr Glaubensakt. Deshalb spreche die Gemeinde mit Herz und Mund ihr Credo, eingeleitet durch die Worte des Formulars: »Geliebte im Herrn Christus, ihr habt gehört, dass die Heilige Taufe eine Ordnung Gottes ist« usw.[145]

Unmittelbar danach stellt der Pfarrer den Taufzeugen die Tauffragen, damit ihr Bekenntnis und ihr Glaube sich dem Glauben der Kirche anschließen. Die Tauffragen, die in unserer Kirche gelten, sind unglücklich gewählt. Der Ausdruck »dass unsere Kinder in Christus geheiligt sind«[146] ist nicht klar und könnte vermuten lassen, dass bereits das natürliche, ungetaufte Leben die amtliche Würde der Vergebung der Sünden trägt, was die Taufe überflüssig machen würde. Die zweite Frage bringt die berüchtigte Doppeldeutigkeit der Lehre mit sich, die »in der christlichen Kirche hier gelehrt wird«, und ist darüber hinaus äußerst formell.[147] Lediglich die dritte Frage bezüglich der Pflicht zur Belehrung ist typisch reformatorisch und ganz an der richtigen Stelle.[148] Die Tauffragen sind der beinah unerkennbare Rest der | altkirchlichen *traditio* und *redditio symboli* geworden, |71 wobei das *symbolon*, das Bekenntnis des Glaubens, dem Täufling übergeben wird, der es anschliessend nachspricht (wiedergibt). Ein Teil dieses altkirchlichen Ritus kann bei der Konfirmation berücksichtigt werden. Aber auch bei der Taufe wäre es gut, wenn die Tauffragen und deren Beantwortung durch eine direktere Bekundung des Glaubens ersetzt würden. Man kann zu diesem Zweck die ältere Formel aus dem Pfälzer Formular verwenden, dem unseres zumindest fast vollständig folgt. Dort wird nach dem Glaubensbekenntnis einfach gefragt: »Willst du, dass aufgrund des Glaubens der Kirche dein Kind getauft wird?«[149] Die Eltern oder Taufzeugen bezeugen dann ihre Zustimmung zu diesem Glauben mit einem simplen Ja. Hiermit stimmen die meisten alten reformierten [*gereformeerd*] Formulare überein und Dathenus hatte sicher keine glückliche Hand, als er hier Veränderungen vornahm.

Unsere Kirche verpflichtet nicht zum Gebrauch der Tauffragen. Dies macht es uns zwar möglich, sie stattdessen durch etwas Besseres zu ersetzen, aber es steht auf der anderen Seite derart im Widerspruch mit jedem liturgischen Bewusstsein, das doch nach *Regeln* sucht, dass es dem Gewissen des Pfarrers überlassen werden muss, ob er hier eigensinnig mit der Tradition seiner Kirche zu brechen wagt. Tut er dies, dann tue er es auf jeden Fall zugunsten der noch älteren Tradition der Kirche, d.h. diejenige der Pfalz, der die seine so viel verdankt.

Jede liturgische Handlung muss als solche erkennbar und abgeschlossen sein. Man darf die Handlungen und Worte nicht durcheinander bringen. Dies gilt insbesondere bei einer so wichtigen Handlung wie der eigentlichen Spendung der Taufe. Die Taufe darf sicher nicht *en passant* gespendet werden. Ein angemessener Übergang und eine angemessene Einleitung sind in jeder Hinsicht angebracht. Nach der Beantwortung der Tauffragen (oder -frage) kann der Pfarrer eine kurze Ansprache für die Zeugen und Eltern halten, vorausgesetzt, dass er darin nicht das im Formular Gesagte wiederholt und ebenso wenig eine Art fromme Festrede hält. Dann folgt ein Lied oder Chorgesang, während dessen die Kinder hereingebracht werden. Die heilige Handlung wird daraufhin mit einem Bibeltext eingeleitet, vorzugsweise Jes 12,3: »Wir werden jubelnd Wasser schöpfen aus den Quellen der Rettung«. Während des Aussprechens des Textes nimmt der Pfarrer
|72 den | Deckel vom Taufbecken. Die Eltern oder Taufpaten kommen nacheinander mit den Kindern zum Taufbecken. Der dientshabende Gemeindeälteste (siehe unten) steht dazu neben dem Pfarrer und liest die Namen und Vornamen der Täuflinge lautstark von den Taufscheinen vor. Dies ist für den Pfarrer, der die Vornamen nennen muss, das Leichteste und setzt zugleich die Gemeinde in Kenntnis über die Namen ihrer neuen Mitglieder. Der Tauffomel darf natürlich nichts hinzugefügt werden und sie darf auch nicht verändert werden. Sie wird *nicht* mit »Amen« abgeschlossen. Gottes Sakrament braucht keine Bestätigung. Erst wenn alle Kinder getauft sind, beendet der Pfarrer die Handlung mit einem kurzen Segen für die Taufpaten und Kinder: »Der Herr wird euren Ausgang« usw., der dann mit Amen endet.[150] Die Gemeinde singt ein Lied, vorzugsweise den in unserer Kirche für die Taufe beliebten Psalm 105.

Die Spendung endet mit der im Formular enthaltenen Danksagung. Die Gemeinde bekräftigt sie mit »Amen«. Ist der Gottesdienst ein separater Taufgottesdienst, dann folgen nun noch das Offertorium, ein Lied und der Segen (siehe unten). Wenn nicht, dann geht der Gottesdienst wie gewohnt weiter mit der Bibellesung, die sich natürlich nach dem Kirchenjahr richtet und nichts mit der Taufe zu tun hat. Die Kinder werden unverzüglich nach der Danksagung weggebracht. Zwischen dieser und der Bibellesung füge man deshalb ein kurzes Orgelspiel ein.

Man vergesse den alten Brauch des Taufkleids nicht. Es macht nicht nur die besondere Gelegenheit kenntlich, für die man etwas zu tun bereit ist, sondern ist auch eine Erinnerung an das alte Taufgewand, das Gewand der Gerechtigkeit. Das Taufkleid ist eine echte Amtskleidung. Man kann ihm eine kurze Ansprache widmen. Dann wird man sicher verstanden und kommt dem Wesen der Taufe sehr nahe.

> Verherrlichtes Haupt, auf des Vaters Thron erhoben,
> du nimmst uns an bereits zu Beginn des Lebens
> und sprichst selig, wer an dich glaubt (Lied Nr. 248).[151]

Dass die Konfirmation in unserer Kirche verhältnismäßig ein Novum ist, d.h. ein durch den Pietismus mit veränderter Absicht wieder aufgenommener alter Brauch, zeigt sich in der Gegebenheit, dass kein Formular und schon gar keine Ordnung dafür existiert. War es also bei der Taufe nur notwendig das Formular | zu einer |73
Ordnung zu bearbeiten, muss hier alles noch gemacht werden. Die Kirche von 1816 fühlte sich nicht in der Lage, eine neue Ordnung zu schaffen, und erachtete eine solche möglicherweise auch nicht als notwendig. Wir spüren heutzutage, dass das Fehlen einer Ordnung verrät, dass wir eigentlich nicht wissen, was wir mit der Konfirmation tun. Und es stellte sich oben denn auch heraus, dass dies in der Tat der Fall ist. Als festen Ausgangspunkt haben wir nur die bestehenden Konfirmationsfragen, an die uns Artikel 39 des Reglements für den Religionsunterricht bindet.[152] Es ist schon bezeichnend für den Zustand unserer Kirche, dass die Tauffragen nirgends vorgeschrieben werden, diejenigen für die Konfirmation jedoch schon und dann erst noch in einem Reglement für den Religionsunterricht!

Die Konfirmation findet in einem separaten Gottesdienst am Sonntagmorgen statt. Es ist für die Gemeinde ein Festtag: Eine Anzahl erwachsen und vernünftig gewordene Täuflinge will ihren Glauben bekennen und die volle amtliche Würde eines Glieds am Leib Christi erlangen. Der Gottesdienst darf dann auch einen festlichen Charakter aufweisen. Der Palmsonntag empfiehlt sich aufgrund der Tradition; er fällt jedoch mitten in die Passionszeit und ist deshalb als solcher weniger geeignet. Auf der anderen Seite trägt auch der Palmsonntag seit jeher einen festlichen Charakter, mitten in der Erniedrigung. Die Konfirmation darf und kann also am Palmsonntag stattfinden, und das Gedenken an Christi Einzug in Jerusalem bietet für das Bekenntnis und die Konfirmation den richtigen Hintergrund.

Der Gottesdienst hat den gewohnten Ablauf: Votum, Introitus (für diese Gelegenheit Ps 92,14, Ps 84,2.4f. oder Sach 8,5f.), Offene Schuld und Gnadenzuspruch, Anbetung, Bibellesung, Glaubensbekenntnis, Offertorium, Lied, Gebet zur Offenlegung der Wortes, Kanzelgruß, Bibeltext und Predigt, Lied. Danach werde die Heilige Taufe denjenigen gespendet, bei denen dies zuvor nicht erfolgt ist. Man gebrauche hierzu die kürzest mögliche Form, und zwar die Einleitungsworte: »Wir werden Wasser schöpfen« usw. bis und mit dem Segen: »Der Herr wird euren Ausgang« usw.[153] Die Spendung der Taufe erfolgt natürlich beim Taufbecken.

Die eigentliche Konfirmationshandlung beginnt mit einem Gebet. Sehr alt in der christlichen Kirche und schön ist das Folgende: »Allmächtiger und ewiger Gott, der du diese deine Diener durch Wasser und den Heiligen Geist wiederge-
|74 boren hast und denen du die Vergebung all ihrer Sünden | hast schenken wollen, wir flehen dich an, o Herr, stärke sie mit dem Heiligen Geist, dem Tröster, und vermehre täglich in ihnen zahlreiche Gnadengaben: den Geist der Weisheit und des Verstands, den Geist des Rats und der Stärke, den Geist der Erkenntnis und der Gottesfurcht; und erfülle sie, o Herr, mit dem Geist deiner heiligen Furcht, jetzt und in Ewigkeit, Amen.«[154] Darauf folgt eine kurze Einleitung, in der für diejenigen, die in der Lehre der Kirche unterwiesen wurden und begehrt haben, in der Mitte der Gemeinde ihren Glauben zu bekennen und aufgrund ihrer Taufe zum Heiligen Abendmahl zugelassen zu werden, die Aufnahme in die volle Gemeinschaft der Niederländisch-Reformierten Kirche als Teil der einen heiligen Kirche Christi angekündigt wird (siehe die durch den *liturgische kring* herausgegebene Gottesdienstordnung). Hierauf kann eine persönliche Ansprache folgen. Der diensthabende Gemeindeälteste liest darauf laut die Namen derjenigen vor, die das Glaubensbekenntnis ablegen. Wer seinen Namen hört, steht auf. Auf diese Weise werden die neuen Mitglieder der Gemeinde vorgestellt und der persönliche Charakter ihrer Handlung wird kenntlich gemacht. Es folgt ihr Gelöbnis, und zwar als Antwort auf die vorgeschriebenen Fragen. Diese Fragen sind alle ebenso wenig oder noch weniger bewundernswert als die Tauffragen. Aber nur eine zu einem neuen Bewusstsein ihrer Berufung erwachte Kirche kann sie verändern.

Nun knien die Konfirmanden nieder und der Pfarrer spricht die Konfirmationsformel: »Als Diener Jesu Christi, kraft eurer Taufe und infolge des durch euch ausgesprochenen Bekenntnisses, konfirmieren wir euch im Namen des Vaters und des Sohnes und des Heiligen Geistes im Bund der Gnade, erklären euch zu Mitgliedern der Niederländisch-Reformierten Kirche und lassen euch zum Tisch des Herrn zu.«[155] Wer der oben vorgetragenen Ansicht bezüglich des sakramentalen Charakters der Konfirmation beipflichtet, nach der diese die Übertragung des Heiligen Geistes im Blick auf die Ausübung des Priestertums der Gläubigen einschließt, kann daran mit der alten Kirche und Bucer noch hinzufügen: »Emp-

fange den Heiligen Geist«, während der Pfarrer wenn möglich jedem einzeln oder sonst allen gemeinsam die Hände auflegt. Die Konfirmationsformel wird mit 1Petr 5,10–11 abgeschlossen. Es folgt die Fürbitte aus Eph 3: »Aus diesem Grund beuge ich meine Knie« [Eph 3,14] usw., eingeleitet durch die Salutation, den Gebetsgruß: »Der Herr sei mit | euch! Und mit deinem Geist!« Ein Lied bildet den |75
Übergang zum Rest des Gottesdienstes, der weiter dem regulären Ablauf folgt, und zwar so, dass jetzt außerdem die Feier des Heiligen Abendmahls inbegriffen ist. Die Konfirmation, die Zulassung zur Teilnahme an der Abendmahlsfeier, setzt diese voraus, und zwar nicht eine Woche oder ein paar Wochen später, sondern unmittelbar. Findet die Abendmahlsfeier im Konfirmationsgottesdienst statt, dann sollen die Konfirmanden das Sakrament auch nicht länger als eine Art zweifelhafter Nachtrag der großen Feierlichkeit betrachten, sondern als das Ziel und die Krönung davon.

> Gib, Herr, dass wir in deiner Wahrheit stehen,
> im Licht, so herrlich aufgegangen,
> mit unseren Kindern spazieren!
> Erneuere unser Herz durch deinen Geist,
> und lobe und danke dir alles am meisten
> im Denken, Sprechen, Handeln!
> Dein Wort, für das unsere Vorfahren
> ihr Gut und Blut opferten,
> ist die edelste aller Gaben.
> Wer hungert? Hier ist das Lebensbrot!
> Wen dürstet es? Hier ist in Todesnot
> die Quelle, die ihn laben wird! (Lied Nr. 260).[156]

§ 16. In der Rangordnung der Ämter nimmt dasjenige des Dieners am Wort den ersten Platz ein. Die Austeilung des Wortes bedeutet zugleich das Hirtenamt über die Gemeinde. Zu diesem Amt wird der Träger durch Handauflegung einmal ordiniert.

Das erste Amt in der Rangordnung ist dasjenige des Dieners am Wort, des Pfarrers. Rietschel meint, dass es hier demnach um ein *ministerium* geht, nicht um ein *sacerdotium*, und will also das Priesteramt ausschließen.[157] Das ist nicht richtig. Jedes Amt ist ein Priesteramt und es ist eher so, dass das *ministerium* die erste besondere Form ist, in der sich das *sacerdotium* offenbart. Der Dienst am Wort umfasst natürlich auch die Austeilung der Sakramente; der Ausdruck bezieht sich keineswegs nur auf das Predigen, sondern auf die sakramentale Darreichung von Gottes | eigenem Wort an seine Kirche. Ein Unterschied darf hier nicht einmal |76 gemacht werden, auch nicht zwischen Austeilung [des Wortes oder der Sakramente] und Seelsorge. Das Hirtenamt ist nicht etwas Besonderes, sondern einfach das Ministerium selbst. Wer das Wort darreicht, kann sich nicht auf das Predigen von der Kanzel beschränken oder darauf, am Abendmahlstisch und am Taufbecken zu dienen; er muss das Wort in die Häuser tragen und in die Seelen eindringen lassen durch sein Wort und Vorbild, durch seine Autorität und durch seine Hingabe, durch sein ganzes Leben. Das erste Amt ist deshalb dasjenige des Episkopats. Der Diener am göttlichen Wort ist der Bischof, der im Namen seines Herrn die Herde hütet.

Die Ausübung dieses Amtes hängt von der dazugehörigen Regelung ab. Unser Kirchenrecht bringt die Autonomie der Gemeinden mit sich, sodass eine allgemeine Ordination von Kandidaten zum heiligen Dienst, die dann alle in eine eigene Gemeinde gehen würden, nicht möglich ist. Die Ernennung seitens der Gemeinde erfolgt zuerst und erst danach wird der Kandidat in der Gemeinde installiert. Wir wollen hier das Recht dieser Kirchenordnung weder anfechten noch verteidigen. Wir gehen einfach von ihr aus. Aber doch muss festgestellt werden, dass die Autonomie der Gemeinde niemals der Tatsache Abbruch tun darf oder kann, dass der Kandidat, der zum Pfarrer ordiniert wird, damit Pfarrer der ganzen Kirche wird. Das Allgemeine ist dabei nicht sekundär, sondern primär. Man wird ordiniert als Pfarrer der Kirche Christi; daraus folgt die Ordination als Pfarrer der Niederländisch-Reformierten Kirche und daraus wiederum diejenige als Pfarrer der lokalen Gemeinde. Das Allgemeine ist in der Kirche niemals das Ergebnis von Verallgemeinerung, sondern es ist das Katholische, also das das Ganze Betreffende; d.h., es ist allgemein, weil es in einem direkten Bezug zum Herrn selbst steht. Die Kirche ordiniert folglich den Kandidaten zu seinem heiligen Dienst und sie tut dies versammelt als lokale Gemeinde.[*] Der Charakter der lokalen Gemeinde ist aber auch amtlich. Ich werde nicht ordiniert durch und in der Gemeinde von Amsterdam, sondern durch und in der Gemeinde Christi, vertreten durch diejenige von Amsterdam. Dies zeigt sich übrigens auch in unserem Kirchenrecht in der Verpflichtung, dass ein Vertreter der Kirchenleitung die Or-
|77 dination vornimmt oder zumindest anwesend ist. Es würde sich noch | deutlicher zeigen, wenn die Ordination zum Ministerium für allgemeine und besondere Zwecke samt derjenigen zum Missionar deutlicher in unsere Kirchenordnung eingebettet würde. Es spricht nichts dagegen, dass auch Jugendpfarrer, Militärgeistliche usw., und natürlich Missionare, die ja nichts anderes als amtierende Diener am Wort sind, in der lokalen Gemeinde, zu der sie gehören, ordiniert werden. Im Gegenteil: Gerade darin kommt der amtliche Charakter der lokalen Gemeinde ausgezeichnet zur Geltung.

* Wir sprechen deshalb in Bezug auf die Diener am Wort lieber von »Ordination« als von »Installation«.

Die Ordination zum Pfarrer erfolgt einmal, und zwar mittels Handauflegung. Nach einigem Zögern hat unsere Kirche diesen einmaligen Charakter der Ordination stets beibehalten: Denjenigen, die zuvor nicht gedient haben, werden die Hände aufgelegt. Sie hat damit gezeigt und zu verstehen gegeben, dass die Installation eigentlich eine Ordination ist, auch wenn sie natürlich auch die Bestätigung der Berufung durch die Gemeinde ist. Der Kandidat, der in seine erste Gemeinde kommt, tritt damit sein Amt an; das tut er lediglich einmal. Wenn er nachher in eine andere Gemeinde berufen wird, kann auch diese Berufung bestätigt werden. Aber sie trägt nicht den Charakter einer Ordination, sondern lediglich denjenigen einer Installation, sprich Amtseinweisung. Wir können nicht so ad hoc reformiert [*gereformeerd*] sein, dass wir meinen müssten, dass der Pfarrer in der Woche oder den vierzehn Tagen zwischen seinem »Abschied« und »Eintritt« kein Pfarrer wäre. Dies bleibt er, da er dieses Amt durch Handauflegung empfangen hat. Er bleibt es, bis das Amt ihm ausdrücklich aberkannt wird, d.h., bis er den Dienst aufgibt oder seines Amtes enthoben wird. Wird er auf normalem Weg Pfarrer im Ruhestand, dann behält er das Amt, auch unabhängig von der lokalen Gemeinde. Unser Kirchenrecht berücksichtigt dies, indem es von den »Rechten der Pfarrer im Ruhestand« spricht, auch wenn es eigenartig ist, dass diese noch separat zugebilligt werden müssen.

Die Liturgie der Ordination ist in der Kirche sehr alt. In der Alten Kirche beinhaltete sie die Absagung von vier grässlichen Sünden: Sodomie, Bestialität, Ehebruch und Schändung einer Heiligen Jungfrau; es ging mit einem eucharistischen Hochgebet einher.[158] Die gallikanische Kirche kannte die sogenannte *traditio instrumentorum*, bei der die verschiedenen, im Gottesdienst gebrauchten Geräte den zum Priester Geweihten übergeben wurden.[159] Natürlich gehört auch | |78
seit jeher die Handauflegung zur Ordination, die – wie bekannt – in der römisch-katholischen Kirche ein Sakrament geworden ist. Mit dem Bischof nehmen auch die anwesenden Priester an der Handauflegung teil. Das »Veni Creator Spiritus« wird dabei angestimmt.[160] In der lutherischen Kirche verändert sich nicht viel. Manchmal ist ein Glaubensbekenntnis des zu Ordinierenden üblich, wie noch heutzutage in Schweden. Die reformierten [*gereformeerd*] Kirchen behielten, wie gesagt, die Handauflegung bei. Sie betonen die Erklärung der Bedeutung des Hirtenamtes. À Lasco und Micron folgen dabei bereits ungefähr denselben Linien wie unser Formular.[161] Dieses Formular gehört zu unseren ältesten liturgischen Schriften. Es ist auf 1586 datiert, während die Fragen, die heutzutage gestellt werden, bereits 1574 vorgeschrieben wurden.[162] Es ist nicht, wie die meisten anderen Formulare, übersetzt, sondern ursprünglich niederländisch. Eigentlich war es nur für diejenigen vorgesehen, »die noch nie zuvor gedient« hatten. Dieses Formular für Pfarrerinstallationen zu gebrauchen, ist Missbrauch. Die Handauflegung wurde durch die Synode von Wezel verordnet;[163] zu Beginn bestanden Zweifel darüber, aber sie wurde beibehalten.

Die römisch-katholische Kirche hat die Ordination zu einem Sakrament gemacht. Wir müssen ihr in diesem Punkt nicht folgen, aber wir müssen schon zugeben, dass die Ordination in der sakramentalen Sphäre liegt. Die Handauflegung ist zweifellos ein Sakramentale, wenn es nicht eine bedeutungslose Geste sein soll. Die Ordination zum Diener am Wort steht denn auch in Beziehung zum zentralen Sakrament, in dem das Opfer Christi gefeiert wird. Die Erteilung der Ordination in Wort und Handlung geht direkt aus der sakramentalen Wirklichkeit hervor. Es ist keineswegs erwünscht, die »Anzahl« der Sakramente zu erhöhen, sondern es geht darum, die Handlungen des Gottesdienstes, die von wesentlicher Bedeutung sind, im sakramentalen Kontext zu sehen. Natürlich gibt es dabei eine Rangordnung. Die Heilige Taufe verleiht das Amt; die Ordination verleiht lediglich ein besonderes Amt, das auf dem allgemeinen Amt beruht. Ebenso wie bei den Amtshandlungen im Gottesdienst gehört es sich, bei den Riten den vollen Reichtum der göttlichen Ökonomie zur Geltung kommen zu lassen.

Über die Autonomie der Gemeinden wurde bereits gesprochen. In der Tatsache, dass Pfarrer in manchen Gegenden unseres Landes in alten Zeiten durch die Klas-
|79 sis und sogar durch die Universität | (Groningen) zum Dienst am Wort ordiniert wurden, ohne Bezug zu einer lokalen Gemeinde, zeigt sich, dass in unserer Kirche die Vorstellung herrschte, dass sie nicht ein Zusammenschluss verschiedener lokaler Gemeinden ist, sondern ein Leib, der Glieder hat (Boissevain, in: *Handboek*, 53).[164] Die lokale Gemeinde, die den Pfarrer beruft und in deren Mitte seine Ordination stattfindet, kann lediglich das eine tun und vom anderen Zeuge sein, weil sie ein organischer, mit dem Ganzen verbundener Teil der einen Kirche ist. Heutzutage ist glücklicherweise auch wieder die Ordination eines Pfarrers durch die Generalsynode möglich, obschon es kirchenrechtlich noch nicht definitiv festgelegt ist.

Die Ordination eines Pfarrers in seiner ersten Gemeinde findet in einem Gottesdienst am Sonntagmorgen statt. Der Gottesdienst ist gänzlich der Ordination gewidmet. Die Ordnung ist die folgende: Votum; Gruß; Introitus (2Kor 5,19 oder Eph 4,4–7) mit dem Kleinen Gloria; Bibellesung: Epistel und Evangelium (die Ordnung des *liturgische kring* bietet eine Auswahl an Lesungen, die in der christlichen Kirche seit jeher üblich sind)[165] mit Antworten der Gemeinde; Glaubensbekenntnis; Offertorium und Gesang; Gebet. Das alles findet an den üblichen, für jeden Gottesdienst geltenden Orten statt. Danach liest der ordinierende Pfarrer am Lesepult das Formular. Dieses ist in vielerlei Hinsicht bewegend und schön und viele wollten es nicht missen, auch wenn niemand Geringeres als Kuyper heftige und nicht unrichtige Kritik daran übte.[166] Die Textexegese des Formulars ist mehr überflüssig als richtig und das Ganze wenig systematisch. Ein neues Formular sollte man am besten gänzlich aus Bibelstellen (vielleicht mit einigen Teilen des alten Formulars) zusammenstellen, gemäß dieser Einteilung: Vorstel-

lung des Pfarrers an die Gemeinde, Kirche (1Petr 2,9), allgemeines Priestertum als Grundlage des Amtes, besondere Ämter (Eph 4,11–12), das Wort (Mk 16,15; Apg 2,42; Eph 3,8; 2Tim 4,2; Eph 3,10), Sakramente (Mt 28,19; Apg 2,39; 1Kor 10,23–26), Gebet (1Tim 2,1; 1Thess 3,10; Ps 141,2; Apg 2,42), Seelsorge (Ez 3,17), Ermahnung und Trost (Jes 40,2; Apg 14,22; 2Kor 5,18), Zucht (Mt 16,19), Unterweisung (Lk 10,16; Dtn 6,6–7), Leitung (Apg 20,28; 1Petr 5,2–3; Lk 22,26; Mt 28,20). | Der Ordinierende kann dem Formular eine kurze Ansprache an den |80
Kandidaten hinzufügen, die natürlich nicht das Formular wiederholt oder paraphrasiert, sondern einen pastoralen Charakter trägt. Darauf folgt am Abendmahlstisch das Gebet, auf die gewohnte Art und Weise eingeleitet. Hier erfahren wir wieder zu unserem Nachteil, dass unsere Vorfahren ausgezeichnete Formulare abfassten, aber keine einzige Gottesdienstordnung, die in diesem Punkt von Calvins Linie abweicht. Wir müssen diesen Mangel mühsam beheben. Ein passendes Gebet, das verwendet werden kann, solange unsere Kirche unfähig zu einer Formulierung ihrer eigenen Gebete zu sein scheint, ist ein schwedisches: »Allmächtiger, ewiger Gott und Vater unseres Herrn Jesus Christus! Du selbst hast uns befohlen, dass wir bitten sollten um Arbeiter in deinem Weinberg. Gib uns in deiner Barmherzigkeit einen gutgesinnten Lehrer und lege dein heiliges und segensreiches Wort in sein Herz und in seinen Mund. Verleih ihm Gnade, damit er auf sich selbst und auf die Lehre Acht gebe. Gib ihm, Herr, den Heiligen Geist zur Tätigkeit in seinem Amt, und dass dein Diener, mit aller Offenheit, wie es sich gehört, von dir Zeugnis ablegen möge, damit dein Wort immer unter uns wohne, wachse und mannigfach Früchte trage, sodass deine heilige Kirche dadurch gebaut werden möge und dir diene in festem Glauben; durch Jesus Christus unseren Herrn, Amen.«

Nun beginnt die eigentliche Ordination, und zwar mit dem Stellen der Fragen gemäß dem Formular, worauf das Gelübde des Kandidaten mit »Ja, ich, mit ganzem Herzen!« folgt. Der Kandidat bleibt dazu stehen. Nun kniet er nieder, während der Pfarrer mit den assistierenden Geistlichen (die natürlich alle den Talar tragen) die Handauflegung ausführt (der Ordinierende legt die Hände auf den Kopf des Kandidaten, die Assistierenden halten sie ausgestreckt nach oben). Formel: »Empfange den Heiligen Geist zum Amt und Werk eines Dieners in der Kirche Christi, das dir nun durch die Auflegung unserer Hände anvertraut wird. Gott, unser himmlischer Vater, der dich zu diesem heiligen Amt berufen hat, erleuchte dich durch seinen Geist, stärke dich durch seine Hand und leite dich so in deinem Amt, dass du darin angemessen und ertragreich mögest wandeln, zur Rühmung seines Namens und zur Ausbreitung des Reiches von seinem Sohn Jesus Christus, Amen«. Die | Handauflegung hat hier also dieselbe Bedeutung wie bei |81
der Konfirmation von Gemeindegliedern; dort wird das Amt des allgemeinen Priestertums verliehen, hier das besondere Hirtenamt, das Episkopat. Vor oder

nach der Ordinationsformel singt die Gemeinde das seit jeher bei der Ordination übliche »Veni Creator«:

> Steige Schöpfer, Heiliger Geist, steige herab!
> Dein Atem, der uns das Dasein gab,
> erfülle mit überirdischer Kraft
> das Geschöpf, das auf deinen Segen wartet (Lied Nr. 78).[167]

Pfarrer und Gemeinde knien zum stillen Gebet nieder. Danach stehen sie auf und der Pfarrer stimmt, im Responsorium mit der Gemeinde, die eucharistische Lobpreisung an, das Sursum Corda, das wir von der Abendmahlsfeier her kennen. Dadurch wird der direkte Bezug der Ordination zum Opfer Christi sichtbar; abgesehen von ihm wäre sie bedeutungslos und törichter Übermut.

Der ordinierende Pfarrer spricht dann eine Ermahnung an den nun Ordinierten gemäß dem Formular aus (und zwar die Worte: »So habe dann nun, geliebter Bruder und Mitdiener« usw.)[168] oder nach den Texten von 1Tim 4,12–16; 2Tim 2,13.7–8.14–16.22–25; 1Tim 4,16; 1Petr 5,4. Danach übergibt er ihm die heiligen Geräte. Zuallererst führt er ihn zum Lesepult, wo er oder einer der anderen Pfarrer die Bibel aufschlägt und Apg 8,35 liest; danach bringt er ihn zum Taufbecken und spricht Mt 28,19; daraufhin wird der Ordinierte zum Tisch des Herrn geführt, wo einer der Diener ihm Brotschale und Kelch reicht mit den Worten von Mt 14,16 und Ps 116,13 (»Gebt ihnen zu essen«; »und ihr sollt den Kelch der Rettung erheben und den Namen des Herrn anrufen«). Schließlich wird der Ordinierte zum Fuß der Kanzel gebracht, wo der Ordinierende Mk 16,15 spricht (»Verkündigt das Evangelium aller Kreatur«). Dann besteigt der Ordinierte die Kanzel, während der Ordinierende die Ermahnung aus dem Formular an die Gemeinde richtet, mit den Worten beginnend: »Und ihr, geliebte Christen, empfangt«[169] usw. Der ordinierende Pfarrer stellt sich dann in die Mitte der anderen Pfarrer rund um den Abendmahlstisch. Der Ordinierte hält von der Kanzel aus eine Ansprache.

|82 Die Unterteilung der Ordination in »Installation« und | »Eintritt« ist einer der großen Missbräuche, die sich in unserer Kirche eingebürgert haben. Manchmal trennt man sogar beide durch einige Tage, obwohl dann in jedem Fall der Ordinationsgottesdienst, der eigentlich die Hauptsache ist, unter dem sogenannten Eintritt, der alle Neugierigen zusammenbringt, leidet. Eine kurze Ansprache des Ordinierten im Gottesdienst selbst ist bei weitem vorzuziehen. Nach der Allokution, die einen persönlichen Charakter tragen darf, die jedoch alle »Anreden« an Amtsträger usw. vermeide, stellt sich der Ordinierte in ihre Mitte, denn sie sind jetzt zu seinen Amtsbrüdern geworden, um den Abendmahlstisch herum. Der ordinierende Diener steht auf und spricht das Gebet aus dem Formular. Die Gemeinde singt das Schlusslied. Dann folgt der Segen.

Wenn dies im Vormittagsgottesdienst nur schwerlich möglich sein sollte, dann halte man den Gottesdienst am Nachmittag ab und verschaffe dadurch den Pfarrern der Nachbarsgemeinden die Gelegenheit zu assistieren. Die »Ansprachen« zum oder vom Ordinierten, bei denen nicht selten sogar Bürgermeister, Vertreter theologischer Studentenvereinigungen und andere Unbefugte zu Wort kommen und bei denen oft allerlei Phrasen vorgetragen werden, sollten im Gottesdienst gänzlich unterlassen werden. Was man zu sagen hat, kann in einer Gemeindeversammlung nach dem Gottesdienst oder abends im Stadthaus oder Gemeindehaus seinen Platz finden.

Falls es möglich ist, finde die Austeilung des Heiligen Abendmahls, die zu einem solchen feierlichen Gottesdienst dazu gehört, im Gottesdienst selbst statt, oder ansonsten am Abend desselben Tages; sie erfolge durch den Pfarrer und den Ordinierten gemeinsam.

Das Formular und unsere Ordnung sind lediglich bestimmt für die Installation von Kandidaten in ihrer ersten Gemeinde, d.h. für die Ordination des Pfarrers. Bei der Installation (die Lutheraner sprechen von »Investitur«) eines Pfarrers in einer neuen Gemeinde kann ein Teil der Ordnung gebraucht werden, und zwar bis zur Lesung des Formulars. An ihre Stelle trete die Predigt. Anstelle der Ordination trete die Lesung des Berufungsbriefes und eine einfache Installationsformel, z.B. diejenige der französischen reformierten [*gereformeerd*] Kirche: »Im Namen des Vaters und des Sohnes und des Heiligen Geistes verbinden wir dich mit dieser Gemeinde, um in ihr die priesterliche Austeilung des Wortes und der Sakramente gemäß den Ordnungen unserer Kirche und in Gehorsam gegen ihren|Herrn, Jesus |83
Christus, auszuüben.«[170] Die Übergabe der heiligen Geräte kann stattfinden, genauso wie die Ermahnung der Gemeinde und die Schlussrubriken.

§ 17. Den zweiten Platz in der Rangordnung der Ämter nimmt das Ältestenamt (Presbyterat) ein. Mit dem Pfarrer zusammen sind die Gemeindeältesten für die Leitung des Gottesdienstes zuständig, bei der sie ihn unterstützen, mit Ausnahme der eigentlichen Austeilung der Sakramente.

Der Pfarrer ist Hirte und Bischof. Aber er ist auch Presbyter (Priester), Gemeindeältester. Die Reformation reformierter [*gereformeerd*] Prägung hat die Einheit des Amtes betont. Und dies zurecht. Im Neuen Testament und in der Alten Kirche lassen sich das Episkopat und das Presbyterat kaum unterscheiden. Trotzdem hält doch unser Formular den Reichtum und die Rangordnung der Ämter fest: Die Gemeindeältesten werden mit den Leviten verglichen, die »für den Dienst im Tabernakel den Priestern zur Seite gestellt wurden, als Mithelfer in denjenigen Dingen, die die Priester alleine nicht tun konnten, wobei die Ämter jederzeit unterschieden wurden«.[171] Der große Wert des Presbyterats liegt darin, dass die Regierung der Kirche einem »Kirchenrat, der die ganze Gemeinde vertritt« anvertraut ist. Die Gemeindeältesten sind gewöhnliche Menschen, die für ihre Dienste nicht entlohnt werden; sie verhindern die Entstehung eines Klerus oder einer Hierarchie, sie bilden das Band zwischen den Pfarrern und der Gemeinde. Die Regierung unserer Kirche ist kollegial, nicht hierarchisch. Das hebt natürlich nicht die Tatsache auf, dass das Amt des Hirten das erste ist und seine besondere Bedeutung behält.

Auch im Gottesdienst steht Pfarrern und Gemeindeältesten gemeinsam die Leitung zu. Kein Gottesdienst ist möglich ohne die Anwesenheit von mindestens einem Gemeindeältesten. Am besten zeigt sich die Bedeutung des Presbyterats im Gottesdienst, wenn sich die Gemeindeältesten um den amtierenden Pfarrer scharen. Dies kann in unseren sogenannten *doophekken*[172] erfolgen. Eigenartiger und mehr in Übereinstimmung mit der alten Ordnung geschieht es aber, wenn die
|84 Gemeindeältesten | in einem Halbkreis auf beiden Seiten der hinter dem Abendmahlstisch stehenden Pfarrer sitzen, oder im Chorgestühl auf beiden Seiten des erhöhten Chors.

Das Mit-Leiten der Gemeindeältesten im Gottesdienst beschränkt sich selbstverständlich auf das, was nicht direkt »Austeilung« ist. Die Austeilung der Sakramente und des Wortes, das Sprechen des Segens, die Handauflegung, die Gnadenzusage, das alles bleibt dem Pfarrer vorbehalten. Ferner jedoch kann der Gemeindeälteste, im Einklang mit der Tradition des Presbyterats, im Gottesdienst sehr viel tun. Die Klementinische Liturgie berichtet, dass die Presbyter abwechselnd das Volk ermahnen, als letzter der Bischof-Presbyter.[173] Wir werden die Tätigkeit des Gemeindeältesten mehr in den Dingen suchen, in denen sich der gemeinsame Charakter des Amtes und die kollegiale Weise der Leitung klar zeigt. Unser Formular spricht von der Aufsicht der Gemeindeältesten über die Lehre.[174] Das ist nicht eine Art von Inquisition, sondern Mitverantwortlichkeit. Der Prediger ist nicht alleine für seine Lehre zuständig, aber ebenso wenig ist er nur für sich selbst verantwortlich. Das Wort der Predigt und Belehrung geht von ihm aus, aber amtlich und in Gemeinschaft. Der Gemeindeälteste, der ihn, nach unserem alten Brauch, zur Kanzel begleitet, übernimmt damit auch Verantwortung und es zeigt sich, dass das Predigen nicht ein mehr oder weniger hervorragendes Werk eines mehr oder weniger begabten Mannes ist, sondern das Ausüben eines Amtes im Namen der Gemeinde. Der Händedruck des Gemeindeältesten, bevor der Prediger die Kanzel besteigt, besiegelt die gemeinsame Verantwortung. Er ist natürlich nicht ein Beweis der Zustimmung zur Predigt. Es geht in der Kirche nicht um Zustimmung oder Abgrenzung, sondern um die Ausübung unseres Amtes. Predigt der Pfarrer in einem Sinn, der vom Evangelium weit abweicht, dann bleibt trotzdem der Händedruck, weil auch die Mitverantwortlichkeit bleibt. Denn es ist nicht nur die Schuld des Pfarrers, dass er so ketzerisch predigt, sondern der gan-

zen Kirche, durch den Gemeindeältesten vertreten. Der Gemeindeälteste wird seine Mitverantwortlichkeit auch beweisen müssen durch brüderliche Beratung mit dem Prediger, dabei bedenkend, dass es allerlei Dinge gibt, die er nicht weiß, der Prediger jedoch schon, aber gleichzeitig auch, dass der letztere nicht aus eigener | |85
Vollmacht predigen kann oder darf, sondern lediglich aus der Vollmacht Gottes, der das Amt auch Ungelehrten übertragen kann.

Übrigens kann der Gemeindeälteste im Gottesdienst, abgesehen von der sakramentalen Austeilung, alles machen, was notwendig ist oder wünschenswert erscheint. Ihm kann ein Teil der Schriftlesung anvertraut werden, auch manche Gebete. Bei der Taufe und Ordination hält er normalerweise den Namensappell ab. Beim Abendmahl hilft er nicht bei der Darreichung, da diese Hilfe den Diakonen vorbehalten ist, aber er sorgt für die gute Ordnung. Bei Hochzeiten überreicht er, vorzugsweise mit einer festen Formel (und sicher nicht mit einer eigenen kleinen Predigt!), die Familienbibel. Man trage ihm, vor allem in kleinen Kirchengemeinden, die wöchentliche Verkündigung der Namen derjenigen auf, die getauft, konfirmiert oder verheiratet werden sollen, nebst denen, die krank oder verstorben sind. Je mehr Verantwortlichkeit und Arbeit man dem Gemeindeältesten überträgt, desto höher ist das Amt zu werten und desto höhere Ansprüche soll man an die Wahlfähigkeit stellen können.

Unser Formular für die Ordination von Gemeindeältesten und Diakonen ist, ebenso wie dasjenige für die Ordination der Pfarrer, ursprünglich niederländisch. Obwohl es ebenso wenig vorbildlich und vollkommen ist wie das Abendmahls- und Taufformular, enthält es viel Gutes. Es ist jedoch zu lang und muss dringend überarbeitet werden. Außerdem muss auch hier mithilfe des Formulars eine Liturgie erstellt werden. Man wird gut daran tun, diese so ähnlich wie möglich wie diejenige eines gewöhnlichen Gottesdienstes zu gestalten, in welchem das Formular vor der Predigt eingebaut wird. Von Handauflegung ist bei diesem und den folgenden Ämtern natürlich nicht die Rede. Doch versuche man den entsetzlichen Brauch abzuschaffen, dass ein wiedergewählter Gemeindeältester erneut ordiniert wird. Er hat sein Ja einmal gesprochen und solange er oder die Gemeinde dies nicht zurücknimmt, bleibt es gültig. Die ständig wiederholte Ordination schwächt den Ernst und den Wert des Amtes.

> *| § 18. Den dritten Platz nimmt das Diakonat ein. Der Dienst der Diakone* |86
> *ist unmittelbar mit dem Heiligen Abendmahl verbunden: Sie helfen bei der Austeilung, auch in dem Sinn, dass sie das Opfer des Volkes einsammeln und in die Häuser der Armen tragen.*

Die Diakone stehen unter den Trägern der drei Hauptämter dem Volk am nächsten. Ihr Platz ist seit jeher bei den *cancelli*, d.h. bei der Abtrennung zwischen Chor und Kirchenschiff. Ihre Aufgabe besteht wesentlich in der Vermittlung zwischen der Darreichung der Liebesgaben Gottes und dem Volk. Seit eh und je tun sie dies auf zwei verschiedene Weisen: Vorerst durch das Sprechen auf den Treppenstufen des erhöhten Chors zu Gott und zur Gemeinde; dieses Sprechen war (und ist in manchen Kirchen noch) ein Singen. Das Graduale, das Stufenlied, wird seit jeher durch den Diakon angestimmt. In der altkirchlichen Liturgie sind ihm auch einige Lesungen und die Abkündigungen anvertraut. An zweiter Stelle dient der Diakon am Tisch des Herrn. Die durch das Volk geopferten Gaben bringt er zum Tisch des Herrn und er teilt umgekehrt die Gaben Gottes, Brot und Wein, an das Volk aus. Bei der Kommunion brachte er die durch den Pfarrer gereichten Gaben bei den *cancelli* dem Volk. Überdies brachte er aber auch die Opfergaben der Gemeinde in die Häuser, um auf die Weise nicht nur den Bedürftigen beizustehen, sondern vor allem die Liebe Christi in die Gemeinde hinauszutragen.

Diakone sind folglich keine »Armenbetreuer«. Sie haben ein geistliches Amt inne, das seinen Ursprung im Gottesdienst hat, am Tisch des Herrn. Im Gottesdienst ist denn auch ihre Hauptaufgabe zu finden. Dass auch der Gesang dazu gehört, haben wir in unserer Kirche vergessen. Es wäre übrigens nicht unrichtig und auch nicht nutzlos, wenn das Diakonen- und Sängeramt wieder in eine engere Beziehung zueinander gebracht würden. Ein Chor von Diakonen ist noch etwas anderes als eine Versammlung von Diakonen – und etwas Besseres. Verschiedene Tätigkeiten, die wir soeben als dem Gemeindeältesten aufgetragen betrachtet haben, können auch durch den Diakon ausgeübt werden: Schriftlesung, einige Ge-
|87 bete, Abkündigungen. Die | eigentliche Aufgabe der Diakone ist jedoch am Tisch des Herrn zu sehen. Wir wissen, dass in alten Zeiten das Volk seine Gaben zum heiligen Tisch brachte. Diese wurden dort gesegnet und für die Versorgung der Armen verwendet. Das ist der Ursprung des Brauches, den wir sehr ehrfurchtslos »Kollekte« nennen, die aber im Grunde ein Offertorium ist. Wir sprechen darüber noch näher bei der Erörterung des Sonntagmorgengottesdienstes.[175] Hier sei nur die Aufgabe der Diakone näher beschrieben. Sie sammeln die Gaben und Spenden der Gemeinde ein und bringen sie zum Tisch des Herrn, wo sie durch den Pfarrer gleichsam Gott zugeeignet werden. Erst von dort werden die Spenden in die Gemeinde zurückgebracht, in die Häuser derjenigen, die bedürftig sind. Das ist also weder eine »Unterstützung« noch »Armenfürsorge« noch »Sozialhilfe«. All diese Dinge sind gut, aber die Kirche hat damit nichts zu tun. Die Kirche reicht nur die Spenden dar, die um Christi willen dargebracht werden, die Kirche trägt durch den Dienst der Diakone die opferwillige Liebe ihres Herrn hinaus und knüpft durch ihre Darreichung das Band des Friedens. Die Spenden der Gemeinde wären jedoch eine Dummheit und eine Ungereimtheit, wenn sie nicht zum Tisch des Herrn gebracht würden, an den Ort, an dem das Opfer Christi dargereicht wird. Deshalb ist der Dienst der Diakone bei der Abendmahlsfeier die Voraussetzung

für ihren Dienst an den Armen. Sie haben dafür zu sorgen, dass Brot und Wein auf dem Tisch liegen und bei Bedarf nachgetragen werden. Sie stehen dem Pfarrer beim Reichen der Brotschale und des Kelchs bei. Sie bringen die nicht mehr gebrauchten Gerätschaften weg. Sie sorgen in der Sakristei für die Zubereitung von Brot und Wein; sie sorgen auch dafür, dass nach der Darreichung davon kein ehrfurchtsloser Gebrauch gemacht wird, sondern dass der Wein den Kranken, das Brot den Vögeln des Himmels zugute kommt.[176] Sie bewahren bei alledem die größte Ehrfurcht im Bewusstsein, dass sie nicht zu Handlangerdiensten berufen sind, sondern zum wunderbaren Amt der gemeinsamen Austeilung der Liebe Christi. Und sie lassen sich, bescheiden aber furchtlos, keines dieser Dingen aus den Händen nehmen, weder durch den Gemeindeältesten noch durch den Küster. Bei einer Austeilung des Heiligen Abendmahls an Kranke bei ihnen zuhause muss neben dem Gemeindeältesten auch ein Diakon anwesend sein.

| Die alte Kirche kannte, wie wir gesehen haben, neben den Diakonen auch |88
Diakonissen. Es ist hier nicht der Ort, um der Frage nachzugehen, ob und inwieweit auch die Frau Amtsträgerin sein kann. Es möge genügen zu konstatieren, dass der Diakonat auch durch Frauen ausgeübt werden kann, nicht nur in der alten Kirche, sondern auch in der heutigen. Nur ist unsere Kirche nicht imstande gewesen, das spontan wiederbelebte Diakonissenamt in ihre eigene Ordnung zu integrieren. Da und dort werden Diakonissen »eingesegnet«, in oder auch außerhalb der Kirche. Aber dem Diakonissenamt kommt nicht der Stellenwert zu, der ihm eigentlich zukommen sollte. Jede Gemeinde hat Diakonissen nötig, auch wenn sie kein eigenes »Diakonissenhaus« hat. In der Kirche haben sie ihren eigenen Platz und im Gottesdienst werde ihnen eine eigene Aufgabe zugewiesen. Mit wenig Aufwand können schon lang bestehende Zustände zu etwas gemacht werden, das geistlich und kirchlich »in Ordnung« ist, anstelle eine Liebhaberei einiger Damen zu bleiben, die durch den nächsten Pfarrer wieder abgeschafft wird. Denn bereits in vielen Gemeinden gibt es Schwestern, die regelmäßig für die Blumen im Chor sorgen, für die Paramente, für die Regelung des Erntedankgottesdienstes, für allerlei kirchliche Jugendarbeit, für Hausbesuche. Und es gibt nicht den geringsten Grund, weshalb die Diakonissen nicht auch aktiv teilnehmen könnten an der Austeilung der Liebesgaben, an der Einsammlung davon und im Dienst am heiligen Tisch.

Seit jeher haben die Diakone – und nicht der Küster – die Aufgabe, im Gottesdienst die Ordnung zu bewahren. Da sie, in noch stärkerem Maß als die Gemeindeältesten, die Verbindung des Amtes mit der Gemeinde repräsentieren, gebe man ihnen einen Platz zwischen Kirche und Chor. Von dort können sie hin und her gehen zwischen dem Pfarrer und der Gemeinde, insofern ihre Tätigkeiten dies erfordern.

Das Formular für die Ordination von Gemeindeältesten und Diakonen ist für die Letztgenannten noch weniger zufriedenstellend als für die Erstgenannten. We-

der die geistliche Tiefe noch die geschwisterliche Praxis des Diakonats kommt darin ausreichend zur Sprache. Eine zu neuem Leben erwachte Kirche sollte mit der Erneuerung ihrer gottesdienstlichen Praxis auch hier eine neue Ordnung festlegen wollen, nach der Diakone und Diakonissen zu ihrem Amt ordiniert werden.
|89 Eine einfache | Erklärung, eingefügt in den Rahmen des gewöhnlichen Gottesdienstes und abgeschlossen mit einem Segen und einem Gebet, sollten hier genügen.

§ 19. Die anderen Ämter in der Kirche verhalten sich zu den drei Hauptämtern wie die Sakramentalien zu den Sakramenten. Zu jedem Amt gehört eine Amtskleidung als sichtbares Zeichen, dass die Macht und die Kraft des Amtes in Gott und nicht im Menschen ihren Ursprung haben.

Die Entartung unserer Kirche hat es mit sich gebracht, dass wir neben den Amtsträgern eine Reihe von Angestellten verschiedener Art kennen, vom Organisten bis hin zur Kohlenbeckensetzerin. Das ist ein Missstand. Jeder Dienst im Heiligtum ist ein heiliges Amt. »Aufseher« und dergleichen gehören ins Theater, aber nicht in die Kirche. Wie wir gesehen haben, kannte die alte Kirche eine Reihe von Ämtern, die wir vergessen haben. Wir können dies dadurch wieder gutmachen, indem wir die »Angestellten« in das Amt aufnehmen. Abgesehen von den drei Hauptämtern kann es doch auch weitere Ämter geben, gerade so wie es neben den Sakramenten auch die Sakramentalien gibt. Diese in der Rangordnung niedrigeren Ämter haben demnach nicht den gleichen Wert und nicht die gleiche Bedeutung wie die drei Hauptämter, aber sie sind trotzdem Ämter und ihre Träger sind keineswegs Funktionäre. Dass manche dieser Ämter, z. B. das vom Organisten und vom Küster, entlohnt werden, schließt genauso wenig, wie dies bei den Pfarrern der Fall ist, den amtlichen Charakter aus. Das bedeutet auch nicht, dass die durch die kirchliche Finanzverwaltung Bezahlten den Anordnungen der kirchlichen Finanzverwaltung unterstehen, ebenso wenig wie dies bei den Pfarrern der Fall ist. Die Träger der kleinen Ämter unterstehen den Trägern der Hauptämter und diese wiederum der Macht der ganzen Gemeinde, die ja das Amt trägt. Der Organist usw. sind folglich lediglich dem Kirchenvorstand Rechenschaft schuldig, nicht der kirchlichen Finanzverwaltung. Bei schlechtem Benehmen kann die kirchliche Finanzverwaltung Maßnahmen ergreifen, jedoch lediglich auf Verlangen des Kirchenvorstands. Es geht hier um geistliche Angelegenheiten. Man muss auch nicht Angst haben, dass man kleinen Dingen zu viel Bedeutung beimisst: Im Ge-
|90 genteil, die Aufnahme der | »Funktionäre« ins Amt wird dort ein Bewusstsein für Würde und geistliche Berufung schaffen, wo derzeit leider häufig nur eine »Arbeitsstelle« gesehen wird.

Das Amt des Lektors ist sehr alt in der Kirche. Wir kennen es da und dort noch als dasjenige des Vorlesers. Es ist gut, dass man das in den meisten Gemeinden abgeschafft hat, denn es war ein kleiner »Job« geworden. Es wäre jedoch nicht gänzlich verkehrt, dass wenn nicht Gemeindeälteste und Diakone Lesungen übernehmen, dafür ein separates Amt eingeführt wird. Je mehr Bindeglieder es zwischen dem Pfarrer und der Gemeinde gibt, desto mehr gemeinsame Kraft und desto weniger Klerikalismus. In englischen Kirchen ist es Usus, dass Gemeindeglieder am Lesepult vorlesen. Das geht bei uns auch; man kann auch bestimmte Personen damit beauftragen; man führe sie dann in einem kurzen Gottesdienst in ihre Tätigkeit ein. Besoldung ist unnötig und unerwünscht.

Viel wichtiger ist das Amt der Sänger. Nicht nur seit jeher in der Kirche, sondern auch heute noch. Der Gemeindegesang wird weiter unten besprochen.[177] Aber bereits hier müssen wir sagen, dass auch der Chorgesang, der den Gemeindegesang anführt und zugleich die Krönung davon ist, nicht eine Art liturgischer Luxus, ein Extra ist, sondern einfach ein Dienst an Gott, das Lobopfer, das wir mit Mund und Herz darbringen, in Gehorsam gegen seine Anweisungen und kraft der uns geschenkten Gnade. So hat die Kirche es immer verstanden. Der ganze Gottesdienst ist ein Opfer des Lebens an den Herrn, möglich geworden durch sein Opfer, für uns dargebracht. Wir bringen unsere Spenden und Gaben. Aber wir bringen auch das Lobopfer in Form von Gebet und Gesang dar. Darum gebührt es sich, dass die Sänger auch ihren Platz im Chor einnehmen, in der Nähe des Abendmahlstisches. Dort hat sich auch die Orgel zu befinden. Diese Anordnung wird bei Weitem einer Orgelempore oben auf der anderen Seite der Kirche bevorzugt. Der Gesang ist ein geistlicher Dienst und soll vom Zentrum des Gottesdienstes ausgehen. Die Sänger haben unabhängig davon, ob sie das Diakonenamt bekleiden oder nicht, ein Amt inne.

So verhält es sich natürlich auch mit dem Organisten, den ich in diesem Zusammenhang lieber mit dem lutherischen Namen »Kantor« bezeichnen möchte. Jedenfalls ist ihm die Leitung des musikalischen Teils des Gottesdienstes aufgetragen. Die merkwürdige Stellung | des Organisten bei uns, da er ungefähr als ein |91
Angestellter der kirchlichen Finanzverwaltung gilt, ist eine Schande für unsere Kirche. Eine Aufgabe von so hohem geistlichem Gehalt fordert nicht nur vollkommenes Können (woran es auch mal ziemlich zu mangeln pflegt), aber vor allem vollkommenen geistlichen Status. Das Bewusstsein, Amtsträger zu sein, muss den Organisten-Kantor dazu veranlassen, nicht nur sein absolut Bestes zu geben, sondern sich auch Rechenschaft für die geistliche Herrlichkeit seiner Arbeit abzulegen: dass sie dienen solle zu Gottes Dienst. Zusammen mit dem Pfarrer hat der Organist-Kantor die unmittelbare Leitung des Gottesdienstes inne. Es ist doch also selbstverständlich, dass er ein Amt bekleidet. Im Kirchenvorstand sind nur die drei Hauptämter vertreten. Es spricht jedoch nichts dagegen, dass man dem

Organisten-Kantor in diesem Vorstand einen Platz mit beratender Stimme anbietet.

Auch der Küster hat ein Amt inne, denn auch seine Tätigkeit ist ein Dienst im Heiligtum. Nicht selten findet man bei Küstern mehr Bewusstsein für das Amt und amtliche Würde als bei Gemeindeältesten und Diakonen. Natürlich hat der Küster im Gottesdienst nur materielle Pflichten (es sei denn, er vereinige sein Amt wie seit jeher mit demjenigen des Schulmeister-Vorlesers).[178] Aber auch diese materiellen Pflichten sind geistlich in ihrem Wesen. Dasselbe gilt für die übrigen Helfer im Gottesdienst. »Aufseher« sind fehl am Platz. Der Küster muss natürlich entlohnt werden, aber der Ordnungsdienst kann unter Leitung der Diakone durch die kirchliche Jugend erfolgen. Es hat sich bereits mehrmals gezeigt, dass diese dieses Amt gerne übernimmt. Es geht hierbei ja nicht an erster Stelle darum, Kohlenbecken hinzustellen oder Groschen einzusammeln, sondern dafür zu sorgen, dass jeder einen guten Platz bekommt, dass Fremde willkommen geheißen werden und ihnen der Weg gewiesen wird, und dass die gute Ordnung in jeder Hinsicht gewahrt bleibt. Aber auch diese Jugendlichen haben ein Amt inne.

All diese Amtsträger werden durch die Kirche mit einer kurzen Einweisung in ihre Tätigkeit eingeführt und empfangen zu diesem Zweck den Segen des Herrn. Dies geschehe sehr knapp, in einem gewöhnlichen Gottesdienst. Der Organist und der Küster haben genauso ein Recht darauf, dass sie in ihre Amtstätigkeit eingeführt und eingesegnet werden wie der Pfarrer und die anderen Amtsträger.

|92 | Die Reformation schaffte die Amtskleidung ab. Es war ein Bruch mit dem kirchlichen Brauch, als Zwingli 1523 und Luther 1524 in der zivilen Tracht der Gelehrten die Kanzel bestiegen. Es dauerte jedoch nicht lange bis diese Gelehrtentracht, der Talar, eine neue Amtskleidung wurde. Wir dürfen damit nicht zufrieden sein (der Talar ist kein Priestergewand und ganz schwarz; auch wer nicht nach Brokat und Purpur verlangt, kann das weiße Priestergewand zurückwünschen, das die amtliche Gerechtigkeit darstellt), doch sind wir dankbar, dass wir überhaupt eine Amtskleidung haben. Das Kleid bedeutet das Amt. Ich bin ein anderer, je nachdem, ob ich hinter einem Katheder eine Vorlesung halte, oder mich im Talar im Gerichtssaal befinde, oder aber im Talar die Kanzel besteige. Das Persönliche und Beliebige wird dann hinter das Objektive und den Gehorsam gestellt. Wer Gottes Wort verkündigen darf, tue das im Kleid, das seine Kirche ihm gibt. Gehröcke und weiße Krawatten sind nicht nur aus der Mode gekommen, sondern auch die »Amtskleidung« der Helfer bei Begräbnissen; Cutaways gehören an Empfänge, nicht in die Kirche; wo das Stadtkleid genau hingehört, weiß ich nicht, aber sicherlich nicht auf die Kanzel oder an den Abendmahlstisch. Der Talar mit Beffchen und Barett (aber ohne die scheußliche weisse Krawatte!) ist unsere Amtskleidung und es gehört sich, dass wir diese bei jedem Gottesdienst, den wir mitfeiern, tragen. Es ist nicht lic. N. N., der »predigt«, sondern das Wort

Gottes, das ausgeteilt wird. Eigentlich gehört es sich, dass alle Amtsträger eine passende, einfache Amtskleidung tragen. Viele Kirchen kennen dies denn auch für den Küster, für den Organisten (vor allem, wenn dieser sein Amt am richtigen Ort, im Chor, ausübt), für die Sänger. Auch wäre eine einfache Amtstracht, beispielsweise ein lockerer Talar wie derjenige eines Advokaten, sehr angemessen für Gemeindeälteste und Diakone; dies würde auf alle Fälle auch den bürgerlichen und dummen Diskussionen darüber, ob die Kollekte im Frack oder Cutaway einzusammeln sei, ein Ende bereiten.

Gott gab unserem Leben in seinem Dienst eine Form. Wer die Formlosigkeit präferiert in der Meinung, dass christliche Freiheit Ungebundenheit und christlicher Glaube Unsichtbarkeit fordert, bedenke, dass auch die Formlosigkeit, wenn sie absichtlich gesucht und systematisch durchgeführt wird, eine Form ist. Nur: Es ist die schlechtest denkbare.

|93

| Kapitel 5

Liturgische Zeit

> *§ 20. Der Gottesdienst der Kirche ist ein Vorgeschmack auf und ein Einstimmen in den ewigen Gottesdienst, der vor Gottes Thron von den Engeln und Seligen abgehalten wird. Vorgeschmack und Einstimmen werden dadurch möglich, dass die Zeit erfüllt ist.*

Unser Gottesdienst ist keine willkürliche Handlung, sondern beruht auf dem himmlischen Gottesdienst. Vor Gottes Angesicht ist nichts anderes möglich als ununterbrochene Anbetung und Lobpreisung. Die Heilige Schrift lässt uns einige Male ein Echo dieses Gottesdienstes hören, etwa in der Vision Jesajas (Jes 6) und vor allem im Buch der Offenbarung. Natürlich entsprechen die dort verwendeten Ausdrücke der jüdischen Liturgie. Das ändert jedoch nichts an der Tatsache, dass sie danach trachten, etwas von der himmlischen Liturgie anzudeuten, die zwar nicht gehört, an die aber durchaus geglaubt werden kann. Ohne die himmlische Liturgie wäre auf Erden kein Gottesdienst möglich. Unser Gesang fasst Prophetie und Offenbarung zusammen:

> Heilig, heilig, heilig!
> Alle Heiligen knien,
> ihre Krone vor dem König des Weltalls verneigend;
> auch die heiligen Engel fallen vor ihm nieder,
> ihm, der war und ist und ewig sein wird (Lied Nr. 92).[179]

Primär ist somit die himmlische Liturgie:

> Hier erhebt sich weder ein Tempel noch ein gewölbtes Tempelgebäude:
> Denn die Unbegrenztheit von Gottes Wesen ist die Kirche,
> in der ihm gedient wird von unzähligen Menschen,
> die ihm in ewigen Feiern Halleluja
> zurufen und das Lob fortsetzen, so lange,
> wie das frohlockende Echo der Engel auf den Gesang antwortet (Vondel).[180]

Aber die Anbetung Gottes findet sowohl im Himmel als auch auf Erden statt.
|94 Gottesdienst wird dort gefeiert, wo das Sakrament der Inkarnation | gefeiert wird. Das Lob Gottes ist nicht vollkommen, wenn dieses nur oben im Himmel dargebracht wird; es ist sein Wille, dass auch die Kirche hier unten ihn lobe und preise, in Übereinstimmung mit und aus der Kraft der ewigen Liturgie heraus. Mit den Worten des Te Deum:

Dich lobt die Apostelschar in Herrlichkeit, o Herr!
Propheten, Märtyrer erweisen dir dort Ehre!
Durch deine ganze Kirche wird immer, dort oben, hier unten,
im Kampf und Triumph, dein großer Name bekannt.
Sie lobt, o Vater, dich, unendlich an Macht,
unergründlich im Verstand, unermesslich im Erbarmen (Lied Nr. 132).[181]

Es liegt im Wesen der christlichen Verkündigung, dass sie nicht bei der Sehnsucht nach den himmlischen Vorhöfen, nach der Ewigkeit und dem himmlischen Gottesdienst stehen bleibt, dass sie keine Mystik ist, sondern vom Berührungspunkt zwischen Himmel und Erde ausgeht, den wir Offenbarung nennen. Liturgie ist kein himmlischer Traum, sondern eine äußerst reelle Tat auf Erden. Unwillkürlich kommen uns hier Lieder auf die Lippen:

Von Glanz umstrahlt,
sah ich von weitem deinen Thron.
Ach, wäre dahin
meine Seele schon entflohen!
Ich hätte so gern mein müdes Leben,
dir, Schöpfer der Menschen, gegeben.

Aber Freude trägt mich,
weil ich kein Urteil fürchte;
keine Angst bedroht mich,
denn die Liebe hat mir das Heil aufgezeigt.
Nun will ich das Leiden besser lernen,
inniger möchte ich mit dir verbunden sein (Lied Nr. 129).[182]

Deshalb ist der entscheidende Augenblick im Gottesdienst derjenige der Präfation: »Darum singen wir mit Engeln und Erzengeln und mit dem ganzen himmlischen Heer den Lobgesang deiner göttlichen Herrlichkeit: Heilig, Heilig, Heilig« usw. Die Liturgie geht nicht von der Ewigkeit aus; sie geht von der Tatsache aus, dass die Zeit erfüllt ist. Sie beginnt beim Engelsgesang, dem Großen Gloria, das aus dem himmlischen Gottesdienst in der Heiligen Nacht auf die Erde gebracht wird. Eigentlich tun wir im Gottesdienst nichts anderes, als den Engeln nachzusingen:
»Ehre sei Gott | in der Höhe und Frieden auf Erden unter den Menschen seines |95
Wohlgefallens« [Lk 2,14].

Das bedeutet, dass die Zeit durch das Herabkommen des ewigen Wortes geheiligt ist. Diese Zeit ist kein gleichgültiger Augenblick und auch nicht etwas, was uns von außen auferlegt ist, sondern sie ist die angenehme Zeit, die Zeit, die heute in unseren Ohren erfüllt ist. Gottes Verkehr mit uns findet nicht außerhalb der Zeit statt, nicht in mystischer Entrückung, in der Zeit wie Ewigkeit und Ewigkeit wie Zeit ist, sondern er geschieht mitten in der Zeit, die durch Gottes schöpfende und verwandelnde Tat zu Gottes Zeit geworden ist, zur Gegenwart Jesu Christi in unserer Mitte. Der Gottesdienst erfolgt demnach nicht unabhängig von der Zeit, sondern in einem festen Ablauf, dessen Struktur dem Ablauf des Heilsgeschehens ehrfurchtsvoll folgt. Wir finden diese liturgische Zeit in der Tages-, Wochen- und Jahresordnung der Kirche, mit anderen Worten im Kirchenjahr. Wir sollen den Gottesdienst im Jahr unseres Herrn abhalten.

Es hat mehrere Jahrhunderte gedauert, bis das Kirchenjahr seine heutige Form erhalten hat. Der historische Ausgangspunkt ist das Osterfest, das mit dem etwas später (im dritten Jahrhundert) festgesetzten Pfingstfest zusammen den Kern des Zyklus bildete. Davor hielt man die Fastenzeit ein. Erst im vierten Jahrhundert kam das Weihnachtsfest hinzu. Mit den Hauptfesten wurde die Zelebrierung von anderen Heilstatsachen verbunden. Das Kirchenjahr ist ein Versuch, dem Lauf des Heilsweges im regelmäßigen Gottesdienst von Tag zu Tag zu folgen. Zu diesem Zweck sind für jeden Tag bestimmte Bibelabschnitte, Eingangsworte, Gebete und Psalmen bestimmt. Im Laufe der Jahrhunderte wurde damit eine Art Kanon festgelegt, der sicherlich nicht vollkommen ist, aber der als Ganzes genommen einen unschätzbaren Weg bildet, an dem entlang Predigten und Gebete sich bewegen können. Niemand darf das Kirchenjahr mit der Heiligen Schrift gleichsetzen. Aber doch wird man es zu Recht in einem Atemzug mit den großen ökumenischen Symbola nennen. Es hat für die ganze Kirche einen normativen Wert. In unserer Kirche kann das Kirchenjahr ein wertvolles Gegengewicht gegen die Subjektivität der Predigt bilden. Man folgt bei der Predigt nicht seiner Eingebung oder den Zeitverhältnissen, sondern dem Gang, den Gott selbst mit seiner Kirche ging. Auf
|96 diese Weise | wird die Gemeinde vor einseitiger Verkündigung bewahrt und der ganze Inhalt des Evangeliums kommt in der Ordnung des Perikopensystems nacheinander zur Sprache. Dasselbe gilt für das Gebet, den Gesang, die Auswahl der Texte für die verschiedenen liturgischen Handlungen usw.

§ 21. Der Gottesdienst verteilt sich als Lebensfunktion der Kirche über alle Stunden von jedem Tag und jeder Nacht. Er bewegt sich um den Mittelpunkt des Tages des Herrn im Kreis des Kirchenjahres.

Gottesdienst kann und muss zu jeder Zeit abgehalten werden. Eine Kirche muss stets offen sein und möglichst viele Gottesdienste müssen zu allen Stunden so viele Menschen wie möglich jeden Tag versammeln. Aber das Zentrum der liturgischen Zeit ist der Sonntag, der Tag des Herrn, der »erste Tag der Woche«, der Tag der Auferstehung Christi, d.h. der Tag jenes Ereignisses, das den Anstoß zur apostolischen Verkündigung gab und das zum Fundament der Kirche wurde. Der berühmte Brief von Plinius dem Jüngeren[183] an Kaiser Trajan[184] berichtet bereits, dass die Christen an einem festen Tag vor Sonnenaufgang zusammenzukommen pflegten, um Christus zu preisen.[185] Dieser Tag war nicht der jüdische Sabbat, sondern der Tag der Auferstehung, *kyriake hemera, dies dominica.* In Apg 20,7 lesen wir, dass die Jünger am ersten Tag der Woche für die Brechung des Brotes zusammenkommen, d.h. für die Feier des Abendmahls, wahrscheinlich verbunden mit der sogenannten *Agape* oder Liebesmahl. Um den Tag der Auferstehung herum kreist die ganze Liturgie. Da beginnt das neue Leben. Wir finden hier die konzentrischen Kreise, die im Kirchenjahr eine solch wichtige Rolle spielen: Wie sich der Morgen zum Tag als dessen liturgische Zeit par excellence verhält, so verhält sich der Sonntag zur Woche und das Osterfest zum Jahr. Es ist jeden Sonntag, ja jeden Morgen Ostern. Die ambrosianischen Hymnen lassen denn auch die Symbolik des Morgens mit derjenigen des Ostermorgens ineinanderfließen.

Nach dem Sonntag richtet sich der Rest der Woche. Samstag ist der Tag der Vorbereitung, der »Vorabend«, der bereits | zur neuen Woche, mit neuem kirchen- |97
jährlichem Schwerpunkt, gehört. Freitag ist der Tag der Selbstbesinnung und des Fastens (von den Christen mit Absicht, genauso wie der Sonntag, um einen Tag verschoben; der jüdische Fasttag war der Donnerstag). Und so richtet sich an jedem Tag alles nach der Morgenzeit, der liturgischen Zeit schlechthin. Jeder Wochentag ist eine *feria,* das heißt nicht: ein Festtag, sondern ein Tag, der sich nach dem Festtag, dem Sonntag, richtet. Auch die Wochentage zählen also zur liturgischen Zeit, wie auch der Nachmittag und der Abend jeden Tages. Zu all diesen Zeiten geht der Gottesdienst weiter. Aber sie richten sich nach dem Morgen, dem Sonntag und dem Osterfest. Das zeigt sich sehr deutlich in den Vorbereitungswochen vor Weihnachten und Ostern, denn auch die gewöhnlichen Tage erhalten dort durch ihren Platz im Kirchenjahr besondere Bedeutung. Der Hauptgottesdienst findet folglich am Morgen des Tages des Herrn statt; der feierlichste Gottesdienst des ganzen Jahres ist derjenige am Ostermorgen. Darum herum gruppieren sich die anderen Sonn- und Feiertage.

Hier ist eine Übersicht über die Grundzüge des Kirchenjahres:

Dezember.

Advent I. II. III. IV.	Vorbereitung auf die Ankunft Christi; das Urteil.
25.: Weihnachten.	Das ursprüngliche Fest der Geburt Christi war Epiphanias, der 6. Januar. Im vierten Jahrhundert wurde der 25. Dezember als solches bestimmt, ein Datum, das im Heidentum große Bedeutung hatte als *dies natalis solis invicti,* der Geburtstag des neuen Lichts, identifiziert mit der Gottheit Mithras. Die Kirche bekundete mit dieser Verschiebung, dass das wahre Licht weder dasjenige der Natur noch dasjenige der heidnischen Gottheiten ist, sondern Jesus

Christus. Ab dem 25. Dezember *crescit lux,* nimmt das Licht zu (für eine einleuchtende Zusammenfassung der Geschichte der Entstehung des Weihnachtsfests siehe Lietzmann, Geschichte der alten Kirche, III, 321 ff.).[186] Unsere Kirche legte anfänglich wenig Wert auf die Feier des Weihnachtsfests, aber gegen Ende des siebzehnten Jahrhunderts war es doch allgemein gebräuchlich. An den beiden Weihnachtstagen wurde in fünf Gottesdiensten Lk 2,1–20 behandelt; der sechste Gottesdienst war ein Singgottesdienst, in dem man Weihnachtslieder sang.[187]

|98 | 26.: Zweiter Weihnachtstag. Stephanus.

Die zweiten Festtage sind ein mehr oder minder notwendiges Übel; man gebraucht sie am besten für kurze Gebetsgottesdienste und, nach dem Vorbild der Vorfahren, für Singgottesdienste, bei denen die Gemeinde unter Anleitung des Chors allerlei geistliche Volkslieder anstimmt. Die eigentliche Bedeutung des »Zweiten Weihnachtstags« ist vom Gedächtnis des Stephanus, des ersten Märtyrers, abgeleitet.

28.: Tag der unschuldigen Kinder.

Auch diese Märtyrer haben ihren eigenen Platz. Vondel gab uns gleichsam eine Skizze für die Predigt (Lied Nr. 20).[188]

Januar

1.: Namengebung des Herrn.

Das bürgerliche Neujahrsfest hat in der Kirche ebenso wenig zu suchen wie der Silvesterabend. Man halte Gottesdienste, aber stelle diese gänzlich in den Kontext des Kirchenjahres. Silvester erstrahlt noch unter dem Glanz von Weihnachten. Neujahr ist das alte *circumcisio*, der Tag der Beschneidung und der Namengebung des Herrn. Der Name Jesu wird dann auch über unser bürgerliches Jahr geschrieben, so wie die alte Kirche ihn über das römische Jahr schrieb. Die Synode von Den Haag im Jahr 1586 entschloss sich *Besnijdenisse Christi* (»Christi Beschneidung«) zu feiern; an diesem Tag musste gegen den Müßiggang gepredigt werden.[189] Die Synode von Dordrecht im Jahr 1618 vereinheitlichte die liturgische Praxis entsprechend dem, was an vielen Orten bereits praktiziert wurde: morgens musste über die Beschneidung, mittags über die Namengebung gepredigt werden.[190] Bereits Ende des siebzehnten Jahrhunderts hat man daraus eine Neujahrspredigt gemacht, wobei man sich an Lk 2,21 hielt. Wir werden mit dem Letztgenannten beginnen können; dann folgen wir von selbst wieder den Pfaden unserer Vorfahren.

6.: Erscheinung des Herrn.

Das alte Weihnachtsfest. Auch nachdem das Weihnachtsfest auf den 25. Dezember gelegt wurde, behielt der Tag große Bedeutung. Man gedenkt der Taufe Christi im Jordan (ein Ereignis, dem die Kirche immer großen Heilswert beimaß und dessen volle theologische Bedeutung unserer Generation noch lange nicht wieder klar ist), der Weisen aus dem Osten (Dreikönige) und des Beginns des öffentlichen Auftretens Christi mit dem Wunder auf der Hochzeit zu Kana. Es ist also | wirklich ein Fest der |99
Erscheinung Christi im irdischen Leben: bei seiner Geburt, bei dessen erster Huldigung durch die Weisen, bei seiner Taufe, als der Geist auf ihn herabstieg (gemäß einer uralten Überlieferung seine Adoption als Sohn durch den Vater), und bei seinem ersten Wunder (das als Ausdruck des Sakraments das ganze Heil umfasst).

Februar

2.: Darstellung des Herrn.

Der Tag steht im Zeichen von Simeons Lobgesang.

Septuagesimae.
Sexagesimae.
Quinquagesimae.

Mit dem Sonntag Septuagesimae, der ebenso wie der darauffolgende auf ein bewegliches Datum fällt, beginnt die Vorbereitung der Osterzeit. Die Zahl 70 erinnert an das Exil [Israels]. Von nun an hat jeder Sonntag eine ganz besondere Bedeutung. Nach Exil und Buße folgt auf Sexagesimae die Berufung Gottes, auf Quinquagesimae das Ziel der Pilgerreise: Jerusalem.

März–April

Passionszeit

Aschermittwoch.

Mitten in die Woche Quinquagesimae fällt der Aschermittwoch, mit dem die eigentliche Passions- und Fastenzeit einsetzt (Quadragesima).

Invocavit.
Reminiscere.
Oculi.

Die Namen der Sonntage in der Passionszeit werden von den Psalmen hergeleitet, die als Introitus gesungen werden. Das Halleluja und das Große Gloria entfallen. Die Farbe der Paramente ist diejenige der Trauer (violett).

Laetare.

Das alte Mittfasten. Durch die ganze Passionszeit hindurch erklingt die Osterfreude als ein verhaltenes Gejauchze.

Judica.

Für jeden dieser Tage besitzt die Kirche ein kurzes Gebet, das den Ton angibt (siehe: *Het Jaar onzes Heren*).[191]

Palmsonntag.

Das alte Dominica Palmarum. Zu Beginn der Karwoche, der Woche der Trauer und Einkehr, kommt für einen Augenblick Freude auf: Christi Gang zum Kreuz ist zugleich sein Einzug in seine Stadt und in unser Herz.

Karwoche.

Bereits die uralte Liturgie von Jerusalem kennt das Feiern der Karwoche.[192]

Gründonnerstag.

Die Gottesdienste gruppierten sich um den Gründonnerstag herum, an dem das Heilige Abendmahl gefeiert wurde. In der Nacht von Donnerstag auf
|100 Freitag | machte man Station auf dem Ölberg und im Gethsemane. Die Feier des großen Abendmahls sollte eigentlich am Gründonnerstag stattfinden.

Karfreitag (*dies crucis*).

Karfreitag ist gänzlich dem Kreuz des Herrn geweiht. Dieser Tag hat eine eigene, herrliche Liturgie, die sogenannten *improperia*[193] (Vorwürfe des Herrn an sein Volk, siehe: *Het Jaar onzes Heren*).[194] Natürlich haben schon diese Tage ihre eigenen, meist sehr bewegenden Schriftlesungen. Am Karfreitag entfällt das Gloria gänzlich.

Karsamstag (*sabbatum magnum*).
Osternacht.

Der Tag der Grabesruhe, des Endes für den Menschen – der Beginn Gottes. Der Gottesdienst geht an diesem Tag über in denjenigen der Osternacht, einer der schönsten, den die Kirche besitzt, in der römisch-katholischen Kirche vernachlässigt, in unserer vergessen. Ein Gottesdienst am Samstagabend, in dem der Liturgie der Osternacht gefolgt wird (siehe: *Het Jaar onzes Heren*),[195] bedeutet eine Anerkennung des größten Vorabends des Kirchenjahres und eine schöne Vorbereitung auf das große Fest.

OSTERN (*pascha*).

Der Ursprung des Osterfests liegt im Neuen Testament selbst, im Abendmahl der Apostel, das sie feiern, »bis dass er kommt« [1Kor 11,26]. »Pascha« ist ursprünglich die Feier des Heiligen Abendmahls, das dann auch an diesem Tag sicherlich niemals fehlen darf. Es ist das Brechen des Brotes mit Gejauchze, wovon in der Apostelgeschichte die Rede ist [Apg 2,46].[*] Mit dem Hahnenschrei des Ostermorgens schlägt die Trauer in Freude um. Damit beginnt die fünfzig Tage lange Freudenzeit der Kirche *(pentekoste)*, die mit Pfingsten endet und in der weder gefastet noch gebüßt wird. Das Osterfest ist das Fest schlechthin, der Mittelpunkt der ganzen Liturgie. 1579 beschloss die Synode von Dordrecht, die Passionspredigt einzuführen.[196] Am Karfreitag wurde in unserer Kirche früher selten gepredigt. Aber man lebte in der Karwoche doch sehr enthaltsam, nahm nicht an Vergnügungen teil oder verbot diese gänzlich, während viele fasteten.[197] Auch hier müssen wir, um liturgische Regeln zu finden, wahrlich nicht nach Rom pilgern!

| Mai–Juni |101

PENTEKOSTE, FREUDENZEIT

Quasimodogeniti. Misericordias Domini. Jubilate. Cantate. Voceno jucunditatis, oder: Rogate.	In den fünfzig Tagen zwischen Ostern und Pfingsten erfreut sich die Kirche in ihrem Herrn. Die Sonntage haben eigene Namen und eine eigene Beschaffenheit: es wird jeweils der Herr, der Hirte, der Richter, der Prediger, der Hohepriester angebetet.
Himmelfahrt.	Das Himmelfahrtsfest (das wir gerade in dieser Zeit nicht vernachlässigen dürfen, es ist ein Hauptfest!) verehrt Christus als König der Welt. Unsere Vorfahren waren in dieser Hinsicht ziemlich gleichgültig und ließen sich die Feier von der Obrigkeit befehlen.
Exaudi.	Vorbereitung auf Pfingsten; Tag der Gemeinde.
PFINGSTFEST.	Seit dem dritten Jahrhundert generell in der Kirche gefeiert. Christi bleibende Gegenwart in seiner Kirche durch seinen Geist. Das Fest der Kirche, das lebt, insofern die Kirche lebt! Auch dieses herrliche Fest musste nach der Reformation bei uns durch den Staat aufrechterhalten werden.
Dreieinigkeit.	Mit dem Fest der Heiligen Dreieinigkeit (Trinitatis) wird der Zyklus der großen Festtage abgeschlossen. Der ganze Reichtum von Gottes Offenbarung, die Tiefe seines Geheimnisses und die Heiligkeit seines Wesens werden hier noch einmal zusammengefasst. Hier bekommt das Halleluja seinen vollsten Klang.

* Das »letzte Abendmahl« war kein (jüdisches) Passahmahl. Aber aus dem Ritus des Abendmahls entstand der christliche Ostergottesdienst.

Was nun folgt, ist sicherlich nicht die »festlose Hälfte« des Kirchenjahres. Jeder Sonntag ist ein Festtag und auch die zweite Hälfte des Jahreskreises bietet noch zahlreiche Feste. Aber der große Zyklus ist abgeschlossen.

Juni

24.: Johannes der Täufer.

Die Figur auf der Grenze zwischen dem Alten und dem Neuen Testament, der einzige Heilige, dessen nicht am Todestag, sondern am Geburtstag gedacht wird. Er steht am Ende, aber das Ende ist ein Beginn.

29.: Petrus und Paulus.

In ihnen gedenkt die Kirche ihres apostolischen Ursprungs.

August

|102 | 6.: Verklärung des Herrn.

Der Augenblick in Christi Leben, in dem er in all seiner Majestät vor uns steht, und der die Herrlichkeit von Himmelfahrt mitten im irdischen Leben aufzeigt.

15.: Maria, die Mutter des Herrn.

Der Mutter des Herrn wollen wir nach dem Vorbild Luthers gedenken und sie ehren und uns dabei nicht von römisch-katholischen Missbräuchen abhalten lassen.[198] Die beste Bekämpfung von Missbrauch ist richtiger Gebrauch. *Abusus non tollit usum.*

September

29.: Michaelis.

Mit Michaelis nähern wir uns dem Ende des Kirchenjahres. Wir werden daran erinnert, dass Gottes Welt größer als unsere Erde ist, dass er auch andere Diener hat als uns Menschen, dass seine Kirche auch dort oben, nicht nur hier unten ist. Wir kehren in die ewige Liturgie zurück. Aber nicht als Flucht, sondern in vollem Vertrauen auf Gottes Macht, der mithilfe seiner heiligen Engel für uns gegen den Teufel und sein ganzes Heer kämpft.

Oktober

31.: Reformation.

Bugenhagen[199] war der Erste, der den Reformationstag feierte.[200] Des tiefsten Einschnittes, der dem

Leben der Kirche jemals wiederfuhr, soll und muss in der Tat gedacht werden. Man feiere den Reformationstag in erster Linie als einen Tag der Buße und Einkehr; der Bruch in der Kirche Christi war und ist unser aller Schuld. In zweiter Linie feiere man ihn als einen Tag des Dankes für dasjenige, das Gott uns in der Reformation und durch sie geschenkt hat. Man wird dieses doppelte Ziel am besten erreichen, wenn man den Tag im Lichte des folgenden Tages betrachtet oder ihn sogar mit ihm zusammen feiert.

November

1.: Allerheiligen.

Bereits der St. Michael geweihte Tag brachte uns in die Sphäre der Gemeinschaft der Heiligen. Dahin gelangen wir nunmehr ganz. Die Kirche sieht über ihre scheinbaren Mauern hinweg; es ist wie in einer großen Kathedrale: Hinter einem Raum tut sich immer wieder ein anderer auf. Hinter den Lebenden die Toten, hinter den Toten die Märtyrer und Heiligen, hinter den Märtyrern die heiligen Engel. Die
Kirche gedenkt an Allerheiligen zuallererst | derje- |103
nigen, durch die Gott große Dinge getan hat, die mit ihrem Tod Zeugnis ablegten, mit ihrem Leben, mit ihrem Wort.

Gedächtnis der verstorbenen Gläubigen.

Man kann mit ihnen zusammen auch aller verstorbenen Gläubigen gedenken, die ja alle »Heilige« sind im ursprünglichen, neutestamentlichen Sinn, als durch Gott heilig gemachte Sünder. Das Fest von Allerseelen ging 998 vom Abt Odilo von Cluny aus.[201] Auf alle Fälle muss es einen Tag im Jahr geben, an dem die Gemeinde mit ihren Toten zusammen vor Gott, in dem sie leben, tritt. Man kann dieses Gedächtnis mit Allerheiligen zusammenfallen lassen, man kann ihm den alten Platz von Allerseelen geben; man kann es aber auch auf den letzten Sonntag des Kirchenjahres verlegen.

Es gibt folglich zwei große Zyklen im Kirchenjahr, denjenigen von Ostern und denjenigen von Weihnachten, jeden mit seiner eigenen Zeit der Vorbereitung und Buße, jeden auch mit eigener Ausklangsphase. Nach den zwei großen Zyklen kommen die Früchte des Heilswerks: das Leben der Kirche. Dieses mündet in die Eschatologie: Gemeinschaft der Heiligen, die entschlafenen Gläubigen, die Engel, das Urteil, der Kampf Michaels gegen den Satan.

Andere Feiertage schieben sich zwischen die Haupttage des Kirchenjahres. Einstweilen ist natürlich viel mehr Heiligen zu gedenken als oben angedeutet wurde. Nicht alle diese Heiligen bedürfen eines eigenen Gedenktages; es gibt keinen Grund um »Heiligentage« wiederaufleben zu lassen. In der Regel sollte eine kurze Gedächtnisfeier im Gebet oder in der Predigt ausreichend sein. Aber man sei sich dieser teuren Pflicht der Dankbarkeit bewusst. Gott hat durch viele Menschen große Dinge gewirkt. Es ist keineswegs Menschenverehrung, wenn wir dieser Männer und Frauen regelmäßig gedenken. Eine Kirche, die dies versäumt, ist es nicht wert, dass Gott ihr heute seine Männer und Frauen, die sein Wort ergreifen, sendet. Ein reformierter [*hervormd*] Heiligenkalender ist folglich dringend erforderlich. Mit *Het Jaar onzes Heren* liegt ein Versuch vor, der verbesserungsfähig ist.[202] Vom heutigen römisch-katholischen Heiligenkalender können viele Heilige entbehrt werden. Auf der anderen Seite schenkte Gott nach der Reformation viele, deren Namen nicht fehlen dürfen: Luther, Calvin, Pascal und
|104 so viele andere. Man hüte sich hier vor einem Katalog von großen Männern und |
ebenso vor einem Verzeichnis von christlichen Berümtheiten.

An zweiter Stelle schieben sich zwischen die genannten einige Tage, die, obwohl sie am Rande des Kirchenjahres stehen, dennoch nicht versäumt werden dürfen. Es gibt eine Übereinstimmung zwischen dem Lauf des kirchlichen und demjenigen des natürlichen Jahres, genauso wie es auch eine Parallele zwischen dem liturgischen und dem natürlichen Tag gibt. Sonnenaufgang und Hahnenschrei bedeuten das Herannahen des Osterlichts. Der 25. Dezember bedeutet die Geburt des neuen Sonnenlichts und des Lichts Christi. Stefan George hat in einem ausgezeichneten Prosastück mit dem Titel *Der kindliche Kalender* (*Tage und Taten*) beschrieben, wie für das kindliche Gemüt die großen Ereignisse des Heils und des natürlichen Lebens einen ungeteilten Fluss bilden.[203] Das ist natürlich und in gewissem Maß gut. Aber das kann nicht eine Richtschnur im Kirchenjahr sein. Dort muss das Natürliche in die heilige Sphäre hineingezogen werden, nicht umgekehrt. Die ambrosianischen Hymnen tun dies ungezwungen. Im Laufe unseres Jahres werden traditionellerweise der Bettag und das Erntedankfest gefeiert. Das ist ein guter Brauch. In der Kirche bitten wir um das tägliche Brot und wir sprechen dort auch das Gebet und den Dank für die Ernte aus. Noch besser ist ein Erntedankgottesdienst, bei dem die Blumen und Früchte des Feldes in die Kirche zum Tisch des Herrn gebracht werden, von wo sie dann mit den Opfergaben zusammen wieder zu Armen und Kranken gebracht werden.

Dem Kirchenjahr zu folgen, ist das beste Mittel gegen fromme Einfälle in Liturgie und Predigt. In unserer Kirche herrscht auch in dieser Hinsicht leider meistens der Kult der Formlosigkeit. Es ist heilsam, sich der kirchlichen Ordnung zu unterwerfen, auch in dem Sinn, dass man über den vorgegebenen Text predigt, nicht einen Text »sucht«. Man kommt so zum Predigen über Texte, die »uns nicht liegen«, oder die nicht in unsere Zeit passen, und das ist doch erst das echte Predigen, bei dem Gottes Wort ungehindert seine Wirkung entfaltet. Das Kirchenjahr ist erst spät vervollständigt worden; erst im Spätmittelalter wurde der 1. Advent als dessen Beginn festgelegt. Es gedieh trotz der beginnenden Säkularisierung. Möge es auch bei uns gedeihen und die Silvestermeditation, den Neujahrstrinkspruch, die zweiten Festtage usw. zur Ordnung rufen.

| Die Urkirche begann das Kirchenjahr mit Weihnachten. Auf die Geburt folgte |105
das Gedächtnis des Stephanus, des ersten Märtyrers; danach in ökumenischer Eintracht am 27. Dezember das Gedächtnis des Johannes und Jakobus, die ersten Märtyrer des Ostens, und am 28. Dezember dasjenige von Petrus und Paulus, die im Westen als Erste ihr Leben opferten. Selbst Luther begann das neue Jahr noch mit Weihnachten (*Vom Himmel hoch da komm' ich her*, letzte Strophe).[204] Das Kirchenjahr ist ein großartiger Beweis für die oben angedeutete Wahrheit, dass die Liturgie sich entwickelt; von einem bestimmten Zentrum aus entfaltet sich langsam der Inhalt. So entstand aus der Feier des Osterfests heraus in einem längeren Reifeprozess das Kirchenjahr. Und wir wollen, mit Melanchton, »nicht so barbarisch und bäurisch sein, dass wir diesen Brauch der Kirche missachten«.[205] Die feste Ordnung von Taufe, Abendmahl, Predigt und Gebet wird durchkreuzt durch die bewegliche Ordnung des Kirchenjahrs. Gemeinsam bilden sie die Ordnung des Gottesdienstes.

§ 22. Jeder Tag hat seine eigenen Betstunden (Tagzeiten).

In der Apostelgeschichte werden die erste, die dritte und die neunte Stunde als Betstunden der Christen erwähnt;[206] die Apostel übernahmen diese zweifellos von den Juden. Der Tag und die Nacht wurden in Einheiten unterteilt, die alle ihre eigene Betstunde hatten. Zur Zeit der Entstehung der ambrosianischen Hymnen ist das Gefüge der *horae canonicae* oder Tagzeiten offensichtlich bereits zum Großteil vollendet; diese Hymnen sind jedenfalls großteils Horengesänge. Bereits im vierten Jahrhundert wurden in den Klöstern sechs oder sieben Horen gebetet. Die benediktinische Klosterregel verlieh den Horen eine feste Form.[207]

Die Kirche kennt seit Benedikt von Nursia die folgenden sieben Tagzeiten, unterschieden in große und kleine:

Matutina	Mette	Tagesanbruch	groß
Prima	Prim	6 Uhr	klein
Tertia	Terz	9 Uhr	klein
Sexta	Sext	12 Uhr	klein
Nona	Non	15 Uhr	klein
Vespera	Vesper	18 Uhr	groß
Completorium	Komplet	21 Uhr	groß

|106 | Jede Tagzeit hat eine feste Liturgie, das *Officium,* das aus Psalmen, Hymnen, Gebeten und Schriftlesung (dem *capitulum)* besteht. Aus diesen Stundengebetsgottesdiensten ist das *Stundenbuch* oder *Brevier* zusammengestellt. Dieses Stundenbuch ist ein kostbarer Schatz der Kirche. Es enthält, abgesehen von den Heiligenlegenden, nur wenig, das typisch römisch-katholisch ist. Neben der Erneuerung der Liturgie hat unsere Kirche also auch kein größeres Bedürfnis als ein eigenes Reformiertes [*hervormd*] Brevier.

Dies ist deswegen so wichtig, weil das System der Tagzeiten oder Betstunden versuchte, dem »Betet ohne Unterlass« [1Thess 5,17] zu gehorchen. Die Tagzeiten bilden das liturgische Fundament des ganzen Lebens. Im persönlichen Leben, im Familienleben und im Gottesdienst ist die tägliche Liturgie wie ein Gürtel des Gebets, der das Leben umschließt. Wir befinden uns hier auf der Grenze zwischen Gottesdienst und geistlicher Übung. Das Stundenbuch dient beidem. Das ist möglich, weil die geistliche Übung im Grunde nichts anderes ist als eine Ausweitung des Gottesdienstes über jeden Tag und jede Stunde. Jede Hore hat ihren eigenen Wert. Die ambrosianischen Hymnen bringen dies besonders deutlich zur Sprache. Der Morgen ist das Erwachen aus dem Todesschlaf zum Licht des auferstandenen Christus; jeder Tagesanbruch erinnert an denjenigen von Ostern:

> Der Hahn, der Bote des Tages,
> berichtet vom sich nähernden Licht,
> uns ruft der Wecker des Geistes,
> der Herr, zu neuem Lebensweg.
>
> Verjage, o Christus, unseren Schlaf,
> zerbrich die Banden der Nacht,
> erlöse uns von der alten Schuld,
> und bring Du uns das neue Licht! (Lied Nr. 275).[208]

Der Abend und die Nacht bringen die Finsternis, die uns von Christus nicht trennen kann:

> O großer Christus, ewiges Licht,
> nichts ist verborgen vor deinem Angesicht,
> das uns bestrahlt, wohin wir auch gehen,
> auch wenn keine Sonne scheint und auch kein Mond leuchtet (Gesang L).[209]

Oder mit dem alten reformierten Abendgebet in Revius'[210] Gedicht:

|107 > | Du hast alles, was auf Erden ist,
> begraben in der Finsternis.
> Begrab auch unsere schlimme Sünde
> in deiner unermesslichen Gnade! (Lied Nr. 279).[211]

Um den Schatz fruchtbar zu machen, der ihr in den Tagzeiten gegeben ist, hat die Kirche folgende Möglichkeiten:

a) Das sogenannte *Chorgebet.* Da es natürlich nicht möglich ist, dass jeder für sich oder in seiner Familie alle Horen hält, und noch weniger, dass sie alle in der Kirche als Gottesdienst gefeiert werden, beschränkte sich der Stundengebetsgebrauch nahezu stets auf die Klöster (mit Ausnahme der Vesper, die ein gewöhnlicher Gemeindegottesdienst ist). In den Klöstern, wo der *vita religiosa* nachgeeifert wurde, hatte man Zeit und Gelegenheit sich ganz dem Gebetsdienst zu widmen. Das ist das Chorgebet, das von den Mönchen gemeinsam gebetet wird. Wir können hier natürlich die Bedeutung des Mönchtums für den Gottesdienst nicht behandeln. Aber für unsere reformierte [*hervormd*] Liturgie ist diese Möglichkeit vorderhand nicht von praktischer Bedeutung. Sie hat auch viele Nachteile, die mit dem Mönchtum im Allgemeinen verbunden sind, nämlich dass lediglich von einigen dasjenige gemacht wird, das im Leben von allen von Bedeutung sein müsste.

b) Das *Brevier als Priesterlektüre.* Um die Stundengebete doch in einigen Bezug zum allgemeinen Leben der Kirche zu bringen, hat die römisch-katholische Kirche ihre Priester zur täglichen Lektüre des Breviers verpflichtet. Das ist zweifellos ein guter Brauch und man kann wünschen, dass auch reformierte [*gereformeerd*] Pfarrer täglich ihre Horen lesen: Psalm, Kapitel, Lied, Gebet. Aber es macht die Tagzeiten lediglich indirekt für den Gottesdienst fruchtbar.

c) *Übertragung der Horen auf den eigentlichen Gottesdienst.* Dies hat die Reformation in England und Schottland gemacht. Man hat dort das Hochamt, die alte Messe, die im Grunde ein Abendmahlsgottesdienst ist, durch den Gebetsgottesdienst ersetzt, und man ist dabei vom Morgen- und Abendgebet (*Morning* und *Evening prayer*) ausgegangen. In der englischen Kirche ersetzte folglich der Stundengebetsgottesdienst zum Teil den eigentlichen sonntäglichen Hauptgottesdienst. Dies ist nun in zweierlei Hinsicht zu bedauern. Zum einen kommt dadurch der Hauptgottesdienst am Sonntag nicht zur Geltung, denn dieser gibt dabei die regelmäßige Austeilung des Abendmahls und die dazugehörige katholische Liturgie, den gemeinsamen Besitz aller Kirchen, preis. Aber zum andern kommt auch der Stundengebetsgottesdienst nicht zur Geltung. Er verliert seinen Charakter des täglichen Gebets. So ist es denn auch zu erklären, dass | in den reformierten |108
[*gereformeerd*] Kirchen (die einen gemischten Typus von Gottesdienst aufweisen, der sowohl der Antekommunion als auch den Horen entlehnt ist) bald der Gebetscharakter, welchen der Gottesdienst anfänglich in starkem Maß besaß, verschwand und der ganze Gottesdienst in der Predigt aufging, mit ein bisschen Beiwerk davor und danach. Natürlich spricht nichts dagegen, auch am Sonntag Stundengebetsgottesdienste zu halten. Aber diese dürfen erstens dem eigentlichen Gottesdienst nicht schaden und zweitens müssen sie deutlich ihren Gebetscharakter aufweisen. Wir werden im nächsten Kapitel sehen, von welcher Wichtigkeit diese Angelegenheit für die Gottesdienstordnung ist. Man muss darüber nachdenken, wie man den gewöhnlichen Sonntagsgottesdienst betrachten will, als *Hora,* also als Morgengebet, oder als *Antekommunion,* d.h. ein Abendmahlsgottes-

dienst, bei dem die Austeilung möglicherweise aus praktischen Überlegungen heraus unterlassen, aber dessen sakramentaler Charakter dadurch nicht verändert wird. Die englische Kirche hält oft abwechselnd einen Gebetsgottesdienst und einen Antekommunionsgottesdienst ab. Die lutherischen Kirchen kennen grundsätzlich nur die letztgenannte Art.

d) *Tägliche Gottesdienste in der Woche.* Es ist natürlich nicht möglich, alle Horen in der Gemeinde abzuhalten. Das Brevier als Ganzes bleibt ein Buch der Andacht und der geistlichen Übung. Aber manche Horen können, allenfalls mit anderen kombiniert, als Gebetsgottesdienste wochentags in der Gemeinde gefeiert werden. Ein kurzes Morgengebet, ein kurzes Abendgebet, am Samstag, dem Tag der Vorbereitung, etwas ausführlicher; vielleicht auch noch ein Nachmittagsgebet – das ist der fruchtbarste Gebrauch, den die Kirche von ihrem Horenschatz machen kann. Kirchen haben offen zu stehen. Aber darin muss auch etwas geschehen. Der Dreh- und Angelpunkt des Gottesdienstes ist der Sonntagmorgen. Aber aus dem Mittelpunkt dringen die Strahlen der Verheißung und des Gebets zu allen Zeiten der Woche durch. Bevor die Menschen zu ihrer Arbeit gehen, in der Pause, wenn sie von ihrer Arbeit zurückkommen, müssen sie kurz zum Haus des Vaters mit den vielen Wohnungen,[212] müssen sie aus dem Lärm des Gesprächs und des Handels kurz zurück in den großen Lobgesang. Es ist unwichtig, ob wenige in der Kirche sind oder viele. Hauptsache ist, dass es die Gelegenheit gibt. Es hat sich bereits herausgestellt, dass viele an den vielerorts unternommenen Versuchen der Wiederherstellung von Morgen- und Abendgebet teilnehmen wollen. Aber auch wenn niemand kommt, soll dennoch der Pfarrer mit dem Gemeindeältesten und Diakon das Lobopfer darbringen. Die Ordnung kann sehr einfach sein und aus einer Sequenz von Gebeten (das Gebet der Woche, das Gebet des Tages, besondere Gebete, das Gebet des Herrn, stilles Gebet) bestehen, aus einigen Psalmen (in fester Reihenfolge durch Chor und Gemeinde im Wechselgesang oder durch Pfarrer und Gemeindeältesten in abwechselnder Lesung ge-
|109 betet), einem Hymnus (manche Hymnen haben in den | Tagzeiten seit jeher einen festen Platz: das Te Deum in der Matutin, das Magnificat in der Vesper, der Abendgesang in der Komplet, mit dem Nunc dimittis) und der Schriftlesung gemäß dem Kirchenjahr.

e) *Täglicher häuslicher Gottesdienst und persönliche Andacht.* Zusammen mit der soeben beschriebenen Handhabung der Tagzeiten bildet diese letzte die wichtigste und fruchtbarste. Der sakramentale Gottesdienst kann nur in der Gemeinde stattfinden. Der Gebetsgottesdienst findet entweder in der Kirche oder zuhause statt. Er bildet das Band zwischen dem privaten Leben und dem Gemeindeleben. Durch die Tagzeiten wird jeder persönlich mit dem Lauf des Kirchenjahres vertraut gemacht; dasjenige, was er in der Kirche tut, ist nicht etwas Fremdes, sondern es knüpft direkt daran an, was er zuhause, alleine oder mit den Seinen, fortwährend tut.

Das Stundengebet kann durch jedes Gemeindeglied, sowohl in der Kirche als auch zuhause, geleitet werden. Es gibt dabei kein anderes Priestertum als dasjenige von allen Gläubigen.

| Kapitel 6 |110

Liturgischer Ort

§ 23. Gottes Offenbarung ereignet sich in Zeit und Raum. Darum sollen wir den Verkehr mit ihm auch an bestimmten Orten pflegen. Wir sollen Kirchen erbauen im Vertrauen auf ihn, der sich eine Ruhestätte unter den Menschen schaffen und der dort seinen Namen wohnen lassen wollte.

Der Gottesdienst geschieht nicht in der Ewigkeit; ebenso wenig findet er in der Unendlichkeit statt. Dem Kriterium der Urform der Offenbarung folgend, findet der Gottesdienst in Zeit und Raum statt. Der Herr wollte an einem bestimmten Ort geboren werden. Auch wir begegnen ihm an einem bestimmten Ort. Wir leben nicht im himmlischen Jerusalem, wo es keinen Tempel gibt,[213] sondern im irdischen. Und da erbauen wir Gottes Tempel.

Denn die christliche Kirche ist ein Tempel, keine Synagoge. Überall, wo zwei oder drei in seinem Namen versammelt sind, ist Christus in ihrer Mitte. Es braucht folglich nicht immer ein Kirchengebäude. Wenn es sein muss, kann man sich auch mit einem Gottesdienst in den Katakomben oder mit einer *hagepreek*[214] begnügen. Aber nur, wenn es sein muss. Denn Gott wünscht sich eine Ruhestätte. Wir dürfen von »Gottes Haus« sprechen. Nicht, wie wenn dieses Haus ihn enthalten würde. Der Himmel, ja der Himmel der Himmel könnte das nicht; das Haus, das wir bauen, kann es noch viel weniger.[215] Das wunderschöne Tempelweihegebet aus 2Chr 6 gibt den Ton jeder Kirchweihe an. Aber Gott hat versprochen, seinen Namen unter uns wohnen zu lassen,[216] d.h. sein Wesen, seine Liebe unter uns an einem bestimmten Ort zu offenbaren. Die Kirche ist nicht ein Haus, wo man sich einfach trifft, nicht ein religiöses Vereinslokal, sondern eine *Kirche*, d.h. ein Haus des Herrn, ein Tempel, in dem er zu uns kommen will und wir seinem Angesicht begegnen dürfen.

> So will ich hineingehen zum Altar Gottes,
> zum Gott meiner Freude (Ps 43[,4]).

Wir haben das Sakrament, die Feier der Menschwerdung. Deshalb können wir
uns nicht mit einer Synagoge | zufriedengeben, sondern bauen eine Kirche. Erst das |111
Sakrament (in dem oben skizzierten, weiten Sinn) macht die Kirche zur Kirche; das erst gibt ihr das Recht auf ihren eigenen breiten und hohen Platz, den sie in der Stadt einnimmt. Wenn sie keine Sakramentskirche ist, dann ist sie einfach ein Lokal oder ein religiöser Wolkenkratzer.

§ 24. Der Bau einer Kirche ist ein Lobopfer, bei dem die ganze Gemeinde mitarbeitet. Eine jede Kirche kann in ihrem eigenen Stil erbaut sein, aber sie muss in ihrer Struktur ein Ausdruck von Gottes Plan sein wollen.

Die großen französischen Kathedralen des zwölften Jahrhunderts wurden durch das ganze Volk erbaut. Aus allen Dörfern schleppte man Material heran, von überall her kamen die Arbeiter. Das geschieht nicht mehr, nicht nur, weil die heutige Technik das unmöglich und überflüssig macht, sondern auch, weil Kirchen leider nicht mehr mit einem solchen allgemeinen Elan gebaut werden. Doch bleibt der Kirchenbau eine Angelegenheit der ganzen Gemeinde. Eine Kirche, die nicht mit Beiträgen von jedem Mitglied gebaut ist, auch dem einfachsten, eine Kirche, für die sich der größte Teil der Gemeinde nicht angestrengt hat, kann zwar schön sein. Aber sie verfehlt ihren eigentlichen Sinn: Sie ist kein Lobopfer. Die Gemeinde, die eine Kirche erbaut, baut ein Haus für ihren Herrn, nicht für sich selbst. Ihre Handlung ist eine Handlung der Verehrung und des Opfers. Deshalb interessiere man für den Kirchenbau die ganze Gemeinde! Ein Ausschuss ist gut, aber nicht eine separate Gruppe von Leuten, die der Gemeinde etwas Fixfertiges vorsetzt. Man setze die Jugend für die Kollekten ein, die notwendig sind. Man sorge dafür, dass der Grundriss der Kirche und die Zeichnungen des Exterieurs und Interieurs der Gemeinde rechtzeitig vorgestellt werden oder dass sie auf Postkarten erhältlich sind, genauso wie Skizzen der liturgischen Geräte: Abendmahlstisch, Taufbecken, Kanzel usw. Kirchenbau ist auch bereits Liturgie.

Nur wenn der Kirchenbau als Anbetungsakt der Gemeinde erkannt wird, entsteht eine echte Kirche, die in schöner Form versucht, Ausdruck des Grundrisses
|112 Gottes zu sein. Die ersten christlichen Kirchen waren einfache | Häuser, denn das Brechen des Brotes erfolgte in den Häusern der Christen. Schon sehr bald jedoch hat man sich beim Bau an den liturgischen Bedürfnissen orientiert: Der Platz des Altars und des Lesepults beherrschte die innere Struktur. Und man kam schon schnell dazu, auch das Äußerliche der Kirchen als Ausdruck von Gottes Plan anzusehen. Die mittelalterlichen Kirchen setzten Höhe und Breite ein als Symbole für Gottes Höhe und Tiefe. Sie wiesen bis in die entferntesten Winkel Symbolik auf: kein Glasfenster, kein Säulenornament, keine in Holz geschnitzte Verzierung, die nicht alle etwas bedeuteten. Außerdem wurden die Kirchen geostet. Das westliche Fenster zeigte dann die Darstellung des letzten Urteils. Wir müssen die üppige mittelalterliche Symbolik nicht übernehmen. Bei der Verzierung unserer Kirchen sollen wir sehr nüchtern sein. Aber wir können vom Mittelalter doch dies lernen: kein Ornament, kein Element des Baus oder malerisches Motiv, das nicht einen Heilsgedanken ausdrückt, hat in Gottes Haus eine Daseinsberechtigung. Für das Ornament als solches gibt es keinen Platz. Ausschmückungen und Schnörkel gehören hier nicht hin, wo alles »im Dienst« [Gottes] steht. Darum kann man die

Ostung beibehalten als einen tiefsinnigen, ehrwürdigen Brauch. Man kann auch eine große Vorliebe für die Kreuzform haben, unabhängig davon, wie diese entstanden ist. In welchem Stil die Kirche erbaut ist, spielt an sich keine Rolle, solange der Stil sich für den Dienst an Gott eignet. Es ist besser heutzutage »modern« zu bauen, als romanisch oder gotisch endlos zu kopieren. Freilich wird in jedem Stil eine bestimmte Auffassung des Glaubens ausgedrückt, jeder Stil ist ein Bekenntnis. Vorausgesetzt, dass dieser zum Bekenntnis passt, das alle bindet, hat jeder Stil seine Daseinsberechtigung.

Keine Kirche ohne Kirchenturm. Kein Kirchenturm ohne Uhr oder Glocken. Seit dem Ende des achten Jahrhunderts werden Glocken verwendet, um die Lebenden zur Kirche zu rufen und die Toten zu verabschieden. Die Glocken hatten – und haben teils noch – auch profane Funktionen. Sie läuten bei Sturm, Brand, Landestrauer und -feier. Früher vertrieben sie die bösen Geister. Der Ursprung des Kirchenturms ist unklar. Aber zur Kirche gehört ein Kirchenturm, der zum Himmel weist. Und zum Kirchenturm gehört eine Glocke, die ruft. Sie wird zu Beginn des Gottesdienstes geläutet. In der Schweiz ist das Glockenläuten nicht selten in die – übrigens karge – Liturgie integriert und man läutet zwanzig | Minuten oder |113
eine halbe Stunde lang. Die Glocke wird auch zur Ankündigung von hohen Festen geläutet: in der Weihnachts- oder Osternacht. Sie wird während des Gebets des Herrn im Gottesdienst geläutet, damit auch diejenigen, die zuhause sind oder vorbeigehen, mitbeten können. Sie wird geläutet, wenn wir unsere Toten hinaustragen. Sie ist ein Widerhall der Stimme Gottes. Darum gehört es sich, eine Glocke auch einzuweihen, bevor man sie für den heiligen Dienst einsetzt. Eine kurze Liturgie ist dazu erwünscht. Dies gilt auch für die wichtigsten anderen Geräte: Taufbecken, Abendmahlstisch, Orgel.

§ 25. Der Kirchenraum ist in seiner Struktur abhängig von der Tatsache, dass die Gemeinde zusammenkommt, um aktiv an der Austeilung des Opfers des Herrn in Sakrament und Predigt teilzunehmen.

Die innere Struktur des Kirchenraums wird durch die Austeilung des Opfers des Herrn in Sakrament und Wort durch alle Gemeindeglieder als Amtsträger festgelegt. Es muss folglich das geben, was man gegenwärtig mit dem hässlichen, aber klaren Ausdruck »liturgisches Zentrum« bezeichnet. Im alten Kirchenbau ist dies die Apsis oder der erhöhte Chor. In sehr alten Kirchen befand sich das liturgische Zentrum allerdings auch mitten in der Kirche. Hauptsache ist, dass es aus allen Winkeln der Kirche gut sichtbar und gut erreichbar ist, und dass das von dort gesprochene Wort gut zu verstehen ist. Persönlich tendiere ich dazu, eine innere Struktur vorzuziehen, bei der alle Handlungen in der Apsis oder im Chor stattfinden. Dieser Chor muss dann einige Tritte höher gelegen sein als die Kirche. Ein breiter Mittelgang muss die Sicht auf den Chor und auf den Einzug zum Chor gewähren. Das Mobiliar in der Kirche sei vorzugsweise bewegbar. Man muss es gänzlich oder teilweise wegräumen können, wenn die Gemeinde oder ein Teil davon sich in Bewegung setzt, beispielsweise bei Abendmahlsfeiern oder bei der Konfirmation. Auch muss genügend Platz vorhanden sein für Prozessionen von Jugendverbänden und dergleichen. Eine Kirche ist keine Konzerthalle und kein Kino.

Die Möglichkeit, dass die Gemeinde an den Abendmahlstisch, das Taufbecken,
|114 die Kniebank | für die Bekräftigung der Ehe usw. herantritt, bestimmt auch die weitere Struktur. Wir sollen unsere Kirchen nicht in der Weise der Ostkirche einrichten, mit einem durch die Ikonostase abgeschlossenen Chorraum, einem unzugänglichen und unsichtbaren *sacrarium*, dessen drei Pforten nur von der Priesterschaft durchschritten werden, und in dem sich die heiligen Handlungen als ein Mysterium abspielen. Aber wir sollen auch der Kirche des Westens nicht folgen, sofern sie (römisch-katholisch) die heilige Handlung zu einem Schauspiel gemacht hat, das man zwar von der Kirche her sehen kann, aber an dem man nicht teilnimmt; der »Altarraum«, zu dem der »Laie« keinen Zugang hat, verstößt gegen unsere Auffassung von Gottesdienst. Und ebenso wenig wollen wir der Kirche des Westens folgen, sofern sie (calvinistisch) die Kirche zu einem Lokal gemacht hat, in dem gepredigt wird, die Kanzel in den Mittelpunkt gestellt hat und dem sakramentalen Charakter des Gottesdienstes keinen sichtbaren Ausdruck verliehen hat. Lieber wollen wir uns am altkirchlichen Vorbild orientieren, nach dem der Vorsteher sich mit seinen Presbytern hinter dem Abendmahlstisch versammelt und vom Chor aus die Kirche überblickt, während die Diakone auf den Treppenstufen davor den Kontakt mit der Gemeinde aufrecht erhalten. Über diese Möglichkeiten unterrichtet, stellen wir uns die Kirche wie in Plan 5 vor (siehe unten). Im Zentrum des Chors befindet sich der unbewegliche Abendmahlstisch, der Ort der Austeilung. Dahinter sitzt der Pfarrer, zu beiden Seiten die assistierenden Pfarrer und die Kirchenältesten. Im Chor befindet sich links vom Abendmahlstisch das Taufbecken. Davor, bei den *cancelli*, das Lesepult. Auf der anderen Seite steht an der Grenze zwischen Chor und Kirche die Kanzel (der Name »Kanzel« kommt von *cancelli* oder *kinklis*, ein Gitterwerk, das Apsis und Kirche trennte; ursprünglich gab es lediglich Treppenstufen zwischen Chor und Kirche. Im Osten wurde die Trennung immer stärker: ein Vorhang, später die Ikonostase; im Westen blieb das Gitterwerk, auch zuweilen nur ein einfaches Seil.* Der altkirchliche Bischof predigte von seinem Stuhl *(thronos)* aus hinter dem

* Ein östliches Element im Westen ist die Chorschranke oder Doxale (deutsch: *Lettner*, französisch: *Jubé*, von »Iube, domine, benedicere«, die Worte des Diakons, der hier stand), das den Chor ganz oder teils abschließt; auf dem Lettner steht die Sängerempore. Der Gottesdienst im Chor wird dann wieder zu einer Mysterienfeier.

Altar. Augustinus und Chrysostomos[217] predigten vom Lesepult aus | *(ambo)*. Die |115
Bettelmönche versetzten die Kanzel mitten in die Kirche *(suggestus)*. Damit war die Verbindung zwischen Predigt und Liturgie auf verhängnisvolle Weise aufgelöst. Wie oben bereits dargelegt wurde, war man sich ursprünglich bewusst, dass die Predigt nichts anderes als ein Teil der Austeilung [des Opfers des Herrn] ist, wie sie in der Kirche erfolgt. Der Prediger kommt vom Abendmahlstisch nach vorne, um zum Volk zu sprechen. Seine Predigt ist nicht die »Hauptsache«, aber ebenso wenig eine Nebensache. Man kann nichts in der Kirche Hauptsache oder Nebensache nennen, ebenso wenig wie man das bei den Gliedern eines Organismus kann. Der Tisch des Herrn, an dem sein Opfer gefeiert wird, hat lediglich die Spitzenstelle inne. Orgel und Sänger sind im Chor aufgestellt, die Orgel eventuell auf beiden Seiten, mit erhöhtem Spieltisch, die | Sänger ebenfalls auf beiden Seiten. |116
Der Platz der Diakone ist auf beiden Seiten bei den *cancelli*. Diese bestehen lediglich aus einem auf beiden Seiten angedeuteten offenen Gitter, das in der Mitte freien Durchgang gewährt. Ein breiter Mittelgang, der für den Gang zum Abendmahl, für die Spendung der Taufe, für die Bekräftigung der Ehe ausreichend Raum bietet, führt direkt dorthin. Die Gemeinde bleibt in unserer Kirche nicht im Schiff, sondern sie kommt in den Altarraum, um, am Tisch des Herrn versammelt, ihre priesterliche Funktion auszuüben.

Charakteristisch für die östliche Auffassung des liturgischen Zentrums sind die Vorschriften, die auf dem Berg Athos gelten: »Siehst du den Ort des heiligen Opfertisches, so bleibe stehen und erzittere, o Mensch, senke den Blick zur Erde; denn da drinnen wird der Herr jeden Tag geschlachtet.«[218] Die Kirche ist ein Stück Himmel auf Erden. Die Priester und Diakone verrichten den Dienst der Engel.

Mit Dankbarkeit dürfen wir feststellen, dass die liturgische Bewegung in der römisch-katholischen Kirche sich sehr stark in die Richtung des altkirchlichen Gottesdienstes bewegt und das Ideal des heiligen Schauspiels je länger je mehr hinter sich lässt. Einige Forderungen der sogenannten volksliturgischen Bewegung von Pius Parsch[219] u.a. sind: lediglich ein Altar, ohne Schmuck, losgelöst von der Rückwand der Apsis oder mitten in der Kirche, als Mittelpunkt des Gemeindegottesdienstes; das Volk muss wieder *circumstantes* werden, der Altar dem Volk zugewandt, der Zelebrant hinter dem Altar, der wieder seinen alten Namen, *mensa*, erhält. Kein Tabernakel zur Aufbewahrung der Hostie auf dem Altar, sondern auf der Seite an der Wand. Alle Objekte der privaten Andacht in Seitenkapellen, nicht im Hauptschiff, das lediglich für den Gemeindegottesdienst bestimmt ist. Sänger und Orgel in unmittelbarer Nähe zum Ort der Sakramentsausteilung, folglich keine Orgelempore. Die Predigt wird vom Ambo aus gehalten, folglich in direktem Bezug zum Altar; sie gehört zur Liturgie. An all diesen Dingen bemerken wir mit Freude, dass manche römisch-katholischen Kreise sich genauso tatkräftig in die evangelische Richtung bewegen wie wir uns in die katholische.

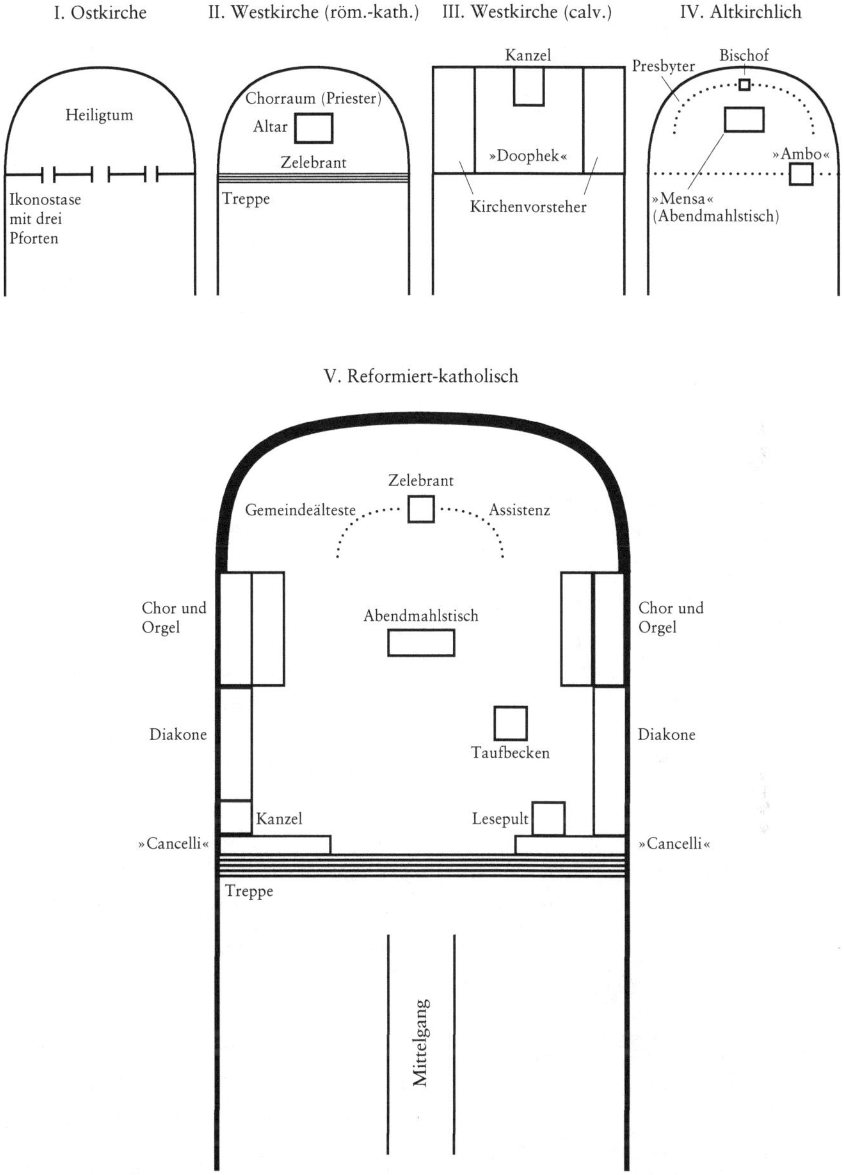

Ein Rest von liturgischem Zentrum in unseren Kirchen ist das sogenannte *doophek*,[220] in den Akten der Synoden *staketsel* [Lattenzaun] oder *cancelli* genannt.[221]
|117 Dort saßen die Pfarrer und dort fanden | die heiligen Handlungen statt. In kleinen Ortschaften wurde – und wird, vor allem im Norden des Landes – das Abendmahl

noch oft im Chorraum gefeiert. Nach der Reformation hat man dies noch sehr lange beibehalten, später wurde der Chorraum im Gottesdienst nicht mehr benutzt.

Der Chorraum ist aus seiner Herabwürdigung zu erlösen. Unsere Vorfahren verunreinigten ihn mit Grabmälern, wir mit Fahrradständern. Vergleiche Vondel:

> O kluge Torheit!
> Wie prahlst du noch, dass dies Reform sei
> und Reinigung, du, die du die Schwelle zierst
> mit Gold und Marmor, während du der Gottheit des Heiligtums
> ihre Ehre verwehrst? Du, die du selbst einem stinkenden Leichnam
> seinen Pomp gönnst; aber den Gott des Himmelreiches
> seiner Feier beraubst und seine Gewölbe plünderst,
> um diesen Reichtum dir selbst umzuhängen?[222]

Unsere Aufgabe muss es sein, *doophek* und Chorraum wieder zu vereinigen. Der einzige grundsätzliche Fehler des *doophek* ist, dass es um die Kanzel herum angebracht ist. Wo schwerwiegende praktische Hindernisse bestehen, die einen Wiederaufbau eines Chors verunmöglichen, wie oben bereits beschrieben, kann man sich vorläufig des *doophek* bedienen, in welchem normalerweise auch ein Lesepult angebracht ist. Denn wie schlecht ein Gottesdienst im *doophek* auch sein möge, er ist immer noch unendlich viel besser als der Nur-Kanzel-Gottesdienst, an den wir uns leider gewöhnt haben. Unsere Vorfahren hatten noch das Bewusstsein, dass die Kanzel für die Predigt da ist, dass das Abendmahl und die Taufe mit dem dazugehörigen Formular hingegen im *doophek* gespendet bzw. gelesen werden mussten, und dass die Schriftlesung am Lesepult stattfinden musste.

> *§ 26. Alle Geräte im Gottesdienst haben ihren eigenen Zweck und ihre eigene Bedeutung. Vorherrschaft eines Geräts (sei es die Kanzel oder der Altar) bedeutet immer Vorherrschaft eines Aspekts der Austeilung auf Kosten der anderen.*

Der Abendmahlstisch sei schlicht und würdevoll. Man stelle ein Kreuz darauf, das christliche Symbol par | excellence. Auch ein paar Kerzen. In all diesen Dingen ist |118
nichts »Römisches«. Es ist nicht strikt notwendig, aber es beruht auf guten und schönen alten Bräuchen. Man lege jedoch nicht eine in Richtung Gemeinde aufgeschlagene Bibel auf den Abendmahlstisch. Wir sind keine Bibel-, sondern Christus-Anbeter. Die Bibel gehört aufgeschlagen auf die Kanzel, wo sie auch ausgelegt wird. Auf den Abendmahlstisch gehört nur die Opferschale, in der die Opfergabe[223] dargebracht wird. Man kann auch, wenn man will, die Brotschale und den Kelch als sichtbares Zeichen des Sakraments stehen lassen. Notwendig ist Letz-

teres natürlich nicht. Die Pfarrer können ihre Agenden, ihre Bibel usw. in einem an die Lehne ihrer Stühle hinter dem Abendmahlstisch angebrachten Fach aufbewahren. Sie lesen daraus, indem sie ihr Buch in der Hand halten. Ein Lesepult auf dem Abendmahlstisch ist nicht nur hässlich, sondern auch fehl am Platz. Natürlich kann man den Abendmahlstisch, soweit man will, mit Blumen schmücken. Man vergesse nicht, dass der Gottesdienst immer ein Fest ist, kein Spaß zwar, aber ein Fest.

Am Abendmahlstisch* geschieht alles, was eine Beziehung zum Sakrament aufweist, also die Austeilung des Abendmahls, das Sprechen der Hochgebete (die sogenannten eucharistischen Gebete, siehe unten [Kap. 8]), Sündenbekenntnis und Gnadenzuspruch, Votum und Segen, das Offertorium, die Eheschließung, die Konfirmation usw. Der Abendmahlstisch sei so eingerichtet, dass er für die Austeilung des Heiligen Abendmahls leicht erweitert werden kann, so dass es möglich wird, darum herum Sitzplätze einzurichten. Der Platz des Pfarrers, der Assistenz und der Gemeindeältesten bleibt dabei derselbe.

Das Taufbecken, aus Stein oder Holz, reiche bis zum Boden. Denn es ist ja ein Symbol des frisch entstehenden Lebens. Es sei von schlichter, aber inhaltsreicher Gestalt. Auf dem Deckel sei vorzugsweise ein Symbol des Heiligen Geistes angebracht. Um das Taufbecken herum sei ausreichend Platz für Taufzeugen und Taufeltern. Es stehe in unmittelbarer Nähe zum Lesepult, von welchem aus die Taufliturgie größtenteils gelesen wird. Dies kann aber auch am Taufbecken selbst geschehen. In diesem Fall sorge der Pfarrer dafür, dass er eine Möglichkeit hat, um seine Bücher hinzulegen.

|119 | Die Kanzel befindet sich an der bereits erwähnten Stelle. Es sollte eine echte Kanzel sein, angemessen erhöht und mit einem Resonanzboden oder einer Klangschale versehen. Die Predigt muss insgesamt leicht verständlich sein. Auf der Kanzel liegt die aufgeschlagene Bibel, eine große Ausgabe (ohne Bilder mit Seidenpapier, die beim Umblättern hinderlich sind!). Diese Kanzelbibel wird vom Pfarrer auch wirklich gelesen. Öde Schmuckgegenstände gehören nicht in den Gottesdienst. Die Kanzel dient lediglich dem Halten der Predigt.

Das Lesepult *(ambo)* kann sehr einfach sein. Es befindet sich auf der gegenüberliegenden Seite der Kanzel, bei den *cancelli*. Es bietet Platz für Bibel, Gesangbuch und Liturgiebuch. Am Lesepult finden die Schriftlesung sowie einige Gebete, Abkündigungen usw. statt. Gottesdienste zu den Tagzeiten werden gänzlich am Lesepult abgehalten.

Die Orgel kann auf beiden Seiten des Chors aufgestellt sein. Der Spieltisch steht am besten erhöht, und zwar in einer Nische auf der Kanzelseite des Chors (ge-

* Wir sprechen vom Abendmahlstisch, vom Tisch oder Tisch des Herrn (engl.: The Lord's Table, Holy Table, God's Board).

genüber befindet sich der Eingang zur Sakristei). Man gebe den Organisten genug Raum. Wo man gerne bei besonderen Anlässen Kirchenmusik mit Orchester aufführt, trage man dem Rechnung und mache die Orgelnische (in großen Kirchen: die Orgelempore) groß genug.

Die Sitze für Pfarrer und Gemeindeälteste samt denjenigen für die Diakone und Sänger *(subsellia)* befinden sich auf beiden Seiten. Die Pfarrer und Gemeindeältesten sitzen auf Stühlen; die Diakone und Sänger auf Bänken. Die Bänke der Sänger sind mit kleinen Pulten für die Notenbücher ausgestattet.

Zum Instrumentarium der Kirche gehören auch die Paramente, d.h. die gewobenen oder gesponnenen Stoffe, die im Gottesdienst verwendet werden. Unsere Kirche soll sich diesbezüglich auf das Notwendigste beschränken, aber dafür sorgen, dass das, was notwendig ist, auch eine würdige und edle Form aufweist. Über die Amtskleidung sprachen wir bereits.[224] Den Abendmahlstisch lasse man außerhalb der Austeilung am besten frei. Während der Austeilung ist er bedeckt mit der Abendmahlstischdecke, vorzugsweise aus feinem Damast. Man sorge auch für ein Tuch, das auf der Brotschale liegt, für ein Tuch, mit dem die Kelche gereinigt werden, und für ein Handtuch, mit dem sich der Pfarrer die Hände abwischt. Das letztgenannte benötigt man auch bei der Taufe. Das Antependium ist | ein bestick- |120
tes Tuch, das von der Kanzel und dem Lesepult herunterhängt. Es ist geschmückt mit einem Symbol, in der Regel mit dem Labarum oder Christusmonogramm. Es weist die liturgischen Farben auf: weiß an Sonn- und Feiertagen, violett in der Advents- und Passionszeit, schwarz bei einem Trauergottesdienst. Es können noch weitere Farben unterschieden werden, aber mit den genannten ist der Charakter der jeweiligen Zeit im Kirchenjahr ausreichend bezeichnet.

Bilder und Gemälde (Glasmalereifenster) können in der Kirche, vorausgesetzt, dass sie Werke wahrhafter Verehrung und Schönheit sind, nicht entbehrt werden; man hüte sich jedoch vor Übermaß. Auch den pädagogischen Wert des stets wieder betrachteten Bildes unterschätze man nicht. »Wer aus Protest gegen Zeichen und Bilder zum Bilderstürmer wird, richtet damit selbst Bilder auf. Je bewusster etwa eine reformierte Kirche in ihrer Bilderlosigkeit gestaltet wird, desto bildhafter ist sie ja« (Asmussen).[225] Auch kahle Mauern und die zentrale Kanzel sind Bilder und errichtete Zeichen.

Die Liturgen sollen dafür sorgen, dass die Bücher, die sie während des Gottesdienstes gebrauchen (Bibeln, Gesangbücher und Agenden), in angemessene Umschläge (allenfalls mit Kreuz oder Christusmonogramm geschmückt) gehüllt sind und dass sie leicht handhabbar sind. Um dieses letztgenannte Ziel zu erreichen, sind Lesezeichenbänder äußerst praktisch.

Ein Summer oder Lichtsignal verbindet den Platz des Pfarrers am Tisch, am Lesepult und auf der Kanzel mit dem Organisten. Falsches oder zu frühes einsetzen der Orgel wirkt äußerst störend. Der Pfarrer oder Gemeindeälteste missbrauche die Signalanlage jedoch nicht um seines Erachtens zu langes Orgelspiel zum Schweigen zu bringen. Findet er es wirklich zu lang, dann spreche er darüber mit dem Organisten. Aber dieser ist kein Radio, das man ausschaltet. Glöckchen als Signal sind fehl am Platz.

Der Stil aller Geräte ist an sich gleichgültig, aber er sei im Einklang mit dem Stil des Kirchengebäudes selbst. Jedes Gerät spiegle in seiner Form möglichst den Gebrauch, der davon gemacht wird. Es werde allein dafür reserviert. Auch unsere reformierten [*gereformeerd*] Väter wussten noch, dass das Abendmahlsformular nicht auf die Kanzel gehört.

Notwendig ist eine Kirchweihliturgie. Dazu kann man sowohl in alten als auch
|121 neuen Zeiten viel kostbares Material finden. | Salomos Gebet gibt dabei den Ton an.[226] Die wichtigsten Geräte werden einzeln in Betrieb genommen. Der Hymnus ist Veni Creator:

> Heiliger Geist, steige hinab auf unser Bitten hin
> in dieses dir geweihte Gebäude.
> Dass das Auge deiner Gnade
> die Opfer deines Volkes anschaue
> und uns alle weiter geleite,
> die hier auf deine Treue hoffen (Lied Nr. 272).[227]

| Kapitel 7 |122

Liturgisches Wort und liturgischer Ton

§ 27. Die Heilige Schrift ist nicht das Fundament des Gottesdienstes (dieses kann lediglich die Offenbarung selbst sein: das Wort Gottes, Jesus Christus), aber doch dessen Norm.

Die Heilige Schrift ist die Urkunde der Offenbarung, die schriftliche Fixierung der Botschaft. Sie ist selbst keine Heilstatsache oder Heilserscheinung, sondern lediglich der Bericht darüber. Als solcher hat sie jedoch normative Bedeutung für all dasjenige, was im Gottesdienst passiert, sowohl hinsichtlich der Verkündigung als auch in Bezug auf alles andere. Im Ausdruck »Dienst am Wort« jedoch ist »Wort« nicht gleich Heilige Schrift, sondern gleich *Logos*, d.h. Offenbarung in Christus, Gott im Fleisch, Immanuel. Dieses Wort wird in sakramentaler Verkündigung ausgeteilt.

Das hörbare Wort ist im Gottesdienst an sich nicht von größerer Bedeutung als jede andere Erscheinung davon. Gottes Offenbarung wird durch alle Sinnesorgane verkündet. Das Wort verliert seine Bedeutung, wenn es keinen Bezug zu Zeit und Ort, zu Handlung und Tat hat. Gott ist nicht Prediger, sondern Fleisch geworden.

Der normative Charakter der Heiligen Schrift bringt für den Gottesdienst mit sich, dass dieser sich in der Wortwahl und im Ausdruck möglichst nach der Heiligen Schrift richtet. Dies bedeutet nicht, dass in der Liturgie kein einzelnes Wort zugelassen werden kann, das nicht der Bibel entlehnt ist, sondern vielmehr, dass im Gottesdienst nur die Worte berechtigt sind, die vom biblischen Geist erfüllt sind. Selbstverständlich soll den Bibeltexten im Gottesdienst eine sehr wesentliche Aufgabe zukommen. Aber in den liturgischen Formeln und im Gebet, in Gesang und Lob ist auch für andere Texte Platz, vorausgesetzt, dass diese vom biblischen Geist durchdrungen sind. Eine Untersuchung der Hauptformen des christlichen Gottesdienstes und des Kirchenliedes macht übrigens bereits rasch deutlich, dass dort nahezu alles | der Bibel entlehnt ist, wenn auch häufig in freien Formen. |123

Einzelne Teile der Bibel nehmen seit jeher zu Recht einen besonderen Platz im Gottesdienst ein. Man kann hier von einer Art liturgischer Kanonbildung sprechen, die sich durch die Bevorzugung bestimmter Bibelabschnitte Geltung verschafft. Eine solche Bevorzugung zeigt sich in der äußerst außergewöhnlichen Stellung, die dem Text des Evangeliums eingeräumt wird. Daneben, aber nicht auf gleicher Höhe, steht der Episteltext. In solchen Unterscheidungen drückt sich zweifellos ein angemessenes Bewusstsein für die organische Wirkung der Schrift aus, die eigentlich keineswegs auf jeder Seite dasselbe sagt. Die Reformation brachte in der gängigen Perikopenordnung insofern eine positive Veränderung mit sich, als dass auch das Alte Testament, zumindest in den Stundengebetsgottesdiensten, wieder mehr in den Vordergrund gerückt wurde. Damit kehrte sie übrigens lediglich zum altkirchlichen Brauch zurück. Einen besonderen Platz nimmt auch das Buch der Psalmen ein, seit jeher das Gebetbuch der Kirche schlechthin. Es ist Brauch, dass alle Psalmen abwechselnd in der Liturgie wiederkehren, sodass jeder sie schon bald auswendig kennt. Das Buch der Psalmen, in dem man gemäß Luther allen Heiligen ins Herz liest,[228] bringt einen Reichtum und eine Inbrunst in der Anbetung und im Bitten mit sich, die dessen Platz im Gottesdienst voll und ganz rechtfertigen.

> *§ 28. Liturgischer Stil bedeutet sowohl die größtmögliche Erhebung und Inbrunst als auch die Objektivität, die durch die Tatsache erforderlich wird, dass es der Geist ist, der uns so zu bitten lehrt, wie es sich gehört.*

Der Grundton des Gottesdienstes ist das Lob. Schon im Alten Testament lesen wir, dass Gott auf den Lobgesängen Israels thront.[229] Er soll »groß gemacht« werden, d.h.: Gott gebietet, dass wir fortwährend seine großen Taten benennen und preisen sollen. Das ist die eigentliche Aufgabe unseres Lebens, wovon der Gottesdienst lediglich die Form ist. Auch die erste Christengemeinde kommt mit Freude zusammen: Sie bricht das Brot mit Jubel (*agalliasis*),[230] d.h. mit eucharis-
|124 tischer Freude über die Heilstat Gottes. Diese Freude ist sakramental, weil | sie auf der Anwesenheit des Herrn beruht. Unser Gottesdienst ist niemals eine Meditation über eine Botschaft des Herrn, sondern immer und ununterbrochen ein Sprechen zum Herrn und ein Angesprochen werden vom Herrn, der in unserer Mitte ist. In der ältesten Notiz über den Gottesdienst spricht Plinius von dem »carmen dicere Christo quasi Deo«, das Singen eines Lobliedes zu Christus wie zu einem Gott.[231] Bereits die heidnische Antike kannte für solch eine an die Gottheit gerichtete Lobpreisung den Ausdruck *laudes dicere,* während auch der Ausdruck *Hymnus* diese Bedeutung hat (»hymnus specialiter Deo dicitur«, sagt Ambrosius).[232]

Für den liturgischen Stil kann daraus abgeleitet werden, dass alles, was gesprochen wird, »in einem erhöhten Ton« gesprochen werden muss. Wir sprechen zu Gott, wir nehmen Gottes Worte auf unsere Lippen. Das erfordert die größtmögliche Inbrunst. Das bedeutet nicht, dass wir die Liturgie wie ein dramatisches Gedicht rezitieren sollten. Im Gegenteil: Die größte Schlichtheit ist hier geboten. Jeder »Rezitationston« ist schlecht, wenn die Heilige Schrift gelesen, das Gebet gesprochen wird. Der liturgische Ton darf ruhig etwas monoton sein, was jedoch etwas anderes ist als langweilig und etwas ganz anderes als unverständlich. Wer die Passionsgeschichte liest, wie wenn er Multatulis[233] *Kruissprook*[234] lesen wür-

de, sündigt ebenso sehr wie derjenige, der sie herunterleiert. Erhabenheit und Inbrunst des Ausdrucks auf der einen Seite und Objektivität auf der anderen sind notwendig. Auch kann nicht alles im selben Ton gesprochen werden. Das Gebet erfordert einen anderen Ton als die Schriftlesung, das Lob einen anderen als die liturgische Formel; die Predigt hat einen ganz eigenen Ton. In der Predigt gibt es keine festen Worte, keine *verba certa et concepta*,[235] wie sie für die Liturgie wesentlich sind. In der Predigt kommt das Wort von Gott zu den Menschen durch das alltägliche, nicht an Regeln gebundene Wort des Pfarrers. Deshalb kann man sich in der Predigt dem Gesprächston am dichtesten annähern. Der »Predigtton« ist größtenteils nichts anderes als das schlechte Gewissen einer Kirche, die die Liturgie entstellt oder abgeschafft hat und nun doch – nur am falschen Ort! – den liturgischen Ton wiederfindet. Für alles liturgische Sprechen gilt: Klarheit, Präzision, Inbrunst des Tons, nicht allzu großer Nachdruck, Ruhe, Beherrschtheit, nicht zu viele | crescendi oder decrescendi, nicht zu viele accelerandi oder ritar- |125
dandi.

Wie von selbst sprechen wir hier bereits in musikalischen Termini. Und in der Tat können viele Schwierigkeiten ausgeräumt werden, wenn man das Sprechen durch das Singen ersetzt. In allem Verkehr mit Gott ist immer der Gesang das eigentliche Vehikel. Der Gesang »spricht« stärker und zugleich objektiver als das Sprechen. Er ist die ursprüngliche, echte, starke Form des Sprechens. Er verhindert den lockeren Konversationston genauso sehr wie den Predigtton. Er ist die Ausdrucksweise der Engel, wenn sie die Erde besuchen,[236] er ist die Ausdrucksweise der Heiligen vor Gottes Thron.[237] Und unser Gottesdienst stimmt mit ein. Er beginnt mit dem Engelsgesang und mündet im Loblied der Offenbarung des Johannes. Verschiedene christliche Kirchen singen denn auch den größten Teil ihres Gottesdienstes. Grundsätzlich kann alles gesungen werden, abgesehen von der Predigt. Aber was die Feier des Gottesdienstes in der Reformierten [*hervormd*] Kirche anbelangt, wäre es weise, den Gesang noch etwas mehr zu beschränken, eingedenk der Ermahnung der Reformatoren, die in jeder Hinsicht auf Klarheit drängten. Die Schriftlesung soll man lesen, nicht singen. Auch die meisten Gebete sollte man besser sprechen. In Bezug auf das Glaubensbekenntnis kann man unterschiedlicher Meinung sein. Aber alle liturgischen Sprüche und Antworten, alle Lobpreisungen und Psalmen singe man, wo immer das irgendwie möglich ist. Natürlich singt dabei nicht nur die Gemeinde, sondern auch der Pfarrer; es spricht nichts dagegen, sondern alles dafür, dass der Pfarrer singt. Er braucht zu diesem Zweck keine »schöne Stimme«; es müssen ihm lediglich gewisse Grundprinzipien der Kirchenmusik beigebracht werden, die er kennen sollte. Er erspart sich durch das Singen die große Schwierigkeit der richtigen Deklamation; und er findet den richtigen Ton.

Selbstverständlich ist alle liturgische Sprache gebunden. Alle willkürlichen Änderungen in dem durch die Schrift, die Kirche oder die Tradition festgelegten Text sind im selben Maß Unverschämtheiten. Pfarrer, die ihre eigenen Liebhabereien in die liturgischen Texte hineintragen, die im Credo vom »Totenreich« sprechen statt von der Hölle,[238] im Gebet des Herrn von »dem Übel« statt von dem Bösen, und alle, die aus eigenem Antrieb Dinge in der Liturgie hinzufügen oder weglassen,
|126 zeigen damit | deutlich, dass sie von kirchlichem Handeln und Sprechen keine Ahnung haben. Der Vorwurf, die liturgische Sprache sei »altertümlich«, ist sinnlos. Die Kirche kann sich in ihrer Sprache nicht nach der Tagesmode richten. Das darf die Predigt machen. Aber die liturgischen Formulare sollen für alle Generationen dieselben sein. Liturgie ist ja gerade dasjenige, was allen Generationen gemeinsam ist. Auch die Bibelsprache verändere man nicht. Der Text, über den man predigt, muss natürlich so gut wie möglich in zeitgenössische Sprache übersetzt und erläutert werden. Aber bei der Schriftlesung behalte man die Sprache der *statenbijbel*[239] bei, die unser Niederländisch zu dem formte, was es heutzutage ist. Es wäre zwar eine überarbeitete Ausgabe dieser Übersetzung wünschenswert, in der lediglich die offenkundigen Fehler korrigiert würden. Aber die neuen Übersetzungen – wie ausgezeichnet sie an sich sind – genügen den Anforderungen nicht.

§ 29. Es gibt drei Arten von Kirchengesang: Erstens das Rezitativ, das sich ganz nach dem ungereimten Text richtet; zweitens der Hymnus, der Choral in strophischer Form, der einen metrisch bearbeiteten Text voraussetzt; drittens die mehrstimmige Kirchenmusik, eventuell mit Instrumenten.

Es ist natürlich nicht möglich, in einer Liturgik auch die Kirchenmusik vollständig zu besprechen. Ich darf hier denn auch auf die angegebene Literatur verweisen. In der *Beknopte Geschiedenis van het Kerklied* [»Kurze Geschichte des Kirchenliedes«],[240] die ich zusammen mit K. Ph. Bernet Kempers[241] ausgearbeitet habe, habe ich versucht, neben historischem Material auch grundsätzliche Perspektiven aufzuzeigen. Zunächst muss man vorwegschicken, dass die Aufgabe der Musik im Gottesdienst weder eine untergeordnete noch eine dominierende sein darf, sondern sie soll eine dienende sein, und zwar in derselben Weise, wie dort alles dient; d.h., sie hat eine priesterliche Aufgabe. Die Gemeinde, die singt, der Chor und der Organist, die Musik machen, erfüllen damit einen Teil ihrer priesterlichen Aufgabe. Sie bringen das Lobopfer dar.

Es sind in der Kirche im Wesentlichen drei Arten von Musik möglich. Zunächst
|127 das *liturgische Rezitativ*, das in der Gregorianik | seine Blütezeit erlebte. Es folgt treu dem Bibeltext und hat den Vorteil, nicht nur sehr schön, sondern auch deutlich zu sein und eine Vertiefung in den unveränderten Text zu ermöglichen. Diese

Art des Gesangs kann am besten für die liturgischen Responsorien und Sprüche sowie für die Psalmen verwendet werden. Wie schön und erhebend der Gesang der ungereimten Psalmen nach Art und Weise der alten Kirche sein kann, zeigte hierzulande Adriaan Engels[242] in einem hervorragenden kleinen Entwurfsband.[243] An zweiter Stelle steht der Gesang von *Hymnen*. In der Geschichte der Kirchenmusik haben diese, abgesehen davon, dass sie – bereits im Heidentum – direkt an Gott gerichtet sind, die Bedeutung von Liedern bekommen, d.h. von mehr oder weniger metrischen und strophischen, manchmal auch reimenden Gesängen. Sie setzen einen freien oder einen nach der Bibel frei bearbeiteten Text voraus. Die großen Vorbilder dieser Hymnen sind die ambrosianischen. Aber auch das Spätmittelalter, die Reformationszeit und der Pietismus trugen zur Herausbildung dieses Schatzes sehr viel bei. Unsere eigene Kirche schuf mit ihren gereimten Psalmen Kirchenlieder von ganz eigenem und hohem Wert. Schließlich steht an dritter Stelle die *Kirchenmusik* im Sinn einer komplexeren und anspruchsvolleren Kunst. Diese letzte Kategorie ist zwar musikgeschichtlich der wichtigste Ausdruck des musikalischen Lebens in der Kirche, in liturgischer Hinsicht ist sie dies aber sicherlich nicht. Der Kirchengesang weist einen Volksliedcharakter auf, der der Kirchenmusik zwangsläufig fehlt. Trotzdem kann auch der mehrstimmige Chorgesang, die Motette oder auch die Kantate für Chor und Orchester eine sehr wichtige Rolle im Gottesdienst einnehmen. Die Musik kann hier dem Dank, der Bitte, dem Jubel der Gemeinde auf eine Weise Ausdruck verleihen, wozu diese selbst nicht imstande ist, aber die sie doch als die ihre empfindet. Die Sänger des Chors und eventuell die Instrumentalisten haben eine Aufgabe, die mehr oder weniger derjenigen der Taufzeugen bei der Kindertaufe entspricht. Auch ihre Aufgabe ist letztlich priesterlich. Alle Schätze der polyphonen Musik von Dufay,[244] Palestrina,[245] Sweelinck,[246] Schütz,[247] Bach, Händel und so vielen anderen stehen ihnen zur Verfügung. Aber sie geben kein Konzert; sie dienen genauso demütig (sind sich aber auch der Würde des ihnen aufgetragenen Amtes sehr bewusst!) wie die Diener am Wort.

Die Orgel wurde im Westen von dem byzantinischen | Kaiser Konstantinos |128
Kopronymos[248] eingeführt, der Pippin dem Kurzen[249] eine kleine pneumatische Orgel zukommen ließ. Sie fand bald einen Platz in der Liturgie und gab ihr einen musikalischen Hintergrund. Aber sie diente niemals der Begleitung von Gesang. So etwas war auch nach der Reformation nicht der Fall. Die Einführung der Orgelbegleitung im siebzehnten Jahrhundert (in Leiden z.B. 1634, in Dordrecht 1638)[250] hat dem Kirchengesang allerdings geschadet. Das Kirchenlied, der Hymnus, verlor einen Teil seines Liedcharakters, und der Vortrag verlor an Reinheit und Schlichtheit. Wir werden zur Begleitung des Gemeindegesangs die Orgel nicht missen können oder missen wollen. Aber der Organist bedenke, dass sein Spiel gänzlich liturgisch gebunden sein muss: Für virtuose Effekte ist im Gottesdienst

kein Platz. Sofern das Orgelspiel begleitet, bedenke der Organist, dass er ein geistliches Volkslied begleitet, und dass er nicht ein Ersatz-Orchester bei einer Choraufführung ist. Für diminuendi oder accelerandi usw. ist kein Platz. Beim Chorgesang vermeide man die Orgel möglichst. Der wahren, übersinnlichen Schönheit des Kirchengesangs wird durch die Orgel geschadet. Trotzdem bleibt die Aufgabe des Organisten von höchster Wichtigkeit: Jeder Übergang kann von ihm ergänzt werden, er bildet mit seinem Spiel den Hintergrund der ganzen liturgischen Handlung. Er ist immer beschäftigt. Noch hehrer ist seine Aufgabe, wenn er zugleich Kantor ist und die gesamte Leitung des Gottesdienstes in musikalischer Hinsicht innehat.

Gegen die Aufführung von Kirchenmusik aus der nach-polyphonen Zeit mit Orchester spricht nicht das Geringste, wenn diese auf besondere Gelegenheiten beschränkt bleibt. Zum regulären Gottesdienst passt die große Schlichtheit des unbegleiteten Chorgesangs. Siehe auch Anhang D.[251]

Der Chor bestehe, wenn möglich, aus Jungen- und Männerstimmen. Prinzipiell gibt es gegen einen gemischten Chor nichts einzuwenden. Aber die Reinheit und übersinnliche Schönheit des Kirchengesangs können bei Knaben- und Männergesang viel besser gewährleistet werden. Dies hat darüber hinaus den Vorteil, dass ein guter Kantor einen solchen Chor aus den Konfirmanden der Gemeinde und den Jugendgruppen zusammenstellen kann. Denn man bedenke wohl: Wenn der Chor singt, erfüllt er eine Art priesterlichen Auftrag; er steht stellvertretend für die
|129 Gemeinde. Es ist folglich weder eine | Gruppe von Virtuosen noch ein Gesangsverein. Es ist ein Teil der Gemeinde, der ein separates Amt innehat. Die Chorsänger müssen folglich in der Regel der Gemeinde angehören. Dies muss durchaus kein Hindernis für die Vortrefflichkeit ihres Gesangs sein. Diese ist von der Leitung abhängig. Und es ist selbstverständlich, dass, wer den Dienst an Gott nicht so schön ausführt, wie es ihm nur möglich ist, nicht nur als Künstler, sondern vor allem auch in seinem Gehorsam versagt.

§ 30. Wort und Ton weisen im Gottesdienst einen feierlichen, objektiven, deutlich verständlichen und begreiflichen Charakter auf.

Die Reformation hat die Forderungen nach Verständlichkeit und Klarheit des im Gottesdienst gesprochenen oder gesungenen Wortes betont. Dies zeigte sich nicht nur im Streit um die Predigt sowie darin, dass man zumindest einen Teil der Liturgie in der Landessprache abhalten wollte, sondern auch im Kampf gegen manche musikalischen Formen, die die Verständlichkeit des gesungenen Textes beeinträchtigten. Noch zu Bachs Zeiten war das innerhalb des Luthertums in Deutschland eine Schwierigkeit. Das Gebot der Landessprache ist für unsere Kirche selbstverständlich. Luther konnte das Latein im Gottesdienst (aber natürlich

nicht in der Predigt) noch fortbestehen lassen, weil zu seiner Zeit das Latein eine internationale Sprache war, die von allen Gebildeten verstanden wurde.[252] In einer Universitätsstadt wie Wittenberg, wo viele fremde Studenten weilten, war das Latein in der Tat unentbehrlich. Dieses Argument gilt heute (leider!) nicht mehr. Es ist unbestritten, dass eine besondere Sakralsprache große Bedeutung hat: das Latein in der Messe, das Sanskrit in den buddhistischen Riten in China und Japan, sogar das Englische in den Gottesdiensten der »Christian Science«.[253] Aufgrund religionsgeschichtlicher Beobachtungen könnte man sogar die These verteidigen: Je unbegreiflicher ein liturgischer Text, desto mehr erbaut er! In der Benediktiner-Bewegung zur Erneuerung des Gottesdienstes wird ausdrücklich gesagt, dass die Sakralsprache eine Annäherung an das Schweigen vor Gottes Angesicht ist; der größere Abstand zu den heiligen Dingen, den das Latein hervorbringt, verstärkt die Ehrfurcht vor dem Heiligen.[254] Dies alles | ist wichtig. Aber wir können in |130
unserer Kirche nichts damit anfangen. In unserem Gottesdienst steht nicht das Schweigen, sondern das Sprechen im Vordergrund, das Sprechen Gottes und der Menschen. Wir wollen auch keine heilige Stimmung erzeugen, sondern wir wollen Gott dienen. Darum liegt die Betonung auf der Forderung nach Verständlichkeit. Liturgik ist lediglich eine andere Form von Ethik. Wir müssen mit dem Wort der Liturgie ins Leben hinaus. Darum ist die liturgische Sprache die Landessprache (außer in Ausnahmefällen, wie bei Gottesdiensten für Niederländer *und* Ausländer).

Dies gilt natürlich auch für den liturgischen Gesang. Dass das Gemeindelied in der Landessprache gesungen wird, ist selbstverständlich. Aber auch mit dem Chorgesang kann das nicht anders sein. Man lasse sich hier durch musikalische Ansprüche nicht beeinflussen. Es ist selbstverständlich, dass die Aufführung einer Bachkantate in einem Konzert auf Deutsch erfolgt; wenn sie jedoch in der Kirche stattfindet, soll sie auf Niederländisch erfolgen. Der Gesang der Gemeinde wird vom Chor nicht in einer fremden Sprache vorgetragen. Eine Ausnahme kann für das Latein gemacht werden, das einmal die Sprache der ganzen Kirche des Abendlandes war und das auch unser Erbe ist. Man kann im lateinischen Chorgesang (wenn dieser eine Ausnahme bleibt) ein Symbol für die Einheit der Kirche früher und heute sehen. Genauso wie auch der lateinische Gottesdienst ja niemals das griechische *Kyrie* verdrängen wollte.

Sowohl für das gesprochene als auch für das gesungene Wort gilt der Anspruch der Objektivität. Dilthey sagt es treffend für die Musik, aber es gilt genauso auch für die Redeweise: »Es handelt sich nicht um den Ausdruck einer subjektiven Gemütsverfassung, in den der Hörer sich hineinzufühlen hätte, nicht um Gegenstände (Personen und Handlungen), in die er sich hineinzuleben hätte: diese Musik setzt das religiöse Gemeindebewußtsein voraus; was sie ausspricht, kommt ihr aus dem religiösen Bewußtsein jedes Hörers entgegen.«[255] Die Predigt hat einen

anderen Akzent als das Gebet, die Schriftlesung verlangt einen anderen Ton als das Lob; die Predigt benötigt den Gesprächston, das Gebet den stillen Ton der Selbstbesinnung, die Schriftlesung die monotone, aber nicht langweilige Erzählweise, das Lob den schweren Ton der Erhöhung. Aber bei alledem bedenke man,
|131 dass | lyrische oder dramatische Deklamation schlecht ist, ebenso schlecht, wie der leiernde Ton. Wenn du im Gottesdienst sprichst – ob du nun Pfarrer oder nur »gewöhnliches« Gemeindeglied bist –, dann spricht immer dein Nachbar mit. Und in vielen Worten ist es im Grunde Gott, der spricht, und du bist nur der Mitsprecher aus Gnade.

Mit dem liturgischen Ton ist alles in Ordnung, sobald die Gemeinde sich bewusst wird, dass sie nicht nur da ist, um der Predigt oder dem Gesang zu lauschen, sondern um zu sprechen – sobald sie weiß, dass »Gottesdienst nicht über Gott redet, sondern Gott anbetet und empfängt«[256] (Paul Gennrich):

Wir loben dich, o Gott, wir preisen deinen Namen (Lied Nr. 132).[257]

Kapitel 8 |132

Der Sonntagmorgengottesdienst

§ 31. Die Grundform des Verkehrs zwischen Gott und Mensch, die Fleischwerdung, bringt es mit sich, dass das Sakrament des Heiligen Abendmahls in jedem Sonntagmorgengottesdienst gefeiert wird. Wo dies, aus welchen Gründen auch immer, nicht möglich ist, bedenke man, dass der Gottesdienst dennoch nur deshalb Gottesdienst ist, weil er das Abendmahl als Voraussetzung und als Grundlage hat.

Bei der Erörterung des wichtigsten, regelmäßig wiederkehrenden Gottesdienstes, der zur zentralen liturgischen Zeit – nämlich am Morgen des Tages des Herrn – stattfindet, müssen wir uns gut vergegenwärtigen, welches die Idee ist, die die Struktur dieses Gottesdienstes bestimmt. Denn auch wenn sich die Gemeinde nicht immer der Charakteristika eines liturgischen Schemas bewusst ist, erkennt sie leicht etwaige Fehler (Will).[258]

Es muss hierzu zwischen zwei Alternativen entschieden werden. Erstens: Ist der Gottesdienst ein Stundengebets- (*Hora, Morning Prayer*) oder im Grunde ein Sakramentsgottesdienst? Zweitens: Handelt es sich um einen Gottesdienst einer christlichen Synagoge oder um einen Tempelgottesdienst? Um einen Gottesdienst mit Schriftlesung und Gebet oder um einen Opfergottesdienst? Beide Alternativen sind teilweise deckungsgleich, aber längst nicht gänzlich.

Im Vorangegangenen ist zwischen diesen beiden Alternativen bereits entschieden worden: Der Sonntagmorgengottesdienst ist sowohl Sakramentsgottesdienst als auch Opfergottesdienst. Aber wir müssen hier, bevor wir den Gottesdienst selbst erörtern können, noch etwas mehr dazu sagen. Zunächst zur Alternative Stundengebets- / Sakramentsgottesdienst. Der Hauptgottesdienst oder das »Hochamt« der Gemeinde am Tag des Herrn bringt natürlich die Austeilung des zentralen Sakraments mit sich. Diese Austeilung geschieht nicht ohne Verkündigung. Aber genauso wenig erfolgt die Verkündigung ohne Sakramentsausteilung. Praktisch: kein Abendmahlsgottesdienst am Sonntagmorgen ohne Predigt, aber auch kein Predigtgottesdienst um diese Zeit ohne Austeilung des Abendmahls. Zu anderen Zeiten gibt es die Gelegenheit | zur Abendmahlsfeier ohne Predigt und zum |133
Predigtgottesdienst ohne Abendmahl. Aber im Hauptgottesdienst nicht. Nun kann es sein, dass es aus verschiedenen Gründen nicht möglich ist, an jedem Sonntagmorgen die Austeilung des Abendmahls in den Gottesdienst aufzunehmen. Bei uns ist die Abendmahlsfeier in vielen Fällen auf vier Mal im Jahr be-

schränkt, und es ist nicht immer möglich, diese Praxis von heute auf morgen zu ändern. Es kann auch andere Hindernisse geben. Die gab es bereits vor der Reformation. Daher die sogenannte *missa sicca*, eine stille Messe ohne Konsekration der Gaben und ohne Kommunion.[259] Im Mittelalter bürgerte sich diese Feierform im Westen ein; sie wurde der Prototyp der sogenannten *Antekommunion*, d.h. eines Sonntagmorgengottesdienstes, der zwar der Abendmahlsliturgie folgt, der aber vor der Sakramentsausteilung abbricht. Diese Antekommunion ist der Ursprung eines Teils des anglikanischen, des lutherischen und auch des reformierten [*gereformeerd*] Sonntagmorgengottesdienstes.[260]

Unsere Behauptung ist jetzt, dass der Sonntagmorgengottesdienst in unserer Kirche in allen Fällen Antekommunion ist, d.h. ein Gottesdienst, dessen Voraussetzung und Kern die Austeilung des Heiligen Abendmahls ist, auch wenn die Austeilung selbst manchmal wegfällt. An sich ist natürlich auch ein Stundengebetsgottesdienst am Sonntagmorgen möglich; die liturgischen Zeiten stehen nie still. Dementsprechend versuchte die anglikanische Kirche dies in einem *Morning Prayer* umzusetzen, das oft anstelle ihres Antekommunionsgottesdienstes stattfindet. Aber der Hauptgottesdienst der Gemeinde kann nicht ein solcher Stundengebetsgottesdienst sein; ein solcher ist gut für den Abend, er passt auch sehr gut in den frühen Morgen vor dem Hauptgottesdienst. Im Hauptgottesdienst selbst jedoch werde, sofern das irgendwie möglich ist, das Abendmahl ausgeteilt, das der Ursprung und der Kern allen christlichen Gottesdienstes ist. Man folgt dabei nicht nur dem Weg der alten Kirche, sondern auch demjenigen Luthers und Calvins. Wenn es wirklich nicht möglich ist, zur wöchentlichen Feier im Hauptgottesdienst zurückzukehren, dann erhalte man dem Gottesdienst trotzdem gänzlich den Charakter eines Hauptgottesdienstes: Alles konzentriert sich um die Abendmahlsfeier und basiert auf ihr. Der Gottesdienst ist Antekommunion, und diejenigen, die dort dienen, müssen gut wissen und immer wieder spüren, dass die Feier fehlt. Man kann ein prächtiges Torso von Michelangelo genießen, aber man kann in
|134 keinem Augenblick | vergessen, dass es eben nur ein Torso ist.[261] Und man darf das auch nicht. Ebenso wenig darf man sich an den Gottesdienst ohne Abendmahl gewöhnen. Auch wenn es nicht ausgeteilt wird, bereiten Gebet und Lobpreisung, Schriftlesung und Predigt doch stets darauf vor.

Die zweite Alternative hängt mit der ersten eng zusammen. Der Gottesdienst der Kirche hat einen doppelten Ursprung: den Gebetsgottesdienst der jüdischen Synagoge und den Abendmahlsgottesdienst, durch den Herrn gestiftet. Beide bilden keinen absoluten Gegensatz: Der Gebetsgottesdienst der Synagoge wurde auch von Jesus selbst gehalten, während der Abendmahlsgottesdienst, den er eingesetzt hat, auf der jüdischen sakralen Mahlzeit (dem *Kiddusch*) basiert.[262] Die junge Kirche setzte den Gebetsgottesdienst einfach fort und hielt die Mahlzeit daneben ab. Als Paulus die Mahlzeit aus der häuslichen und oft allzu häuslichen Sphäre der

Agape losgelöst hatte, und sie zum Mittelpunkt des Gottesdienstes erhoben hatte, rückten die beiden näher zusammen: der synagogale Gebetsgottesdienst mit Schriftlesung und -auslegung wurde zur Einleitung des Sakramentsgottesdienstes. Der erste Teil, die sogenannte *missa catechumenorum*, umfasste die großen Stücke, die Juden und Christen gemeinsam sind; er war öffentlich, alle hatten freien Zugang dazu. Der zweite Teil, die *missa fidelium*, umfasste die »Geheimnisse« der Kirche, beginnend mit dem Credo, und natürlich vor allem das Sakrament. In den ersten Jahrhunderten war die Trennung der beiden Teile des Gottesdienstes sehr streng. Es gehörte zu den Aufgaben der Diakone, dafür zu sorgen, dass die Kirche am Ende der *missa catechumenorum* geräumt wurde von allen, die noch nicht getauft waren (die *competentes*) oder von unreinen Geistern besessen waren sowie von den Büßern. Die *missa fidelium* war also geheim. Die sogenannte *disciplina arcani* (Arkandisziplin) verbot es den Gläubigen, darüber zu sprechen. Dieser Einteilung wegen war die Kirche eine Zeit lang im Begriff, zu einer Mysterienreligion zu werden, nach dem Modell der Gemeinschaften der östlich-hellenistischen synkretistischen Religionen.[263] Vor allem die Einführung der Kindertaufe hat dies verhindert. Seither hat die Trennung der *missa catechumenorum* von der *missa fidelium* nur insofern noch eine Bedeutung, als dass die *competentes* oder Katechumenen nicht an der Austeilung der Sakramente aktiv teilnehmen, dass sie also das Priestertum, | das einem erst kraft der Taufe zusteht, nicht ausüben. Dies |135
gilt natürlich erst recht für diejenigen, die vorläufig aufgrund von Maßnahmen der Kirchenzucht von der Teilhabe am Sakrament ausgeschlossen sind, und für diejenigen, die nicht zur Gemeinde gehören. Aber von einem Geheimnis kann nicht die Rede sein. Ebenso wenig von einem Gegensatz zwischen beiden Teilen des Gottesdienstes. Der »synagogale« Teil hat in der Liturgie nur aufgrund seiner unmittelbaren Beziehung zum Sakrament seinen Platz, während umgekehrt das Sakrament keinen Augenblick vom Gebet und von der Verkündigung getrennt ist. Die Trennung ist folglich nicht viel mehr als eine Grenze der Art, wie sie auch zwischen der Taufe und der Konfirmation verläuft.[264] Eine grundlegende Bedeutung hat sie nicht. Und man darf darin überhaupt keinen Anlass sehen, daraus zwei Sorten von Hauptgottesdiensten zu machen: einen synagogalen, in dem ausschließlich gelesen, gepredigt und gebetet wird, und einen sakramentalen. Auf diese Weise macht man den regulären Sonntagsgottesdienst zu einer jüdischen Zusammenkunft, in der nur die Ankunft des Messias angekündigt wird, aber ohne dass dessen Kommen gefeiert wird. Und man läuft überdies Gefahr, aus der Abendmahlsfeier eine Art Mysterium zu machen. Man kann nicht sagen, dass man in der Reformierten [*hervormd*] Kirche nicht darunter leidet: Schließlich ist die abergläubische Hemmung vor der Teilnahme am Abendmahl, die in breiten Kreisen unserer Kirche herrscht, nichts anderes als eine reformiert-pietistische [*gereformeerd-pietistische*] Form des Mysteriengottesdienstes.

Die Gleichsetzung des synagogalen Gottesdienstes mit dem Stundengebetsgottesdienst liegt auf der Hand. Der Gottesdienst, den wir meistens am Sonntagmorgen halten, ist eine Mischung aus beidem. Deshalb besitzt das Sakrament in ihm einen niedrigen Stellenwert: Es wird vernachlässigt oder gefürchtet; und dabei wird auch die Predigt verwässert, die der Aktualität der Feier entbehrt. Wenn wir zu den frühesten Anfängen zurückkehren, dann merken wir, dass es für den Stundengebetsgottesdienst viele Gelegenheiten gibt, nur nicht am Sonntagmorgen; für den synagogalen Gottesdienst gibt es dann keine Gelegenheit. Der Hauptgottesdienst der christlichen Gemeinde ist ein Opfergottesdienst, in dem wir das Opfer des Herrn feiern, indem wir unser eigenes Leben darbringen: an seinem Tisch, in der Verkündigung seines Wortes, in unseren Gaben, in unserem Gesang.

Historischer Überblick – Um dies alles zu verdeutlichen, bieten wir hier einen
|136 historischen Überblick über die | Entwicklung des Hauptgottesdienstes. Wir konzentrieren uns dabei nur auf die wichtigsten Aspekte. Von jedem dieser historischen Aspekte geben wir eine Übersicht, wobei wir dann schließlich das Schema behandeln, das sich aus der Begegnung zwischen dem Gottesdienst der Kirche und dem der heutigen Niederländisch-Reformierten Kirche ergibt. Wir entnehmen dabei das eine oder andere dem hervorragenden Buch von Maxwell.[265]

Neues Testament – Schriftlesung (1Tim 4,13; 1Thess 5,27; Kol 4,16), Psalmen und Hymnen (1Kor 14,26; Eph 5,19; Kol 3,16), Gebete (Apg 2,42; 1Tim 2,1f.) mit Amen durch das Volk (1Kor 14,16); Schriftauslegung (1Kor 14,26), Glaubensbekenntnis (1Kor 15,1–41; 1Tim 2,5), Kollekten für die Armen (1Kor 16,1f.; 2Kor 9,10–13; Röm 15,26); ferner charismatische Äußerungen wie die Glossolalie, besondere Offenbarungen usw. Dies alles erfolgt nach der Form des Synagogengottesdienstes. Daneben steht die Feier des Herrenmahls (1Kor 10,16; 11,23–26; Mt 26,26–28; Mk 14,22–24; Lk 22,19f.; Apg 2,46f.; 10,41; 20,7), dazu kommen Dankgebet (*Eucharistie*) (Lk 22,19; 1Kor 11,23; 1Tim 4,4), Gedächtnis des Todes und der Auferstehung des Herrn (Apg 2,42; Lk 22,19; 1Kor 11,23.25f.), Fürbittengebete (Joh 17; 1Tim 2,1). Der Gesang trug einen jubelnden Charakter. Man wusste sich durch den Friedenskuss verbunden (Röm 16,16; 1Kor 16,20; 1Thess 5,26; 1 Petr 5,14).

Clemens' 1Kor, Brief des Plinius und Lehre der zwölf Apostel[266] – Im ersten Brief des Clemens[267] an die Korinther finden wir ein großartiges Gebet, in dem viel vorkommt, das später in verschiedenen Liturgien wiederkehrt, eine Anspielung auf das Sanctus und auf die Opfergaben.[268] Aus dem Brief wird deutlich, dass die Liturgie, die er im Blick hat, aus der hellenistischen Synagoge stammt. Der Brief

des Plinius an Kaiser Trajan – von Bedeutung, weil es ein Zeugnis eines Nicht-Christen ist – erwähnt Zusammenkünfte an einem festen Tag (nach allgemeinem Empfinden am Sonntag), bei denen Wechselgesang stattfindet, an Christus gerichtet; zudem ist von einer Mahlzeit die Rede.[269] Die *Lehre der zwölf Apostel*, ein Dokument sehr frühen Datums, spricht von einer Mahlzeit, die gleichzeitig Agape und Abendmahl ist.[270] Der Kelch geht, angelehnt an die jüdische *Kiddusch*-Feier, | |137
dem Brechen des Brotes voraus. Es werden eucharistische Gebete gesprochen. Verschiedene liturgische Formeln wirken wie Schlüsselwörter, die möglicherweise dazu dienten, eine gemeinsame Antwort einzuleiten, eine Art Stichworte also. Darunter ist das Hosanna und das aus dem Neuen Testament bekannte *Maranatha* [1Kor 16,22] (»Unser Herr, komm«, oder: »Unser Herr ist gekommen«).[271] Auch ist ein Anfang der sogenannten Entlassung sichtbar, die Ausweisung der Ungläubigen oder Nicht-Getauften. Auch der Sonntag und das Sündenbekenntnis kommen vor: »An jedem Herrentag, wenn ihr zusammenkommt, brecht das Brot und sagt Dank *(eucharistesate)*, nachdem ihr zuvor eure Verfehlungen bekannt habt, damit euer Opfer rein sei.«[272]

Justin der Märtyrer[273] – Die Apologie des Justin, an Kaiser Antoninus Pius[274] gerichtet, berichtet über viele Eigenschaften des Gottesdienstes um das Jahr 140 herum.[275] Von nun an fassen wir die Informationen schematisch zusammen. Wir behalten die traditionelle Unterteilung in *missa catechumenorum* und *missa fidelium* bei, um die historische Entwicklung anschaulich zu machen.

Schriftlesungen (Propheten, Briefe).
Lehre und Ermahnung.
Gebete.
Psalmen und Hymnen.

Missa fidelium.

Friedenskuss, Hereinbringen der Elemente und Einsammlung der Gaben.

Konsekrationsgebet:	Danksagung (Eucharistie) für Schöpfung, Vorsehung und Erlösung.
	Anamnese (Gedächtnis der Passion)
	Offertorium am Tisch des Herrn.
	Epiklese (Gebet zur Anrufung des Heiligen Geistes).
	Fürbittengebet.
	Amen durch das Volk.

Brotbrechen.
Kommunion.

Agape und Abendmahl sind hier größtenteils getrennt. Der Liturg heißt »Vorsteher«. Die Diakone teilen Brot und Wein aus und bringen sie auch den Abwesenden. Sie tun dies, nachdem der Vorsteher darüber das Dankgebet gesprochen hat. Darum heißt die heilige Speise »Eucharistie«. Das Dankgebet schließt an den
|138 traditionellen Stoff des *Kiddusch* an: Schöpfung | und Vorsehung, wobei das neue christliche Element der Erlösung hinzukommt. Die Nicht-Getauften gehen vor dem Friedenskuss hinaus.

Liturgie des dritten und vierten Jahrhunderts[276] – Aus den verschiedenen Mitteilungen von Klemens von Alexandria,[277] Tertullian,[278] Origenes, Bischof Serapion von Thmuis[279] in Ägypten und aus den Katechesen des Kyrill von Jerusalem[280] kann die folgende Übersicht, die charakteristisch für das dritte und vierte Jahrhundert ist, zusammengestellt werden.[281] Trotzdem ist damit nicht gesagt, dass der Gottesdienst an einem konkreten Ort oder gar überall in genau dieser Form gefeiert wurde:[282]

Schriftlesungen (Gesetz, Propheten, Briefe, Apostelgeschichte, Evangelien, katholische Briefe von Bischöfen).
Psalmen, zwischen den Lesungen von Kantoren gesungen.
Halleluja-Gesang.
Predigt, meistens vom Bischof und von verschiedenen Presbytern.
Litanei für die Katechumenen und Büßer durch einen Diakon.
Entlassung.

Missa fidelium.

Litanei für die Gläubigen mit Diptychen (kleine Tafel mit den Namen von Lebenden und Toten, für die gebetet wird) durch einen Diakon.
Friedenskuss.
Offertorium: Einsammlung der Gaben, Darreichung und Bereitung der Elemente (der Wein wird mit Wasser vermischt).
Präfation und Konsekrationsgebet: Sursum corda.
Dankgebet für Schöpfung und Erlösung.
Sanctus.
Einsetzungsworte.
Anamnese.
Epiklese.
Fürbitte für Lebende und Tote.
Gebet des Herrn.
Brotbrechen.
»Das Heilige den Heiligen!«, Elevation der Elemente, das Volk antwortet: »Einer ist heilig« usw.

Kommunion unter beiden Gestalten, Ps 43 und 34 von den Kantoren gesungen.
Postcommunio (Dankgebet für das, was empfangen wurde).

Viele Bestandteile späterer Liturgien sind hier bereits vorhanden. Die Austeilung erfolgt in der Regel durch verschiedene Presbyter und Diakone unter dem Vorsitz des | Bischofs. Das Volk hat einen großen Anteil. Es gibt keine Feier ohne Kom- |139
munion. Schriftlesung und -auslegung mit Ermahnung nehmen einen großen Teil ein.

Hippolyt[283] – Lietzmann unterscheidet in der Entwicklung der Liturgie zwei Hauptrichtungen: die ägyptische, von der wir bereits ein wenig in der Liturgie von Serapion gesehen haben, und die römische des Presbyters Hippolyt[284] im zweiten Viertel des dritten Jahrhunderts.[285] Der jüdische Anteil ist hier viel geringer. In der Präfation fehlt er ganz; die Form, die die Ordnung des Hippolyt ihr gab, wurde später in alle christlichen Liturgien übernommen.

Friedenskuss.
Offertorium, die Gaben werden von den Diakonen dem Bischof gebracht.
Konsekrationsgebet: (der Bischof legt die Hände auf die Opfergaben).
»Der Herr sei mit euch« – »und mit deinem Geist«.
Sursum corda.
Dankgebet (Eucharistie) für die Sendung Jesu Christi.
Einsetzungsworte.
Anamnese.
Offertorium.
Epiklese.
»Das Heilige den Heiligen!« – »Einer ist heilig« usw.
Kommunion.

Das Offertorium (*prosphora, oblatio*) ist das Bringen der Elemente (noch nicht ganz getrennt von anderen Gaben) auf den Altar, die durch das Hochgebet mit Handauflegung geweiht werden. Am Ende der Sakramentsfeier folgt eine *Agape*, wobei das Essen und Trinken eine Opferhandlung ist, weil es sich um Speise und Trank handelt, die geweiht sind. Wir sehen hier, wie die Sakramentsfeier sich langsam von dem Liebesmahl loslöst. Die Epiklese gilt der ganzen Darbringung, also auch der Handlung und nicht nur den Gaben.

Constitutiones apostolorum[286] – Im achten Buch der sogenannten *Apostolischen Konstitutionen*, aus der zweiten Hälfte des vierten Jahrhunderts datierend, finden wir die erste vollständige, gänzlich ausgearbeitete Liturgie.[287] Sie gibt den Ablauf des Gottesdienstes wieder, wie dieser ungefähr in der Mitte des vierten Jahrhun-

|140 derts, vermutlich | in der Gemeinde von Antiochien, gefeiert wurde. Sie ist das wichtigste Zeugnis für den Gottesdienst in der alten Kirche. Sie wird auch »Klementinische Liturgie« genannt.[288]

Schriftlesungen (Gesetz, Propheten, Briefe, Apostelgeschichte, Evangelien).
Gruß (»Die Gnade« usw. – »Und mit deinem Geist«).
Predigt (verschiedene Ansprachen).
Entlassung der Katechumenen, der Besessenen, der Photizomenoi (d.h. der Erleuchteten, die die Taufe bereits anstreben) sowie der Büßer durch den Diakon. Diakon und Bischof sprechen für jede Gruppe Fürbitten aus, während das Volk ruft: »Kyrie eleison«.

Missa fidelium.

Litanei des Diakons.
Gebet des Bischofs.
Gruß (»Der Friede Gottes sei mit euch allen« – »Und mit deinem Geist«).
Friedenskuss.
Abermalige Mahnung des Diakons, dass die Katechumenen usw. hinausgehen müssen.
Offertorium (die Diakone bringen die Gaben zum Altar, hinter dem der Bischof sitzt; zu beiden Seiten sind die Presbyter).
Sursum corda.
Konsekrationsgebet: Präfation (Danksagung für Schöpfung und Erhaltung der Schöpfung; »in Wahrheit ist es würdig und recht«).
Sanctus.
Danksagung für die Erlösung.
Anamnese und Einsetzungsworte.
Darbringung der Opfergaben.
Epiklese.
Großes Fürbittengebet.
Litanei des Diakons.
Gebet des Bischofs.
»Das Heilige den Heiligen!« – »Einer ist heilig« usw.
Großes Gloria (Gloria in excelsis).
Benedictus (»Hosianna dem Sohn Davids, gesegnet sei, der« usw.); »Gott ist Herr und ist uns erschienen«.
Kommunion (Spendeformel: »Der Leib Christi«; »Das Blut Christi«, »der Kelch des Lebens«. Psalm 34 wird gesungen. Was übrig bleibt, wird aufbewahrt).
Ermahnung durch den Diakon.
Postcommunio (Dankgebet mit Fürbitte des Bischofs).
Segensbitte des Bischofs.

Der Bischof reicht das Brot, der Diakon den | Kelch, während das Volk zur Apsis kommt. Ein besonderes Augenmerk wird auf Ordnung und Ehrerbietung gelegt. |141

Die Kirche des Ostens[289] – Im Osten führte die Entwicklung zu einigen großen Liturgien. Wir geben hier eine Übersicht über diejenige von Johannes Chrysostomos (nur die Hauptmerkmale, da der östliche Gottesdienst äußerst umfangreich ist).

Vorbereitung (*Proskomidie*).
Der Diakon steht vor den Türen der Ikonostase und ruft den Priester zum Segen auf.
Irinika (Friedensgebete, mit wiederholtem »Kyrie eleison«).
Kleiner Einzug (der Klerus kommt in einer Prozession aus dem Heiligtum in die Kirche; Höhepunkt der *missa catechumenorum*; man trägt das Evangeliar).
»Weisheit! Steht aufrecht!«, sagt der Diakon.
Kleines Gloria.
Psalmlesung.
Epistellesung mit Halleluja.
Evangelienlesung.
Litanei des Diakons.
Entlassung der Katechumenen, nachdem sie zum Gebet aufgerufen worden sind.

Missa fidelium.

Gebet für die Gläubigen.
Großer Hymnus (Cherubikon).
Großer Einzug (nun werden die Elemente in einer Prozession hereingetragen; andere Gaben werden zum Altar gebracht).
Friedenskuss.
»Die Türen!«, sagt der Diakon, letzte Mahnung betreffend die Anwesenheit der Ungläubigen usw.
Credo (in der östlichen Kirche ist das Rezitieren des aus der Taufliturgie stammenden Glaubensbekenntnisses bereits früh ein wesentlicher Bestandteil; es galt als geheim, weshalb ihm auch eine Mahnung vorangeht).[290]
Sursum corda.
Präfation. »In Wahrheit ist es würdig und recht« usw. Danksagung für Schöpfung und Erlösung.
Trishagion.
Anaphora (Offertorium; der sogenannte Messkanon, die Anamnese eingeschlossen; die Einsetzungsworte; die ausgezeichnete Formel: »Wir bringen dir das Deine von den Deinen«; Epiklese).
Gedächtnis der Heiligen, Toten und Lebenden (die alten Diptychen).
Gebete, im Gebet des Herrn mündend (mit Doxologie).

|142 | »Das Heilige den Heiligen!« usw.
Brotbrechen und Elevation.
Kommunion, zuerst vom Priester und Diakon, dann von den Gläubigen unter beiden Gestalten (von Brot und Wein).
Postcommunio (Danksagung).

Das *sacrarium* ist der Ort des Mysteriums, der Diakon steht an dessen Grenze. Wesentlich sind die »Einzüge«, die den Gläubigen das Heil zuerst in Form des Wortes, dann als Sakrament bringen. Viele Gebete werden mit leiser Stimme gesprochen, nur am Ende aus vollem Hals, damit das Volk einstimmen kann.[291] Auch das ist eine alte Mysterienpraxis. Die Jungfrau Maria nimmt einen ziemlich großen Platz ein. Der Gottesdienst ist sowohl Angelegenheit des Klerus als auch der Gläubigen; er ist keineswegs nur ein Schauspiel. Viele Gesänge erfolgen im Wechsel mit der Rezitation der Gebete und Texte. Sie sind Lieder der Engel, so wie der ganze Gottesdienst gleichsam ein Stück himmlischer Liturgie ist.

Die Kirche des Westens. Gallikanische Liturgie[292] – In Gallien, Spanien und Mailand entwickelten sich verwandte Arten von Liturgien (die sogenannte gallikanische, mozarabische und ambrosianische),[293] die sich erst mit der Zeit dem römischen Typus anpassten. Das Volk nimmt im Ritus viel Platz ein und es hat eine große Aufgabe.[294] Auch der Diakon hat seine ursprüngliche Funktion behalten, nämlich das Leiten der Gebete des Volkes und das Darreichen des Kelchs. Zu dieser Liturgiefamilie gehören auch die keltischen Riten.[295] Die gallikanische Liturgie des siebten Jahrhunderts sieht ungefähr so aus:[296]

Gruß mit Kyrie.
Benedictus oder Großes Gloria.
Gebet (das sogenannte Kollektengebet).
Prophetie (alttestamentliche Schriftlesung).
Lesung aus der Apostelgeschichte oder den Briefen des Neuen Testamentes.
Hymnus (Benedicite).
Evangelium (Prozession mit Kerzen, »Gloria tibi Domine«).
Trishagion oder Kyrie.
Predigt.
Litanei des Diakons.
Entlassung.

Missa fidelium.

Offertorium (Gabenbereitung; antiphonisch gesungener Psalm).
Diptychen.
Friedenskuss oder Gebet für den Frieden.

| Gruß (»Der Herr sei mit euch« – »und mit deinem Geist«). |143
Sursum corda.
Präfation.
Sanctus.
Konsekrationsgebet: Anamnese (in Gebetsform).
Einsetzungsworte.
Epiklese.
Brotbrechen, Vermischung von Brot und Wein (auch in der östlichen Kirche).
Gebet des Herrn mit Einleitungsformel und Embolismus (Entfaltung des »Libera nos«).
Kommunion (Psalm 34 wird gesungen).
Postcommunio (Danksagung).
Schlussformel (»Missa acta est«, »In pace« o.Ä., vom Diakon).

Der römische Ritus[297] – Wir zeigen die Form des sechsten Jahrhunderts und diejenige von heute auf.[298]

Introitus (der Einzug der östlichen Kirche; das Eintreten des Klerus unter Psalmengesang des Chors).
Kyrie.
Gruß.
Gebet (Collecta).
Schriftlesung Altes Testament (Prophetie) – Gesang.
Epistel – Graduale (Gesang auf den Treppenstufen des Chors) mit Halleluja.
Evangelium.
Entlassung.

Missa fidelium.

Offertorium (Sammlung und Bereitung der Elemente, Vorbereitung des Altars, Einsammlung der Gaben, Vermischung von Brot und Wein, Psalmengesang).
Gruß.
Sursum corda.
Konsekrationsgebet: Präfation.
Sanctus – Benedictus.
Kanon (Fürbitte; Gebet, bei dem nicht so sehr der Heiligen selbst, sondern ihrer Verdienste gedacht wird; Konsekration mit Gebet anstelle der Epiklese; Einsetzungsworte; Anamnese; Fürbitte für die Toten).
Friedenskuss.
Brotbrechen.
Gebet des Herrn mit Einleitungsformel und Embolismus.

Kommunion.
Postcommunio (Danksagung).
Schlussformel durch den Diakon.

Alles ist hier noch sehr schlicht und streng. Die römische Opferidee jedoch wird
|144 gänzlich realisiert: Die *hostia* wird | Gott geweiht (vgl. Anhang A). Von der Epiklese bleiben nur noch Reste, sie wird durch die Konsekration ersetzt, die die spätere Transsubstantiationslehre bereits im Keim enthält. Die priesterliche Kirche bringt Gott das Opfer Christi dar. Es geht dann folglich nur noch um die Elemente, nicht um die ganze Handlung. Die Kommunion des Volkes ist nicht mehr notwendig und beim Hochamt sogar die Ausnahme. Dieses wird dadurch immer mehr zu einem heiligen Schauspiel. Das *Missale Romanum* schreibt die folgende Ordnung vor:[299]

In nomine Patris usw.
Psalm 43 mit Kleinem Gloria.
Confiteor (persönliches Sündenbekenntnis des Priesters und Messdieners mit »Misereatur«, Gebet um Vergebung).
Introitus (von seinem eigentlichen Ort entfernt, nur noch Psalm).
Kyrie.
Großes Gloria mit Hymnus angelicus (»Laudamus te«).
Kollektengebet.
Epistel mit Antwort: »Deo gratias« und Graduale.
Evangelium mit Antwort: »Laus tibi Christe«.
Predigt.
Credo.

Missa fidelium.

Oremus (seltsames Relikt in diesem ehrwürdigen Gebilde: Hier stand ursprünglich das Gebet für die Gläubigen; aber nur die Aufforderung zum Gebet blieb bestehen).
Offertorium (Psalm, während der Priester mit verschiedenen leise gesprochenen Gebeten Brot und Wein darbringt, vermischt usw.).
Gruß: »Der Herr sei mit euch!« usw.
Sursum corda.
Konsekrationsgebet: Präfation (»In Wahrheit ist es würdig und recht«).
Sanctus – Hosanna – Benedictus.
Kanon (Gedächtnis der Lebenden, Opferhandlung, Einsetzungsworte, Elevation, Anamnese, Rest von Epiklese, Totengedächtnis).
Gebet des Herrn mit Einleitungsformel und Embolismus (ohne Doxologie).
Friedenskuss (rudimentär: der Priester küsst den Altar) – Brotbrechen und Mischung.

Agnus Dei und Kommunion des Liturgen. Gebete, mit dem sehr schönen: »Herr, ich bin nicht würdig, dass du unter mein Dach gehst« usw.
Kommunion des Volks unter einer Gestalt.
| Schlussformel des Diakons: »Ite missa est, alleluia«. |145
Segen.
Lesung von Joh 1 mit Antwort: »Deo gratias«.

Die römische Messe ist ein ehrwürdiges und in vielerlei Hinsicht schönes Kunstwerk. Allerdings mangelt es ihr in ihrer Struktur und im Vergleich zu allen vorangegangenen Liturgien an Konsequenz. Die Bestandteile geraten oft seltsam durcheinander, manche sind gänzlich abhandengekommen. Zudem sind allerlei Zusätze und Äußerlichkeiten aufgetreten. Größtenteils ist dies die Folge der Verdrängung der ursprünglichen Form des Gottesdienstes durch den Opfergedanken. Die Epiklese und das Offertorium verloren dadurch ihren ursprünglichen Sinn. Die östliche Form ist zwar lang und kompliziert, aber sie ist von der Struktur her gesehen viel konsequenter als die westliche. Die Reformation griff jedoch zu Recht auf die ältesten liturgischen Formen zurück.

Die Messe Luthers[300] – Bei der Reformation, die Luther im Bereich des Gottesdienstes durchführte, waren zwei Dinge von besonderer Bedeutung: dass das Predigen von Gottes Wort vollkommen zur Geltung kommen und dass der Opfergedanke in der Austeilung des Sakraments verschwinden sollte. Wie wir gesehen haben, ging er in Bezug auf Letzteres zu weit, weil er gegen jeglichen Opfergedanken Bedenken äußerte, nicht nur gegen diejenigen des römischen Ritus. Die Ordnung des Gottesdienstes[301] blieb jedoch in groben Zügen dieselbe, die sie immer gewesen war, und das regelmäßige Feiern des Heiligen Abendmahls blieb genauso selbstverständlich wie die Tatsache, dass die Ordnung sich danach richtete. Die Liturgien der deutschen und skandinavischen Kirchen haben sich bis heute im Allgemeinen an Luthers Anweisungen gehalten:[302]

Deutscher Choral (Introitus).
Kyrie (auf Griechisch).
Kollektengebet (Priester zum Altar gewandt).
Epistel (Priester zum Volk gewandt) mit deutschem Choral.
Evangelium.
Credo (in Form eines deutschen Chorals: »Wir glauben all an einen Gott«).
Predigt über das Sonntagsevangelium.

Missa fidelium.

Paraphrase des Gebets des Herrn.
Vermahnung.

|146 | Einsetzungsworte – Sanctus (Deutsch) – Segnung des Kelchs – Agnus Dei (Deutsch) – Elevation während des Sanctus.
Postcommunio (Danksagung).
Segen (alttestamentlich).

Nahezu alles wird bei Luther gregorianisch gesungen, auch die Schriftlesungen. In der Zeit nach ihm wechselte man häufig ein gregorianisches Sanctus oder Gloria mit einem deutschen Choral gleichen Inhalts ab. Das Latein hat sich im lutherischen Gottesdienst noch sehr lang behauptet.

Zwinglis Liturgie[303] – Während bei Luther die sakramentale Struktur des Gottesdienstes im Grunde dieselbe blieb wie zuvor, waren Zwinglis Reformen insofern etwas Neues, als dass sie ausdrücklich gegen die häufige Kommunion gerichtet waren. Vier Mal im Jahr empfindet er als ausreichend. Diese Ansicht hängt natürlich mit seiner rationalistischen Auffassung des Heiligen Abendmahls zusammen. Der Gottesdienst ist bei Zwingli folglich in der Regel reiner Predigtgottesdienst. Wenn im Gottesdienst die Abendmahlsfeier doch stattfindet, läuft dies wie folgt ab:

Morgengebet (Stundengebetsgottesdienst, und zwar die Matutin):
Votum.
Gebet mit Gebet des Herrn.
Bibeltext und Predigt.
Sündenbekenntnis (Offene Schuld).
Abkündigungen.
Offertorium (Gabenbereitung).
Kollektengebet.
Epistel mit antiphonisch gesprochenem Großem Gloria.
Evangelium.
Credo (Apostolicum, nicht Nizänum).

Missa fidelium.

Vermahnung.
Gebet des Herrn.
Einsetzungsworte – Brotbrechen – Kommunion.
Postcommunio (antiphonisch gesprochener Psalm und Kollektengebet).
Schlussformel (»Gehet in Frieden«[304]).

Die Diakone bringen Brot und Wein zum Volk auf seinen Plätzen in der Kirche. Zwingli schaffte den Gesang ab. Die Basler Liturgie Oekolampads ist weniger reichhaltig als die Zürcher Liturgie Zwinglis, aber er lässt zumindest überhaupt singen.[305] | Übrigens ist der traditionelle Reichtum von Zwinglis Liturgie lediglich Schein; sie ist ein Humanistenwerk, das Herz blieb außen vor. |147

Der Gottesdienst in Straßburg[306] – Straßburg nimmt in der Geschichte der reformatorischen Liturgie einen wichtigen Platz ein. Zunächst einmal deshalb, weil der dort entstandene lutherische Gottesdienst etwas Charakteristisches hat, das mit dem Namen *Bucer* in Verbindung gebracht wird; aber zudem auch, weil Calvin dort für sein eigenes Reformwerk bedeutende und fruchtbare Eindrücke erhielt. Die älteste straßburgische Liturgie von Schwarz[307] war, genauso wie diejenige Luthers, eine in reformatorischem Sinn bereinigte Übersetzung der Messe, nur getreuer. Bucer war der Schöpfer der straßburgischen Form, die weder lutherisch noch zwinglianisch ist, die einen starken Glauben an die Realität des Leibes Christi anzeigt und die die Predigt nicht auf Kosten von allem anderen erhebt. Streng biblisch in seiner Ansicht, zeigt er auch Interesse am christlichen Altertum. Er hält an Bräuchen wie dem Sich-Bekreuzigen fest und behält das Chorhemd bei, wenn auch nur um der Schwachen willen. Die Abendmahlsfeier ist bei ihm nicht häufig (einmal pro Monat), aber dann nehmen auch alle daran teil. Er liebt den Psalmengesang sehr, ersetzt Priester durch *Diener* (*minister*), Altar durch Tisch, schafft das Wort *Messe* ab, ebenso die liturgischen Wendungen des Priesters am Altar (bei ihm steht der Pfarrer hinter dem Tisch). Sein Sonntagmorgengottesdienst ist Antekommunion, kein Stundengebetsgottesdienst. Aber das Sakrament ist gegenüber dem Dienst am Wort zweitrangig. Auf das Kirchenjahr wird wenig geachtet, bei der Predigt wird die *lectio continua* gegenüber den Sonntagsperikopen bevorzugt. Viele Feiertage sowie alte Bestandteile der Liturgie fallen weg, darunter das Kyrie und das Gloria. In Straßburg wurde das Confiteor zum allgemeinen Sündenbekenntnis, das eine Handlung der Gemeinde ist. Bucers Ordnung von 1526:[308]

Morgengebet wie an den anderen Tagen, vor sechs Uhr.
»gemeyn ampt«,[309] der Pfarrer hinter dem Tisch.
Confiteor oder offene Schuld.
Absolution oder Trostspruch.
Psalm oder Choral anstelle des Introitus, eventuell Kyrie und Gloria.
Kollektengebet, eingeleitet mit: »Der Herr sei mit euch!« usw.
Psalm.
| Epistel und Evangelium, von der Kanzel aus gelesen und auf die Predigt bezogen. |148
Predigt.
Abendmahlsformular (erscheint hier zum ersten Mal, in vier Teilen).
Credo, gesungen.
Gebet, in dem das römisch-katholische Opfer durch das Opfer eines zerbrochenen Geistes und eines zerschlagenen Herzens[310] usw. ersetzt wird.

Fürbittengebet, eingeleitet mit: »Der Herr sei mit euch!« usw. und abgeschlossen mit dem Gebet des Herrn (zugleich Konsekrationsgebet).
Vermahnung.
Einsetzungsworte.
Kommunion.
Postcommunio (Danksagung).
Alttestamentlicher Segen.
Schlussformel (»Geet hin! Der geist des herren geleite euch zum ewigen leben!«[311]).

Die französische Liturgie von Straßburg und diejenige Farels – Vieles von der deutschen Liturgie Straßburgs wurde dort von der französischen Flüchtlingsgemeinde übernommen. Hier wurde jedoch ein neues Element hinzugefügt, das sich für die liturgische Entwicklung der reformierten [*gereformeerd*] Kirchen von großer Bedeutung erwies: die Lesung des Gesetzes des Herrn. Die Gottesdienstordnung, die Valerandus Pollanus (Poullain)[312] 1551 für die französischsprachigen Reformierten [*gereformeerd*] in England herausgab (Pollanus war zuvor Gemeindeältester in Straßburg gewesen), vermittelt uns eine gute Vorstellung von dieser französischen Liturgie aus Straßburg.[313] Diese in vielerlei Hinsicht ausgezeichnete Gottesdienstordnung (auch für andere Gottesdienste als diejenigen am Sonntagmorgen) sieht folgendermaßen aus:

Kantor (»Choraules«[314]):	»Lève le coeur«[315] (Sursum corda).
	Erste Gesetzestafel des Herrn (gesungen).
Pfarrer (am Tisch):	Adjutorium.
	Ermunterung zum Sündenbekenntnis.
	Sündenbekenntnis.
	Absolution – Bibeltext mit: »Im Namen des Vaters« usw. (währenddessen steht oder kniet das Volk »magna cum reverentia«[316]).
Kantor:	Zweite Gesetzestafel.
	Kurzes Gebet, der Kantor singt es vor, die Gemeinde singt nach.[317]
|149 | Pfarrer:	Schriftlesung, von der Kanzel, »non truncatim«.[318]
	Predigt (eine Stunde).
	Offertorium (zwei Diakone sammeln die Gaben ein, »sed cum silentio, ne preces turbent«[319]).
	Fürbittengebet mit Paraphrase des Gebets des Herrn oder nur dieses Gebet.
	Credo
Kantor:	Psalm, durch die Gemeinde mitgesungen.
Pfarrer:	Alttestamentlicher Segen.

Missa fidelium. Alle zwei Wochen sonntags folgt die Austeilung des Abendmahls auf die Antekommunion; die Antekommunion hört dann mit dem Fürbittengebet auf; danach: Credo, vom ganzen Volk gesprochen.

Pfarrer: »Ad mensam accedit, quae ita sita est in extremo templi, ut totam ecclesiam et mensam ipsam possit habere ante conspectum suum«.[320]
Gabenbereitung (Brot und Wein) durch den Pfarrer oder Diakon.
Gebet, im Gebet des Herrn mündend.
Vermahnung.
Kommunion (Austeilung mit den Worten aus 1Kor 10[,16]); das Brot teilt der Pfarrer aus, den Kelch reicht der Diakon).
Postcommunio (Dankpsalm).
»Deo gratias«.[321]

In der Liturgie Calvins folgen im Anschluss daran Vermahnung und Gebete.[322] Obwohl diese Gottesdienstordnung nicht in jeder Hinsicht perfekt ist (es fehlt u. a. der Einsetzungsbericht), unterscheidet sie sich doch durch große Präzision und vorzügliches liturgisches Bewusstsein von vielen anderen Liturgien aus derselben und aus späterer Zeit. Unsere reformierte [*gereformeerd*] Kirche hat eine große Verpflichtung gegenüber den Flüchtlingsgemeinden, die dem Gottesdienst mehr Aufmerksamkeit schenkten als die etablierten Gemeinden.

Von weitaus geringerer Bedeutung ist die erste französisch-reformierte [*frans-gereformeerd*] Liturgie, in Neuenburg herausgegeben und höchstwahrscheinlich | |150
von Farel stammend (1533).[323] Auch hier fallen die Austeilung des Abendmahls und der Predigtgottesdienst nicht immer zusammen.

Ermunterung zum Gebet.
Gebet des Herrn.
Bibeltext (»comme nostre seigneur fist en Nazareth«[324]).
Auslegung (Wort für Wort).[325]
Gesetz (Ex 20).
Sündenbekenntnis.
Gebet des Herrn.
Credo.
Segen.

Missa fidelium (der Übergang ist nicht klar, aber vermutlich ähnlich wie bei Pollanus).

Formular.

Gebet des Herrn.
Credo.
Formular.
Einsetzungsworte.
Formular. (mit Spuren des Sursum corda: »Pourtant levez vos cueurs en hault, cherchons les choses celestielles, es cieulx, ou Jesus-christ est assis en la dextre du pere, sans vous arrester aux choses visibles qui se corrompent par lusaige. En joye de cueur, en union fraternelle, venez tous prendre de la table de nostre seigneur«[326] usw.; Echo der alten Abendmahlsfreude, die selten und wertvoll ist).
Kommunion (Austeilung mit Bitte um Einwohnung des Heiligen Geistes, keine Spendeformel).
Postcommunio (Ermahnung zur Dankbarkeit).

Abgesehen von einzelnen guten Dingen wie die Abendmahlsfreude ist hier alles viel unordentlicher und formloser als bei Pollanus. Die Neufassung des *sursum corda* finden wir sogleich auch bei Calvin.

Der Gottesdienst gemäß Calvin – »Wer meint, dass Calvin den sakramentalen Gottesdienst durch einen Predigtgottesdienst ersetzen wollte, versteht seine Absicht und sein Werk völlig falsch und hat von allem, was er lehrte und machte, keine Ahnung«[327] (Maxwell). Calvin wollte, ebenso wie Luther, der Heiligen Schrift und ihrer Auslegung zu einem zentralen Platz im Gottesdienst verhelfen. Aber zugleich wünschte er sich die Wiedereinführung der Eucharistie, d.h. die Feier des Heiligen Abendmahls mit Kommunion (nicht wie in der römisch-katholischen Kirche, wo die Kommunion der Gläubigen keine Notwendigkeit dar-
|151 stellt), und zwar als zentraler, | wöchentlicher Gottesdienst. »Der Brauch, lediglich einmal im Jahr zur Kommunion zu gehen, ist eine Erfindung des Teufels«, sagt Calvin; »das Abendmahl des Herrn muss in der christlichen Gemeinde jede Woche mindestens einmal gefeiert werden«.[328] Dass dies nicht geschehen ist und dass die Feier des Abendmahls immer seltener wurde, ist nicht Calvins Schuld, sondern diejenige der Genfer Magistraten. Man muss folglich mit Calvins Sakramentenlehre nicht in jeglicher Hinsicht einiggehen (siehe den Exkurs weiter oben), um zu erkennen, dass der Reformator meilenweit von dem entfernt war, was gegenwärtig als reformierte [*hervormd*] Praxis gilt. Seine Sensibilität war katholisch und seine Auffassung des Gottesdienstes war sakramental. Auf der anderen Seite muss zugegeben werden, dass seine Liturgie, verglichen mit derjenigen von Straßburg, die ihn inspirierte, einen Rückschritt bedeutet, allein schon durch das Wegfallen des Abendmahlstisches[329] und der Absolution, gegen die Calvin in Straßburg noch keine Bedenken hatte (vgl. Anhang B).

Calvins Liturgie zeugt von großer Sorgfalt. Der Gottesdienst lag ihm sehr am Herzen. Im Unterschied zu unseren Vorfahren beließ er es nicht bei losen Formularen, sondern legte eine substanzielle Gottesdienstordnung vor:[330]

Adjutorium (die Worte aus Ps 124,8, die in den reformierten [*gereformeerd*] Kirchen zum festen Anfangsvotum wurden).
Sündenbekenntnis (in der Straßburger Ausgabe noch mit Absolution und danach gesungenem Gesetz des Herrn).
Psalm (gereimt).
Schriftlesung.
Predigt.
Fürbittengebet mit Gebet des Herrn (in Paraphrase; hier setzt allenfalls die Austeilung des Abendmahls ein; dann wird ein Konsekrationsgebet hinzugefügt).

Missa fidelium.

Einsammeln der Gaben.
Fürbittengebet mit Paraphrase des Gebets des Herrn.
Credo, gesungen, während die Gaben bereitet werden.
Einsetzungsworte.
Formular.
Konsekrationsgebet.
Brotbrechen.
Kommunion, während aus der Heiligen Schrift gelesen wird.
Postcommunio (Dankgebet) mit Lobgesang des Simeon.
Alttestamentlicher Segen.

| *Andere reformierte [hervormd] Liturgien* – Von den übrigen reformierten [*hervormd*] Liturgien lehnt sich diejenige aus der Pfalz (1563), von Kaspar Olevian[331] entworfen, eng an die Genfer Liturgie an, weist aber auch lutherische Einflüsse auf. Auch hier finden wir das Sündenbekenntnis. Es müssen auch Microns[332] *Christlicke Ordinancien* genannt werden, die einen großen Einfluss auf unsere Formulare hatten.[333] Ferner die Liturgie der Flüchtlingsgemeinde in London, abgefasst von Johannes à Lasco,[334] ein sehr sorgfältiges und in mancher Hinsicht hervorragendes Werk – ein Vorbild der großen Sorgfalt, die die Calvinisten auf den Gottesdienst anwendeten, und eine Mahnung an ihre liederlichen Nachfolger:[335] |152

Ermunterung zum Gebet.
Gebet, im Gebet des Herrn mündend.
Psalm.

Auslegung eines Bibeltextes (die Schriftlesung erfolgt nicht mechanisch, sondern im Zusammenhang; die Predigt nicht länger als eine Stunde).[336]
Einsammlung der Gaben.
Gebet nach der Predigt (erster Beleg dieses Ausdrucks).[337]

Missa fidelium. Am Sonntag kommt da noch dazu:

Gesetz des Herrn.
Gebet, inklusive Sündenbekenntnis.
Schuldvergebung (»remissio seu absolutio«[338]).
Credo.
Fürbittengebet (Gebet für alle Not der Christenheit), im Gebet des Herrn mündend.

Wenn keine Spendung der Taufe oder des Abendmahls bzw. keine Eheschließung erfolgt, dann:

Psalm (in der Landessprache).
Schlussformel: Gedächtnis der Armen und Segen.
Einsammlung der Gaben an der Türe.

Wird das Abendmahl ausgeteilt, so muss ein auf das Abendmahl vorbereitender Gottesdienst mit Gelegenheit zur Selbstprüfung[339] vorangegangen sein.[340] Am Tag der Abendmahlsfeier steht der Tisch »in totius Ecclesiae prospectu«.[341] Von der Kanzel aus verliest der Pfarrer das Formular.

Kirchgengebet (alle Amtsträger vor dem Tisch, der Pfarrer auf der Kanzel, die Gemeinde kniet).
Ermahnung und Einsetzungsworte (Pfarrer am Tisch).
1Kor 5,7f. (Widerhall der Abendmahlsfreude).
Brotbrechen und Kommunion. Währenddessen liest einer der Pfarrer auf der Kanzel Joh 6.
Postcommunio (Danksagung).
Psalm.
Segen.

|153 | Wir sehen, wie die Kanzel immer stärker in den Mittelpunkt rückt und wie allerlei wesentliche Dinge verschwinden. Doch ist auch diese Ordnung noch eine echte, geregelte Liturgie. Und darin ist auch allerlei erhalten geblieben. Die Liturgie, die Dathenus[342] mit Hilfe von Gaspar van der Heyden[343] für die Gemeinde in Frankenthal erstellte, ist stark von Calvin, von der Pfalz, von Micron und À Lasco beeinflusst, und sie ist die unmittelbare Vorgängerin unserer eigenen.

Die anglikanische Liturgie – Der englische Gottesdienst ist in vielerlei Hinsicht außergewöhnlich, vor allem durch seine Vereinigung von katholischen Elementen mit typisch calvinistischen. Trotzdem trägt alles einen eigenen Charakter. Das *Morning Prayer* kann am Sonntagmorgen an die Stelle des Sakramentsgottesdienstes treten oder auch damit kombiniert werden. 1928 wurde ein Versuch unternommen, das *Book of Common Prayer* zu überarbeiten. Das Parlament verwarf dies, aber der sogenannte *Alternative Order* wurde trotzdem vielerorts eingeführt:[344]

Gebet des Herrn.
Kollektengebet.
Gesetz des Herrn, nach jedem Gebot: Kyrie (»Lord have mercy upon us and incline our hearts to keep this law«[345]; von Calvin übernommen). 1928 wurde die Summe des Gesetzes (Mt 22,37–40; Mk 12,29–31) als Alternative hinzugefügt.
Verschiedene Kollektengebete.
Epistel.
Evangelium (die Gemeinde steht auf).
Credo (Nizänum).
Predigt.

Missa fidelium.

Offertorium: Bibeltexte.
Einsammlung der Gaben durch die Diakone oder andere, die sie zum Priester bringen, der diese »humbly presents and places upon the holy Table«[346]).
Bereitung der Elemente.
Fürbittengebet, in dem auch die Gaben dargereicht werden (1928 schließt es das Gedächtnis der Heiligen und Gebete für die Toten ein).
Vermahnung (Formular, im Geist der reformierten [*gereformeerd*] Formulare; sehr lang, 1928 verkürzt).
Einladung.
Sündenbekenntnis.
Absolution.
Trostreiche Bibeltexte.
»Der Herr sei mit euch« usw. (1928).
Sursum corda.
| Konsekrationsgebet: Präfation. |154
Sanctus.
Gebet (sogenanntes *Prayer of humble access*[347]).
Gebet, darin eingeschlossen:
Gedächtnis der Passion.
Einsetzungsworte.

Brotbrechen, Legen der Hände auf Brot und Wein.
Anamnese (1928).
Epiklese (1928).
Darbringung des Opfers von Lob, Dank und Leben (1928).
Doxologie.

Gebet des Herrn (mit Einleitungsformel und Doxologie, 1928).
Frieden (»Der Friede Gottes sei mit euch«, Rest des Friedenskusses, 1928).
Kommunion.
Gebet des Herrn (nicht in 1928).
Postcommunio (Danksagung).
Großes Gloria.
Segen.

Liturgie der reformierten [gereformeerd] Kirchen in den Niederlanden – Unsere Vorfahren haben uns sehr schöne Gebete und ausgezeichnete Formulare hinterlassen, aber keine Liturgie. Sie sind diesbezüglich hinter Calvin, Pollanus, À Lasco u.a. zurückgeblieben. Der Ursprung unserer Liturgie wird am einfachsten graphisch angegeben:

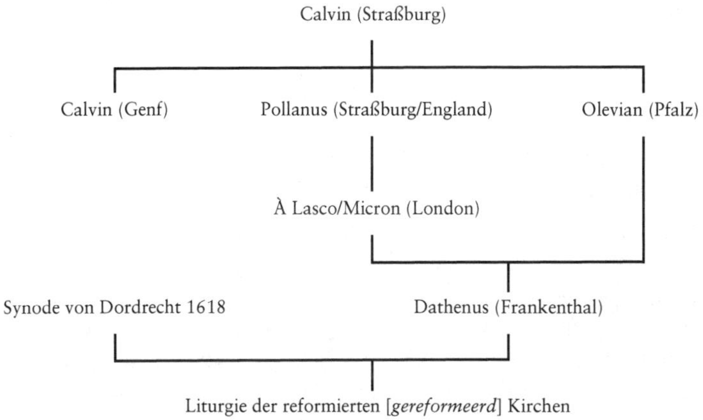

In ihrer vollständigen Form (d.h. samt dem Formular für den Krankenbesuch) erschien sie erstmals als Anhang zu einer Bibelausgabe von 1590.[348] Die Gottesdienstordnung, in der Gebete und Formulare gebraucht werden, können wir wie folgt rekonstruieren:[349]

Psalm.
Adjutorium.
Gebet vor der Predigt, im Gebet des Herrn mündend (darin ein Sündenbekenntnis; ein anderes war in das Gebet vor der Predigt an Wochentagen eingebettet).
| Gesetz des Herrn (vielleicht ging dies auch dem Gottesdienst voraus). |155
Credo (Apostolicum).
Schriftlesung und Predigt.
Gebet nach der Predigt (»Gebet für alle Not der Christenheit«, Fürbittengebet), mündend im Gebet des Herrn.
Psalm.
Segen.

Missa fidelium (Übergang vermutlich vor dem Segen).

Einsetzungsworte.
Formular (in welches Gewissensprüfung und Entlassung sowie die Anamnese aufgenommen sind).
Gebet (Spuren des Konsekrationsgebets, Epiklese und »Prayer of humble access«; im Gebet des Herrn mündend).
Credo (Apostolicum).
Sursum corda (im Sinn Farels und Calvins umgesetzt).
Kommunion mit Spendeformel; Gesang oder Lesung von Abschnitten aus der Bibel.
Postcommunio (Danksagung in biblischer Form, ein Unikum im Gottesdienst und der schönste Teil unserer Liturgie) – Dankgebet mit Gebet des Herrn.
Segen.

Liturgische Bewegung – Es ist natürlich nicht möglich, alle Versuche aufzuzählen, die in den verschiedenen Kirchen im Laufe der Zeit zur Verbesserung des Gottesdienstes unternommen wurden. Einige können hier jedenfalls erwähnt werden.

Die liturgische Reform von Ostervald[350] (Neuenburg): Er will vom Calvinistischen zum Katholischen zurückkehren; deshalb müssen die grundlegenden liturgischen Handlungen der Anbetung, des Sündenbekenntnisses, des Responsoriums, der Lobpreisung, der Schriftlesung usw. wiederhergestellt werden. Verschiedene liturgische Handlungen müssen an verschiedenen Orten geschehen, nicht alle auf der Kanzel. »Le peuple ne doit pas assister au service seulement en qualité d'auditeur et de spectateur, ni même suivre simplement de la pensée ce qui est prononcé par les ministres de l'Eglise, mais il doit aussi parler de son coté, et tout au moins il devrait répondre Amen à ce qui est dit au nom de l'assemblée.«[351] Ostervald stand unter starkem anglikanischem Einfluss. Er lebte von 1663 bis 1747.

Das Revisionsprojekt von Bersier[352] (Paris): Auch er will die Gemeinde antworten lassen und verwendet zu diesem Zweck *chants spontanés*, d.h. solche, die

|156 nicht vom Pfarrer im Voraus angesagt werden.[353] Er führt einen Zuspruch der | Vergebung ein, so wie Calvin einen in seiner Straßburger Liturgie hatte.[354] »L'une des raisons d'être de la liturgie est de rappeler ces sujets toujours actuels et que le pasteur pourrait négliger dans une prière improvisée.«[355] Die Schriftlesungen werden auf zwei ausgeweitet, alt- und neutestamentlich. Das Heilige Abendmahl erhält einen größeren Stellenwert. Bersier hat einen starken Einfluss auf den Gottesdienst der französischen und der französisch-schweizerischen Kirchen gehabt. Für das Katholische hatte er wenig Verständnis. Er modernisierte viel. Er lebte von 1831 bis 1889.

Wenn wir uns auf die reformierten [*gereformeerd*] Kirchen beschränken, können wir noch die liturgische Bewegung nennen, die von Lausanne ausgeht (*Église et liturgie*)[356] und das ausgezeichnete *Book of Common Order* der schottischen Kirche (1928), ein Vorbild für sorgfältige Überarbeitung.[357] In der schottischen Kirche ist keine einzige Liturgie verbindlich, sodass auch diese Ordnung lediglich die Funktion eines Leitfadens hat.[358]

Von den niederländischen Versuchen nennen wir das *Formulierboek* von Professor Acquoy[359] (1849) und die kurze Liturgie, die J.H. Gerretsen um 1912 in 's-Gravenhage (Den Haag) einführte – ein Meilenstein in der liturgischen Entwicklung unserer Kirche:[360]

Eingangsgesang.
Votum (»Im Namen des Vaters« usw.).
Gruß.
Lobgesang (»Wir loben dich, o Gott« usw.).
Sündenbekenntnis (das reformierte [*gereformeerd*]) mit Antwort: »Erbarme, erbarme dich, Herr« usw.
Gnadenzuspruch mit Antwort: »Amen! Göttliches Evangelium« usw.
Credo (Apostolicum) mit Antwort: »O Vater, dass sich uns deine Liebe zeigt« usw.

Weder Schriftlesung noch Gebet noch andere Teile des Gottesdienstes wurden in diese Liturgie aufgenommen. Es ist ein typischer »Vorgottesdienst«, wobei das Wort »Liturgie« noch die Predigt und alles ihr Zugehörige ausschließt, ebenso wie – a fortiori – das Abendmahl. Aber es war der Beginn eines neuen Tages. Und die, die dabei waren, werden niemals die Ergriffenheit vergessen, als ihre eigene Kirche wieder damit begann, im Ton der jahrhundertelangen heiligen katholischen Kirche Gott anzubeten und sich zu ihm zu bekennen.

|157 *| § 32. Der Gottesdienst beginnt zuhause und in der Sakristei, von wo aus der Pfarrer, die Amtsträger und die Gemeindeglieder sich zu einer lebendigen Gemeinde zusammenfügen, die sich zum Gespräch mit Gott und untereinander anschickt.*

Der Gottesdienst nimmt niemals ein Ende. Wenn wir »aus der Kirche kommen« und meinen, dass es nun wieder vorbei ist, haben wir nicht wirklich am Gottesdienst teilgenommen, genauso wenig, wie wenn wir in die Kirche gehen und meinen, es hätte noch nicht begonnen. Wir betreten die Kirche und kommen aus unserem Haus, d.h., wir kommen aus dem einen Gottesdienst und gehen weiter in den anderen. Dies bringt die Pflicht der Vorbereitung mit sich. Wir rennen nicht in die Kirche, wir stürmen nicht im letzten Augenblick hinein. Wir bereiten uns vor, wenn möglich durch stilles Gebet, ansonsten durch Stille und ruhiges Verhalten. Auf dem Weg zur Kirche sprechen wir so wenig wie möglich über alltägliche Dinge. Wir sind bereits aufgrund unserer Bewegung liturgisch tätig. Denn der Gottesdienst ist keine statische Angelegenheit, sondern immer Bewegung. Der Gottesdienst ist ein Kommen und Gehen. Wenn wir uns vom Tisch erheben, an dem wir zuhause die Bibel zu lesen und zu beten pflegen, sind wir unterwegs, nicht zum, sondern im Gottesdienst.

Der Gottesdienst hat keinen »Höhepunkt«. Er ist kein Drama mit einer Auflösung. Ein Teil ist genauso wichtig und unentbehrlich wie der andere. Dies gilt auch für den Teil, bei dem – wie es im niederländischen Sprachgebrauch heißt – »der Pfarrer noch nicht auf seinem Sitz ist«, oder vernünftiger ausgedrückt: bei dem der Gottesdienst noch nicht begonnen hat. In der Tat hat der Gottesdienst bereits begonnen. Die Glocken läuten. Wir sind damit beschäftigt, zum Altar Gottes hinaufzugehen. Es versteht sich von selbst, dass wir – in Gottes Haus angekommen – uns mit größter Ehrfurcht verhalten und dass alle Gespräche gänzlich verstummen. »Schweig vor meinem Angesicht«:[361]

> Gott ist gegenwärtig; Gott ist in unserer Mitte:
> Lasst uns tief im Staub ihn anbeten!
> Dass in heiliger Ehrfurcht alles in uns schweige,
> dass vor ihm die Seele sich neige! (Lied Nr. 265).[362]

Es ist von größter Wichtigkeit, dass ein »Empfangskomitee« aus dem Kirchenvorstand oder eines, das der Kirchenvorstand aus Jugendlichen zusammengestellt hat, die Kirchgänger so schnell und ruhig wie möglich | zu einem Platz begleitet. In |158
einer christlichen Kirche sollte es eigentlich keine »festen Plätze« geben. Wo man dies nicht vermeiden kann, sorge man unbedingt dafür, dass genauso viele »freie« wie feste Plätze zur Verfügung stehen. Nichts ist so unerbaulich und unpassend wie wenn man stehen bleiben muss, bis es bei jemandem endlich »klingelt«.

Wer sich hingesetzt hat, beginnt mit einem stillen, persönlichen Vorbereitungsgebet. Dies ist nicht nur eine gute Gewohnheit, sondern eine unentbehrliche Voraussetzung für die eigentliche Teilnahme am Gottesdienst. Das »schnell in die Mütze schauen« ist ein Missbrauch, der den guten Brauch allerdings nicht hemmen darf.[363]

Die Körperhaltung der Kirchgänger sei entspannt, aber nicht schlaff oder schläfrig. Bei den verschiedenen liturgischen Handlungen haben sich im Laufe der Jahrhunderte verschiedene Körperhaltungen als möglich erwiesen. Als wünschenswert erscheinen uns die Folgenden:

Bei Gebeten: Knien – während der Zeit der Republik[364] in unserer Kirche noch üblich.[365] Es drückt am besten die gänzliche Hingebung aus und ermöglicht volle Konzentration. Das Stehen, die Haltung der alten Kirche, ist natürlich auch möglich, aber dann soll die ganze Gemeinde stehen, nicht nur die Männer. Beim Gebet sind die Augen geschlossen und die Hände gefaltet.

Beim Glaubensbekenntnis und beim Gesang: Stehen – das ist die Haltung der Bereitschaft, die Haltung desjenigen, der sich aufmacht. Sie passt am besten zum Lob Gottes. Beim Glaubensbekenntnis werden die Augen nicht geschlossen und die Hände nicht gefaltet. Wo regelmäßig ungereimte Psalmen gesungen werden, kann man während des Singens – gemäß dem Brauch der alten Kirche – sitzen (*kathisma*). Beim Kleinen Gloria, das sie abschließt, steht man dann auf (*stasis*).

Beim Gruß: Stehen – genauso, wie wir uns erheben, wenn wir jemanden begrüßen.

Beim Sündenbekenntnis: Knien – dies gilt als Gebet. Beim Gnadenzuspruch steht man auf.

Bei der Schriftlesung: Sitzen – abgesehen vom Evangelium, das man sich nach sehr altem und sinnvollem Brauch stehend anhört.

Natürlich sind dies allgemeine Regeln. Man muss sehen, was man davon zustande
|159 bringen kann.* Das Wichtigste ist, dass | die Gemeinde auf alle Fälle mehrere Male die Körperhaltung ändert. Gemeindeglieder, die an ihrem Sitz festkleben, sind genauso wenig brauchbar wie Pfarrer, die auf ihren Stühlen festgewachsen sind.

Für den Pfarrer, die Gemeindeältesten und die Diakone beginnt der Gottesdienst auch in ihren Häusern. Aber sie haben eine Zwischenstation: die Sakristei, in der sie sich treffen. Diese Zusammenkunft erfolgt nicht, um die Zigarre zu deponieren, und genauso wenig, um einen Schwatz über das Wetter zu halten. Es ist ein Teil des Gottesdienstes. Darum ist es ein guter, alter Gebrauch bei uns, dass einer der Gemeindeältesten ein Gebet spricht. Auch hier gilt: *abusus non tollit usum*. Die Gemeindeältesten, die Gott und ihren Pfarrer mit ellenlangen Gebeten strapazieren, müssen dies selbst verantworten, genauso wie diejenigen, die bei dieser Gelegenheit ihrem Schöpfer mitteilen, dass der Pfarrer auch nur ein armer

* Wenn Knien nicht möglich ist, nähert man sich dieser Haltung am besten dadurch an, dass man mit gesenktem Kopf sitzen bleibt. Auch bei Valerandus Pollanus wird gekniet [vgl. Valerandus Pollanus, Liturgia Sacra (1551–1555), hg. von A. C. Honders, Leiden 1970 (Kerkhistorische bijdragen 1), 58f.]. Calvin beantwortet die Frage, ob das Knien eine göttliche oder eher eine menschliche Angelegenheit ist, d.h. ob es notwendig oder indifferent ist, mit den Worten: »Je dy qu'elle est tellement humaine qu'elle est aussi divine. Elle est de Dieu« [Johannes Calvin, Institution de la religion chrétienne (1561), hg. von Frank Baumgartner, Genf/Paris 1888, 556 (4.10.30)].

Sünder ist, der auch nicht viel zustande bringt. Getragen von der Gebetsgemeinschaft mit ihrem Kirchenvorstand und dadurch mit der Gemeinde, begibt sich der Pfarrer aus der Sakristei in die Kirche.

Er tut dies, indem ihm der Sigrist und der diensthabende Gemeindeälteste vorangehen; die anderen Pfarrer, sofern welche anwesend sind, und die übrigen Mitglieder des Kirchenvorstands folgen ihm. Er hält den Blick gesenkt; es tut ja nichts zur Sache, ob zweitausend oder nur zwei Kirchgänger da sind (Mehl).[366] Im Altarraum angekommen, reicht der diensthabende Gemeindeälteste dem Pfarrer (oder den Pfarrern) die Hand. Jeder begibt sich an seinen Platz und verharrt dort einige Augenblicke im stillen Vorbereitungsgebet (vorzugsweise knieend).

> *§ 33. Der Beginn des Gottesdienstes verleiht dem Auftrag Gottes und dem Lob der Gemeinde, die den Auftrag ausführt, Form; diese Form richtet sich nach dem Kirchenjahr.*

Einen eigentlichen Anfang haben die meisten Arten des christlichen Gottesdienstes nicht. Zwar gibt es das Eintreten des Klerus, den Einzug der östlichen Kirche, der von Gesang begleitet wird. In der westlichen Kirche nannte man dies »Introitus«; während des Eintretens wurde ein Psalm gesungen. Nach dem sechsten Jahrhundert wurde dazu ein Teil eines | Psalms gemäß dem Kirchenjahr verwendet, der |160
zudem seinen Platz nicht mehr zu Beginn und nicht während des Eintretens hatte. So veränderte sich die Bedeutung des Ausdrucks »Introitus« je länger je mehr, bis die lutherische Kirche im 19. Jahrhundert daraus ein sogenanntes Eingangswort machte, d.h. einen Text, der zu Beginn vom Pfarrer gesprochen wurde und in engem Bezug zum Kirchenjahr stand, auf den die Gemeinde mit dem Kleinen Gloria antwortete. Ein interessantes Stückchen Liturgiegeschichte, an welchem sich zeigt, wie manche Handlungen im Laufe der Zeit ihre Bedeutung verändern können! Der alte niederländische Brauch, dass die Pfarrer und der Kirchenvorstand während des Singens eines Psalmes eintreten, kommt der ursprünglichen Bedeutung sehr nahe und ist deshalb auch gut vertretbar. Das Lied wird von der Gemeinde natürlich ohne Ansage angestimmt; sie hat es von den Liedtafeln, die überall gut sichtbar sein müssen, abgelesen. Man wähle für diesen Fall am besten ein Loblied oder einen Lobpsalm.

Während die Gemeinde ihren Platz einnimmt, präludiert der Organist. Seine Aufgabe ist dabei dienend. Die Übergangsstellen müssen gefüllt werden. Es darf im Gottesdienst keine leeren Stellen geben. Es ist jedoch auch erwünscht, dass der Segen der Musik der Gemeinde bewusst wird. Das Präludium verdient Aufmerksamkeit, diese stellt sich aber während des Eintretens und Einnehmens des Platzes bestenfalls nur teilweise ein. Wenn es folglich kein »Introitus« im alten Sinn, d.h. ein durch Gesang begleitetes Eintreten, gibt, dann empfiehlt sich der schweizerische Brauch, der gebietet, dass, sobald der Pfarrer und der Kirchenvorstand sitzen, der Organist ein kurzes Präludium zu Gehör bringt, dem der Pfarrer und die Gemeinde in stiller Hingabe lauschen. Er kann dabei aus dem ganzen Reichtum der Kirchenmusik auswählen. Die Gemeinde kommt dadurch gänzlich zur Ruhe, und es wird ihr zugleich die wichtige Aufgabe der Musik im Gottesdienst bewusst.

Unverzüglich nach seinem Einzug spricht der Pfarrer das Votum. Darin kommt Gottes Auftrag, seine Vollmacht (ἐξουσία), zur Sprache. Alles, was darauf folgt, erfolgt in Gottes Namen. Deshalb ist es völlig sinnlos das Votum auszusprechen, nachdem bereits ein Teil des Gottesdienstes stattgefunden hat. Es gehört an den Beginn oder gar nirgends hin. Nur das Einzugslied kann dem Votum unter Umständen vorausgehen.

|161 | Als Votum ist für unsere Kirche seit der Dordrechter Synode von 1574 das sogenannte Adjutorium festgelegt, das den meisten reformierten [*gereformeerd*] Kirchen gemein ist: »Dass man den Einstieg bis zu den Gebeten und der Predigt fortan mit einer festen Formel gestalten sollte, nämlich: Unsere Hilfe steht im Namen des Herrn, der Himmel und Erde gemacht hat.«[367] Man halte sich daran, vor allem an die feste Form. Die Willkür und der verschrobene Eigensinn bei der »Wahl« von Voten ist in unserer Kirche besonders anstößig. Der eine möchte es immer wieder schöner und anders machen als der andere. Man kann die gebräuchliche Erweiterung hinzufügen: »dessen Gnade ewig währt und der die Werke seiner Hände nicht fahren lässt«, weil sie in diesem Moment des Beginns sehr schön ist. Aber dabei belasse man es. An sich ist natürlich auch das noch einfachere Votum »Im Namen des Vaters und des Sohnes und des Heiligen Geistes« möglich. Es ist katholisch und auch reformiert [*gereformeerd*], wohingegen das Adjutorium reformiert [*gereformeerd*] und zugleich katholisch ist. In keinem Fall gebrauche man jedoch sowohl dieses Votum als auch das Adjutorium, wie es in *Eeredienst* leider, auch durch meine Schuld, noch als möglich angegeben ist.[368]

Auf das Votum folgt der Gruß, kein Segen! Der Segen kommt später. Nachdem Gottes Auftrag laut geworden ist, begrüßt der Pfarrer die Gemeinde und sie ihn. Das ist das Zeichen der Gemeinschaft; alles, was sich nunmehr ereignen wird, betrifft die ganze Gemeinde, die ihr Gespräch – sowohl untereinander als auch mit Gott – begonnen hat. Auch der Friedensgruß ist ein Gruß, aber er gehört zur Austeilung des Abendmahls. Die einfachste Form ist die altkirchliche: »Der Herr sei mit euch!«, woraufhin die Gemeinde antwortet: »Und mit deinem Geist.« Dieser Gruß kommt in der Liturgie noch etliche Mal vor, unter anderem als feste Einleitung zum Gebet. Darum kann man ihn hier, wenn man dies als besser erachtet, durch die hierzulande gebräuchliche Formel aus den Pastoralbriefen ersetzen, trinitarisch ergänzt: »Gnade sei mit euch und Friede von Gott, unserem Vater, und dem Herrn Jesus Christus und dem Heiligen Geist« [vgl. 1Kor 1,3; 2Kor 1,2]. Man hüte sich vor den vielen geschwollenen und unnötigen Worten,

womit wir hierzulande im Moment das Fehlen einer brauchbaren Liturgie zu entschuldigen versuchen. Ausdrücke wie »reichlich geschenkt«, »überreichlich vermehrt« usw. usf. sind fehl am Platz. Hier können wir wirklich »Nüchternheit« an den Tag legen! Im Gruß begegnen wir uns im festen Glauben, dass Gott in unserer Begegnung uns auch begegnen | will. Verwendet man den trinitarischen |162
Gruß, dann antworte die Gemeinde mit »Amen«. Die Antwort ist essenziell, es gibt keinen Gruß ohne Antwort.

Nach dem Votum und dem Gruß finde der Introitus seinen Platz. In der bereits skizzierten Form eines Bibeltextes im Einklang mit dem Kirchenjahr ist dies keine lutherische Neuerung, hatte doch der Introituspsalm (später Antiphon) bereits diesen Charakter angenommen. Gemäß einer festen Liste, die dem Kirchenjahr genau folgt, spricht der Pfarrer ein Bibelwort, das diesen bestimmten Gottesdienst prägt. Das Votum erteilte den Auftrag im Allgemeinen; der Gruß konstituierte die Gemeinschaft; nunmehr versetzt der Introitus den Gottesdienst in die Sphäre jenes Aspekts der Heilsgeschichte, aus dem wir im Augenblick leben: Wir sind im Advents-, im Pfingst- oder im Trinitatisgottesdienst. Neben der monumentalen Einheit kommt heutzutage auch der Reichtum zur Geltung. Von dem alten Introitus ist geblieben, dass auch heutzutage die Gemeinde antwortet und zwar mit dem Lobgesang. Sie gibt damit eine Antwort auf Gottes Auftrag und Vollmacht. Hat man ein Einzugslied gesungen, dann kann man sich hier auch auf das Kleine Gloria beschränken: »Ehre sei dem Vater und dem Sohn und dem Heiligen Geist, wie es war im Anfang, so auch jetzt und immerdar, und von Ewigkeit zu Ewigkeit, Amen.« Das ist die lapidarste Form der Lobpreisung, die die Kirche bislang gefunden hat. Hat es kein Einzugslied gegeben, dann findet hier der Lobpsalm oder das Loblied seinen Platz. Man gebe dies auch heutzutage nicht auf, man tue dies niemals! Und man lese es noch viel weniger jemals vor! Es gibt nichts, dass das Spontane des Gesangs so sehr tötet wie die oft noch zwei- oder dreimal wiederholte Ansage – ich wiederhole! – und das schulmeisterliche Vorlesen des Textes. Manche Pfarrer leiern diese vorgelesenen Texte herunter, andere rezitieren die Verse, als ob sie einen Preis für die Rezitation von Lyrik gewinnen müssten. Das eine ist genauso deplatziert wie das andere. Die Gemeinde kennt ihr Psalm- und Gesangbuch. Sie will nun singen, nicht zuhören. Sie braucht auch nicht zu proben. Der Lauf des Gottesdienstes wird verzögert, seiner Schlichtheit wird durch das Ansagen und Vorlesen geschadet. Der Pfarrer spricht | den Introitus und |163
die Gemeinde antwortet unverzüglich mit ihrem Gesang.

Man singe so oft wie möglich nur ganze Lieder. Ein gutes Kirchenlied bildet eine Einheit und trägt nur als Einheit unseren Dank und unsere Anbetung zu Gottes Thron. Bei zügigem Gesang aus unserem neuen Gesangbuch muss man nicht allzu große Bedenken haben, obwohl natürlich auch Lieder immer noch da sind, die man nur fragmentarisch singen kann. Aber man behalte die Norm im Auge!

Der Gottesdienst ist ein Sonntagmorgengottesdienst, der folglich die Austeilung des Abendmahls umfasst. Auch wenn diese wegfällt, ist der Gottesdienst dennoch im Grunde ein Abendmahlsgottesdienst, eine Antekommunion, wie wir es oben ausgeführt haben.[369] Deshalb sollten die wichtigsten liturgischen Handlungen am Tisch geschehen, während diese im Stundengebetsgottesdienst am Lesepult stattfinden können. Votum, Gruß und Introitus werden folglich vom Pfarrer gesprochen, während er hinter dem Tisch steht. Er setzt dazu keine Gesten ein, auch nicht für den Gruß, der jedenfalls kein Segen ist. Die Gemeinde steht für ihre Antwort auf den Gruß auf und bleibt bis nach der Antwort auf den Introitus stehen.

§ 34. Das erste Wort, das die Gemeinde aus eigener Initiative spricht, ist das der Reue, das Sündenbekenntnis (Offene Schuld). In der Gnadenzusage vergibt Gott durch unseren Dienst unsere gemeinsame Schuld. Daraufhin hören wir seine Gebote, die wir als eine Pflicht der Dankbarkeit erfüllen wollen.

Die Offene Schuld als fester Bestandteil des Gottesdienstes ist eine Frucht der Reformation. Nicht, dass sie nicht sehr alt wäre. Bereits die Synagoge kennt ein Sündenbekenntnis. Und in Gesang und Gebet wurde bereits in den ältesten christlichen Gottesdiensten Schuld bekannt, wie das Kyrie beweist. In den germanischen Kirchen kam seit Karl dem Großen ein öffentliches Sündenbekenntnis hinzu, nach der Predigt oder nach dem Evangelium. Im Mittelalter finden wir dies in
|164 Deutschland noch da und dort als »Offene Schuld«.[370] Aber alles, was | direkt mit Sündenbekenntnis und Vergebung zu tun hat, wurde später in der Beichte konzentriert, und diese findet außerhalb des Gottesdienstes statt, auch wenn sie die Voraussetzung für die Teilnahme am Gottesdienst ist. Im römisch-katholischen Ritus ist das Sündenbekenntnis eine persönliche Angelegenheit des Priesters und der Messdiener, die von jedem Gemeindeglied übernommen werden kann. Aber es ist nicht die Rede von einem gemeinsamen Sündenbekenntnis. Dieses kommt erst mit der Reformation auf, und dies wahrscheinlich, wie wir sahen, in Straßburg. Als »Offene Schuld« finden wir es dann in den meisten reformatorischen Liturgien wieder. Natürlich kann sie nicht das persönliche Sündenbekenntnis und die Absolution ersetzen, wie dies in der Beichte geschieht. Aber sie ist die Voraussetzung und der Kern dafür, und zwar auf dieselbe Art und Weise, wie das allgemeine Priestertum die Voraussetzung und der Kern für die besonderen Ämter ist. Im Gottesdienst bekenne ich folglich nicht meine persönlichen Sünden, sondern die Sündhaftigkeit, die ich mit allen anderen Gemeindegliedern gemeinsam habe. Und ebenso wenig vergibt Gott mir meine persönlichen Sünden, aber sein Heilswort spricht mich von meiner Sündhaftigkeit los. Die Vergebung meiner persönlichen Sünden erfolgt in der Beichte.

So gesehen ist die Offene Schuld ein äußerst bedeutender Teil des Gottesdienstes, der einen eigenen Platz benötigt, und der nicht in einem Gebet, in dem auch noch andere Dinge vorkommen, heimlich versteckt werden darf. Die Offene Schuld bildet die Basis des Gottesdienstes, da sie die Voraussetzung für die Verleihung des Amtes ist. Sie bringt gleichsam die Taufe, die Glaubensbekenntnis und Abwaschung der Sünden bedeutet, an den Beginn des Gottesdienstes. Gleich wird die Taufe nochmals wiederkehren, nämlich beim Credo. Sie ist, auch wenn sie nicht gespendet wird, die feste Grundlage für alles, was geschieht.

Dasselbe können wir anders ausgedrückt auch wie folgt sagen: Wenn wir vor Gottes Angesicht erscheinen, können wir keinen Augenblick abwarten, das Allerwichtigste zu sagen, nämlich dass wir Sünder sind und dass unsere Sünde uns von Herzen leid tut. Wir können nicht fortfahren, ohne dass Gott uns die Sünde vergibt. Wir haben in seinem Namen begonnen, wir haben seinen Namen verherrlicht. Aber sobald wir nun fortfahren, muss ausgesprochen werden, dass das eigentlich nicht geht. Und dass es doch sein darf.

Die Offene Schuld wird mit einer Aufforderung eingeleitet: »Lasst uns vor dem
Herrn unsere Sünden bekennen. | Denn wenn wir sagen, wir haben keine Sünde« |165
usw. Oder: »Demütigen wir uns vor dem Herrn« usw.; »denn arglistig ist das Herz« usw. Das Sündenbekenntnis selbst kann verschiedene Formen haben. In *Eeredienst* sind zwei reformierte [*gereformeerd*] und eine anglikanische Formulierung zu finden.[371] Es gibt hier sicherlich Raum für Abwechslung. Aber man vernachlässige insbesondere nicht das wunderbare reformierte [*gereformeerd*] Sündenbekenntnis, das zwar Beza[372] zugeschrieben wird, das aber älter ist und über Dathenus, Beza und Calvin aus Straßburg kam;[373] meines Erachtens einer der schönsten Teile unserer ganzen reformierten [*gereformeerd*] Liturgie, auch wenn unsere Vorfahren ihn im Gebet vor der Predigt an Werktagen versteckt haben[374] und auch wenn die meisten unserer Zeitgenossen es kaum finden können.[*] Die französische Kirche hielt dieses Bekenntnis in hohen Ehren. Und wir dürfen nicht zurückstehen. Hier schlägt das Herz des reformierten [*gereformeerd*] Bekenntnisses: »Wir erkennen und bekennen vor deiner göttlichen Majestät, dass wir arme und elende Sünder sind, empfangen und geboren in aller Boshaftigkeit und Verderbnis, geneigt zu allem Bösen und unnütz zu allem Guten«[375] usw.

Die Gemeinde singt nach dem Sündenbekenntnis das Kyrie, das selbst ein Sündenbekenntnis ist. Darum muss das Bekenntnis nicht von der Gemeinde mitgesprochen werden, auch wenn an sich nichts dagegen spricht. Man singe das Kyrie

* In der Liturgie aus der Pfalz war dieser Teil zumindest noch erkennbar: »Öffentliches Bekenntnis der Sünden und Gebet vor der Predigt« [vgl. Kurpfälzische Kirchenordnung (1563), in: Die evangelischen Kirchenordnungen des XVI. Jahrhunderts, hg. von Emil Sehling, Bd. 14, Tübingen 1969, 388 (Anm.): »Offentliche bekantnuß der sünden und gebet vor der predig«]. Das zweite reformierte [*gereformeerd*] Sündenbekenntnis landete im sonntäglichen Gebet vor der Predigt.

in der alten Form, mit der Ehrfurcht, die einem der ursprünglichen Bestandteile der Liturgie gebührt, und mit der Inbrunst des Herzens, die viele Generationen dort hineingelegt haben. Wo man mit einer liturgischen Erneuerung beginnt, ist es manchmal schwierig, sogleich die alten Melodien einzuführen. Man kann dann eine ähnliche Liedstrophe singen. Aber man ersetze dies so schnell wie möglich wieder durch den ursprünglichen Text. Nichts kommt an das einfache »Herr, erbarme dich unser! Christus, erbarme dich unser! Herr, erbarme dich unser!« heran. Und überdies eignet sich der Choral nicht für Antworten. Dazu passt nur eine gregorianische Melodie.

Jetzt folgt der Gnadenzuspruch.* Bei dem sehr klaren Gebot des Herrn, die
|166 Sünden zu vergeben, brauchen wir die | Absolution ebenso wenig zu scheuen, wie Calvin dies in seiner Straßburger Zeit tat. Kraft seines Amtes spricht der Pfarrer die Vergebung der Schuld aus. Das ist kein Segenswunsch, kein »Möge es so sein!«, sondern eine Realität, die großartige Realität der christlichen Verkündigung, die jeglichem Predigen zugrunde liegt. Wenn die Vergebung der Schuld nicht explizit bekannt gegeben wird, können wir nachher nicht predigen. Am besten verwenden wir eine Absolutionsformel: »Als Diener Jesu Christi verkündigen wir jedem, der aufrichtig vor Gott seine Schuld bekannt hat, die Vergebung der Sünden.« Daran schließen wir einen Wechseltext gemäß dem Kirchenjahr an. Weiter können wir im Gottesdienst nicht gehen. Wir können nicht Ihnen, Ihrem Nachbarn oder mir die Schuld individuell vergeben. Dies erfolgt in der Beichte. Hier verkündigen wir die Grundlage davon: Gottes vergebende Liebe, die zu uns kommt.

Dann bricht der Jubel der Kirche in den Engelsgesang aus, in das Große Gloria. Seit jeher ist dies der Jubelgesang der Kirche par excellence. Sie übernimmt ihn von den Engeln, die ihn vorsingen.[376] Man singe auch diese Antwort mit der alten, schönen Melodie, die durch die lutherische Kirche erhalten blieb. Und man ersetze sie, wenn es nur irgendwie geht, nicht durch eine Liedstrophe. An Festtagen kann man darauf die große Doxologie folgen lassen, die bereits in der alten Kirche als Erweiterung des *Gloria in excelsis* ihren festen Platz hat: das *Laudamus te*. Es gibt davon einfachere und schwierigere Fassungen. Auch der Chor kann das singen.

Als letztes Stück dieses Teils des Gottesdienstes folgt das Gesetz des Herrn. Wir sahen bereits, dass dies ein eigentümlich reformiertes [*gereformeerd*] Erbe ist. Darum soll sie im Kontext der reformierten [*gereformeerd*] Heilslehre bevorzugt gelesen werden: Elend, Erlösung, Dankbarkeit.[377] Gottes Gebote sind nicht schwer, aber sie führen uns in die Fremde:

* Oder Absolution. »Gnadenverkündigung« geht auch, ist aber ein wenig schwach.

Ein Fremder bin ich auf Erden,
verbirg deine Gebote nicht vor mir (Ps 119[,19]).

Sie gehören zur Dimension der Dankbarkeit. In dieser Ordnung singt man nach der Lesung die letzte Strophe des sehr alten Gesanges A, die gereimte Version der Zehn Gebote von Marot,[378] ein typisch | reformiertes [*gereformeerd*] Stück.[379] |167
Natürlich ist das Gesetz auch Zuchtmeister in Bezug auf Buße und Einkehr. Es fördert das Sündenbewusstsein. Darauf beruht die andere, an sich auch sinnvolle Ordnung: Gesetz – Sündenbekenntnis – Absolution. Wir bevorzugen die reformierte [*gereformeerd*] Ordnung, aber auch die andere ist gut. Bei Letzterer muss darauf keine Antwort der Gemeinde folgen. Man lese niemals die Zehn Gebote ohne das Doppelgebot der Liebe, das ihnen erst ihren für die Christenheit gültigen Sinn verleiht. Man kann sich auch auf das Doppelgebot der Liebe beschränken.

Beim Sündenbekenntnis, beim Gnadenzuspruch und dem Gesetz steht der Pfarrer hinter dem Tisch. Die Gemeinde kniet während des Sündenbekenntnisses, des Kyrie und der Absolution. Beim Gloria steht sie auf. Während der Verlesung des Gesetzes sitzt sie.

§ 35. Die durch die Vergebung der Schuld befreite Kirche nimmt nun ihre Aufgabe auf Erden in Angriff: das Lob Gottes zu verkündigen.

Es wäre falsch, wenn die Dankbarkeit bei der Bereitschaft zur Erfüllung des Gesetzes stehen bliebe. Es gibt im christlichen Leben mehr als die Erfüllung des Gesetzes; es gibt Freude und Überfluss. Auch verlangt Gott von uns mehr als nur die Erfüllung der Gebote, er verlangt, dass unser Leben ihn loben und preisen soll. Dem verleiht die Lobpreisung Ausdruck, die ihren eigenen Platz im Gottesdienst hat. Der ganze Gottesdienst ist Lobpreisung; aber es ist gut, dass es einen Augenblick gibt, in dem man nichts anderes tut als das. So wie auch der ganze Gottesdienst Sündenbekenntnis, Credo und Gebet ist, und doch ist es gut, dass es Augenblicke gibt, in denen man nichts anderes tut, als Schuld oder Glaube zu bekennen und zu beten.

Die Lobpreisung kommt in vielen Liturgien vor und sie kann verschiedene Formen aufweisen. Das Beste ist ein Wechselgesang zwischen Pfarrer und Gemeinde in der alt-kirchlichen Form: »Herr, öffne unsere Lippen« – »so wird unser Mund deinen Ruhm verkündigen« usw. Unmittelbar darauf folgt dann ein Hymnus. Unser neues Gesangbuch bietet viele wunderschöne Loblieder zur Auswahl an (Lieder Nr. 89–94; 132–152).[380] Man nehme hier keinen Psalm. Einen Psalm singen wir gleich wieder. Hier erklinge jedoch das volle Lob Gottes durch Jesus Christus. Man singe das ganze Loblied. Der Organist spiele ein sehr kurzes Präludium, keine | Zwischenspiele (die übrigens generell schlecht sind). |168

Der Pfarrer spricht vom Tisch aus. Die Gemeinde steht während der ganzen Lobpreisung.

Die Lobpreisung ist kein Höhepunkt; sie ist ein besonderer Teil des Gottesdienstes, der – wie alles – das eine oder andere Mal wiederkehrt. Wir beginnen bereits mit Lobpreisung, wir setzen sie im Großen Gloria fort, wir finden sie nachher wieder bei der eucharistischen Lobpreisung. Wenn auf Letztere ein besonderer Schwerpunkt fällt, dann kann die Lobpreisung hier eventuell wegfallen.

> *§ 36. Psalmengesang und Schriftlesung haben im Gottesdienst je einen eigenen, selbstständigen Platz. Das Wort Gottes wird dabei nicht nur mitgeteilt, sondern gegenwärtig gemacht: Gottes Tat tritt in das Leben der Gemeinde.*

Das Buch der Psalmen ist von so großer Bedeutung als Gebetbuch der Kirche, dass ihm im Gottesdienst ein besonderer Platz zusteht. Man singt allerlei Hymnen, zu denen auch die gereimten Psalmlieder gehören, die zu den schönsten Schätzen unserer Kirche gehören. Aber die Psalmen haben ihren *eigenen* Platz, und zwar eigentlich im Stundengebetsgottesdienst, wo sie seit jeher regelmäßig täglich gesungen werden, sodass im Laufe eines Monats das ganze Buch der Psalmen durchgebetet wird.[381] Solange unsere täglichen Gottesdienste noch so wenig regelmäßig sind, tun wir gut daran, diesen Bestandteil des Stundengebetsgottesdienstes auch in den Sonntagmorgengottesdienst aufzunehmen. Wenn wir einmal so weit kommen, dass ein täglicher Gebetsgottesdienst, auch am Sonntagmorgen früh, wieder möglich ist, dann behält das Psalmensingen trotzdem seine eigene Aufgabe im Hauptgottesdienst, wo es ursprünglich einen großen Platz einnahm.

Psalmen werden zwar gesungen, aber eigentlich werden sie gebetet. Die Kirche akzeptiere und gebrauche das Buch der Psalmen als Gebetbuch. Darum platzieren wir die Psalmen in unserer Liturgie zwischen Lobpreisung und Schriftlesung. Das Lob mündet in ein ruhiges Gebet und geht über in die Verkündigung. Hier bitten wir mit allen Heiligen. Das Buch der Psalmen ist ein außerordentlich liturgisches
|169 Buch: Anbetung und Selbsthingabe stehen darin | im Mittelpunkt. »Sende dein Licht und deine Wahrheit, sie sollen mich leiten, mich bringen zu deinem heiligen Berg und zu deinen Wohnungen. So will ich hineingehen zum Altar Gottes, zum Gott meiner Freude. Jauchzend will ich dich mit der Leier preisen, Gott, mein Gott« (Ps 43[,3 f.]). Wensinck hat uns auf unnachahmliche Weise gezeigt, dass das Buch der Psalmen nicht nur ein Liederbuch ist, sondern ein liturgisches Buch.[382] Man kann es außerhalb der liturgischen Ordnung nicht verstehen. Darum – wie kostbar sein Besitz auch ist, wenn wir es still vor uns hin lesen – kommt es erst im Gottesdienst zu seiner vollen Geltung, seinen vollen Segen schenkt es erst im Gottesdienst.

Das Evangelium ist im Alten Testament implizit enthalten. Es muss jedoch explizit werden. Dies hat die alte Kirche gespürt, als sie hinter jeden Psalm das Kleine Gloria hinzufügte, das Lob der Dreieinigkeit. Dadurch wird die Erfüllung des christlichen Bekenntnisses in kurzer, lapidarer Form als Zusammenfassung hinter jedes Psalmgebet gestellt. Auf diese Weise ist es auch möglich, die Psalmen zu beten, die, wie nicht selten, mit einer schrillen, grellen Note enden. Es ist nicht gut, das weniger Angenehme und weniger Anmutige wegzulassen. Das Leben lässt dies auch nicht weg, und das echte Gebet kommt mitten aus dem Leben. Es ist voll von allerlei schweren und harten Dingen. Aber die Kirche weiß, worauf dies alles hinausläuft. Mit ihrer Doxologie macht sie das Evangelium vortrefflich, auch im dunkelsten Buß- und Rachepsalm.

Es gibt verschiedene Möglichkeiten, um die Psalmen im Gottesdienst zu Gehör zu bringen. Von den Psalmliedern sehen wir hier ab; die kommen reichlich zur Geltung beim Choralgesang, vor allem zu Beginn des Gottesdienstes. Hier geht es natürlich um die Psalmen in ihrer vollen Stärke, also reimlos. Am besten ist es, dass der Chor sie im Wechselgesang betet, auf die alte bewährte Art und Weise, bei der jeder Psalmvers in zwei Teile geteilt wird. Die Gemeinde singt dann mit dem Chor mit, allenfalls kann sie sich auch in zwei Hälften teilen. Bei »Ehre sei dem Vater« usw. kommen die beiden Chöre zusammen. Vortrefflich ist es auch, wenn der Pfarrer die Psalmen mit der Gemeinde im Wechselgesang betet: er die erste Hälfte des Verses, sie die zweite. Ist diese Weise des Singens der Gemeinde noch fremd, dann kann der Psalm auch von zwei Pfarrern im Wechselgesang gesungen bzw. rezitiert werden. Die Gemeinde singt dann | das Kleine Gloria. Ist |170
auch dies so gut wie unmöglich, dann kann der Pfarrer den Psalm oder die Psalmen lesen, während die Gemeinde die Doxologie in Gesangsform ergänzt. Bei weitem zu bevorzugen ist allerdings das Singen der ungereimten Psalmen im Wechselgesang, von dem Adriaan Engels, wie gesagt, ein hervorragendes Beispiel gab.[383]

Der Pfarrer, Diakon oder Kantor singt den Psalm vom Lesepult oder von seinem Platz aus. Die Gemeinde steht.

Die Schriftlesung im Gottesdienst ist kein Unterricht in der Heiligen Schrift, keine Katechese. Sie kann auch in dieser Hinsicht einen Nutzen haben, aber sie ist vor allem Verkündigung von Gottes Wort. Gott spricht zur Gemeinde. Es ist kein Vortrag, sondern ein Geschehen, eine Handlung. Mit dieser Handlung kommt die Heilige Schrift erst zu ihrer Offenbarungsbedeutung. Eine Heilige Schrift, die nicht in der Gemeinde gelesen wird, ist ein totes Schriftstück. Nur wenn sie erklingt, fungiert sie als Wort Gottes. »Gott will zu Wort kommen. Darum ist Schöpfungszeit, wo die Schrift verlesen wird. Gott will neue Kreaturen schaffen. Es soll alles neu werden.«[384] Besser als mit diesen Worten von Asmussen können wir das nicht ausdrücken. Gott tritt in das Leben der Gemeinde mit seinem heiligen Wort, d.h. mit seiner Erlösungstat. Die Heilsgeschichte wird real, präsent in der Lesung. Die Schriftlesung trägt folglich einen sakramentalen Charakter. Sie ist nicht nur erbaulich oder nützlich. Sie dient auch nicht zur Vorbereitung auf die Predigt. Sie ist die Ankündigung der Ankunft des Königs. Sie ist im Grunde Evangelium, frohe Botschaft, Verkündigung, dass Gott das Königtum angetreten hat.

Die Schriftlesung ist folglich nicht die vor der Predigt zur Kontextualisierung notwendige Verlesung eines Bibelabschnitts. Wenn eine solche notwendig ist, trage man sie bei der Lesung des Predigttextes vor. Hier geht es um eine selbstständige liturgische Handlung, die sich nicht im Geringsten nach dem Thema der Predigt richtet. Im Gegenteil: Die Predigt richte sich nach der Schriftlesung.

Wir sahen in unserem historischen Überblick, dass in alten Zeiten die Schriftlesung einen viel größeren Platz einnahm als heute. Die Alte Kirche kannte vier Schriftlesungen, nämlich aus den historischen und den prophetischen Büchern, aus der Apostelgeschichte oder den Briefen, und aus dem Evangelium. Ein Lektor *(anagnostes)* las die ersten drei, ein Presbyter oder Diakon das Evangelium. Die
|171 Kirche | folgte dabei der Synagoge, die Gesetz und Propheten perikopenweise las *(Paraschot* und *Haftarot*,[385] Apg 15,21; 13,27). Im Laufe der Zeit wurde die Anzahl der Schriftlesungen auf zwei reduziert. Die Reformation stellte die besondere Bedeutung der Schriftlesung im Gottesdienst teilweise wieder in Frage, indem sie die Schriftlesung der Predigt unterordnete. Natürlich muss die Heilige Schrift ausgelegt werden. Aber einerseits muss sie auch selbstständig laut werden können, ohne explizite Auslegung. Andererseits ist auch mit der Lesung bereits eine Interpretation verbunden. Nur ist diese Interpretation nicht ausdrücklich und nicht persönlich, sondern diejenige, die die Kirche durch die Festlegung ihrer Leseordnung lieferte.

Das Perikopensystem der Kirche stammt aus Rom und fand seit dem *Homiliar* von Karl dem Großen im Westen allgemein Eingang. Wir müssen hier zwischen den für jede Hore bestimmten Bibelabschnitten und den Teilen für den Sonntagmorgengottesdienst unterscheiden. In den Perikopen der Horen kommt die ganze Heilige Schrift an die Reihe. Im Hauptgottesdienst nur Epistel und Evangelium. Dieses kirchliche Lektionar ist sicherlich nicht vollkommen. Aber es stellt einen Versuch dar, die Gemeinde in ständige lebendige Berührung mit der ganzen Heiligen Schrift zu bringen, in ihrer organischen Heilsstruktur. Es richtete sich denn auch im Laufe der Entwicklung immer mehr nach dem Kirchenjahr. Im Stundengebetsgottesdienst und Sonntagsgottesdienst zusammen begegnet man nacheinander allen Teilen der Heiligen Schrift, aber nicht in der Reihenfolge, der man schon zuhause beim Lesen folgt, sondern in der Reihenfolge, in der Gott sein Heil gab, nach dem Gang der Heilsgeschichte. In diesem regelmäßigen Kontakt mit der Heiligen Schrift liegt für die Gemeinde ein großes Gut.

Man halte sich im Sonntagmorgengottesdienst an die gängige Epistel und an das gebräuchliche Evangelium. Der Rest der Bibel kommt im Stundengebetsgottesdienst zur Sprache. Die Psalmen werden natürlich nicht gelesen, da sie regelmäßig gebetet werden. Statt der Epistel kann man auch die Apostelgeschichte oder die Offenbarung nehmen. Auch spricht nichts dagegen, eine dritte Lesung hinzuzufügen, die sich dann auf ein historisches oder prophetisches Buch des Alten Testaments beziehen kann. Indem man sich der Kirchenordnung unterwirft, bereichert man die eigene Predigt und gibt | der Gemeinde das, worauf sie ein |172
Anrecht hat: die ganze Heilige Schrift nach dem Gang der Heilsgeschichte.

Epistel und Evangelium können vom Pfarrer gelesen werden, oder von einem Gemeindeältesten oder Diakon, auch von einem Lektor, vorausgesetzt, dass dieser ein Gemeindeglied ist und kein bezahlter Beamte. Auch ist wünschenswert, dass unterschiedliche Leser sich abwechseln. Der Leser lese »with an audible voice«,[386] wie die englischen Reformatoren vorschrieben, er hüte sich vor dem Rezitieren oder Singen.

Jede Lesung bildet eine selbstständige Einheit nach dem liturgischen Gebot, gemäß dem jede liturgische Handlung in sich selbst den ganzen Gottesdienst darstellt und folglich abgeschlossen sein muss, bevor die nächste beginnen kann. Man lege folglich Wert auf das feierliche Ein- und Ausleiten der Schriftlesung: »Wir lesen im Brief des Apostel Paulus an die …, das … Kapitel, den … Vers«, ist schöner und würdevoller als: »Ich lese Ihnen vor aus 1Kor 5«, oder: »Wir werden nun einen Teil aus dem Evangelium des Johannes lesen«, während der Pfarrer noch dabei ist, Kapitel und Vers zu suchen. Alles muss vor der Lesung parat liegen (mit den bekannten Lesezeichen). Alles muss ruhig geschehen, sodass jedes Wort zu seiner Geltung kommt. In allem muss sich der Respekt zeigen, den wir dem Wort Gottes schuldig sind. In allem muss sich zeigen, dass nicht ein Katechet etwas vorliest, sondern dass Gott durch den Mund des Pfarrers spricht. Die Gemeinde antworte auf beide Schriftlesungen. Auf die erste – nachdem der Pfarrer sie beendet hat mit: »Selig, die das Wort Gottes hören und bewahren [Lk 11,28]. Halleluja« – mit einem dreifachen Halleluja. Auf die zweite – nachdem der Pfarrer sie beendet hat mit dem alten: »Lob sei dir, Christus!« – mit: »In Ewigkeit. Amen.« Damit kommt auch zum Ausdruck, dass die Gemeinde im Evangelium die Ankunft des Königs selbst begrüßt.

Ein alter Brauch ist die Lesung von Epistel und Evangelium auf verschiedenen Seiten des Abendmahlstisches. Man kann sie jedoch auch an dem gewohnten Platz hinter dem Tisch oder am Lesepult abhalten. Wenn ein Gemeindeältester oder Diakon liest, tut er dies von seinem Platz aus. Liest ein Lektor, dann tut er dies am Lesepult. Beim Halleluja steht die Gemeinde auf. Sie bleibt, nach frühchristlichem Brauch, bei der Lesung des Evangeliums, d.h. bei der Proklamation des Königs, stehen.

|173 | Man lasse sich vor allem nicht dazu verleiten, die Schriftlesung auf eine einzelne zu beschränken. Es ist wichtiger, dass die Heilige Schrift gehört wird, als dass die Predigt drei Minuten länger dauert.

§ 37. Das Glaubensbekenntnis ist ein gemeinschaftliches Bekenntnis der Gemeinde, die Fortsetzung ihres Taufbekenntnisses. Es ist ein Akt der Bereitschaft, bei dem sich die Gemeinde aktiv der Welt gegenüberstellt und Gott anbetet.

Ein neues und unentbehrliches Element wird im Gottesdienst mit dem Credo hörbar: das Dogma. Es ist natürlich nicht neu in dem Sinn, dass es nicht bereits in allem vorausgesetzt war. Das Glaubensbekenntnis ist ursprünglich, wie wir sahen, das Taufbekenntnis. Es ist nicht eine Art knapper Abriss der Kirchenlehre. Dafür gibt es Raum im Unterricht, nicht im Gottesdienst. Es ist ein echtes Bekenntnis, d.h. ein Bekenntnis des Glaubens, eine Martyria. Es drückt die Bereitschaft, in Wort und Tat, in Tod und Leben zu Christus zu stehen, und damit die Haltung der getauften Gemeinde aus. Es ist also vom Augenblick an, in dem der Gottesdienst mit der Taufe beginnt, da. Aber hier wird es explizit ausgesprochen. Mit Scheu und großem Respekt, aber doch auch mit Entschlossenheit tritt die Gemeinde vor Gott und die Welt mit ihrem: *edoxen gar tooi pneumati tooi hagiooi kai hemin*, «es hat den Heiligen Geist und uns gut gedünkt« (Apg 15,28). Dadurch entsteht das Dogma in und aus dem Gottesdienst. Das Dogma ist in Bezug auf die Liturgie sekundär, weil die Liturgie nichts anderes als lebendiges Bekenntnis ist. Daraus zieht das Dogma die Konsequenz.

Eigentlich gehört das Credo folglich in die Taufliturgie, von wo aus es im Westen erst im zehnten Jahrhundert in den Hauptgottesdienst gelangte (im Osten bereits im fünften Jahrhundert). Mit dem Credo wiederholen und bestätigen wir in jedem Gottesdienst unser Taufgelübde. »Das Taufbekenntnis stellt die Gemeinschaft mit Christus bis zum Tage seiner Wiederkunft her und bindet damit zugleich die Getauften aneinander. Es hat somit eine fortdauernde Bedeutung für
|174 das ganze christliche | Leben. Als das ›gute Bekenntnis‹ ›vor vielen Zeugen‹ verpflichtet es zu dem ›guten Kampf des Glaubens‹, wie er 1Tim 6,11–16 beschrieben ist«[387] (Maurer). Das Glaubensbekenntnis ist ein Bekenntnis der stets durch die Gnade Gottes erneuerten Bereitschaft. Darum wird es vor Gott und Menschen ausgesprochen, gerichtet an Gott und die Welt. Nicht nur das Dogma erwächst hieraus, sondern auch die Ethik, die übrigens lediglich Dogmatik unter einem anderen Gesichtspunkt ist.

Das Credo ist als Bekenntnis, das sich in erster Linie an Gott richtet, Anbetung. Bereits die ältesten kurzen Glaubensformeln waren Akklamationen, ein Akt der Anbetung, durch viele gemeinsam vor Gottes Angesicht ausgerufen. So die Formulierungen in Phil 2,11, 1Tim 3,16, 1Kor 8,6. Bekennen ist lobpreisen. Auf seinen Kern reduziert ist es nichts anderes, als den Namen Jesu zu anzurufen. Es ist eine wesentliche liturgische Handlung, ein Akt der Anbetung. In jedem Credo klingt dann auch der hymnische Ton durch, am stärksten in demjenigen von Nizäa.

Die Kirche hat immer gespürt, dass in den Gottesdienst lediglich dasjenige Credo gehört, das in der ganzen Kirche Christi allgemeine Gültigkeit hat. Auch unsere Kirche war sich dessen bewusst und hat die drei sogenannten ökumenischen Symbole, das sogenannte Apostolicum, das Symbol von Nizäa und das Athanasische Glaubensbekenntnis ausdrücklich akzeptiert und die Übersetzung davon in die Kirchenbücher aufgenommen.[388] Es ist eine der typischen Sünden unserer Kirche, dass sie sich nicht um ihre Liturgie kümmerte, deren Herausgabe den Druckern überließ und folglich auch die ökumenischen Symbole in ihren Kirchenbüchern nicht pflegte. Jede Kirche hat die Aufgabe, das im Glaubensbekenntnis Vermittelte auf ihre eigene Weise auszuarbeiten, und zwar in dem Licht, in dem es jeweils insbesondere zu sehen ist. Aber diese Ausarbeitung gehört nicht in den Gottesdienst. Der hymnische Charakter fehlt. Auch unser Niederländisches Glaubensbekenntnis,[389] wie sehr wir es auch lieben, gehört nicht in den Gottesdienst. Es enthält zu viel Dogmatik und zu wenig Dogma; es muss einen Platz haben – und einen sehr großen, einen viel größeren, als es gegenwärtig selbst bei sehr orthodoxen Pfarrern der Fall zu sein scheint! – in der Katechese. In den Gottesdienst gehört jedoch nur der Klang der allgemeinen Kirche.

| In unserer Kirche ist das Symbolum seit der Dordrechter Synode von 1574 |175
vorgeschrieben, und zwar sonntags nach dem zweiten Gebet, das heißt also nach dem Gebet nach der Predigt, an der alten Stelle.[390] Was diese Platzierung betrifft, so müssen wir gut wissen, was wir tun. Von seiner Einführung an befand sich das Credo zu Beginn der *missa fidelium*. Auch die Reformation, auch Calvin hat es dort gelassen.[391] Der Gottesdienst, der im ersten Teil noch einen allgemeinen Charakter trug, beschränkt sich jetzt auf die Gläubigen. Der Glaube kann nur von Gläubigen bekannt werden. Es macht keinen Sinn, dass andere dabei sind. Wenn man dies möchte, dann muss man das Credo erst nach der Predigt platzieren. Wir glauben jedoch, dass die alte Trennung, wie wichtig sie auch aus historischer Perspektive ist, ihre grundlegende Bedeutung verloren hat. Wir werden sehen, dass einerseits jede Handlung im Gottesdienst ein amtliches Bekenntnis des Glaubens ist, vom Anfang bis zum Ende; und dass andererseits all diese Bekenntnisse andauernd auf der Grenze des Unglaubens schwanken: »Ich glaube, Herr, hilf meinem Unglauben« [Mk 9,24]. Der amtliche Charakter, der Gläubige von Ungläubigen unterscheidet, droht ständig, verloren zu gehen, und kann nur durch Gottes Gnade aufrechterhalten werden. Die Unterscheidung, die die alte Kirche deshalb machte, machen wir auch. Aber wir machen sie nicht zwischen den zwei

Teilen des Gottesdienstes, wie wenn im zweiten Teil gesichert wäre, was im ersten Teil noch strittig war. Wir ziehen vielmehr eine Trennlinie quer durch die ganze liturgische Handlung hindurch. Hier finden wir dasselbe Verhältnis, das wir auch im Leben mit Gott auf seiner Innenseite finden: Meistens zog und zieht man eine Grenze zwischen dem Leben des alten und des neuen Menschen. Auf dieser Grenze liegt die Umkehr. Wir bevorzugen es, die Grenze quer durch das ganze christliche Leben zu ziehen und die Umkehr als eine stets durch Gottes Gnade fortgesetzte Ab- und Zuwendung zu sehen. Seit die *disciplina arcani* aufgehoben wurde, macht eine Trennung des Gottesdienstes in zwei Teile keinen Sinn mehr. Und es ist von größter Bedeutung, dass nun, nach Gottes Auftrag, im Anschluss an seine Gnadenzusage und an die Verkündigung seiner Botschaft, die Gemeinde unverzüglich mit ihrem anbetenden Glaubensbekenntnis vor sein Angesicht tritt, mit ihrer Bereitschaft zum Dienst an ihm.

|176 Als Glaubensbekenntnis wähle man entweder das Apostolicum oder das | Nizänum. Ersteres ist in unserer Kirche üblich. Das zweite hat darin auch seinen berechtigten Platz. Calvin fand im Nizänum zu viel »battologia« [Geplapper] vor,[392] er betrachtete es mehr als Lied und nicht als Glaubensbekenntnis. Aber auch das Apostolicum ist ein Lied, wenn auch kürzer, und beide Symbola sind gerade als Lieder echte Symbola. Sie sollten einen hymnischen Charakter aufweisen. Karl Barth hat dem Nizänum dann auch wieder ganz zu seiner Geltung verholfen.[393] Das Nizänum ist ein gewaltiger Ausdruck des Glaubens. Man kann es an Festtagen verwenden, aber man beschränke sich nicht darauf und versuche, es abwechselnd mit dem Apostolicum wieder allgemein einzuführen.

Das Glaubensbekenntnis wird bekannt und folglich nicht bloß vorgelesen und angehört. Deshalb ist es hier noch mehr als beim Gesang im Allgemeinen notwendig, dass die Gemeinde sich erhebt, als Zeichen der Bereitschaft zu Gottes Dienst. Notwendig ist auch, dass sie die Worte des Glaubensbekenntnisses »mit Mund und Herz« mitspricht, wie die reformierten [*gereformeerd*] Väter das beabsichtigten und in die Praxis umsetzten. Der Pfarrer spricht zu diesem Zweck langsam und gut artikuliert jeden Satz vor. Die Gemeinde folgt mit Mund und Herz. Es liegt ein großer Segen in diesem gemeinschaftlichen Bekenntnis. Natürlich kann man das Glaubensbekenntnis auch singen, wie es Luther und Calvin wollten. Wir haben drei gereimte Versionen des Apostolicums (Gesänge F und G und Lied Nr. 208),[394] aber sie sind zu lang, um sie ganz zu singen, und zudem muss man das Credo nicht in Reime bringen. Man kann es folglich rezitierend singen. Aber es ist besser, es gemeinsam zu sprechen. Es gelangt dann deutlicher ins Bewusstsein. Und man sollte es lieber nicht allzu »heilig« machen wollen, indem man es mit leisem Orgelspiel unterstreicht. Das Credo ist eine Handlung nüchterner Bereitschaft, kein frommer Rausch.

Beim Credo gilt noch stärker als bei anderen Teilen der Liturgie, dass man darin nichts individuell verändern kann. Wir sprechen das Wort der Kirche, nicht das unsere. Erachten wir bei den Formulierungen des Credos etwas als unrichtig, dann können wir dies gleich in der Predigt ehrlich sagen. Aber hier sprechen wir lediglich mit aller Munde, auch mit denjenigen der Vorfahren und denjenigen der anderen Kirchen. Etwas, dass Ihnen nicht gefällt, war für Ihren Großvater der beste Ausdruck seines Glaubens, und es kann dies auch wieder für Ihren Enkel sein (Söderblom).[395] Auf jeden Fall dürfen Sie das Wort der Kirche nicht verändern.

|Der Pfarrer spricht das Glaubensbekenntnis von seinem Platz hinter dem Tisch |177
aus; auch ein Gemeindeältester oder Diakon kann dies tun. Alle sprechen es stehend und laut mit. Deshalb ist auch keine Antwort erforderlich. Ein einfaches Amen beschließt diesen Teil der Liturgie.

§ 38. Das Offertorium ist ein grundlegender Teil des Gottesdienstes, der doch als Ganzes Offertorium ist. Es werde von den anderen Teilen getrennt gehalten und sein Bezug zum Opfer des Herrn sei deutlich.

Auch hier kann man unterschiedlicher Meinung sein hinsichtlich der Platzierung in der Liturgie. Nach dem Schema *missa catechumenorum – missa fidelium* müsste die Predigt unmittelbar auf die Schriftlesung folgen, während das Credo und das Offertorium erst danach kommen. In der Praxis führt dies zu Nachteilen. Viele unserer Gottesdienste werden leider vorläufig wohl Antekommunion bleiben, d.h., das Heilige Abendmahl wird zwar vorausgesetzt, aber nicht ausgeteilt. Dann ist es sehr schwierig, nach der Predigt noch allerlei Handlungen zu verrichten, die mehr oder weniger daran hängen. Wir tun besser daran, nur dem »Dienst des Betens«[396] dort Platz einzuräumen, auf den auf keinen Fall verzichtet werden kann. Aber nicht nur aus praktischen Gründen ist es besser, das Offertorium, genauso wie das Credo, hier zu platzieren. Der ganze Gottesdienst ist ein Opferdienst, ein eucharistischer Gottesdienst, auch die sogenannte *missa catechumenorum* oder, wie er zuweilen auch genannt wird, der Wortgottesdienst. Gottesdienst ist niemals der bloßen Unterweisung gewidmet, ist niemals Katechese. Gottesdienst ist die Feier des Opfers des Herrn. Und die Feier geht weiter durch den ganzen Gottesdienst hindurch, auch in der Predigt, auch im Offertorium. Es ist folglich nicht nur praktisch, sondern auch prinzipiell besser, dass sich zwischen der Schriftlesung und der Predigt die Bereitschaft der Gemeinde zeigt, in das Opfer Christi einzutreten, mit Mund und Herz, vor allem auch im konkreten Handeln.

In unserem historischen Teil sahen wir, was das Offertorium (von dem die Messe lediglich ein verkümmertes Relikt erhalten hat) im dritten und vierten Jahr-

hundert umfasste: das Sammeln der Gaben, die Darreichung der eucharistischen
|178 Elemente, die Gabenbereitung und das Mischen von Wasser und Wein. | Wir können daraus lernen, dass die Gaben und Opfergaben der Gemeinde lediglich Bedeutung im Zusammenhang der großen Gabe Gottes haben, dass unser Opfer lediglich im Zusammenhang mit dem Opfer des Herrn bestehen kann. Ursprünglich waren die Gaben, die auf den Altar gebracht wurden, sowohl für das Liebesmahl als auch für die Austeilung unter den Armen bestimmt. Als *Agape* und Sakramentsfeier getrennt wurden, fiel auch diese Identifikation weg. Aber nicht der Zusammenhang zwischen der Gabe Gottes in Christus und unseren Gaben. Die »Kollekte« ist leider immer mehr zu einer kirchlichen Bettelei geworden. Und durch den irrsinnigen Brauch, in einem einzigen Gottesdienst drei-, manchmal sogar viermal »Kollekte einzusammeln«, haben die Opfergaben nahezu alle Würde verloren – mal ganz abgesehen vom »Opferpfennig«. Darum hat man begonnen, sich vor der Kollekte zu genieren, und wohlmeinende Gemeindeglieder haben versucht, sie verschwinden zu lassen, indem man sie auf den Ausgang verlegt hat. All dies möge man in der Welt machen, in der Kirche ist es jedoch unpassend. Denn dort wird nicht einfach Geld eingesammelt und an die Solidarität appelliert. Es wird vielmehr geopfert und an die »Opferbereitschaft« der Gemeinde appelliert. Wir opfern im Gottesdienst uns selbst, unser Leben. Wir sprechen dies in unserem Gesang, in unserem Glaubensbekenntnis aus. Wir bezeugen dies im Gottesdienst, dies tun wir mit denjenigen, die mit uns zusammen Glieder Christi sind. Eine Kollekte im Gottesdienst hat nur dann ihre Berechtigung, wenn sie ein Opfer ist und auf dem Opfer Christi beruht. Man hat sie nicht in Beuteln irgendwo hinter der Kanzel zu deponieren, sondern auf dem Tisch, wo das Opfer Christi gefeiert wird. Darum darf man die Kollekte nicht verschwinden lassen, sondern man muss sie in ihrer eigenen Würde als Opfer der Gemeinde wiederherstellen.

Darum widme man dem Offertorium auch alle Aufmerksamkeit. Man darf niemals zwei Dinge gleichzeitig tun, und schon gar nicht im Gottesdienst. Folglich muss man während des Offertoriums nicht auch noch etwas anderes tun. Man muss seine Aufmerksamkeit darauf richten können. Man darf folglich während der Kollektensammlung nicht singen und natürlich noch viel weniger diese zu einem guten Abschluss während der Predigt bringen. Das Offertorium ist eine selbstständige Handlung, die abgeschlossen sein muss, bevor eine andere Handlung beginnt. Bei einer guten Regelung ist dies auch sehr wohl in kurzer Zeit
|179 möglich. Die Gemeinde wird zur Opferfeier | eingeladen mit einem Text, der im Laufe des Kirchenjahrs wechselt, auf den ein kurzes Gebet folgt. Darin nehmen wir die alte Formel auf, die das Wesen unseres Gebens so hervorragend ausdrückt: »Denn von dir kommt alles, und aus deiner Hand haben wir es dir gegeben.«*

* Bereits in den Apostolischen Konstitutionen [siehe vielmehr 1Chr 30,14; in den *Apostolischen Kon-*

Dann gehen die Diakone mit offenen Schalen herum. Die unerbauliche Angel[397] ist überhaupt nicht nützlich. In großen Gemeinden werden sie durch die Jugend unterstützt, die ihnen hilft. Dort kann die Kollektensammlung auch mit kleinen Beuteln erfolgen. Sie kommen dann mit den kleinen Beuteln oder mit den Schalen in den Altarraum, wo der Pfarrer alles empfängt und auf eine große Schale legt, die er dann in stillem Gebet Gott darbringt und auf den Tisch stellt. Es ist auch möglich, dass einer der Diakone selbst dies tut. Währenddessen macht die Gemeinde nichts. Sie singt auch nicht. Der Organist hat hier eine schöne Aufgabe. Er spielt so lange, bis alles fertig ist. Natürlich spielt er nicht endlos Lieder, noch viel weniger »improvisiert« er ständig (es sei denn, er ist ein begnadeter Künstler!), sondern er spielt ein Offertorium. Für reformierte [*hervormd*] Musiker stellt sich hier die schöne Aufgabe, dafür geeignete Stücke auszusuchen und neu zu komponieren.

Die Bereitung der Elemente für das Heilige Abendmahl kann natürlich nicht jetzt stattfinden, diese folgt gleich. Aber auf dem Tisch stehen bereits die Brotschale und der Kelch.

Im Erntedankgottesdienst (siehe unten) werden die Gaben in Geld durch Gaben in natura ersetzt.

Beim Sprechen des Einleitungstextes und des Opfergebets steht der Pfarrer hinter dem Tisch. Während der Kollektensammlung sitzt er. Bringt er die Gaben selbst dar, dann kommt er, wenn die Diakone parat sind, nach vorne, empfängt die Opfergaben, dreht sich um und stellt sie andächtig auf den Tisch. Die Gemeinde sitzt. Die Diakone begeben sich nach dieser Aufgabe wieder an ihre Plätze.

> | *§ 39. Der ganze Gottesdienst ist Gebet und Antwort auf das Gebet. Als* |180
> *direkte Bitte an Gott (»oratio«) hat das Gebet seinen Platz in verschiedenen Momenten des Gottesdienstes. Jede Bitte nehme einen separaten Platz ein.*

So, wie der Gottesdienst gänzlich Opfer ist, gänzlich Glaubensbekenntnis, gänzlich Gnadenzusage, so ist er auch gänzlich Gebet. In den verschiedenen Teilen, jeder mit seinem eigenen Charakter, zeigt sich stets dieselbe Einheit und der Reichtum der Offenbarung. Es gibt keinen Teil der Liturgie, der nicht Gebet ist. Aber an manchen Stellen tritt das Gebet nachdrücklich hervor und wir richten uns direkt an Gott.

Wir haben mehr oder weniger vergessen, dass Gottes Haus ein Haus des Gebets ist. Unseren liturgischen Gewohnheiten nach zu urteilen, sollte man es besser ein

stitutionen ist diese Formel nicht zu finden, vgl. Liturgies Eastern and Western, hg. von Frank Edward Brightman, Oxford 1896, 20f.].

Haus der Predigt nennen. Wir haben den fürchterlichen Brauch eines »Gebets vor und nach der Predigt« eingeführt, wodurch das Gebet, das seit jeher ein Hauptbestandteil des Gottesdienstes ist, zu einem Trabanten der Predigt degradiert wurde. Wir »bitten« davor und wir »danken« danach. Man hört sogar zuweilen, wie gedankenlose Pfarrer das Gebet des Herrn gegen Ende der Predigt einleiten mit: »Lasset uns danken.« Wir kommen jedoch in die Kirche, nicht nur um darum zu bitten, dass auf der Verkündigung Segen ruhen möge; wir kommen, nicht nur um dafür zu danken, dass wir das Wort gehört haben; sondern wir kommen, um zu bitten und zu danken für alle Not und Erlösung der Christenheit. »Mein Haus soll ein Haus des Gebets genannt werden« [Jes 56,7; Mt 21,13 parr.]. Und wir dürfen das Gebet im Gottesdienst nicht auf die »übliche Weise« degradieren, auf die man in christlichen Kreisen Versammlungen zu öffnen und zu schließen pflegt.

In den Gottesdienst gehört ein separater »Dienst des Betens«. Dies gehört jedoch nicht hierher. Er findet im Stundengebetsgottesdienst statt und im sakramentalen Gottesdienst in direktem Zusammenhang mit der Austeilung. Das sogenannte lange Gebet, dass die Lutheraner »Kirchengebet« nennen und die Engländer »General Prayer«, das aber eigentlich ein Fürbittengebet ist, gehört folglich
|181 nicht hierher. Man bitte jetzt nicht für Kirche und Welt, für | Obrigkeit, Land und Volk, für allerlei Nöte und Belange. Das kommt gleich.

Falls es nachher nicht kommt, findet es seinen Platz im Stundengebetsgottesdienst. Dort ist Raum für allerlei kleine Gebete, für allerlei Anliegen. Wir haben neben vielen schlechten Bräuchen auch denjenigen übernommen, dass wir alle Dinge in einem einzigen Gebet durcheinandermischen. Die alte Kirche und viele heutige Kirchen kennen die sogenannten *Kollektengebete*: kurze Gebete, von denen mehrere aufeinander folgen können. Auf diese Weise erhält das Gebet mehr Kraft. Es wird einfacher, sich bittend daran anzuschließen, als wenn wir ganze Reden im Gebetsstil anhören müssen. Im Gebet spricht man zu Gott: kurz, direkt. Man halte keine Rede, stelle keine Betrachtungen an. Die Kirche entwickelte für ihre *collectae* (gr. *synaxis*, die versammelte Gemeinde, davon abgeleitet: *oratio ad collectam*) einen eigenen Stil: rein, sachlich, klar. Nichts ist im Gebet schlimmer als Langatmigkeit.

Unsere Reformierte [*hervormd*] Kirche besitzt für diese Stelle in der Liturgie das sehr schöne Gebet, das vor dem Ausrichten des Wortes gebetet wird: »O ewiger und barmherzigster Vater, öffne nun den Mund deines Dieners«[398] usw. Das ist hervorragend: kurz, stark, salbungsvoll, innig. Es ist auch das einzige Gebet, das hier passt: Wir bitten hier nicht einfach so im Allgemeinen, sondern im Hinblick auf die Predigt, die unmittelbar darauf folgt.

Unsere Reformierte [*hervormd*] Kirche besitzt ferner einige wunderschöne agendarische Gebete. Die katholische Kirche besitzt davon noch viel mehr, und diese sind auch unser Eigentum. Das freie Gebet darf zwar im Gottesdienst nicht

verschwinden. Aber es gibt Pfarrer, die nicht in der Öffentlichkeit beten können, die Reden halten, predigen, Bekenntnisse ablegen, ja sogar Mitteilungen machen, statt Gebete zu sprechen. Und für die Gemeindeglieder ist es, sogar wenn der Pfarrer es doch kann, nicht leicht ein Gebet mitzubeten, das er nicht kennt, von dem er nicht weiß, was der nächste Satz mit sich bringen wird. Das agendarische Gebet hat dann auch bei Weitem den größten Wert im Gottesdienst, so wie das freie Gebet dies im stillen Kämmerlein hat. Voraussetzung ist natürlich, dass die Gemeinde die wichtigsten Gebete auswendig kann, sei dies durch häufigen Gebrauch oder durch Unterricht. Im Gebet im Gottesdienst sprechen wir das Wort der | Kirche; in der Regel dürfen wir nicht von der »Inspiration« des Pfarrers |182
abhängig sein.

Man leite alle Gebete im Gottesdienst, auch das Gebet vor dem Ausrichten des Wortes, mit der sogenannten Salutation ein, dem Gebetsgruß: »Der Herr sei mit euch – und mit deinem Geist.« Dadurch wird die Gemeinschaft von Pfarrer und Gemeinde stark gefestigt und die Aufmerksamkeit geweckt. Wir fahren fort, aber es beginnt zugleich etwas Neues: Wir stellen uns vor Gott. Wir tun dies gemeinsam, einander bestärkend. Der Pfarrer spricht kein Amen. Dies übernimmt die Gemeinde. Das Amen ist ihre Bekräftigung des Gebets.

Der Pfarrer spricht das Gebet von seinem Platz hinter dem Tisch aus. Wenn möglich kniet er vor seinem Platz. Die Gemeinde kniet, wo immer das irgendwie möglich ist, nach dem Brauch unserer reformierten [*gereformeerd*] Väter. Beim Gebet falten wir die Hände und schließen die Augen.

Wer frei betet, beachte, dass er nicht dasjenige wiederhole, das im Gottesdienst bereits gesagt wurde, also beginne man beispielsweise nicht mit einem Sündenbekenntnis.

§ 40. Das Kirchenlied ist ein einstimmiges Volkslied, das dem Glauben der Gemeinde Ausdruck verleiht. Was es nicht ausdrücken kann, finde im »Jubilus« und in der Instrumentalmusik statt.

Das Kirchenlied, wie wir es von unseren Psalmliedern und Chorälen kennen, ist eines der kostbarsten Besitztümer des reformatorischen Gottesdienstes. Nirgends nimmt das Kirchenlied einen solch großen Platz ein wie in den lutherischen und reformierten [*gereformeerd*] Kirchen, seit die römisch-katholische Kirche die Blüte der Hymnen selbst stutzte. Das Eigenartige des Kirchenliedes ist, was die Form betrifft: Es ist ein Volkslied, in der Landessprache gedichtet und auf einfache Weise von allen einstimmig gesungen. Inhaltlich ist das Kirchenlied teils Glaubensbekenntnis, teils Anbetung: Es richtet sich an Gott. Wir müssen uns hier auf dieses Wenige beschränken, was die Grundsätze betrifft. Für alles weitere verweisen wir auf unsere *Kurze Geschichte des Kirchenliedes*.[399]

|183 An der Stelle in der Liturgie, wo der Pfarrer seinen | Platz hinter dem Tisch mit dem auf der Kanzel tauscht, bietet sich die Gelegenheit zum Choralgesang. Dies kann jetzt auch ausführlich vom Organisten eingeleitet werden: In seinem Präludium, das an sein Spiel während des Offertoriums anschließt, sollen die Linien der Choralmelodie ersichtlich werden. Dann singt die Gemeinde ihr Lied, vom Chor unterstützt. Zwischenspiele drosseln das Tempo des Gesangs. Man lasse diese deshalb weg.

Der Pfarrer wähle Lieder aus dem ganzen Gesangbuch aus und halte sich an dessen Rubriken. Man beschränkt sich gegenwärtig viel zu sehr auf eine höchst willkürliche Auswahl. Der »Gesangszettel« muss gänzlich abgeschafft und durch einen wöchentlichen Austausch zwischen Pfarrer und Kantor ersetzt werden, in dem die Gottesdienste der kommenden acht Tage besprochen werden.

Hier ist auch Raum für ausgiebigere Kirchenmusik. Vor oder nach dem Gemeindegesang erhält der Chor Gelegenheit zu seinem priesterlichen Dienst. In einer Motette oder einem Hymnus wird dasjenige ausgedrückt, was die Gemeinde nicht singen kann. Instrumentalmusik ist dabei sicherlich erwünscht, zumindest bei derjenigen Kirchenmusik, deren Stil dies erfordert. Also: nicht bei der alten Polyphonie, aber schon bei Bach. Die alte Kirche lehnte die Instrumentalmusik ab, weil diese – insbesondere das Flötenspiel – im heidnischen Kult sakrale Bedeutung hatte. Der *tibicen*, der Flötenspieler während des Opfers, galt als Beschwörer, sein Spiel als eine Epiklese. Wer also im Gottesdienst Flöte spielte, beschwörte Dämonen herauf (siehe Anhang D). Für uns ist diese Befürchtung hinfällig geworden. Wir hören lieber auf Psalm 150 oder auf das Lied Nr. 146:

> Kommt nun mit Gesang von süßen Klängen
> und durch Saitenspiel erfreut![400]

Dennoch sind der Kirchenmusik gewisse Grenzen gesetzt. Sie darf nicht zu lang sein und nicht dominieren wollen, sondern sie soll dienen. Der Stil ist an sich egal, aber die schönste und reinste Kirchenmusik ist noch immer die rein vokale. Die Begleitung des Gemeindegesangs ist ein notwendiges Übel geworden, die Begleitung des Chorgesangs ist nur in manchen Stilen passend. Gregorianik und Polyphonie lassen keine Begleitung zu.

Der polyphone Kirchengesang des Chors verhilft auch dem altkirchlichen »Ju-
|184 bilus« zur Geltung, d.h. dem Singen | ohne Worte. In den Melismen zu Halleluja, Amen, Kyrie, in den Koloraturen, die den Text stets wiederholen, liegt etwas vom höchsten Jubel, der, nach dem Wort des Augustinus, keine Worte benötigt: »Wenn die Sprache dir nicht helfen kann und du doch nicht schweigen kannst, was bleibt dir übrig, als dass du jubilierst, als dass dein Herz sich ohne Worte freut und deine unbegrenzte Freude sich durch ein begrenztes Wort nicht einschränken lässt?«[401]

Während des Chorals steht die Gemeinde. Während der Kirchenmusik sitzt sie. Der Pfarrer, der predigen wird, begibt sich auf die Kanzel, und zwar nach einer kurzen Gebetsvorbereitung an deren Fuß. Die anderen Pfarrer und Amtsträger bleiben an ihren Plätzen.

Der beste Kirchengesang entsteht durch eine Balance zwischen dem Hymnus (d.h. dem Choral), dem geistlichen Volkslied (das einen stark bekennenden Charakter hat), dem gregorianischen Gesang (der sich ausschließlich nach dem Text richtet und das Wort vollständig zur Geltung kommen lässt, die Sprache des Gebets sprechend) und dem polyphonen Kirchengesang (der das Wort im Tempo des Jubels mit sich fortreißt und vom Unsagbaren in mystischem Entzücken singt). Eine Dominanz von einer der dreien ist fatal.

> *§ 41. Das Predigen des Wortes ist im Gottesdienst einerseits Belehrung, die die Heilige Schrift im Zusammenhang mit dem Dogma der Kirche auslegt; andererseits Verkündigung, Kerygma, Prophetie. Davor, dass es einerseits ganz im Pädagogischen oder andererseits im zügellos Prophetischen (ekstatischen, lyrischen) aufgeht, wird das Predigen durch dessen Eingliederung in das Ganze des Gottesdienstes bewahrt.*

Die Predigt gehört nicht nur zur Liturgie, sie ist auch selbst Liturgie. Sie ist Unterricht, Evangelisation, aber sie ist vor allem Verkündigung. Sie ist nichts anderes als eine Anwendung des im Gottesdienst aktuell erklingenden Bibelwortes. Das Bibelwort wird durch Lesung und Verkündigung zum Wort Gottes. Auf der einen Seite verlangt dies eine Deutung, eine Auslegung des Bibelwortes. Auf der anderen Seite bedeutet die Deutung nichts, wenn sie nicht »Verkündigung | des Tods des |185
Herrn, bis dass er kommt« [1Kor 11,26] ist; mit anderen Worten, wenn die Predigt nicht in einem sakramentalen Kontext steht. »Jede in der Gemeinde gehaltene Predigt, die ordentliche Schriftauslegung ist, ist eine legitim zum Abendmahl gehörende Predigt«,[402] sagt Asmussen treffend. Darum halten wir die Predigt auch bei den *cancelli*, von der Kanzel aus, die sich exakt zwischen dem Kirchenschiff und dem Ort des Sakraments befindet. Auch die Verkündigung ist ja Sakrament; sie ist das Sakrament, das hinausgetragen und angewandt wird.

Dies bedeutet keineswegs eine Gleichsetzung von Predigt und Liturgie. Die Predigt geht anders vor als die Liturgie und es gibt nichts Schlimmeres als eine Liturgie, die zur Predigt wird, oder eine Predigt, die zur Liturgie wird. Aalders[403] und Creutzberg[404] haben darüber hervorragende Dinge gesagt.[405] Von dem Letztgenannten zitiere ich etwas: »Dr. Gerretsen[406] pflegte zu sagen, dass manche Predigt eine Art Liturgie ist, das Streuen von Eichenholz-Sägespänen. Man meint nichts und man will nichts, im Grunde ist das Wort weder subjektiv noch objektiv. Der Liturg kennt etwa tausend Texte auswendig und streut diese aus, die eine

Woche anlässlich eines Textes, die andere Woche zur Erklärung eines anderen Textes. Dies wird mit schöner Stimme und mit guten Manieren getan. Jede Woche erhalten zahllose Menschen ein Wort, das zu ihrem Leben passt, und machen daraus selbst eine kleine Predigt, die sie erhebt. Aber auf diese Weise ist die Liturgie keine Liturgie und die Predigt keine Predigt. Wenn wir etwas bezüglich dieser Angelegenheit sagen dürfen, dann wäre dies in erster Linie, dass mitten im Gottesdienst und als Bestandteil davon die Predigt so herrlich einseitig sein darf. Wer in seinem Wort wirklich etwas sagen will, das die Gemeinde aufbaut, der muss an einem Morgen oder Abend nur eine einzige Sache sagen, und dies dafür sehr tiefgehend, oder er sagt gar nichts. Vor vierzig Jahren war es Brauch, nach einer einseitigen Predigt zu sagen: »Wenn jetzt jemand in dieser Woche stirbt, hat er seine letzte Chance vertan, das Allerwichtigste zu hören.« In Antrittspredigten war es gut zu bekunden, dass man alles treu glaubte, und am Ende konnte jemand sagen: »Nun kann der arme Mann schon nie wieder etwas Neues sagen in dieser Kirche, denn er hat bereits alles erörtert.« Oft konnte man als sichere Kritik
|186 hören: ›Ich habe dies oder das vermisst‹, wenn | ein junger Prediger nicht alles gesagt hatte, sondern bei seinem Thema geblieben war. Nun denn, der Mann, der ›das Wort recht teilen‹ [vgl. 2Tim 2,15] will, ist gänzlich frei dies zu tun, denn als Liturg hat er alle wesentlichen Aspekte, die zum Verkehr zwischen Gott und uns gehören, bereits erörtert, und sogar im gleichen Gottesdienst. … So wie es nun läuft, wird die Kirche erschüttert, weil jeder Redner seine eigenen paar Texte hat und folglich ein paar andere regelmäßig links liegen lässt. Liturgie, mit dem Wort und Klang der Jahrhunderte, ist in der Lage, die Predigt vom Wort der Zeit loszulösen, welches allerdings auch wieder ein ewiges Wort sein kann, weil es seinen Ursprung in der Heiligen Schrift hat. Die Predigt, als ein sehr menschliches Wort, kann schon ein wenig an Stil entbehren, gerade weil die Liturgie für Stil garantiert. Aber auch eine lebendige Verkündigung in der Predigt ist dringend notwendig, um für die Gemeinde zu wecken, was in der Form der Liturgie gleichsam eingeschlafen war; um stets wieder zum Vorschein zu bringen, was verborgen schien; um dasjenige aufzufrischen, auf das keiner mehr geachtet hat; um zu einer Flamme zu entfachen, was unter der Asche glomm.«[407] Das sind vortreffliche Worte, denen wir nichts hinzuzufügen haben. Wir sahen übrigens bereits, dass das Fehlen einer guten Liturgie sich durch eine Predigt zu rächen pflegt, in der alles auf einmal gesagt wird, und zwar in einem Predigtton, der schlechtem gregorianischem Gesang nahekommt. Wenn es einen Teil des Gottesdienstes gibt, der niemals »gesungen« werden kann, dann ist dies die Predigt. Damit ist alles gesagt.

Das Verhältnis der Predigt zur restlichen Liturgie haben wir deshalb, mit Kuyper, als eine Relation vom subjektiven zum objektiven Zeugnis zu sehen[408] – und natürlich so, dass das Objektive dominiert: Auch die Predigt ist daran gebunden.

Die Predigt in der christlichen Kirche hat einen doppelten Ursprung. Sie ist zum einen die Fortsetzung der synagogalen Schriftauslegung: Ein Text wird gelesen und danach erklärt. Das klassische Vorbild ist die Predigt des Herrn selbst, Lk 4,16 ff. Aber die Predigt stammt zum anderen auch von den Reden der griechischen Popularphilosophen, den sogenannten *Diatriben*, ab. Diese Philosophen, vor allem die Kyniker, waren eine Art umherreisende Prediger der Tugend und Religion, die auf Umkehr drängten. Sie übten einen großen missionarischen Einfluss aus und hatten eine nicht geringe Bedeutung für die Ausbreitung | des Chris- |187
tentums. Manche in den Diatriben gebrauchte Bilder behielten in den christlichen Predigten ihre Gültigkeit bis auf den heutigen Tag, zum Beispiel dasjenige der zwei Wege.[409] Das klassische Beispiel von einer christlichen Diatribe ist die Predigt des Paulus auf dem Areopag (Apg 17). Im Allgemeinen können wir sagen, dass in der synagogalen Predigt das Exegetische, in der philosophischen das Erbauliche stärker im Vordergrund steht. Beide verschmelzen zu einer Einheit in der amtlichen Aufgabe der Verkündigung von Christi Tod und der Vergebung der Sünden, im Sakrament der Gnadenzusage also. Wird die Predigt gänzlich Auslegung oder gänzlich Erbauung, dann gehört sie nicht in den Gottesdienst. Sie ist beides und mehr: Verkündigung der Vergebung in Christus (»Prophetie« im neutestamentlichen Sinn).

Aus dem Obenstehenden ergeben sich die Forderungen, die die Predigt an die Liturgie stellen muss. Erstens: Die Liturgie sei der feste Boden, auf dem die christliche Rede erblühen kann. Zweitens: Die Liturgie sei das große Buch, auf das das kleine Buch der Predigt ständig verweist. Drittens: Die Liturgie verschaffe der Predigt ihre Grundlage. Viertens: Die legitime Subjektivität der Predigt muss sich auf die Objektivität der Liturgie berufen können. Ebenso ergeben sich die folgenden Forderungen der Liturgie an die Predigt. Erstens: Die Predigt sei ein Teil des Gottesdienstes, nicht ein Wasserkopf; der Gottesdienst ist die Hauptsache, nicht die Predigt. Zweitens: In diesem Kontext sei angemerkt, dass die Predigt in einem Gottesdienst von 1 Stunde und 15 Minuten nicht mehr als 25 bis 30 Minuten in Anspruch nehmen darf. Ist der Gottesdienst länger, weil das Abendmahl ausgeteilt wird, dann verlängere man die Predigt nicht. Eine halbe Stunde ist ausreichend. Es ist nicht einfacher, kurz statt lange zu predigen, aber doch besser. Drittens: Die Predigt übe keine Herrschaft über den Gottesdienst aus; sie ist ein völlig selbstständiger Teil des Gottesdienstes, aber der Rest des Gottesdienstes richtet sich nicht nach ihr, sondern hat seine eigene Ordnung. Viertens: Die Predigt ermuntere zur tätigen Teilnahme am Gottesdienst, zum Gebet, und bereite auf die Handlung vor. Sie erwecke das Leben, das in der Liturgie wie ein Schatz enthalten ist, aber auch erstarren kann.

Die Predigt richtet sich nach dem Kirchenjahr und – im weitesten Sinn – nach dem Lektionar der Kirche. Das »Auswählen« eines Textes ist schlecht. Die Ge-

|188 meinde kann nichts mit den Vorlieben oder Stimmungen des Pfarrers und schon | gar nichts mit seinen »Lieblingstexten« anfangen. Es gebe, was das Thema der Predigt betrifft, eine feste Ordnung, die uns vor Subjektivismus und Einseitigkeit bewahrt. An einem der ersten Kriegssonntage[410] hörte ich eine Predigt über den Text: »Gott ist Liebe« [1Joh 4,16]. Der Prediger sagte, dass er sich niemals getraut hätte, diesen Text unter diesen Umständen zu wählen, aber das Kirchenjahr hatte ihm diesen Text vorgegeben und er hatte begriffen, dass gerade dann Texte am stärksten wirken, wenn es schwierig ist, sie »auszuwählen«. Natürlich ist der Prediger nicht an Epistel und Evangelium des Sonntags gebunden. Er kann seinen Bibeltext auch der Tagzeiten-Leseordnung entnehmen, auch aus denjenigen der kommenden Woche. Wenn er nur beim »Klima« des Tages bleibt. Er soll in seiner Predigt auch die Wechseltexte, die ein bestimmter Sonntag ihm bringt, berücksichtigen, und vor allem auch die Perikopen, über die er nicht predigt. Auf diese Weise kann seine Predigt sehr reich werden.

Zu einer Predigt gehört ein Bibeltext. Deshalb und aus keinem anderen Grund gehört sie in den Gottesdienst. Ohne Bibeltext wird sie eine Ansprache, die überall hin passt. Der Text bindet sie, er garantiert ihre Objektivität. Der Text wird zu Beginn der Predigt mitgeteilt, nicht irgendwo mitten in der Liturgie. Man tue dies so einfach wie möglich. Nichts im Sinn von: »Das Wort, dass Ihre geheiligte Andacht« usw. Auch nicht willkürlich: »Das Bibelwort, das ich als meinen Text wählte« usw. Am besten ist die sachliche, englische Art und Weise: Man beschränkt sich darauf, die Bibelstelle klar zu benennen, und auf das Vorlesen des Textes selbst.[411] Also nichts anderes als: »Der erste Brief des Apostels Paulus an die Korinther, das soundsovielte Kapitel, der soundsovielte Vers«, und dann den Text oder die Perikope, mit einem »Amen« abgeschlossen.

Zum hiesigen Brauch des Zwischengesangs[412] gibt es nichts, rein gar nichts zu sagen. Er entweiht sowohl die Predigt als auch den Gesang, er vermischt zwei liturgische Handlungen, er führt zu zu langen Predigten. Eine gute Predigt verträgt keine Unterbrechung. Und der Gesang ist zu kostbar, um lediglich als Zwischenpause während der »weihevollen Andacht« zu dienen.

Predigten können natürlich auch in Stundengebetsgottesdiensten gehalten werden.

Während der Predigt befindet sich der Pfarrer auf der Kanzel. Die Gemeinde sitzt.

|189 *| § 42. Der »Dienst des Betens« darf in keinem Sonntagmorgengottesdienst fehlen. Darin sind zwei Bestandteile wesentlich: Die Fürbitte und das Gebet des Herrn.*

Wir sahen bereits, dass der »Dienst des Betens« einen separaten Teil des Gottesdienstes darstellt. Ist der Gottesdienst vollständig, dann ist der Dienst des Betens gänzlich in die Vorbereitung des Abendmahls eingeschlossen: Wir bitten in Bezug auf das Opfer Christi. Belässt man es bei der Antekommunion, dann findet dieser Dienst hier seinen Platz.

Nach der Predigt singt die Gemeinde ein Lied. Auch an dieser Stelle kann der Chor Kirchenmusik zu Gehör bringen. Orgelspiel empfiehlt sich nach der Predigt nicht. Nachdem die Gemeinde einige Zeit zugehört hat, muss sie nun wieder selbst etwas tun. Sie muss singen oder zumindest ihre Seele durch den priesterlichen Chorgesang erheben lassen. Das Wort kann ihr hier kaum fehlen. Darüber hinaus läuft das Orgelspiel Gefahr, in Sentimentalität auszuarten. Wir dürfen im Allgemeinen mit dem »leisen Orgelspiel« nicht zu maßlos sein, »das in unserer Kirche schon bald chronisch zu werden droht und bei alle möglichen Gelegenheiten … beliebt wird«[413] (Mehl).

Der Pfarrer, der gepredigt hat, verlässt die Kanzel und nimmt wieder seinen Platz ein. Er oder ein anderer Pfarrer, ein Gemeindeältester oder ein Diakon verrichtet nun die Abkündigungen. Diese bilden keinen verachtenswerten Teil des Gottesdienstes. Das Leben der Gemeinde tritt herein. Es wird bekannt gegeben, wer konfirmiert wird, wer getauft wird, wer die Ehe eingehen möchte sowie alles, was mit dem Gemeindeleben zu tun hat und die ganze Gemeinde betrifft. Man publiziere dies alles natürlich auch im Kirchenblatt. Aber die Gemeinde hat ein Recht darauf, dass es auch im Heiligtum erklingt. Dem sind zugleich auch gewisse Grenzen gesetzt. Man kann nicht alles bekannt geben, und wenn man dies nicht kann, sollte man es auch besser nicht drucken lassen.

Bleibt es bei der Antekommunion, dann findet hier das große Fürbittengebet seinen Platz, im Gebet des Herrn mündend. Wir werden das gleich in seinem eigentlichen eucharistischen Kontext besprechen. Wird der Gottesdienst fortgesetzt, dann findet hier kein solches Gebet statt. Das große Gebet wird mit dem Gebetsgruß eingeleitet.

| In der Antekommunion folgt nach dem Gebet ein Lied, nach welchem der |190
Segen erteilt wird, den wir gleich noch besprechen werden. Im vollständigen Gottesdienst folgt das Lied unverzüglich auf die Mitteilungen. Es ist vorzugsweise ein Abendmahlslied.

Während sie Lieder singen, stehen Pfarrer und Gemeinde; während des Chorgesangs sitzen sie. Bei den Gebeten wird gekniet; der vorbetende Pfarrer steht oder kniet an seinem Platz hinter dem Tisch. Die Mitteilungen sollen vom Lesepult aus erfolgen.

§ 43. Die Austeilung des Heiligen Abendmahls setzt die Gemeinschaft mit dem lebendigen Herrn voraus, die alle in einem einzigen heiligen Leib

verbindet; sie besteht aus drei Teilen: der Anrufung der Gegenwart des Herrn (Präfation, Fürbitte, Epiklese); der Kommunion; der Danksagung für die Vergebung der Sünden (Postcommunio).

Die Präfation ist, wie wir gesehen haben, einer der ältesten Teile der Liturgie. Das Sanctus, auf das sie hinausläuft, stammt aus dem Tempelgottesdienst. Und das Sursum corda ist ebenso ehrwürdig wie großartig. »Empor die Herzen! – Lève le coeur!« Das ist der christliche Ausruf schlechthin, jetzt, wo Gott zu uns kommt. Jetzt müssen wir nicht bloß auf ihn warten, wie wenn wir es selbstverständlich fänden, dass er zu uns kommt. Nun erheben wir unsere Herzen. Die eigentliche Eucharistie beginnt mit dem »Lasset uns danken dem Herrn, unserm Gott«. Darauf folgt die sogenannte eigentliche Präfation, d.h. die Danksagung im Kontext des Kirchenjahrs: »In Wahrheit ist es würdig und recht, dir, Herr, immer und überall zu danken.« Dann kommt der Text, der die liturgische Zeit kennzeichnet. Und dann geht die Präfation weiter mit dem: »Darum preisen wir dich mit allen Engeln und Erzengeln« usw. Es gibt nichts Herrlicheres als die sehr alte Verbindung von Sanctus und Benedictus. Der Dank für die Schöpfung, der Dank an den dreimal heiligen Gott geht über in die Begrüßung des Erlösers, in den Dank an den in Christus barmherzigen Vater. Es ist, wie wenn der Sturm des Sanctus in die sanfte Kühle des Benedictus überginge: »qui venit in nomine Domini.« In der
|191 Präfation | stimmt die Gemeinde in den Gesang der Engel ein. Hier kommt die Liturgie mit ihrem Vorbild und Urbild, der himmlischen Liturgie, in Berührung.

Wenn irgendwie möglich singe die Gemeinde ihren Teil der Präfation und des Sanctus in gregorianischen Melodien. Auch der Pfarrer singe seinen Teil. Hier reicht das Sprechen nicht aus.

Nach dem Benedictus ist die richtige Stelle für das große Fürbittengebet. In der Austeilung des Opfers sind alle durch das Band des Friedens verbunden. Darum kommt hier das Gebet zu stehen, das das Erbe vom alten »Gedächtnis der Lebenden und der Toten« trägt. Es ist ein echtes priesterliches Gebet, denn es trägt alle Not der Christenheit vor Gottes Angesicht. Unsere Kirche hat hierfür ein prächtiges Formular, das immer schöner wird, je öfter man es betet.[414] Es beginnt mit einer Erinnerung an die Schuld, die hier, so lang nach unserem Beginn, wohl wieder gerade richtig ist. Auf das Schuldbekenntnis folgt die Vergebung, die das Amt verleiht, kraft dessen wir beten dürfen. Daraufhin wird für die Predigt und die Sendung gebetet, für die Kirche, für den Staat, für die Verfolgten, die Kranken, die Zweifelnden usw. Besondere Fürbitten schließen sich daran an. Sowohl Namen von Gemeindegliedern als auch von verschiedenen Mitgliedern einer Familie können dabei genannt werden.

Das Fürbittengebet mündet im Gebet des Herrn. Dieses letztgenannte Gebet fasst alle einzelnen Bitten zusammen. Es hat hier, direkt vor der Kommunion, eine besondere Bedeutung. Erst hier finden wir den Grund, auf dem wir es wagen dürfen, Gott als unseren Vater anzurufen. Darum tun wir gut daran, den Worten unseres reformierten [*gereformeerd*] Gebets diejenigen der alten Einleitungsformel hinzuzufügen: »Um all diese Dinge *wagen wir es*, dich zu bitten, wie es auch unser treuer Herr und Heiland, Jesus Christus, uns selbst gelehrt hat«, usw. Ein sinnvoller Brauch ist das Glockenläuten während des Gebets des Herrn. Alle, die vorübergehen oder die in ihren Häusern die Glocke hören, können dann das vollkommenste Gebet mitbeten.

Auf das Fürbittengebet und das Gebet des Herrn folgt die Epiklese. Nicht das Konsekrationsgebet. Wir konsekrieren keine Elemente, aber wir bitten darum, dass Gottes Heiliger Geist auf das Abendmahl, die Gaben, die Liturgen und auf die ganze Handlung herabsteigen möge. In diesem epikletischen Gebet werden die Einsetzungsworte gesprochen (siehe den Text in | Anhang E). Die Einsetzung wird |192
Realität, die ärmliche Wirklichkeit von Brot und Wein und ein paar machtlosen Menschen wird auf unsere Bitte hin zur verwandelten Wirklichkeit von Leib, Blut und gesegneten Dienern. Die Einfügung in das Gebet der Einsetzungsworte ist sehr alt und passt auch ganz zu dem Gebetsstil, der nahtlos von der Bitte zu den Einsetzungsworten übergeht: »durch deinen Sohn …, der in der Nacht, in der er verraten wurde« usw.

Der Chor oder die Gemeinde singt das Agnus Dei, von dem wunderschöne alte Tonsätze existieren (Lied Nr. 37–39).[415]

Ein Abendmahlslied der Gemeinde oder Orgelmusik folgt, währenddessen der oder die Pfarrer mit den Gemeindeältesten und Diakonen die Gaben bereiten.

Während der Präfation steht der Pfarrer hinter dem Tisch. Die Gemeinde steht. Während des Fürbittengebets, des Gebets des Herrn und der Epiklese knien alle. Beim Agnus Dei stehen alle auf. Während des Abendmahls oder des Orgelspiels sitzt die Gemeinde (diesmal auch beim Gesang, da es hier um ruhige betende Vorbereitung geht). Die Diakone bringen die Gaben aus der Sakristei feierlich zum Tisch. Der Pfarrer wäscht sich die Hände (auch in der Sakristei), woraufhin er das Brot bricht. Die Diakone bereiten den Kelch vor.

In den letzten Jahrzehnten ist in vielen Gemeinden der Brauch aufgekommen, beim Heiligen Abendmahl kleine Kelche zu verwenden. Über die Gründe dafür wollen wir jetzt nicht sprechen. Sie erscheinen uns äußerst schwach. Aber wenn man kleine Kelche verwendet, dann sorge man dafür, dass die Tische wechseln: jeweils ein Tisch mit dem großen, ein Tisch mit den kleinen Kelchen.[416]

Nach jeder Austeilung sollen die Kelche (in der Sakristei) anständig gereinigt werden. Als Abendmahlswein verwende man *Wein*, keine alkoholfreien »Erzeugnisse« o. Ä.

Der feste Abendmahlstisch ist so konstruiert, dass er leicht hufeisenförmig erweitert werden kann. Um den Tisch herum sind Bänke ohne Lehne platziert, die

also während der Antekommunion die Sicht nicht behindern. In keinem Fall ersetze man die kostbare reformierte [*gereformeerd*] Abendmahlsfeier am Tisch durch das Bringen der Gaben durch die Kirche oder das Kommunizieren auf den
|193 Stufen des Chorraums. | Die Gemeinde übernimmt mit ihrem Aufzug in den Chorraum gleichsam die priesterliche Aufgabe der Austeilung. Der Tisch bedeutet ihre Einheit.

Wenn der Tisch und die Gaben bereit sind, spricht der Pfarrer die Einladung aus: »Kommt, denn es ist alles bereit« [vgl. Lk 14,17], oder das alte: »Das Heilige den Heiligen« usw. Die Gemeinde begibt sich ruhig und geordnet zu dem erhöhten Chorraum, aufsteigend wie die Stämme Israels. Die Gemeindeältesten und ihre Helfer haben hier eine schöne Aufgabe. Sie sorgen dafür, dass immer nur einige Reihen hinaufgehen, nicht mehr und nicht weniger, als an einem Tisch Platz nehmen können. Beim Hingehen zum Tisch und Verlassen des Tisches wird immer wieder eine Liedstrophe gesungen oder Orgel gespielt. Am besten jedoch ein Lied gesungen: Ein Teil der Gemeinde sitzt in der Kirche und hat das Bedürfnis, etwas zu tun. Unser neues Gesangbuch bietet eine reiche Auswahl an Abendmahlsliedern.[417] Es werden immer so viele Strophen gesungen, wie es nötig ist. Man singt sitzend.

Ist der erste Tisch voll, dann spricht der Pfarrer das einleitende Gebet: »Herr, ich bin nicht würdig, dass du eingehst unter mein Dach, aber sprich nur ein Wort, so wird meine Seele gesund.«[418] Darauf kommunizieren die Pfarrer und Gemeindeältesten zuerst, danach der ganze Tisch. Die Pfarrer reichen das Brot, die Diakone den Kelch. Der Pfarrer, der den Gottesdienst leitet, bricht bei jeder Austeilung Brot. Er spricht die Spendeformel: »Das Brot, das wir brechen« usw. Und daran anschließend entweder: »Nehmet und esset, das ist mein Leib« usw., oder: »Nehmt, esst, gedenkt und glaubt« usw. Die Abendmahlsgänger schieben sich einander die Brotschale zu, aber reichen sich den Kelch von Hand zu Hand zu, und vereinigen sich so im Band des Friedens, indem sie einander das Sakrament austeilen. Sobald alle kommuniziert haben (keine Sekunde früher, aber auch nicht später) liest der Pfarrer oder der Gemeindeälteste einige Verse aus der Heiligen Schrift vor. Unser Abendmahlsformular gibt Jes 53, Joh 13–18 an.[419] Man kann natürlich auch andere Textstellen nehmen. Aber die Lesung sei kurz. Man endet mit einem Amen, woraufhin die am Tisch sitzenden diesen verlassen. Der Gesang setzt wieder ein. Die Diakone sorgen dafür, dass Brotschale und Kelch ausgewechselt werden. Eine neue Gruppe geht hinauf. Man denke daran, dass, bevor die letzte Tischgemeinschaft aufgehoben wird, der Organist, die Sänger, der Küster
|194 usw. die Gelegenheit zu kommunizieren erhalten. Die letzte Austeilung | wird durch den leitenden Pfarrer mit einem kurzen Segen beendet, vorzugsweise dem Friedenssegen (Erinnerung an die *Pax*): »Der Friede Gottes, der höher ist als alle Vernunft« [Phil 4,7] usw.

Die Gemeindeältesten sind nur am Tisch anwesend, solange sie kommunizieren oder aus der Heiligen Schrift vorlesen. Nichtkommunizierende sollten nicht am Tisch des Herrn sitzen. Nachdem sie kommuniziert oder ihre Aufgabe erfüllt haben, gehen sie also an ihre Plätze im Chor zurück (dies gilt natürlich nicht, wenn die Gemeindeältesten neben dem Pfarrer hinter dem Tisch sitzen).

Die Gemeindeglieder sorgen für angemessene, dunkle Kleidung bei ihrem Abendmahlsgang. Sie kommen mit aller Würde zum Tisch. Während der Austeilung des Abendmahls und der Schriftlesung halten sie die Hände gefaltet und die Augen geschlossen.

Bei den Worten: »Der Kelch der Danksagung, den wir dankend segnen«, führt der Pfarrer die Gebärde des Segens über dem hochgehaltenen Kelch aus. Dieser Segen hat beim Kelch die Funktion des Brechens beim Brot. Es ist keine Konsekration, sondern damit werden die Elemente in Gottes Namen gleichsam ihrem Dienst gewidmet.

Ansprachen können am Abendmahlstisch nicht geduldet werden. Wir haben gerade erst die Predigt gehabt. Für persönliche Worte ist jetzt keine Zeit. Nun spricht nur Gott unmittelbar.

Die Postcommunio ist die Danksagung dafür, was Gott uns im Abendmahl beschert hat: die Gemeinschaft mit Christus und miteinander in der Vergebung der Sünden. Unsere Kirche besitzt eine sehr schöne Postcommunio, zusammengestellt aus Psalm 103 und einigen neutestamentlichen Worten, gefolgt von einem vortrefflichen Gebet.[420] Es ist schon wieder ein trauriges Zeichen für die Desorganisation unserer Kirche, dass Pfarrer, die das Formular mit peinlicher Genauigkeit zu lesen pflegen, die Postcommunio auslassen. Am besten kommt diese zur Geltung, wenn die biblische Einleitung durch den Chor antiphonisch gesungen oder vom Pfarrer und der Gemeinde im Wechsel gesprochen wird.

Bei der Postcommunio stehen alle. Beim Dankgebet knien alle.

Was von den Gaben übrig bleibt, wird nicht aufbewahrt. Wir kennen keine
Aufbewahrung, weil das Sakrament für uns | nur gültig ist, wenn und solange es |195
ausgeteilt wird. Aber man hüte sich vor respektloser oder achtloser Handhabung der Gaben, die am Tisch des Herrn zum Einsatz kamen. Den Wein kann man, wenn die Menge ausreichend ist, den Diakonen für die Kranken zur Verfügung stellen. Das Brot schenke man den Vögeln des Himmels.[421]

§ 44. Der Segen legt Gottes Gnade auf die Gemeinde und bürgt dafür, dass der Gottesdienst auch außerhalb der Kirche fortgesetzt wird.

Dem Segen geht das Schlusslied voraus. Man tut gut daran, dafür nach calvinistischem Brauch den Lobgesang des Simeon zu wählen.[422]

»Der Segen am Ende des Gottesdienstes war in den ersten zehn Jahrhunderten der Kirchengeschichte nicht bekannt«[423] (Van den Brink). Man beschränkte sich auf eine Schlussformel. Das Bedürfnis nach einem Segen, auch in der Kirche der Reformation allgemein empfunden, ist ein Beweis dafür, dass man sich des sakramentalen Charakters des Gottesdienstes bewusst war. Denn der Segen ist keine »Segensbitte«, kein Gebet, noch weniger ein frommer Wunsch. Er ist eine Gabe Gottes, durch menschlichen Dienst der Gemeinde geschenkt. Wer gläubig den Segen empfängt, trägt etwas mit nach Hause.

Darum erteilt der Pfarrer den Segen, d.h. er erhebt die Arme und Hände nicht nach oben auf die Gebetsweise der altkirchlichen Oranten, sondern er hebt die Arme hoch mit abwärts gedrehten Handflächen: Er teilt ja den Segen aus. Als Amtsträger ist uns die Erteilung des Segens aufgetragen: Damit müssen wir vollen Ernst machen. Darum ist es natürlich auch schlecht, die Worte des Segens »sei mit euch« zu ersetzen durch: »sei mit uns«. Das ist falsche Bescheidenheit, die sich nicht getraut, auf Gottes Verheißung zu vertrauen.

Man verwende für den Segen die altkirchliche Formel: »Es segne euch der allmächtige Gott, der Vater und der Sohn und der Heilige Geist«, oder den alttestamentlichen Segen: »Der Herr segne euch« [vgl. Num 6,24–26] usw., oder auch den neutestamentlichen: »Die Gnade unseres Herrn« [2Kor 13,13] usw.

|196 Kandidaten für den Heiligen Dienst erteilen den Segen | nicht, sondern sprechen eine Schlussformel. Der Segen kann nur durch die Diener am Wort erteilt werden.

Die Gemeinde antwortet auf den Segen mit einem dreifach wiederholten Amen. Der Pfarrer spricht also dieses Amen nicht aus.

Nach dem Amen kehren Pfarrer und Gemeinde in stillem Gebet in sich ein. Die Stille dauert nicht länger als höchstens eine halbe Minute. Daraufhin begeben sich die Pfarrer und der Kirchenvorstand in die Sakristei. Erst wenn sie weg sind, geht auch die Gemeinde.

Die Stille der Einkehr wird durch das Orgelspiel beendet, das den Gottesdienst beschließt, wie es diesen auch begonnen hat. Ein kräftiges, starkes Postludium ist hier angebracht. Viele Fugen und Toccaten von Bach sind in höchstem Maß geeignet.

Die hier und da bestehende Gepflogenheit, nach dem Segen noch ein Segenslied zu singen, ist nicht zu rechtfertigen. Der Segen braucht nicht wiederholt zu werden und die Gemeinde hat mit ihrem Amen alles gesagt. Segenslieder (Lied Nr. 95)[424] hebe man für die Stundengebetsgottesdienste auf.

Alle liturgischen Handlungen sollen in »langsamem Tempo« geschehen, d.h. nicht heruntergeleiert, nicht eilig, nicht halb hinuntergeschluckt, nicht schlampig, sondern ruhig, würdevoll, nachdrücklich, rund. Sie dürfen jedoch ebenso wenig eintönig, langweilig, gedehnt sein: Sie müssen Antriebskraft besitzen. Das richtige Tempo ist ein wichtiger Aspekt der liturgischen »Technik«.

Man hüte sich in der Liturgie ebensosehr vor Manierismen wie vor schlechten Manieren,[425] vor allem aber vor Schlamperei und Ostentation. Zu Ersterem rechnen wir die ungezwungene Sprechweise: »Lasst uns nun zuerst noch singen …«; »auch lesen wir noch …« usw. Man befindet sich nicht bei einem Kaffeekränzchen. Zu letzterem zählt unter anderem das Vorbereitungsgebet auf der Kanzel, das peinlich wirkt, wenn die ganze Gemeinde zusieht. Das Vorbereitungsgebet erfolgt entweder in der Sakristei oder am Platz des Pfarrers hinter dem Abendmahlstisch, oder aber, wenn man will, unten an der Kanzeltreppe.

|197 # | Kapitel 9

Festgottesdienste und separate Abendmahlsfeiern

§ 45. Die Feiertage werden, sofern sie nicht auf einen Sonntag fallen, dennoch wie Sonntage gefeiert. Ihre Liturgie steht gänzlich im Zeichen des Heilsereignisses, das gefeiert wird.

Die Feiertage der Kirche, die nicht auf einen Sonntag fallen oder fallen müssen (Weihnachten, Karfreitag, Himmelfahrt) werden wie Sonntage gefeiert. Sie sind kraft ihrer Heilsbedeutung genauso zentral wie der wöchentliche Feiertag. Das ist nicht nur eine praktische Selbstverständlichkeit. Die Grenze zwischen Feiertagen und »gewöhnlichen« Tagen kann nie ganz klar gezogen werden. Jeder Sonntag ist im Leben der Gemeinde ein Feiertag. Die Adventssonntage, die Sonntage in der Passionszeit und die Sonntage zwischen Ostern und Pfingsten sind es noch in besonderem Maß. Auch hier finden wir, genauso wie beim Amt, eine fundamentale Gleichheit, mit Tendenz zur Differenzierung. Der Feiertag ist ein gewöhnlicher Tag, der von Gott ein »Amt« erhalten hat.

Der Feiertag ist folglich kein »Fest«. Manche Feiertage tragen einen festlichen, andere einen Bußcharakter. Ostern ist das große Freudenfest, die Tage von Ostern bis Pfingsten haben Anteil an dieser Freude. Die Adventssonntage, die Sonntage der Passionszeit und der Karfreitag sind Bußtage. Aber niemals ist die Buße gänzlich ohne Freude, niemals die Freude gänzlich ohne Einkehr.

Darum sind spezielle »Festtagsliturgien« unerwünscht. Die gewöhnliche Sonntagsliturgie soll auch an Feiertagen gehalten werden. Aber jeder variable Teil stehe natürlich im Zeichen des Ereignisses des Tages, vom Introitus über den Offertoriumstext und die Gnadenzusage bis hin zur Präfation. Natürlich darf und muss der festliche Charakter betont werden. Man erreicht dies vor allem durch das Schmücken der Kirche an hohen Feiertagen. Je mehr Grün und Blumen, desto
|198 besser. Man muss die Freude über Gottes Taten auch sehen | können. Man muss nur schon vom Anblick der Kirche froh werden. Zudem liegt darin eine wunderschöne Aufgabe für viele Gemeindeglieder. Viel Liebe und Sorgfalt können sich in der Dekoration der Kirche niederschlagen. Auch kann der Chor an besonderen Feiertagen mehr singen als sonst. Abgesehen von den üblichen Stellen gebe man dem Chor eine Aufgabe zwischen und nach den Schriftlesungen; es gibt wunderschöne Kirchenmusik für die Festtage. An den Buß- und Trauertagen schmücke man die Kirche natürlich nicht. Der Chor kann jedoch auch dann eine umfang-

reiche Aufgabe erfüllen (am Karfreitag die »Improperien«[426] usw.). Was die liturgischen Farben betrifft: siehe oben.[427]

Wenn es einer Gemeinde nicht möglich ist, jeden Sonntag oder alle vierzehn Tage das Heilige Abendmahl im Hauptgottesdienst zu feiern, dann sorge man dafür, dass dies auf jeden Fall an den Festtagen geschieht. Ein Ostergottesdienst ohne Austeilung des Sakraments ist keine Feier des Osterfestes.

An den zweiten Festtagen halte man einen Stundengebetsgottesdienst oder, wie es unsere Vorfahren taten, einen Gottesdienst, in dem passende Texte mit Liedern abgewechselt werden.

§ 46. Man gedenke im Sonntagmorgengottesdienst regelmäßig der Heiligen und bringe dieses Gedächtnis im Gebet vor Gott.

Über das Gedächtnis der Heiligen sprachen wir bereits bei der Behandlung des Kirchenjahres.[428] Hier möge lediglich diese schöne Textstelle aus Luthers Tischreden stehen: »Doktor Martin Luther fragte sein Weib, ob sie auch glaube, dass sie heilig sei. Da verwunderte sie sich und sagte: ›Wie kann ich heilig sein? Bin ich doch eine große Sünderin!‹ Darauf sagte Doktor Martin: ›Seht nur da den päpstischen Greuel, wie er die Herzen verwundet, Mark und alles Inwendige eingenommen und in Besitz genommen hat, so dass sie nichts mehr sehen können als nur die äußerliche persönliche Frömmigkeit und Heiligkeit, die ein Mensch selber für sich macht!‹ Und er wandte sich zu ihr und sagte: ›Glaubst du, dass du getauft und ein Christ bist, so musst du auch glauben, dass du heilig bist‹.«[429] Das ist die
wirklich kirchliche, wirklich | gläubige Auffassung. Darum dürfen wir niemals |199
vergessen, dass wir – wenn wir als Gemeinde zusammenkommen – dies in der Gemeinschaft aller Heiligen tun. Auch diejenigen, die uns in den himmlischen Gottesdienst vorausgingen, sind unter uns. Und von ihnen gedenken wir vor allem derjenigen, durch die Gott große Dinge tun wollte. Luther ging uns auch darin voraus. Wir benötigen keine »Heiligentage«. Aber wir gedenken ihrer an ihren »Geburtstagen«, das sind die Tage, an denen sie Gott mit ihrem Tod verherrlichten. Wir können das am besten in einem separaten kurzen Gebet tun – von solchen Gebeten besitzt die Kirche einen reichen Schatz – und dieses Gebet nach dem »Gebet für alle Not der Christenheit« einfügen.

§ 47. Das Heilige Abendmahl kann auch separat ausgeteilt werden, sei es in stark verkürzter, sei es in ausführlicherer Form.

Wenn das Bedürfnis nach dem Heiligen Abendmahl in der Gemeinde wieder stärker wird, wird natürlich die Notwendigkeit von kurzen Abendmahlsfeiern außerhalb des Hauptgottesdienstes empfunden werden. Diese können beispielsweise frühmorgens stattfinden, sonntags oder wochentags. Man begnüge sich dann mit Votum – Gruß – Schriftlesung – Offertorium – Gesang – Präfation – Gebet des Tages – Gebet des Herrn – Epiklesegebet – Einladung – Kommunion – Postcommunio – Gesang – Segen. Auch für eine derartig kurze Abendmahlsfeier ist es notwendig, dass – abgesehen von denjenigen, die den Dienst verrichten (Pfarrer, Gemeindeältester, Diakon, Organist, Küster) – einige Gemeindeglieder anwesend sind und kommunizieren. Eine Abendmahlsfeier ist die *Austeilung des Sakraments*; ohne Kommunion verliert sie ihren Sinn.

An bestimmten Tagen im Kirchenjahr wird es ein Bedürfnis nach einer Feier des Heiligen Abendmahls geben, bei der nur das Sakrament ausgeteilt wird, ohne »Dienst des Betens«, Predigtdienst usw., beispielsweise im Advent. Man beschränke sich dann nur auf das Heilige Abendmahl, aber man feiere dieses dafür gebührend. Ein großer Vorteil ist, dass bei solch einer Feier das wunderschöne Abendmahlsformular unserer Kirche, das an gewöhnlichen Sonntagmorgen nicht
|200 gebraucht werden kann, zur | Geltung kommen kann.[430] Allein nur um dieses Formular regelmäßig in der Gemeinde gebrauchen zu können, sollte man mehrmals im Jahr solche ausführlichen separaten Abendmahlsgottesdienste durchführen. Dabei denken wir natürlich an erster Stelle an den Abend vor Karfreitag, zumindest wenn wir nicht dem allgemein-christlichen Brauch folgen und den »Gründonnerstag« begehen.

Um als liturgischer »Ordo« verwendet werden zu können, muss dieses Abendmahlsformular allerdings verändert werden, mit anderen Worten: Es muss in seinen liturgischen Elementen wiederhergestellt werden. Der *liturgische kring* hat dazu einen Vorschlag im vierten *Handboekje* gemacht.[431] Die Ordnung lautet dort wie folgt: Votum – Adjutorium – Introitus (Vorbereitungsansprache und Vorbereitungslied) – öffentliche Selbstprüfung, Gnadenzuspruch und Entlassung (gemäß Formular mit Antworten) – Einsetzung: Epistel mit Agnus Dei – Evangelium mit Halleluja (gemäß Formular) – Gebet und Gebet des Herrn (gemäß Formular) – Bekenntnis des Glaubens (gemäß Formular)* – Präfation – Abendmahlslied – Kommunion mit Einladung, Offertorium, Einleitungsgebet, Schriftlesung und Segen – Postcommunio und Dankgebet mit Gebet des Herrn (gemäß Formular) – Lobgesang des Simeon – Segen und Einkehr.

Über die Austeilung des Abendmahls an Kranke und Sterbende sprechen wir gleich noch.

* Das Credo in das Gebet zu integrieren, ist ein reformiertes Charakteristikum, das aus Genf stammt [vgl. Johannes Calvin, La forme des prieres et chantz ecclesiastiques (1542), in: Joannis Calvini opera selecta, Bd. 2, hg. von Peter Barth/Wilhelm Niesel, München 1952, 45].

| Kapitel 10 |201

Stundengebetsgottesdienste

§ 48. Die Kirche halte täglich mindestens zwei Stundengebetsgottesdienste, das Morgen- und das Abendgebet. Damit kommt auch ihr Gottesdienst nah an den Hausgottesdienst heran.

Über den Ursprung und die Bedeutung der Stundengebetsgottesdienste haben wir bereits gesprochen.[432] Es ist natürlich nicht möglich, die Horen, wie die Kirche sie festlegte, im Gottesdienst der Gemeinde regelmäßig abzuhalten. Aber es kann schon verlangt werden, dass in jeder Kirche auf jeden Fall zweimal am Tag ein kurzer Gebetsgottesdienst abgehalten wird: morgens und abends. In manchen Gemeinden ist dies bereits der Fall. Die Kirche wird natürlich in den meisten Fällen nicht voll sein. Aber das stellt kein Hindernis dar. Man gewöhne die Gemeinde an das tägliche Gebet in der Kirche. Vor allem für die vielen, die alleine wohnen, für diejenigen, die – bevor sie in ihren langen Arbeitstag starten – nach einem Augenblick der Stille, verlangen und für diejenigen, die im Trott des alltäglichen Lebens zu versinken drohen, ist eine solche Gelegenheit zum Gebet in höchstem Maß notwendig. Der Gottesdienst geht zwar vom Sonntag aus, aber er beschränkt sich nicht auf den Sonntag. Wir leben als Christen jeden Tag im Gottesdienst.

Mit dem Abhalten von regelmäßigen Stundengebetsgottesdiensten schließt die Kirche auch an den Hausgottesdienst an. Im Grunde und historisch gesehen sind beide dasselbe. Das Brevier dient sowohl dem Haus- als auch dem Gemeindegottesdienst. Wer in seiner Familie regelmäßig den Hausgottesdienst feiern kann, wird natürlich weniger ein Bedürfnis nach Stundengebetsgottesdiensten in der Kirche haben. Es bleiben jedoch unzählige Menschen übrig, die dies verlernt haben, die alleine wohnen oder die aus anderen Gründen nicht dazu in der Lage sind, einen Hausgottesdienst abzuhalten. Wie wunderbar ist es, dass jemand, der es gewohnt war, das Morgen- und Abendgebet in der Kirche mitzubeten, und später eine Familie gründet, diese Angewohnheit einfach zuhause fortführen kann. Und wertvoll ist es auch, dass der Vereinsamte, der seine Familie verloren hat, in der Kirche seinen Gebetsgottesdienst wiederfindet.

| Das Samstagabendgebet trägt einen besonderen Charakter, denn es dient der |202
Vorbereitung auf den Sonntagmorgengottesdienst. Alle Feiertage haben in der Kirche »Vorabende«, ein Überrest aus der alten Zeitrechnung, bei der der Tag mit dem Abend davor begann. Der Sonntag beginnt also, genauso wie der jüdische

Sabbat, am Vorabend. Als Vorbereitung auf den Hauptgottesdienst hat das Gebet am Samstagabend große Bedeutung. Möchte man in einer Gemeinde das Abendgebet einführen, dann beginne man folglich mit demjenigen am Samstagabend.

Im Stundengebetsgottesdienst kann natürlich auch gepredigt werden. In erster Linie wird dafür am Sonntagabend ein Bedürfnis bestehen. Aber es geht auch wochentags. Im gewöhnlichen Morgen- und Abendgebet tue man das lieber nicht, weil diese Gottesdienste so kurz wie möglich dauern sollten.

Am Sonntagmorgen kann das Morgengebet als Frühgottesdienst stattfinden, der vor dem Hauptgottesdienst zu halten ist. Wo ein entsprechendes Bedürfnis besteht, täte man gut daran, jede zweite Woche als Frühgottesdienst ein Morgengebet und einen kurzen Abendmahlsgottesdienst abzuhalten.

Der Sonntagabendgottesdienst ist vortrefflich dazu geeignet, als Stundengebetsgottesdienst gestaltet zu werden. Der Gottesdienst sollte dann nicht allzu lang und dem Gebet, dem Gesang und der Schriftlesung gewidmet sein, wobei auch eine kurze Predigt gehalten werden kann.

Wochentags halte man Stundengebetsgottesdienste so oft, wie Bedarf besteht. Es wäre bereits viel wert, wenn eine Gemeinde täglich ein Morgengebet und am Ende und in der Mitte der Woche ein Abendgebet hielte. Mittagsgottesdienste können auch erwünscht sein.

§ 49. Der Stundengebetsgottesdienst schließe sich möglichst der Form der Horen an, die in der Kirche seit jeher üblich ist.

Die Liturgie des Stundengebetsgottesdienstes ist natürlich je nach Tagzeit unterschiedlich. Wir beschränken uns hier auf diejenige des Morgen- und Abendgebets.

Morgengebet.

Orgelpräludium.

Adjutorium.

Lied.

|203 | Pfarrer: »Gut ist es, den Herrn zu preisen«;

Gemeinde: »Und deinem Namen, Höchster, zu singen«;

Pfarrer: »Am Morgen deine Güte zu verkünden«;

Gemeinde: »Und deine Treue in den Nächten« [Ps 92,2f.].

Psalmen des Tages, ungereimt, antiphonisch, von Pfarrer und Gemeinde oder von zwei Pfarrern, oder vom Chor gesprochen oder gesungen; jeder Psalm wird mit dem Kleinen Gloria beschlossen.

Schriftlesungen gemäß dem Kirchenjahr, vorzugsweise eine aus dem Alten und eine aus dem Neuen Testament. Jede Schriftlesung eingeleitet mit den Worten: »Wir lesen in der Heiligen Schrift, im Alten Testament« usw., und beendet mit: »Hier endet die (erste, zweite) Schriftlesung«.

Einer oder mehrere der folgenden Hymnen: Ambrosianischer Lobgesang[433] (vorzugsweise ungereimt, antiphonisch, oder Lied Nr. 132 oder 149),[434] Lobgesang des Zacharias (vorzugsweise ungereimt, antiphonisch, oder Gesang C),[435] Gesang I, Lied Nr. 274, 275, 276, 277.[436]

»Dienst des Betens«, eingeleitet durch: »Der Herr sei mit euch« usw.

Morgengebet aus der Niederländisch-Reformierten Liturgie: »O, barmherziger Vater«[437] usw.

Wochengebet.

Besondere Gebete.

Gebet des Herrn.

Lied.

Segen mit dreifachem Amen.

Einkehr und Postludium.

(Die Predigt, falls eine gehalten wird, folgt auf die Schriftlesung).

Abendgebet.

Orgelpräludium.

Adjutorium.

Lied.

Pfarrer: »Herr, tue unsere Lippen auf«;

Gemeinde: »Und unser Mund wird deinen Ruhm verkünden« [Ps 51,15].

Pfarrer: »Vom Aufgang der Sonne bis zu ihrem Niedergang«;

Gemeinde: »Sei gelobt der Name des Herrn« [Ps 113,3].

Psalmen des Tages, ungereimt und antiphonisch von Pfarrer und Gemeinde oder von zwei Pfarrern, oder vom Chor gesprochen oder gesungen, wie im Morgengebet.

Schriftlesungen gemäß dem Kirchenjahr, wie im Morgengebet.

Einer oder mehrere der folgenden Hymnen: Magnificat (Lied Nr. 9, Gesang B),[438] Lobgesang des Simeon (Lied Nr. 31, Gesang D),[439] Gesang L, Lied Nr. 279, 280, 281, 282, 283, 284.[440]

| »Dienst des Betens«, eingeleitet durch: »Der Herr sei mit euch« usw. |204

Abendgebet aus der Niederländisch-Reformierten Liturgie: »O barmherziger Gott, ewiges Licht, das in der Dunkelheit leuchtet«[441] usw.

Wochengebet.

Besondere Gebete.

Gebet des Herrn.

Lied.

Segen mit dreifachem Amen.

Einkehr und Postludium.

Sowohl die Kirche des Ostens als auch diejenige des Westens verfügt über ein umfassendes Stundenbuch. Die englische Kirche hat das Morgen- und das Abendgebet erhalten. Unsere Kirche hat lediglich Reste davon in ihren Gebeten und Liedern bewahrt, die wir im oben Stehenden mit allgemeinen christlichen Elementen anzureichern versuchten, um daraus eine Liturgie zu bilden. Die Basis der Horen bilden seit jeher die Psalmen.

Auch im Abendgottesdienst wird die Predigt nach der Schriftlesung gehalten.

Gerade in den Stundengebetsgottesdiensten gewöhne man die Gemeinde an agendarische Gebete aus dem reichen Schatz der Kirche. »Forms are inevitable in any act of public worship, unless it be a Quaker meeting; and the choice is never between forms and no forms, but always between good forms and bad forms. The leader of public worship cannot escape the use of forms, even when ›extemporizing‹, any more than can a musician«[442] (Maxwell).

Auf jedes Gebet antwortet die Gemeinde mit »Amen«. Der Pfarrer spricht dies folglich nicht aus.

Die Stundengebetsgottesdienste können, abgesehen von Pfarrern, auch von Gemeindeältesten, Diakonen oder auch von Gemeindegliedern gehalten werden. In diesem Fall sprechen sie von ihrem gewohnten Platz bzw. vom Lesepult aus. Der Segen wird durch eine Schlussformel oder ein Segenslied ersetzt.

> *§ 50. In unserer Kirche sind seit jeher »Katechismusgottesdienste« üblich. Ihnen entspricht keine besondere liturgische Ordnung.*

Der dem Katechismus gewidmete Gottesdienst bzw. die Katechismuspredigt ist
|205 äußerst nützlich und darf dann auch keineswegs wegfallen, zumindest in | Gemeinden, die Wert auf Liturgie legen. Man halte den Katechismusgottesdienst am besten an einem Abend unter der Woche oder am Sonntagnachmittag.

Dem Katechismusgottesdienst ist keine liturgische Form eigen. Er ist eigentlich kein Gottesdienst, sondern Unterricht. Man beschränke sich also auf ein kurzes Einleitungsgebet (man kann hierzu das schöne »Gebet für die Unterweisung im Katechismus« aus der reformierten [*gereformeerd*] Liturgie gebrauchen),[443] auf das Gebet des Herrn am Ende und auf einige Lieder.

| Kapitel 11 |206

Der Gottesdienst im Privat- und Gemeindeleben

§ 51. Der Gottesdienst tritt an verschiedenen Stellen in das persönliche Leben und in das Gemeindeleben. Es geht hier nicht um eine nebensächliche Ergänzung zum Gottesdienst, sondern um seine organische Auswirkung auf die menschliche Existenz.

Traditionell spricht die Liturgik hier von Kasualien, d.h. liturgische Handlungen, die nicht in die Haupt-Ordnung gehören und die nur in speziellen Fällen vollzogen werden. Manchmal rechnet man zu den Kasualien sogar die Spendung der Taufe. Wir erachten den Ausdruck *Kasualien* als absolut falsch und irreführend. Der Gottesdienst hat einen *Ordo*. Darunter fällt alles, und zwar in einem organischen Zusammenhang. Was keinen organischen Bezug aufweist, gehört grundsätzlich nicht dazu. Mit anderen Worten ist die Liturgie nicht eine Sammlung einzelner Handlungen, sondern ein organisches Ganzes sakramentaler Art. Wir sahen bereits, dass die Heilige Taufe *in* den Hauptgottesdienst gehört. Und so verhält es sich auch mit der Konfirmation, mit der Ordination von Amtsträgern und selbst mit der Kirchweihe. All dies ist Teil des Hauptgottesdienstes, obwohl es nicht immer explizit darin vorgefunden wird. Und auch das Tagzeitengebet kann nicht davon getrennt werden.

Was übrig bleibt, sind nicht eine Reihe liturgischer Kleinigkeiten, sondern diejenigen Handlungen, die notwendig werden, wenn der Gottesdienst mit dem Menschenleben in Berührung kommt, sowohl persönlich als auch gemeindlich, d.h. mit den wichtigen Ereignissen der Eheschließung, der Krankheit, des Todes, des Begräbnisses; mit den notwendigen Lebensformen der Gesellschaft, mit Ernte und Volksleben; mit kirchlichen Vereinigungen und der Jugendbewegung; schließlich mit dem privaten Familienleben zuhause.

Hier tritt der Mensch als Mensch mit allgemein menschlichen Bedürfnissen und Eigenschaften in die Kirche ein, um den Segen der Kirche zu empfangen. Hier tritt die Kirche mit ihrem Segen und ihrer Verkündigung in das Leben des Menschen ein.

| *§ 52. Die Beichte findet zwar außerhalb des Gottesdienstes statt, aber die* |207
Gnadenzusage wird gleichsam vom Tisch des Herrn aus in das persönliche Leben getragen.

Die Beichte ist, wie wir oben dargelegt haben, durch die nachreformatorische Entwicklung gänzlich in den Hintergrund gedrängt worden, nach unserer Überzeugung zu Unrecht. Es gehört zweifellos zum Amt des Priesters, die Sünden zu vergeben, nachdem sie ihm bekannt wurden. Nur auf diese Weise kann die Seelsorge zu etwas mehr als bloß einer freundlichen Beratung werden. Sie sollte von Gottes Gnadenzusage ausgehen. In der Absolution, die der Pfarrer erteilt, spricht, nach Luthers Meinung, Gott selbst.[444] Aber das ist hier der falsche Ort, um darauf näher einzugehen. Denn die Beichte und die Absolution gehören nicht zum Gottesdienst. Sie gehören zwar zur amtlichen Austeilung von Gottes Wort, aber sie bleiben gänzlich auf eine einzige Person beschränkt. Die Gemeinde hat damit nichts zu tun. Der Pfarrer spricht nur im Namen Gottes, nicht im Namen der Gemeinde.

Beichte und Absolution hängen jedoch mit dem Gottesdienst sehr eng zusammen, und zwar insofern, als der Gottesdienst gleichsam deren Ursprung darstellt. Dort wird das Wort der Gnadenzusage an die Gemeinde gerichtet, es wird als Wort Gottes verkündigt, und dieses bildet wiederum Grundlage und Gewähr für das freisprechende Wort, das in der Seelsorge dem Einzelnen zugesprochen wird. Hier tritt folglich der Gottesdienst de facto in das Leben des einzelnen Menschen, ohne dass dort eine liturgische Ordnung bemüht wird.

§ 53. Glieder der Kirche, die in den Ehestand treten wollen, kommen mit ihrem Vorhaben in die Kirche, weil sie um Gottes Segen bitten und der Pfarrer die Ehe in Gottes Namen bekräftigt.

Die Eheschließung ist eine allgemein menschliche Angelegenheit. Es ist nicht ein Sakrament wie die anderen, die nur für den Christen existieren. Aber der Christ bringt diese Handlung, die für sein ganzes Leben von derart essenzieller Bedeutung ist, in die Kirche, um um Gottes Segen dafür zu bitten.

|208 Die Ehe ist folglich keine »christliche Einrichtung«. | Aber die Kirche fasst sie wohl als eine Einrichtung Gottes auf. Und deshalb stellt sie gewisse Anforderungen daran, die ein eigenes kirchliches Eherecht notwendig machen. Aber das soll uns hier nicht weiter beschäftigen. Wir müssen lediglich feststellen, dass die Ehe für den Christen zwar außerhalb der Kirche, außerhalb des Bandes des Friedens und der Liebe, die in Christus ist, geschlossen werden, aber nicht bestehen kann. Der wahre Grund der Ehe ist nicht die Liebe zwischen den sich Vermählenden, sondern Gottes Liebe zu ihnen. Und da diese Liebe ihrem Wesen nach Treue ist, steht damit gleichzeitig auch das große Eheversprechen fest: Treue. Erst mit der Anerkennung von Gottes Treue und der Bereitschaft, seine Gebote zu halten, wird eine Eheschließung für den Christen möglich. Sonst wäre es entweder die bloße Folge eines Instinkts (also keine Ehe) oder eine törichte Kühnheit.

Aus diesem Grund bekräftigt die Kirche die Ehe von denjenigen, die dafür Gottes Segen suchen. Die Kirche schließt keine Ehe. Sie hat dies auch niemals getan, auch die römisch-katholische Kirche nicht. Die Ehe wird von den Heiratenden geschlossen.[445] Es ist eine Handlung, eine Wahl, eine Entscheidung, ein Bund zwischen zwei Menschen. Aber diese Handlung, diese Wahl, diese Entscheidung, diesen Bund bekräftigt Gott durch den Dienst seiner Kirche. Und dadurch wird die Eheschließung zu Gottes Angelegenheit, sie wird zu dem, »was Gott zusammenfügt« [Mt 19,6], und deshalb gilt dafür Gottes Gebot: unwandelbare Treue. Das Wort Gottes, mit dem diese Bekräftigung erfolgt, ist im Grunde nichts anderes als das Wort der Gnadenzusage und hat folglich sakramentalen Charakter. Sündige Menschen, die zu keinerlei Treue imstande sind, dürfen Treue versprechen und Treue halten auf das Wort Gottes hin, der Treue in Ewigkeit hält.

> Selig, wo deine Liebe, o Herr, das Band ist,
> das Mann und Frau aufs Engste miteinander verbindet! (Lied Nr. 264).[446]

Die kirchliche Feier der Eheschließung wird zum ersten Mal im Jahr 866 erwähnt, in einem Brief von Papst Nikolaus I.[447] an die Bulgaren.[448] Die Zeremonien der kirchlichen Eheschließung waren anfänglich dieselben wie die alt-römischen, nur wurde die Darbringung von Opfergaben durch die Messe ersetzt. Die heutzutage in verschiedenen Kirchen noch üblichen Zeremonien der Eheschließung sind vorchristlichen Ursprungs.

Im Laufe der Zeit entwickelte sich die kirchliche|Traupraxis so, dass zwei strikt |209
getrennte Handlungen entstanden: Die eine ist die Eheschließung selbst, die durch die Eheleute vollzogen wird. Diese wurde von der römisch-katholischen Kirche zum Sakrament erklärt. Ein Priester oder eine kirchliche »Austeilung« ist dafür an sich nicht notwendig. Die Ehe kommt durch den Konsens der Eheleute zustande und wird vollendet durch ihre eheliche Gemeinschaft. Die Kirche hat bei der Eheschließung seit jeher eine Aufgabe, aber keine kirchliche Aufgabe im Sinn einer »Austeilung«: Sie tritt während des Mittelalters (und immer noch in römisch-katholischen Ländern, auch in England und Amerika) als Behörde auf, die die Eheschließung legal erfasst. Sie erfüllt folglich die Funktion unseres Standesamtes. Auch bei Luther ist dies so. Die Trauung fand in der Regel auf dem Kirchplatz statt, was auch bereits ein Beweis dafür ist, dass die kirchliche Austeilung hier außen vor blieb. Nach dem feierlichen Eheversprechen betrat das Paar die Kirche, um dort am Altar den Segen zu empfangen. Das ist die eigentliche kirchliche Traupraxis: Hier erfolgt die Austeilung.

Während folglich in der römisch-katholischen Kirche das eigentliche Sakrament nur in der Handlung der Heiratenden besteht (alles andere ist lediglich notwendig für die kirchliche und eventuell zivile Gültigkeit der Ehe, aber mit dem Sakrament hat dies nichts zu tun), müssen wir als Reformierte [*hervormd*] die

Sache umdrehen. Die Eheschließung erfolgt in der Tat durch die Heiratenden selbst, nicht durch die Kirche. Aber sie ist kein Sakrament, oder besser gesagt sie ist eines dieser »natürlichen Sakramente«, über die wir weiter oben gesprochen haben.[449] Zum Sakrament wird sie erst, wenn bekannt wird, dass die tiefste Verbundenheit, die die Heiratenden begehren und erfahren, in Gottes Liebestat liegt, und dass der Grund des Versprechens, das sie einander geben, in Gottes Treueversprechen liegt – und wenn auf dieses Bekenntnis hin Gott das Wort seiner Gnadenzusage erteilt hat. Das eigentlich Sakramentale an der Bekräftigung der Ehe liegt folglich im Segen, der die menschliche Handlung in den Bereich von Gottes Gnadenzusage bringt und der deshalb am Tisch des Herrn ausgesprochen wird.

Die Reformation hat von Anfang an die kirchliche Bekräftigung der Ehe als
|210 äußerst zentral erachtet. Luther, die ersten Straßburger Agenden, auch | Farel, Calvin, Valerandus Pollanus u. a. geben alle eine Ordnung dafür an. Hier ist diejenige von Valerandus Pollanus.[450] Die Eintretenden werden mit Gesang begrüßt:

Psalm 128.
Adjutorium.
Schriftlesung.
Gebet.
Ansprache auf der Kanzel.
Frage (in der Gegenwart der ganzen Gemeinde).
Frage, ob Einwände erhoben würden.
Fragen mit Antwort der Heiratenden.
Predigt.
Evangelium, Mt 19.
Gebet.
Segen.
Psalm 113.

Unser Formular, um den Ehestand vor der Gemeinde Christi zu bekräftigen,[451] ist genauso alt wie dasjenige für die Taufe und das Abendmahl. Es wurde aus Elementen von Calvin, Micron und aus Elementen aus der Pfalz zusammengesetzt. Obwohl es viel Schönes enthält, kann es mit den beiden genannten Formularen nicht mithalten, weder was seine Aussagekraft noch was seinen Tiefsinn angeht.

§ 54. Die Bekräftigung der Ehe erfolge in einem separaten Gottesdienst inmitten der Gemeinde. Dieser Gottesdienst umfasse auch die Austeilung des Heiligen Abendmahls.

Für die Bekräftigung der Ehe wird ein separater Gottesdienst benötigt, der ihr auch zusteht, weil sie ein Stück Gottesdienst ist, das auf das persönliche Leben angewandt wird. Sie gehört nicht, wie die Taufe, zum Gottesdienst selbst. Vielmehr überträgt sie diesen Gottesdienst auf das persönliche Leben. Darum wäre eine Bekräftigung der Ehe im Hauptgottesdienst falsch.

Trotzdem ist die Bekräftigung der Ehe ein Gottesdienst der Gemeinde. Diejenigen, die anwesend sind, obschon sie aus Gründen der Verwandtschaft oder Freundschaft zusammengekommen sind, bilden die Gemeinde. Dies wird nachdrücklich durch die Mitwirkung von Gemeindeältesten und Diakonen bestätigt.

Das Brautpaar kommt durch den Haupteingang der Kirche | herein, wobei der |211
Pfarrer und der Kirchenvorstand vorausgehen und die Familie hinterhergeht. Pfarrer und Kirchenvorstand begleiten das Brautpaar durch den Mittelgang zum Chor, wo sie ihre gewohnten Plätze einnehmen, während das Brautpaar sich im Chor vor den Abendmahlstisch oder unterhalb der Treppe zum Chor hinsetzt. Die Familie kommt nicht in den Chor, sie setzt sich auf beiden Seiten in die ersten Bänke der Kirche.

»Man mache, was das Aussehen der Kirche betrifft, keinen Unterschied zwischen Reich und Arm. Man darf natürlich schon je nach finanzieller Belastbarkeit unterschiedliche Beiträge verlangen, aber man verwende für alle die gleiche Ausstattung.«[452] In einer gut eingerichteten Kirche sind übrigens »Hochzeitsmöbel« und Hochzeitsteppiche vollkommen überflüssig. Das einzige, was nötig ist, ist ein Kissen mit einer passenden Verzierung, auf dem das Brautpaar knien kann.

Der Gottesdienst verlaufe wie folgt:

Votum (Adjutorium) und Gruß.

Introitus (z.B. »Dies ist der Tag, den der Herr gemacht hat« [Ps 118,24] usw.) mit Kleinem Gloria oder Lied.

Schriftlesung.

Epistel: Eph 5,22–23; Evangelium: Joh 2,1–11, die seit eh und je in der Kirche verwendeten traditionellen Lesungen. Die Epistel wird mit dem Halleluja, das Evangelium mit »Lob sei dir, Christus!« abgeschlossen und auf die gewohnte Weise beantwortet. Weil im Traugottesdienst der Gottesdienst im wahrsten Sinn des Wortes in das persönliche Leben tritt, dürfen hier die eucharistischen Formen verwendet werden. Es ist kein Tagzeitengebet.

Gebet (Kollekte), z.B.: »Erhöre uns, allmächtiger und barmherziger Gott, damit dasjenige, das durch unseren Dienst vollzogen wird, mit deinem Segen erfüllt werde. Durch unseren Herrn Jesus Christus, Amen.«

Offertorium und Gesang, auf die gewohnte Art und Weise.

Formular, entweder das unserer alten Liturgie oder ein neues Formular, bestehend aus Bibeltexten sowie vereinzelt einigen Teilen des alten Formulars. Der *liturgische kring* gab dafür ein Beispiel im *Handboekje*, das der Trauung gewidmet ist,[453] und er hat eine neue Ausgabe davon erstellt, in der beide Formulare zur Auswahl stehen, und zwar in seinem *Orde van Dienst*.[454]

Ansprache.

Fragen – diejenigen des alten Formulars, erweitert um die anglikanischen:

[Pfarrer:] »Bekennst du, N.N., hier vor Gott und dieser seiner heiligen Gemeinde, |212 dass du N.N. zu deiner Ehefrau genommen hast und nimmst, | dass du sie nimmermehr verlassen wirst, dass du sie lieben und ihr dienen wirst, in guten wie in schlechten Zeiten, in Reichtum und Armut, in Krankheit und Gesundheit, dass du ihr treu sein wirst, so wie ein treuer und gottesfürchtiger Mann es seiner Ehefrau schuldig ist, dass du auch fromm mit ihr leben willst und sie in der Treue und im Glauben in allen Dingen nach der Lehre des heiligen Evangeliums halten?« – Antwort: »Ja.« – Pfarrer: »Gott erhöre dich und stehe dir bei.«

[Pfarrer:] »Bekennst du, N.N., hier vor Gott usw. N.N. zu deinem Ehemann genommen zu haben und zu nehmen, dass du ihn usw., dass du ihn treu versorgen und unterstützen wirst, wie eine treue und gottesfürchtige Frau« usw.? – Antwort: »Ja.« – Pfarrer: »Gott erhöre dich« usw.

Ringwechsel: Die Ringe werden vom Gemeindeältesten auf der Hausbibel (siehe unten) hereingebracht. Der Pfarrer nimmt den kleineren Ring, gibt diesen dem Mann und spricht vor, der Mann steckt den Ring an den Ringfinger seiner Braut und spricht nach: »Ich nehme dich zu meiner Ehefrau und als Zeichen dafür gebe ich dir diesen Ring.« Dann nimmt der Pfarrer den größeren Ring, gibt diesen der Frau und spricht vor, die Frau steckt den Ring an den Ringfinger ihres Bräutigams und spricht nach: »Ich nehme dich zu meinem Ehemann und als Zeichen dafür gebe ich dir diesen Ring.«

Bekräftigung: Der Pfarrer legt die rechte Hand des Mannes und der Frau ineinander und spricht: »So verkünde ich dann als Diener Christi, in der Gegenwart von Gott und seiner heiligen Gemeinde, dass ihr verheiratet seid, im Namen des Vaters und des Sohnes und des Heiligen Geistes. Was nun Gott zusammengefügt hat, soll der Mensch nicht scheiden. Und der Vater der Barmherzigkeit, der euch durch seine Gnade zu diesem heiligen Ehestand gerufen hat, verbinde euch mit rechter Liebe und Treue und gebe euch seinen Segen. Amen.«

Fürbitte und Segen: Der Pfarrer spricht dieses Gebet: »O Herr des Lebens und der ewigen Liebe: Wir danken dir, dass diese beiden ineinander so große Liebe und Treue gefunden haben, dass sie ihre Leben vereinigen und alle ihre Tage zusammenleben wollen. Und da sie ohne deine Hilfe zu nichts imstande sind, bitten wir dich, dass du ihnen die Gabe deines Heiligen Geistes verleihst. Hilf ihnen, dass sie sich mit kindlichem Vertrauen in deine liebevolle Obhut begeben und dass sie dort ihr Bündnis auf deine immerwährende Gnade gründen. Durch Jesus Christus unseren Herrn, Amen.« – Der Pfarrer legt die Hände auf die Köpfe des niedergeknieten Paares und spricht: »Unser lieber Herr, Gott, erfülle euch mit seiner Gnade und gebe euch, dass ihr in aller Gottesfurcht, Liebe und Eintracht lange und gesegnet zusammenleben könnt. Amen.«

Lied.

|213 | Überreichung der Hausbibel durch den Gemeindeältesten, der dazu spricht: »Gottes Wort ist eures Fußes Leuchte und ein Licht auf eurem Pfad. Amen.«

Gebet des Herrn.
Segen und Einkehr.

Bei Votum, Gruß und Introitus steht die Gemeinde, der Pfarrer ist an seinem Platz hinter dem Tisch. Bei der Schriftlesung sitzt die Gemeinde, der Pfarrer oder der Gemeindeälteste liest vom Lesepult oder von seinem Platz hinter dem Tisch aus. Beim Gebet knien alle nieder. Beim Offertorium sitzen alle. Die Darbringung erfolgt auf die gewohnte Art und Weise. Beim darauffolgenden Lied steht die Gemeinde. Der Pfarrer liest das Formular vom Lesepult aus und hält seine Ansprache auf der Kanzel, während die Gemeinde sitzt. Die Fragen werden vom Tisch aus gestellt, während das Brautpaar davor steht. Auch die Gemeinde steht. Vor dem Ringwechsel kommt der Pfarrer vor den Tisch, das Paar bleibt stehen, die Gemeinde bleibt sitzen. Während der Bekräftigung verhält es sich genauso. Während der Fürbitten kniet das Paar nieder und kniet auch während des Segens. Auch die Gemeinde kniet. Beim Lied stehen alle auf. Das Paar bleibt für die Überreichung der Bibel stehen, während die Gemeinde sich wieder hinsetzt. Beim Gebet des Herrn, dem Segen und der Einkehr knien das Brautpaar und die Gemeinde.

Der Pfarrer verlässt die Kirche durch die Tür der Sakristei, das Paar mit der Familie zusammen durch den Haupteingang.

Die Bekräftigung der Ehe beginnt mit dem Aufgebot. Wo derzeit keine Beschwerden eingehen, muss man nicht an der dreimal wiederholten Bekanntmachung festhalten. Aber die Gemeinde muss wissen, was in ihrem Gottesdienst geschieht. Deshalb versäume man die Ankündigung im vorausgehenden Sonntagmorgengottesdienst nicht. Das ist der Anknüpfungspunkt zwischen dem allgemeinen Gottesdienst und der persönlichen Anwendung.

Man versuche bei der musikalischen Gestaltung des Gottesdienstes – trotz aller musikalischen Vorlieben – nicht allzu »heidnisch« zu sein. Der Marsch aus [Richard Wagners] *Lohengrin* gehört sicherlich nicht in die Kirche. Auch halte man sich mit musikalischen Verzierungen zurück. Ein Einsatz des Chors ist natürlich ausgezeichnet, aber singende Freundinnen und Cello spielende Nichten sind verpönt.

Dass menschliche Liebe Treue werden kann, verdanken | wir der Treue desje- |214
nigen, der bis zum Ende liebte. Deshalb gehört zur Bekräftigung der Ehe die Abendmahlsfeier, nicht nur als Voraussetzung, sondern auch als Teil dieser Zeremonie. Wir sind uns das nicht gewohnt und empfinden das Abendmahl als Fremdkörper im Rahmen der Feierlichkeit des Hochzeitstags. Doch dies ist eine falsche Empfindung. Der Hochzeitstag ist zweifellos ein Festtag. Aber er ist auch mit großem Ernst erfüllt. Und wer mit seinem Vorhaben die Kirche aufsucht und den Segen Gottes sucht, spürt dies auch. Darum ist es gut, dass die Braut und der

Bräutigam mit all ihren Angehörigen in der Gemeinde das Heilige Abendmahl empfangen. Zu diesem Zweck füge der Pfarrer nach der Überreichung der Bibel die Präfation, das Gebet des Herrn, das Epiklesegebet und die Einladung ein. Daraufhin sollen sich die Vermählten mit ihren Angehörigen und allen anwesenden Gemeindegliedern am Tisch des Herrn versammeln, wo die Austeilung des Abendmahls weiter wie folgt verläuft: Kommunion – Postcommunio – Gesang – Segen. So beginnen wir, wenn wir uns vom Tisch des Herrn erheben, ein neues Leben.

Wenn diese Ordnung beanstandet wird, dann kann man auch gemäß einem reizenden skandinavischen Brauch mit dem Brautpaar und seinen Angehörigen frühmorgens das Sakrament feiern, natürlich nach der kurzen Ordnung.

> *§ 55. Für Kranke und Sterbende, die nicht in die Kirche kommen können, verrichtet die Kirche ihren Dienst am Krankenbett: Trost, Gnadenzusage, Heiliges Abendmahl.*

Der Gottesdienst findet in der Kirche statt. Wir haben dem Herrn ein Haus gebaut. Er will dort wohnen. Aber dies bedeutet, dass er zu uns kommt und auch dann zu uns kommt, wenn es uns unmöglich ist, in sein Haus zu gehen. So wie die Spendung der Heiligen Taufe in besonderen Fällen außerhalb der Kirche, d.h. zuhause, möglich war, so ist dies auch – in diesem Fall sogar noch stärker – bei der Austeilung der Gnadenzusage und des Abendmahls möglich, wenn die Notwendigkeit besteht, wie bei Kranken und Sterbenden.

Dies ändert nichts an dem Gebot, dass die Feier des Abendmahls nur in der Gemeinde stattfinden kann. Aber die Gemeinde ist nicht an die Kirche und an die Anzahl der Gläubigen gebunden. Wenn es notwendig ist, kann sie auch aus zwei oder drei Personen bestehen. »Wo das Abendmahl gespendet wird, soll die Ge-
|215 meinde | anwesend sein. Selbst bei Abendmahlen, die dem Kranken und dem Sterbenden gespendet werden, sollte darauf geachtet werden, dass ›zwei oder drei mitkommunizieren‹«[455] (Asmussen).

Es ist unseres Erachtens selbstverständlich, dass die Kirche mit ihrer Austeilung zu den Kranken und Sterbenden geht, die nicht kommen können. Und es ist eine unerhörte Schande, dass unsere Kirche dieser Pflicht in der Regel ganz und gar nicht nachkommt. Wir verwenden nicht einmal eine Liturgie für die Kranken, und wir haben mintunter die Krankenkommunion völlig vergessen. Obwohl ja gerade bei Krankheit und Todesnot die geistliche Speise so nötig ist. Uns ist in dieser Hinsicht nahezu jegliche Tradition abhandengekommen und wir belassen es bei einem frommen Gespräch und einem improvisierten Gebet, das der Kranke kaum mitbeten kann.

Jegliche Tradition ist uns abhandengekommen, auch die reformierte [*gereformeerd*]. »Weshalb das Abendmahl den Kranken verwehrt bleiben muss, verstehe ich nicht; viele und triftige Gründe treiben mich an. Ich sehe jedoch, wie leicht sich vielerlei Missbrauch einschleicht, gegen den man vorsichtig und ehrlich vorgehen muss. Denn wenn es keine gemeinsame Kommunion gibt (also wenn nur der Kranke allein kommuniziert), wird unrichtigerweise von der heiligen Ordnung Christi abgewichen. Es wäre deshalb angemessen, dass eine Versammlung zustandekommt, bestehend aus Verwandten, Freunden und Nachbarn, damit die Austeilung nach dem Gebot Christi geschehe. Ferner verbinde sich diese Handlung mit der Auslegung des Mysteriums. Und es sollte nichts geben, das von der üblichen Gottesdienstordnung abweicht. Es ist auch sehr gefährlich, wahllos [das Abendmahl] da und dort hinzubringen. Und es ist hier sehr schwierig zu vermeiden, dass einige von Aberglauben, andere von Ehrgeiz und hohlem Schein dazu gebracht werden, nach der Austeilung des Sakraments zu verlangen. Darum sollte man mit Unterscheidungsvermögen an die Sache herangehen, damit es niemandem ausgeteilt wird, der nicht in großer Lebensgefahr schwebt. Es ist unangebracht, das Brot – wie wenn es heilig wäre – aus der Kirche holen zu lassen; und es ist absolut intolerabel, es mit Prunk tragen zu lassen.«[456] So Calvin (Consilia, Opera, X, 1, 213 f.).* Mit seinen Warnungen hat er | Recht: Man muss vorsichtig |216
sein mit den Wünschen frommer Fräulein und träger Gemeindeältester, die gerne einmal den Pfarrer zu sich kommen lassen. Abzuwarten, bis höchste Lebensgefahr droht, wäre jedoch nicht nur äußerst ungerecht gegenüber den vielen Kranken, die das Haus nicht verlassen können, ohne dass sie sich in Lebensgefahr begeben; sondern es könnte außerdem leicht dazu führen, die Kranken- und Sterbekommunion als eine Art Himmelsversicherung zu betrachten – auf die Art und Weise der römisch-katholischen Volksfrömmigkeit. Zumindest ist das keineswegs calvinistisch.

Das Krankenzimmer werde sehr einfach, aber sorgfältig für die Austeilung des Sakraments eingerichtet. Auf einem separaten Tisch werden von Familienangehörigen Brotschale und Kelch samt einem weißen Tuch und einer Bibel bereitgelegt. Man sehe zu, dass der Tisch angemessen gedeckt ist. Es ist wirklich keineswegs notwendig, Brot und Wein aus der Kirche mitzubringen. Wir pflegen keine Aufbewahrung des Sakraments. Man sorge lediglich dafür, dass es Wein einer anständigen Sorte ist, kein Kunstprodukt wie *Cultura* oder dergleichen.[457] Ist der Kranke dazu zu arm, dann bringe man ein wenig vom Abendmahlswein aus der Kirche mit.

* Auch Valerandus Pollanus kennt die Krankenkommunion: »Quod si aegrotus petat Eucharistiam, ipso die ab Ecclesia celebratur Coena, mittitur unus ex Ministris cum piis aliquot, qui cum aegroto communicent« [Valerandus Pollanus, Liturgia Sacra (1551–1555), hg. von A. C. Honders, Leiden 1970 (Kerkhistorische bijdragen 1), 166].

Die Austeilung des Sakraments an Kranke mache man nach Bedarf lang oder sehr kurz. Es gibt Kranke, die an einem ausführlichen Gottesdienst teilnehmen können und die auch danach verlangen. In diesen Fällen drücke man sich nicht davor. Aber wenn der Kranke schwach ist oder im Sterben liegt, beschränke man sich auf das Allernotwendigste. Und zwar wie folgt:

Adjutorium.

Einige trostreiche Texte (man kann sie dem »Krankentrost« unserer alten Liturgie entnehmen, die eine ausgezeichnete Auswahl an »trostreichen Sprüchen« bietet.[458] Der »Krankentrost« selbst ist viel zu lang und zu belehrend).

Kurze Verrmahnung, falls es dazu eine Möglichkeit gibt und ein Anlass gegeben ist.

Sündenbekenntnis – der Kranke spricht dem Pfarrer nach: »Ich bekenne vor dem allmächtigen Gott, dass ich gesündigt habe in Gedanken, Worten und Werken. Darum bitte ich den allmächtigen Gott, sich meiner zu erbarmen, all meine Sünden zu vergeben und mich von meinen Sünden reinzuwaschen.« – Der Pfarrer erteilt die Absolution: »Der allmächtige und gnädige Gott schenkt dir die Vergebung deiner Sünden. Amen.«

|217 | Einsetzungsworte.

Gebet des Herrn.

Kommunion.

Dankgebet.

Segen.

Falls der Zustand des Kranken dies erlaubt, kann für das Sündenbekenntnis ein Psalm (z.B. 42, 43 oder 71) von Pfarrer und Hausgemeinde antiphonisch gebetet werden. Unter derselben Voraussetzung kann für die Ermahnung die folgende, der römisch-katholischen Liturgie entlehnte Litanei gebetet werden:

Pfarrer: »Herr, erbarme dich unser!«

Gemeinde: »Christus, erbarme dich unser!«

Pfarrer und Gemeinde: »Herr, erbarme dich unser! Sei ihm (ihr) gnädig!«

Gemeinde: »Herr, erbarme dich unser!«

Pfarrer: »Verschone ihn (sie), o Herr!«

Gemeinde: »Herr« usw.

Pfarrer: »Sei ihm (ihr) gnädig, erlöse ihn (sie), Herr, von deinem Zorn, von der Todesgefahr, von einem schlimmen Tod«;

Gemeinde: »Herr« usw.;

Pfarrer: »von der Strafe der Hölle, von allem Bösen, von der Macht des Teufels«;

Gemeinde: »Herr« usw.;

Pfarrer: »durch deine Geburt, durch dein Kreuz und Leiden, durch deinen Tod und dein Begräbnis, durch deine glorreiche Auferstehung, durch deine wunderbare Himmelfahrt, durch die Gnade des Heiligen Geistes, am Tag des Jüngsten Gerichts«;

Gemeinde: »Herr, erbarme dich« usw.;
Pfarrer: »Wir armen Sünder bitten dich, erhöre uns! Verschone ihn (sie). Herr, erbarme dich unser!«
Gemeinde: »Christus, erbarme dich unser!«
Pfarrer und Gemeinde: »Herr, erbarme dich unser!«

Dem Gebet des Herrn kann man auch eines der beiden »Gebete für kranke und angefochtene Menschen« aus unserer reformierten [*gereformeerd*] Liturgie vorangehen lassen.[459] Sie gehen über in das Glaubensbekenntnis.

Alle Hausgenossen, die zum Abendmahl zugelassen sind und anwesend sein können, nehmen an der Sakramentsausteilung teil.

Der »Krankentrost« aus der reformierten [*gereformeerd*] Liturgie stammt von Cornelis van Hille[460] und erschien im Jahr 1579.[461]

| *§ 56. Die Kirche hat die Aufgabe, ihre Glieder, die Gott zu sich gerufen hat, zu ihrer letzten Ruhestätte zu geleiten, zu bitten für Lebende und Tote und die Hinterbliebenen mit dem Wort der Verkündigung zu trösten.* |218

»Ich gestehe, dass ich ein Begräbnis eines Glieds unserer Gemeinde ohne jegliches kirchliche Zutun als eine Anklage gegen unsere Kirche empfinde«, schrieb Bronsveld[462] im Jahr 1877 in einem ausgezeichneten Text über den »Prediger am Grab«, in dem er auch das alt-reformierte [*oud-gereformeerd*] Gebet für das Begräbnis der Toten erwähnt.[463] Die absolute Verbürgerlichung unserer Kirche erweist sich bei Begräbnissen in der Tat doch als sehr stark und peinlich. Das Sorgen um unsere Lieben überlassen wir – mit Ausnahme der Dörfer, in denen es noch Nachbarschaftshilfe gibt – einem »Zeremonienmeister der Begräbnisse«, der daraus eine Art Rhetoriker-Wettstreit macht, bei dem er »das Wort erteilt« und die pompöse Angelegenheit letztlich »abschließt«. Ist ein Pfarrer anwesend, dann rührt das daher, dass die Familie einen Pfarrer angefragt hat. Die Kirche ist folglich lediglich zufälligerweise anwesend, nicht von Amtes wegen. Und damit stimmt die Art und Weise überein, mit der man erwartet, dass der Pfarrer »spricht«. Er hält eine Predigt und spricht ein Gebet. Er tut dies zu Beginn, denn man lässt ihm gerne den Vortritt. Nach dem Wort Gottes bekommen wir dann noch allerlei Worte von Menschen, Lobreden, letzte Grüße, offizielle Teilnahmebekundungen, Aufzählungen von Funktionen und Verdiensten usw. Unsere Art und Weise des Begrabens (oder Einäscherns) ist ein betrübliches Zeichen unseres kompletten Mangels einer eigenen Kultur und eines Fehlens vom grundlegenden Respekt vor dem Tod, der alle Menschen seit jeher zu charakterisieren pflegte. Es ist überdies ein Zeugnis von geistiger Armut und kirchlicher Ohnmacht. Die Kirche, die die jungen Kinder empfängt und ihnen das Sakrament der Taufe spendet, begleitet sie ihr Leben lang wie eine treue Mutter und trägt sie an ihrem Lebensende zu Grabe. Sie kann ihnen die himmlische Herrlichkeit nicht zusichern, dies bleibt Gott vorbehalten. Aber sie kann sie mit dem Wort der Auferstehung geleiten. Glücklicherweise kann in letzter Zeit eine starke Wende zum Besseren beobachtet werden.

|219 Wir wissen, dass in der Alten Kirche die | Sorge um die Toten einen großen Stellenwert hatte. Im Gottesdienst wurden ihre Namen genannt. Auf den Gräbern der Verstorbenen, insbesondere der Märtyrer, wurden Gedenkfeiern mit Mahlzeiten abgehalten. Ein uralter Teil der allgemein menschlichen Religiosität beinhaltete dies alles: die Verehrung der Toten. Deshalb wird in der Kirche der Reformation in dieser Hinsicht auch Kritik geübt und darauf reagiert. In den Liturgien von Micron, Valerandus Pollanus und À Lasco findet man ein Gebet für das Begräbnis,* und auch unsere reformierte [*gereformeerd*] Liturgie kannte dies. Es wurde im Jahr 1587[464] herausgegeben und ist sehr schön. Es mündet im Gebet des Herrn und im Apostolicum. Calvin jedoch fürchtete sich vor dem Trauergottesdienst. Er erachtete es als absolut deplatziert, den Leichnam in die Kirche zu bringen, und er sagte bestenfalls, dass ihm eine »Ermahnung« auf dem Friedhof »nicht besonders zu tadeln« erscheine.[465] Diese Gesinnung siegte hierzulande. Man fürchtete sich vor Leichnamsvergötterung und vor Aberglauben. Die Drucker wurden verwarnt, das Formular wegzulassen.[466] Viele Synoden (La Vigne 1564, Dordrecht 1574, Dordrecht 1578, Middelburg 1581, Den Haag 1586, Eenrum 1601, Harlingen 1603, Utrecht 1606, Assen 1610) beschäftigten sich mit dem Begräbnis und ermahnten entweder zu großer Vorsicht oder verboten jegliche zeremonielle oder liturgische Handlung.[467] Insbesondere das Beten für die Toten, das Singen über den Leichnamen und das Glockengeläut werden beanstandet. Man kann sich höchstens versammeln und die Lebenden ermahnen, indem man sie auf den Ernst des Todes und auf die Vergänglichkeit des Lebens aufmerksam macht. Doch hielt sich das alte Gebet noch bis nach 1618 in den Gebetbüchern. Danach kümmerte sich unsere Kirche nicht mehr um das Begräbnis, auch nicht, nachdem die Angst vor Aberglauben bereits längst unberechtigt geworden war.

Der Gottesdienst ist ein irdischer Widerhall der himmlischen Liturgie. Die Kirche, in der er Gott als Opfer dargebracht wird, ist die auf Erden streitende Kirche. Darum kann die Kirche nicht schweigen, wenn eines ihrer Glieder dieses irdische Leben verlässt. Sie hat am Grab ein dreifaches Amt: Sie bittet, dass Gott den verschiedenen Bruder in die Liturgie einbeziehe, die vor dem Thron des Lammes
|220 gefeiert wird; sie | vertraut seinen sterblichen Körper im Namen Gottes des Vaters,

* In Straßburg gab es zunächst keine Begräbnisliturgie, aber im Jahr 1537 wurde eine eingeführt [vgl. Die Straßburger liturgischen Ordnungen im Zeitalter der Reformation, hg. von Friedrich Hubert, Göttingen 1900, LXXXIII f.; 128–130].

des Sohnes und des Heiligen Geistes der Erde an; sie dankt Gott dafür, was er dem Verstorbenen, den Seinen und der Kirche gegeben hat, und sie bittet um Trost für diejenigen, denen er lieb war und die nun alleine zurückbleiben.

Immer stärker setzt sich die Ansicht durch, dass der Tote nicht eine »sterbliche Hülle«, sondern ein Mensch ist, der gestorben ist. Darum ist die Handlung der Kirche, die den Toten geleitet, keine Handlung der Pietät, sondern eine des Glaubens, dass Gott bald den Toten mit Leib und Seele zu neuem Leben erwecken kann und will. Die Kirche bekennt bei jedem Begräbnis ihren Glauben an den Schöpfer, der aus dem Tod neues Leben schafft. Darum ist es für die Kirche keine wesentliche Frage, ob der Tote begraben oder etwa kremiert wird. Die Tradition der Kremation ist zwar nicht christlich und passt schlecht zur christlichen Sphäre. Aber prinzipiell macht es für die Kirche und ihren Gottesdienst keinen Unterschied, ob die Erde oder das Feuer den Toten aufnimmt. Die Auferstehung jedenfalls ist eine neue Schöpfung Gottes.

Beim Begräbnis der Toten schließe sich unsere Kirche möglichst an die (spärlich) vorhandenen reformierten [*gereformeerd*] Elemente an. Auch stelle man sich möglichst in den Dienst der katholischen Kirche, die im Laufe der Jahrhunderte mit dem Requiem-Gottesdienst ein großes Zeugnis des Glaubens und des Gebets abgelegt hat. Eine *Requiem-Messe* wird unsere Begräbnisliturgie jedoch nicht sein können. Natürlich können die Hinterbliebenen in der Kirche das Abendmahl feiern. Aber wir dürfen aus dem Abendmahl kein Prunkwerk machen und noch weniger es als ein Mittel gegen den Schrecken des Todes gebrauchen.

Der Gottesdienst beim Begräbnis der Toten kann von seiner Art her in zwei Teile gegliedert werden: Ein Gottesdienst im Trauerhaus oder aber in der Kirche; ein Gottesdienst auf dem Friedhof, am offenen Grab. Der Trauergottesdienst in der Kirche ist bei uns lediglich bei Pfarrern und Personen, die für das kirchliche Leben von Bedeutung waren, gebräuchlich. Eine solche Unterscheidung ist jedoch nicht christlich. Darum strebe man nach einer allgemeinen Wiederherstellung der Tradition, dass der Tote auf dem Weg zum Grab in die Kirche hineingetragen wird, wo er als Glied des Leibes Christi an der Austeilung des Sakraments teilhatte. Es liegt ein tiefer Sinn in der Tatsache, dass der Tote aus seinem Haus zum Grab durch | die Kirche und durch den Gottesdienst hindurch getragen wird, in |221
der und von dem er lebte. Ist ein Gottesdienst in der Kirche nicht möglich, dann halte man den Gottesdienst zuhause ab, einfach, aber feierlich. Man sorge für einen anständigen Tisch mit aufgeschlagener Bibel und Kreuz. Man kümmere sich darum, dass kein Gelaufe oder Gerede störe. Man lasse den Gottesdienst so lange dauern, wie man glaubt, dass die Trauernden es ertragen können. Auch die Frage, ob und wie viel man singen lässt, lasse man zuallererst von den Trauernden beantworten. Sowohl im Haus als auch in der Kirche halte man den Gottesdienst vor der Bahre des Toten ab. In der Kirche platziere man diese direkt vor dem

Chor. Die Hinterbliebenen sollen darum herum sitzen. Auch À Lasco hielt den Trauergottesdienst in der Kirche ab.[468]

Unter »Trauergottesdienst« versteht man gegenwärtig ein Wechsel von weihevollem Orgelspiel (am liebsten aus der Matthäus-Passion) mit Ansprachen von Kollegen, Freunden, Familienmitgliedern usw. Es versteht sich von selbst, dass so etwas mit dem Gottesdienst der Kirche am Grab nichts zu tun hat. Falls gesprochen werden muss (und dies kann genauso oft der Ausdruck eines tatsächlichen Bedürfnisses sein wie der Ausdruck von Ehrgeiz, Eitelkeit und Geschwätzigkeit), regele der Pfarrer es so, dass alle Reden, auch diejenige des Familienmitglieds, das sich bedankt, vor dem Gottesdienst gehalten werden. Dies gilt sowohl für den Gottesdienst in der Kirche oder zuhause als auch für denjenigen am Grab. Gottes Wort soll das Schlusswort sein, mit dem man den Friedhof verlässt. Danach passt nichts anderes als Stille.

Der Pfarrer hat bei dem Begräbnis die Leitung inne, nicht weil er eine bedeutende Person ist, sondern als Amtsträger der Kirche. Man überlasse nichts dem »Begräbnis-Zeremonienmeister«, sondern lege nach Rücksprache mit der Familie den ganzen Ablauf fest. Wenn es notwendig ist, dass Redner dazu aufgefordert werden, das Wort zu ergreifen, dann geschehe dies durch den Pfarrer, natürlich nicht als Teil seiner liturgischen Pflicht, sondern weil die Kirche gerne diesen letzten Dienst erweist. Man überlasse dies auf keinen Fall bezahlten Kräften. Noch besser ist es, wenn ein Familienmitglied oder Freund oder Nachbar für den Ablauf verantwortlich ist, nach Rücksprache mit dem Pfarrer.

Hier ist eine mögliche Ordnung:

A. Für den Gottesdienst in der Kirche.

Adjutorium und Gruß.

|222 Glaubensbekenntnis (bereits in der reformierten [*gereformeerd*] Liturgie; hier | zu Beginn angesichts des Todes). Antwort: Lied Nr. 132,2 (Einheit der Kirche hier und im Jenseits).[469]

Psalm 103 (seit jeher in der reformierten [*gereformeerd*] Kirche üblich, bereits bei À Lasco;[470] über die Klage, dass wir Staub sind, herrscht das Lob Gottes); Kleines Gloria.

Schriftlesung (siehe die Liste mit geeigneten oder seit jeher gebräuchlichen Perikopen im *Liturgisch Handboekje*).[471]

Ansprache, nach der das große Requiem-Lied der Kirche, das *Dies irae*, gesungen werden kann (Lied Nr. 124).[472]

Gebet (das alt-reformierte [*oud-gereformeerd*] Gebet von À Lasco-Micron): »Wir danken dir, allmächtiger, barmherziger Gott und Vater, dass du unserem Bruder (unserer Schwester) N.N. dieses irdische Leben geschenkt hast und ihm (ihr) nun das ewige und selige Leben gnädig hast zuteilwerden lassen, das du allen Gläubigen durch Christus wahrhaftig versprochen hast: Seine (ihre) Seele hast du nun in dein

Reich aufgenommen; seinen (ihren) Leib wirst du am letzten Tag aus der Erde erwecken, damit er deine ewige Herrlichkeit besitze, wofür wir dir von Herzen danken. Und wir bitten dich: Lehre uns anhand dieses Beispiels dieses vergängliche Leben geringzuschätzen, unsere Augen immer auf dich zu richten und in wahrer Heiligkeit und Gerechtigkeit alle Tage unseres Lebens vor dir zu wandeln. Bewirke durch deinen Heiligen Geist aufrichtige Buße in uns, damit wir auf die himmlischen und nicht auf die irdischen Dinge achten. Denn wir sind Fremde in dieser Welt und unsere Bürgerschaft ist im Himmel. Lass uns deshalb die Welt, oder was darin ist, niemals so lieb haben, dass sie uns daran hindert, von Christus unsere Erlösung zu erwarten. Gib uns dazu wahrhaftes Vertrauen in deine Barmherzigkeit durch Jesus Christus, der uns so gelehrt hat zu beten: Unser Vater«[473] usw. – Antwort: »Selig sind die Toten, die in dem Herren sterben. Sie ruhen von ihrer Arbeit und ihre Werke folgen ihnen nach. Amen« (oder Lied Nr. 242).[474]

Schlusslied. Das neue Gesangbuch enthält sehr viele schöne Lieder betreffend Tod und ewiges Leben (Lied Nr. 234–244).[475]

Segen und Einkehr.

Beim Gottesdienst im Trauerhaus richte man sich nach den vorhandenen Möglichkeiten. Aber man sorge dafür, dass der Charakter des Gottesdienstes streng beibehalten wird; es darf nicht bei einem tröstenden Wort bleiben. Wir bringen den Gottesdienst der Kirche in das Haus der Trauer. Deshalb lege man besonders Wert auf Adjutorium und Segen: In der Wahrnehmung der Gemeinde liegt darin der Charakter eines echten Gottesdienstes.

Wird der Gottesdienst in der Kirche gehalten, dann gibt es natürlich viel mehr Möglichkeiten. Auch der Chor kann dann | singen, was gerade bei diesem Got- |223
tesdienst, in dem die Trauernden selbst oftmals nicht zu singen imstande sind, von großer Bedeutung ist.

Für den Gottesdienst in der Kirche (wie auch für denjenigen im Trauerhaus, sofern möglich) gilt das Folgende: Beim Adjutorium, beim Gruß und beim Glaubensbekenntnis steht der Pfarrer an seinem Platz hinter dem Tisch, die Gemeinde steht ebenfalls. Der Psalm kann auf eine der oben angedeuteten Weisen gebetet oder gelesen werden; der Pfarrer oder der Gemeindeälteste, der Diakon oder der Lektor steht dazu am Lesepult, die Gemeinde steht ebenfalls. Der Pfarrer, der Gemeindeälteste, der Diakon oder der Lektor hält die Schriftlesung von seinem Platz am Tisch oder vom Lesepult aus, die Gemeinde sitzt. Die Ansprache erfolgt auf der Kanzel, während die Gemeinde sitzt. Das *Dies irae* wird, wenn möglich, vom Chor und der Gemeinde im Wechselgesang gesungen. Beim Gebet und der Antwort darauf knien alle. Bei Schlusslied und Segen stehen alle auf. Das Glaubensbekenntnis wird mitgesprochen.

B. Liturgie für den Gottesdienst auf dem Friedhof.

Glockengeläut. Diesen alten Brauch, dem man auf dem Land sehr zugetan ist, halte man in Ehren; auch in den Städten, wo eine Parochialkirche dies ermöglicht, lasse man diesen Brauch wieder aufleben. Dadurch kann die ganze Gemeinde die Trauer und das Bekenntnis des ewigen Lebens teilen.

Votum. Auch hier, unter freiem Himmel, ist das Aussprechen des Votums wichtig. Man verwende vorzugsweise die kürzeste Formel: »Im Namen des Vaters«, usw.

Gesang, wo möglich oder wo ein Chor oder Kinderchor anwesend ist. Das Singen auf dem Friedhof ist immer ein wenig riskant, aber es ist auch sehr erhebend und trostreich.

Schriftlesung. Man wähle dafür einige passende tröstende Worte, gemäß der Vorlage im *Liturgisch Handboekje*.[476] Man stelle diese »comfortable words« äußerst sorgfältig zusammen und wähle vorzugsweise Texte aus ganz verschiedenen Bibelstellen. Man halte auch dies kurz.

Begräbnisformel. Das *Liturgisch Handboekje* bietet die Wahl zwischen einer anglikanischen und einer lutherischen Begräbnisformel.[477] Beide sind hervorragend, und wo unsere Vorfahren zwar an ein Gebet, aber nicht an eine Liturgie für das Begräbnis gedacht haben, müssen wir uns hier bei den Brüdern bedienen. Die Formel ist die eigentliche liturgische Handlung, mit der die Kirche das ihr anvertraute Leben Gott zurückgibt. Sie kann einhergehen mit dem Werfen von drei Schaufeln Erde auf den Sarg, im Namen der Dreieinigkeit. Die Trauernden machen dies dann
|224 dem Pfarrer nach. Man ersetze die Erde nicht durch | Blumen: Blumen in einem Grab sind etwas Betrübliches und Sentimentalität kann dem Glauben nicht dienlich sein; die auf den Sarg geworfene Erde zeugt von dem Staub, zu dem wir als gläubige, realistische Christen zurückkehren, die wissen, dass der Mensch unwiderruflich sterben und vergehen muss, um von Gott zu einem neuerschaffenen Leben geführt werden zu können.

Gebet des Herrn.

Gesang, wenn möglich.

Segen.

Der Pfarrer steht am offenen Grab. Er trägt, wenn dies irgendwie möglich ist, seine Amtskleidung (in der Kirche und im Trauerhaus versteht sich das von selbst). Er wird von einem Gemeindeältesten begleitet, der ihm die liturgischen Bücher reicht oder abnimmt.

Wo es auf dem Friedhof eine Kapelle gibt (»Aula« sagt man in unserer heidnischen Zeit), kann der Gottesdienst dort gehalten werden, abgesehen von dem Teil, der mit der Begräbnisformel beginnt. Am offenen Grab jedoch ist es besser, weil direkter; die Kapelle kann immer noch eine Art Flucht aus der Realität in die Erbauung sein. Darum gebrauche man diese nur bei sehr schlechtem Wetter.

Bei der Feuerbestattung kann nur die zweite Formel verwendet werden, natürlich ohne die Schaufeln Erde.

In der Formel wird der Tote mit vollem Namen genannt. Sie trägt nicht den Charakter eines Segens (die lutherische Einsegnung), sondern den Charakter einer Übergabe an Gott: »Der Herr hat gegeben, der Herr hat genommen; sei gepriesen der Name des Herrn« [Hiob 1,21].

Der Trauergottesdienst und das Begräbnis stehen ganz im Zeichen der Anbetung:

> Mitten wir im Leben sind
> mit dem Tod umfangen.
> Wer ist, der uns Hilfe bringt,
> dass wir Trost erlangen?
> Das bist du, Herr, alleine.
> Uns reuet unsre Missetat,
> die dich, Herr, erzürnet hat.
> Heiliger Herre Gott,
> heiliger starker Gott,
> heiliger, barmherziger Heiland,
> Du ewiger Gott:
> Lass uns nicht versinken
> in des bittern Todes Not.
> Erbarme dich unser! (Lied Nr. 236).[478]

| *§ 57. Nach altem Brauch der Kirche wird einmal im Jahr das Gedächtnis der Toten gefeiert.* |225

Über Ziel und Datum des Totengedenkens haben wir bereits weiter oben gesprochen.[479] Eigentlich wird der Toten in jedem Gottesdienst gedacht; aber an einem Tag im Jahr tritt dieser Teil des Gottesdienstes besonders in den Vordergrund. Wir fügen alle, die uns vorangingen, zusammen und gedenken sowohl der Männer und Frauen, durch deren Dienst Gott große Dinge tat, als auch unserer eigenen Verwandten und Freunde. Alle sind »Heilige« durch Gottes Gnade. Die Kirche tritt hier folglich in das persönliche Leben, in dem jeder der eigenen Toten zu gedenken hat. Aber sie feiert auch ihr eigenes Fest, in dem sie Gott für »alle Heiligen« dankt.

> Für alle Heiligen, die nach ihrer Arbeit ruhen,
> die sich zu dir bekannten, in großer Zuversicht,
> danken wir dir, Jesus, mit unserer ganzen Kirche:
> Halleluja!

Von allen Enden der Erde strömen sie zum Fest,
die unzähligen Helden, die treu gewesen sind,
und singen zu Vater, Sohn und Heiligem Geist:
Halleluja! (Lied Nr. 122).[480]

Es ist gut, zusammen mit den Helden auch der Sünder und zusammen mit den Sündern der Helden zu gedenken, mit den »Großen« auch der Kleinen und mit den »Kleinen« der Großen. Es empfiehlt sich, vor dem stillen Gedenken alle im Laufe des Jahres in Gemeinde oder Parochie Verstorbenen namentlich zu nennen.

Die Liturgie stellen wir uns wie folgt vor:

Adjutorium.
Introitus (z.B.: »Gott ist nicht ein Gott der Toten, sondern der Lebenden, denn ihm leben sie alle« [Lk 20,38]) – Kleines Gloria.
Glaubensbekenntnis, mitgesprochen und abgeschlossen mit Lied Nr. 132,2–3.[481]
Schriftlesung (eine Auswahl im *Liturgisch Handboekje*).[482]
Lied (auszuwählen aus den Liedern über Tod und ewiges Leben, auch aus denjenigen über Kirche und Königreich Gottes).
Gebet (ein Beispiel im *Handboekje*).[483]
Offertorium (darunter Orgelspiel).
Predigt.
Psalm 126 (vom Pfarrer und der Gemeinde oder vom Chor, oder vom Chor und der Gemeinde antiphonisch gesprochen oder gesungen).
|226 | Gebet mit Salutation: »Der Herr sei mit euch!« usw.
Stilles Gedenken.
Gebet des Herrn.
Gesang: Lied Nr. 122.[484]
Segen und Einkehr.

Standort und Haltung von Pfarrer oder Pfarrern und Gemeinde sind dieselben wie in anderen Gottesdiensten. Das Totengedenken trägt den Charakter eines besonderen Tagzeitengebets.

§ 58. Die Kirche erbittet in ihrem Gottesdienst die Früchte der Erde als Gaben Gottes und dankt ihm dafür.

Die in unserer Kirche traditionellen Bettage und Erntedankfeste muss man nicht abschaffen, sondern auf ihr wahres Wesen zurückführen. Der Bettag sei ein Tagzeitengebet, in der Woche oder an einem Sonntagabend gehalten, in dem Gott um seinen Segen für die Früchte der Erde gebeten wird. Nicht nur in landwirtschaftlichen Gegenden ist dies angemessen, vielmehr ist es in Industriegebieten und Städten erst recht notwendig, dass der Mensch sich seiner Abhängigkeit bewusst wird. Um unser tägliches Brot sollen wir bitten und auch dieser Teil des Gottesdienstes tritt einmal im Jahr in den Vordergrund. Das Erntedankfest jedoch werde an einem Sonntag begangen und mit dem gewöhnlichen Gottesdienst verbunden. Man bringe Früchte und Blumen als Dankopfer auf den Tisch des Herrn und lasse auf diese Weise etwas von der alten Verbundenheit des Sakraments und des täglichen Lebens wiederaufleben. Der Mosaikboden der ältesten christlichen Kirche, die erhalten geblieben ist (die Basilika von Aquileia), zeigt uns, wie Lebensmittel und Blumen als Opfergaben auf den Altar gebracht wurden, wo der Priester sie segnete. Die auf den Tisch und darum herum niedergelegten Gaben werden vom Pfarrer mit einem Gebet Gott geweiht. Am Ende dieses Gottesdienstes werden sie von den Diakonen und ihren Helfern zu den Kranken und Armen gebracht, begleitet von einem Gruß der Kirche.

Der Erntedankgottesdienst trage einen recht festlichen Charakter. In der Wahl der Texte und der Gebete wird der Charakter des Gottesdienstes zum Ausdruck gebracht. Die Darbringung der Gaben findet am besten im Anschluss an das
Offertorium statt, von | dem sie ja ein Teil ist. Auch kann die Kollekte an diesem |227
Morgen ganz durch das Ernteopfer ersetzt werden. Der Chor ist mit Blumen geschmückt. Die Gaben sind hinten in der Kirche bereitgelegt, von wo sie von Jugendlichen unter Leitung der Diakone in den Chor gebracht werden. Es ist auch möglich, die Gaben schon im Voraus auf dem Tisch im Chor zu platzieren, und während des Offertoriums lediglich einzelne Früchte und Blumen symbolisch darzubringen.

Als Psalmen bete man Ps 65 und 67. Das Darbringungsgebet könnte wie folgt lauten: »Barmherziger Gott und Vater, du, der du uns unsere Kornkammern jedes Jahr aufs Neue öffnest und uns mit deinem Wasserbecken labst, wir danken dir von ganzem Herzen für all deine Wohltaten. Und wir bitten dich: Nimm an diese unsere Gaben, die wir dir zu deinen Ehren darbringen. Wir geben sie dir aus deiner Hand. Wir bitten dich durch Jesus Christus unseren Herrn, der mit dir und dem Heiligen Geist lebt und regiert, ein Gott, von Ewigkeit zu Ewigkeit. Amen.«

Die Gaben werden von den Diakonen und von Jugendlichen in einer Prozession durch den Gang nach vorne gebracht.

> *§ 59. Vereine mit kirchlicher Zielsetzung sollen ihre Feste so viel wie möglich in der Kirche feiern.*

Es gibt in den meisten Gemeinden allerlei Arbeit, die, ohne direkt kirchlich zu sein, mit dem Dienst der Kirche im Zusammenhang steht und daran Anteil hat. Die Vereine, die diese Arbeit erledigen, stehen jedoch oftmals gänzlich außerhalb des eigentlichen kirchlichen Kontextes. Sie führen ein Eigenleben und die »Jahresfeier« ist davon meist der Höhepunkt. Natürlich muss ihre Freiheit nicht ge-

bändigt werden; sie müssen selbstständig arbeiten, um gut arbeiten zu können. Aber wenn ihre Arbeit am Dienst der Kirche beteiligt ist, muss es auch einen Bezug zur Kirche und ihrem Gottesdienst geben. Das Vereinsfest muss in die Kirche getragen werden. Und es spricht nichts dagegen und alles dafür, dass Jugend- und andere Vereine an ihren Festen in einem separaten Festgottesdienst die Kirche in geschlossener Formation mit ihren Fahnen betreten. Ist die Kirche, wie es sich gehört, eine Parochialkirche, dann beginnen auch die Exkursionen von
|228 Jugend- und anderen Vereinen bei der Kirche und enden | abends auch wieder dort. Die Darbringung und der Dank an Gott mit einem kurzen Gebet und einem einzigen Lied gewährleisten, dass das Vereinsfest nicht ein bloß »weltliches« Fest ist.

Das ist eine wichtige Angelegenheit. Der Schwerpunkt unseres kirchlichen Lebens liegt meistens mehr auf den Vereinen als auf dem Gottesdienst. Darum hole man die Vereine in den Gottesdienst.

§ 60. Besondere Ereignisse und Gedenkfeiern im Leben eines Dorfes, einer Stadt, einer Region oder eines Landes werden in Gottes Haus gebracht.

Die Kirche ist keine nationale Institution. Aber sie wurde von Gott in den Niederlanden gepflanzt, als Niederländisch-Reformierte Kirche. Ereignisse nationaler Art sind folglich keine kirchlichen Feste, aber dennoch finden sie Eingang in die Kirche, genauso wie Ereignisse und Gedenkfeiern lokaler und regionaler Art. Wir kommen als Dorf-, Stadt- oder Regionsgenossen und Landsleute auch mit unserer Freude darüber, was uns im öffentlichen Leben geschenkt wird, in die Kirche, sowie mit unserer Trauer um dasjenige, das uns daraus weggenommen wird. Darum ist es gut, dass das neue Gesangbuch einige Nationallieder enthält, allen voran »Het Wilhelmus«,[485] das Volkslied und Kirchenlied zugleich ist.[486] Natürlich ist die Kirche nicht der Ort für Triumphgeschrei. Ein Te Deum zu Ehren eines Sieges ist genauso deplatziert wie die Verherrlichung des Eigenen in der Predigt. Die Demut, ja die Buße, soll an solch besonderen Tagen an erster Stelle stehen. Hinzu kommen das Dank- und das Bittgebet.

Man verleihe diesen besonderen Gottesdiensten den Charakter von Tagzeitengebeten.

|229 | *§ 61. Der Gottesdienst kehrt immer wieder zu dem Punkt zurück, von dem er ausgegangen ist: zum Hausgottesdienst, der der tragende Boden ist, von dem her jeder Gottesdienst sich zu Gott erhebt.*

Am Ende gelangt der Gottesdienst im täglichen Leben in unsere Häuser, von wo aus er auch ausging. Ohne dieses Fundament im alltäglichen Leben kann es keinen Gottesdienst geben, ebenso wenig wie es einen Hausgottesdienst ohne den kirchlichen Gottesdienst geben kann.

Wer eine Familie hat, halte jeden Tag morgens und abends einen kurzen Gottesdienst. Auf jeden Fall tue er dies einmal am Tag. Der Morgen ist die beste Zeit, aber wenn der eilige Aufbruch zur Schule und ins Geschäft stets mit spätem Aufstehen einhergeht und es deshalb am Morgen unmöglich ist, halte man den Gottesdienst abends nach dem Essen. Man versammle dazu seine ganze Familie, auch seine Hausangestellten, sofern man welche hat.

Der Hausgottesdienst ist im Grunde ein Tagzeitengebet. Die Hauptbestandteile sind folglich Schriftlesung, Gebet und Gesang. Man kann natürlich erweitern so viel man will, aber man sorge unbedingt für diese Ordnung:

Wochenspruch.
Gedenken derjenigen, die vorausgingen.
Schriftlesung (nach dem Kirchenjahr, gemäß *Het Jaar onzes Heren*).[487]
Gebet der Woche (eventuell mit besonderen Gebeten, gemäß Van den Brink, *Gebeden voor de huisgemeente* [Gebete für die Hausgemeinde]).[488]
Lied.

Wenn man erweitern möchte, dann kann man auch einen Psalm oder mehrere Gebete sprechen. Van den Brink gibt dafür vortreffliche Hinweise. Vor allem das Lied unterlasse man nicht. Es ist sicherlich jemand im häuslichen Kreis, der begleiten kann. Und das gemeinsame Singen wirkt erhebend. Sind Kinder dabei, dann rechne man bei der Bibellesung und dem Gesang nicht zu stark mit ihnen. Sie müssen nicht alles sofort verstehen, aber sie sollen sehr wohl alles lernen: den Inhalt der Heiligen Schrift und der Lieder, aber vor allem, was Anbetung ist. Sind sehr kleine Kinder dabei, dann kann man aus einer Kinderbibel vorlesen. Aber im
Allgemeinen | haben Kinder mehr von der Bibel als von dem, was separat für sie |230
vorbereitet wird.

Wer will, kann natürlich auch eine Meditation einfließen lassen. Diese findet man auch in *Het Jaar onzes Heren*[489] und in vielen Tagzeitenbüchern. Aber in jedem Fall halte man an der Ordnung des Kirchenjahres fest.

Die Bibel und die liturgischen Bücher liegen auf dem Esszimmertisch. Genauso wie der Tisch des Herrn in der Kirche durch Gottes Gnade unser Tisch ist, so ist auch unser Tisch der Tisch des Herrn.

In großen Gebäuden wie Krankenhäusern, Kinderheimen, Ferienheimen usw. bestimme man vorzugsweise einen separaten Bereich für den Hausgottesdienst. Eine kleine einfache Kapelle ist das Beste.

Wer allein wohnt, lese Perikope und Lieder für sich selbst und bete im stillen Kämmerlein. Er halte sich dafür an feste Zeiten.

Anhänge

A. Epiklese und Konsekration

Die große liturgische Veränderung, die den Charakter des römisch-katholischen Gottesdienstes bestimmt, ist, dass die Epiklese zur Konsekration wurde. In der alten Kirche wurde Gott gebeten, seinen Heiligen Geist auf die Kreaturen von Brot und Wein zu senden und so das Brot zum Leib, den Wein zum Blut Christi zu machen. Diese Kreaturen *(ktismata)* sind ein Opfer, denn sie sind ja die Gaben, die die Gemeinde auf den Altar bringt. Die Gaben erhalten von Gott das »Amt«, Träger der Wirklichkeit von Christi Leib und Blut zu sein. Die allerälteste Epiklese-Formel bittet Gott: »Erfülle auch dieses Opfer mit deiner Kraft und deinem Genuss« (d.h. die Möglichkeit, ihn zu genießen), so Serapion.[490] Die Jakobusliturgie bittet, den Geist »auf uns und auf diese heiligen Gaben« niederzusenden.[491] Das Opfer der Menschen und das Opfer Christi fließen so ineinander ein: Unser Opfer erhält seine höchste und einzig wirkliche Bedeutung als Teilhabe am Opfer des Herrn. Unsere bescheidenen Gaben werden ein *homoioma*, ein Gleichnis von seinem Leib und Blut. Das ist nicht ein Symbol im modernen Sinn; das Bild trägt – nach allgemeiner antiker Vorstellung – das Wesen des Abgebildeten.

In dem allem ist die Vorstellung einer Veränderung der Gaben jedoch ganz und gar abwesend. Der Heilige Geist macht sie natürlich zu etwas anderem als nur Brot und Wein, aber er macht das auch mit uns, der Gemeinde. Mit anderen Worten macht der Heilige Geist die ganze Handlung mit ihrem Objekt und Subjekt zum Sakrament, d.h. zu Gottes Handlung. Überdies macht er das nicht automatisch, sondern auf das Bittgebet der Gemeinde hin. Er wird angerufen, herbeigerufen.

Im fünften Jahrhundert wird dann die Epiklese-Formel durch die Konsekration verdrängt, die mittels der Rezitation der Einsetzungsworte erfolgt. In der gallikanischen Liturgie war die Epiklese noch sehr deutlich vorhanden; die gregorianische Revision verbannte sie und ersetzte sie durch die Konsekration. Damit wurde zweierlei entschieden: Erstens, dass die Gaben durch die heilige Formel in Leib und Blut verwandelt wurden (die Transsubstantiation also, jedenfalls im Kern); zweitens, dass nicht die Gaben, sondern dass Christus selbst von der Kirche dem Vater als Opfer dargebracht wurde. Die Epiklese klang als Überrest in einigen Beweihräucherungsgebeten weiterhin nach,[492] aber nicht an ihrer eigentlichen Stelle. In Trient fand diese dogmatisch-liturgische Entwicklung ihren Abschluss; dort wurde in der 22. Konzilssitzung beschlossen, dass Christus, der einmal mit Blutvergießen auf dem Altar des Kreuzes geopfert wurde, in der Messe stets auf unblutige Weise geopfert werden muss.[493]

Es muss kaum ausgeführt werden, dass damit die Natur des altkirchlichen Sakraments gänzlich verändert wurde: Die Bitte ist weggefallen, und damit wurde auch die anbetende Abhängigkeit durch einen Automatismus ersetzt. Und gänzlich weg ist auch die eschatologische Grundstimmung der altkirchlichen Abendmahlsfeier, die Verkündigung der Thronbesteigung des Kyrios, der Grundgedanke der vielleicht ältesten | Abendmahlsliturgie, Phil 2. Wir können sogar noch weiter |232
gehen: Selbst der eigentliche Opfergedanke ist durch die römische Umstellung entstellt. Ursprünglich ging es ja um die von der Gemeinde gebrachten Gaben. Die Gaben sind in der altkirchlichen Gedankenwelt nicht losgelöst von anderen Gaben, z.B. von derjenigen des Gesangs (siehe Anhang D). Sie bedeuten das Opfer des ganzen Lebens. Dieses Opfer erfolgt zusammen mit und in der Stärke des Opfers Christi. Auch hier gilt: »Wir geben es dir aus deiner Hand« [1Chr 30,14], denn ohne das Opfer Christi könnten wir nicht opfern. Wenn wir dahingegen als Kirche selbst amtlich das Opfer Christi in unblutiger Form täglich vollziehen, tritt der eigentliche Opfergedanke, sowohl derjenige des Opfers des Herrn als auch derjenige unseres Opfers, gänzlich in den Hintergrund.

Noch eine letzte Schlussfolgerung: Epiklese heißt, dass der Heilige Geist über eine Handlung, über eine augenblickliche Situation herbeigerufen wird. Nachher ist alles wieder gewöhnlich: Die amtlich handelnden Menschen sind gewöhnliche Bürger, die Elemente sind Brot und Wein. »Extra usum nullum sacramentum«, außerhalb der Verwendung gibt es kein Sakrament, wie Luther später sagen sollte.[494] Das Opfer kann folglich nicht ausgeteilt werden ohne Kommunion, und sobald die Kommunion vorüber ist, ist auch die amtliche Heiligkeit des Dieners und der Gaben weg. Die Aufbewahrung der Elemente steht in direktem Widerspruch mit dem Wesen des Heiligen Abendmahls, das ja ein Mahl ist, d.h. eine Handlung, die einen Anfang und ein Ende hat. Mit Asmussen gesprochen: Brot und Wein und Taufwasser sind nicht an sich Zeichen. »Wenn in der Taufe das Wasser über den Täufling *ausgeschüttet* wird, wenn im Abendmahl Brot und Wein *gereicht* werden, dann ist das Zeichen da. Solange sie ruhende Elemente sind, eignet ihnen der sakramentale Zeichencharakter nicht.«[495] Evangelisch-katholisch sind wir, solange wir weder das Opfer zugunsten der Kommunion noch die Kommunion zugunsten des Opfers vernachlässigen. Beide können nicht voneinander getrennt werden.

B. Texte Calvins über die Abendmahlsfeier

Calv. Opera X, 1, 7 f.: »Il seroyt bien a desirer que la communication de la saincte Cene de Iesuchrist fust tous les dimenches pour le moins en vsage. Quant leglise est assemblee en multitude veu la grande consolation que les fideles en recoipuent et le fruict qui en procede en toute maniere tant pour les promesses qui sont la

presentees en nostre foy, cest que vrayment nous sommes faicts participans du corps et du sang de Iesus, de sa mort, de sa vie, de son esprit et de tous ses biens. [...] Et de faict elle naz pas este jnstituee de Iesus pour en fere commemoration deux ou troys foys lan, mays pour vng frequent exercice de nostre foy et charite.« Der Text geht dann weiter mit Ausführungen darüber, dass, da wegen der Schwäche des Volkes der häufige Gebrauch in Missbrauch umschlagen könnte (eine Folge der römisch-katholischen Sakramentspraxis ohne Kommunion!), die Zelebrierung auf einmal im Monat beschränkt werden muss, aber in den drei Genfer
|233 Kirchen immer an einem anderen | Sonntag, sodass auf jeden Fall an drei Sonntagen im Monat die ganze Gemeinde am Heiligen Abendmahl teilnehmen kann (Ordonnances ecclesiastiques, le 16. Janvier 1537).[496]

Calv. Opera X, 1, 25: »Puys que la cene a este jnstituee de nostre seigneur pour nous estre en usage plus frequent, et aussi quil a ainsi este observe en lesglise ancienne jucques a ce que le dyable a tout renverse, erigeant la messe au lieu dicelle, cest ung deffault quon doibt corriger, que de la celebrer tant peu souvent. Parquoy il sera bon que tousiours unesfois le moys elle soit administree en la ville, tellement que tous les troys moys elle revienne en chascune paroysse, oultre que trois foys lan on la face par tout assavoir a pasques, penthecoste et noel, en telle sorte neantmoins que ce moys la elle ne soit repetee en la paroysse laquelle lors seroit en son jour« (Projet d'Ordonnances ecclesiastiques, Sept. et Oct. 1541).[497]

Calv. Opera XV, 538: Calvin ist kein Neuerer, er hat in Genf alles so belassen, wie er es vorgefunden hat. Dennoch: »Il y a une chose diverse, mais non pas nouvelle, cest que nous celebrons la cene quattre fois lan et vous trois. Or plust a Dieu, Messieurs, que vous et nous en eussions lusaige plus frequent. Car on voit par Saint Luc, au Livre des Actes, quen lEglise primitive on lavoit bien plus souvent. Et cela a continue par longue espace de temps en lEglise ancienne, iusque a ce que ceste abomination de messe a este dressee par Sathan, que a este cause quon ne recevoit la cene quune fois ou deux lannee. Parquoy il nous fault confesser que cest un defaut a nous de ne suivre lexemple des apostres« (Epistola Nr. 2173. Calvin au Senat de Berne 1555).[498]

Calv. Opera II, 1047f.: »Unzweifelhaft ist diese Gepflogenheit, die da gebietet, einmal im Jahr Abendmahl zu feiern, ein ganz sicheres Fündlein des Teufels, durch wessen Dienst sie auch am Ende aufgebracht worden sein mag. [...] Ganz anders hätte es geschehen müssen: mindestens jede Woche einmal hätte der Versammlung der Christen der Tisch des Herrn bereitet werden müssen« (Inst. Rel. christ. IV 17, 1559).[499]

Calv. Opera IV, 1051f.: »Sainct Augustin aussi et sainct Ambroise condamnent fort ce vice qui estoit survenu de leur temps desja aux Eglises Orientales, que le peuple assistoit seulement pour voir celebrer le Sacrament, et non pas pour y participer. Et certes ceste coustume, laquelle commande de communiquer une fois l'an, est une trescertaine invention du diable, par quiconques elle ait esté mise sus. [...] On devoit à tout le moins chacune sepmaine une fois proposer à la congregation des Chrestiens, la Cene de nostre Seigneur« etc. Der Osterbrauch wird als Ursache allen Übels betrachtet. Niemand muss zur wöchentlichen Kommunion gezwungen werden. Aber wer nachlässig ist, muss ermahnt werden. »Lors tous ensemblement, comme affamez fussent convenuz à tel repas« (Inst. Rel. christ. IV 17).[500]

Calv. Opera X, 1, 213: »Bei der Austeilung des Abendmahls benutzte ich eine Zeit lang die Worte des Paulus [vgl. 1Kor 11,24 f.], aber da diese nicht bei jedem Empfänger wiederholt werden konnten, ohne dass dabei eine große Verzögerung entstünde (wenn hingegen während des Rezitierens der Formel mehrere kommunizierten, bekam kaum jeder Zehnte mit, was ich sagen wollte, und niemand | |234
hörte den ganzen Satz), habe ich bevorzugt, davon abzulassen. Wir begrüßten es zwar sehr, wenn das Abendmahl monatlich gefeiert würde, gesetzt nur, dass der häufigere Gebrauch nicht zu Vernachlässigung führte. Denn wenn der größte Teil der Gemeinde nicht zur Kommunion geht, löst sich die Kirche gewissermaßen selbst auf. Wir bevorzugen jedoch, dass die Gemeinde monatlich und nicht nur vier Mal im Jahr – wie es bei uns Usus ist – zum Abendmahl eingeladen wird. Als ich erstmals nach Genf kam, wurde es nur drei Mal im Jahr ausgeteilt, sodass zwischen dem Abendmahl an Pfingsten und demjenigen an Weihnachten ganze sieben Monate vergingen. Ich befürwortete die monatliche Kommunion; aber da ich [die Genfer] nicht davon überzeugen konnte, schien es mir besser, dem Volk seine Schwachheit nachzusehen, als allzu beharrlich darauf zu pochen. Ich wies jedoch öffentlich auf die Mangelhaftigkeit unserer Praxis hin, damit man sie künftig einfacher und ungezwungener korrigieren kann« (Consilia 1561).[501]

In diesen Texten zeigt sich, dass Calvin nahezu während seiner ganzen Tätigkeit damit beschäftigt war, eine häufigere Abendmahlsfeier anzustreben. Obwohl er Zugeständnisse an Obrigkeit und Volksschwäche machen musste, hielt er bis zum Schluss an seiner ursprünglichen Meinung fest.

C. Die Litanei

Unter Litanei versteht man ein Gebet für verschiedene Nöte, das immer wieder durch den Gebetsruf der Gemeinde unterbrochen wird, in der Regel: »Herr, erbarme dich unser!« Wir finden beispielsweise eine in den *Constitutiones apostolicae*:[502]

> Lasset uns zu Gott beten durch seinen Christus. Lasset uns alle Gott durch seinen Christus einstimmig anrufen.

Lasset uns beten für den Frieden und Wohlstand der Welt und der heiligen Kirchen, damit der Gott des Alls uns seinen ewigen und beständigen Frieden gewähre und uns in der Fülle der Gottesfurcht und Tugendhaftigkeit bewahre –

Herr, erbarme dich!

Lasset uns beten für die heilige katholische und apostolische Kirche, die sich vom einen Ende der Erde zum anderen ausbreitet, damit der Herr sie, die auf dem Fels gegründet ist, vor Stürmen und Wellen beschütze und bewahre bis zum Ende aller Zeiten –

Herr, erbarme dich!

Lasset uns beten für die heilige Gemeinde hier, damit der Herr des Alls uns würdige, fort und fort seine himmlische Hoffnung zu erlangen und ihm unaufhörlich die Gebete darzubringen, die wir ihm schuldig sind –

Herr, erbarme dich!

Lasset uns beten für all unsere Priester, damit der Herr sie vor jeglicher ungeziemender und schlechter Handlung bewahre und ihnen eine tadellose und ehrenreiche Priesterwürde gebe –

Herr, erbarme dich!

Lasset uns beten für jeden Dienst in Christus, damit der Herr diesen Dienst als tadellos erachtet –

Herr, erbarme dich!

|235 Lasset uns beten für unsere von Krankheit geplagten Brüder, | damit der Herr sie von aller Krankheit und Schwäche befreie und sie gesund seiner heiligen Kirche zurückgebe –

Herr, erbarme dich!

Lasset uns beten für die Reisenden zu Wasser und zu Land –

Herr, erbarme dich!

Lasset uns beten für diejenigen, die in Verbannung oder im Gefängnis sind oder in Fesseln gelegt wurden wegen des Namens des Herrn –

Herr, erbarme dich!

Lasset uns beten für diejenigen, die in harter Knechtschaft seufzen –

Herr, erbarme dich!

Lasset uns beten für unsere Feinde und diejenigen, die uns hassen –

Herr, erbarme dich!

Lasset uns beten für diejenigen, die uns wegen des Namens des Herrn verfolgen, damit der Herr ihren Zorn gegen uns aufhalte –

Herr, erbarme dich!

Lasset uns beten für diejenigen, die draußen stehen und verirrt sind, damit der Herr sie bekehre –

Herr, erbarme dich!

Lasset uns der Unmündigen der Kirche gedenken, damit der Herr sie in seiner Furcht vollkommen mache und sie zu vollem Wachstum führe –

Herr, erbarme dich!

Lasset uns füreinander beten, dass der Herr uns durch seine Gnade bis zum Ende bewahre, und dass er uns von dem Bösen und allem Ärgernis derjenigen befreie, die Ungerechtigkeiten schaffen, und uns in sein himmlisches Königreich rette –

Herr, erbarme dich!
Lasset uns beten für alle christlichen Seelen –
Herr, erbarme dich!
Rette uns und lass uns auferstehen, o Gott, durch deine Barmherzigkeit. Denn dir gebührt alle Herrlichkeit, Verehrung und Dank, alle Ehre und Anbetung, dir, Vater, Sohn und Heiligem Geist, nun und immer und von Ewigkeit zu Ewigkeit. Amen.[503]

Die Litanei ist die klassische Form von dem, was unter dem Einfluss des Methodismus »Betstunde« genannt wurde. Gute Methodisten, wie John Mott,[504] beten noch in dieser Form. Bei uns ist eine Betstunde eine Sequenz formloser Gebete geworden, wenn sie nicht in einer Predigt mit Gebet davor und danach entartet ist. Die Litanei jedoch bleibt das beste Mittel um alle besonderen Nöte vor Gottes Angesicht zu tragen. Man kann die Anzahl der Bitten nach Bedarf vergrößern oder verringern. Der Zwischenruf der Gemeinde garantiert für ein echtes Gebet; jeder Beter hat sich inzwischen in die Not hineinversetzt, von der der Vorbeter spricht. Es wäre zu wünschen, dass wir die Litanei wieder einführen. Sie kann kostbare Dienste erweisen im Kampf gegen die Formlosigkeit in der Kirche und gegen ihre Gebetsunfähigkeit. Es sollte doch nicht vorkommen, dass in einer Bitt- oder Dankstunde zehn Minuten gebetet und eine Dreiviertelstunde gepredigt wird.

| Man kann die Litanei in jedem Hauptgottesdienst halten, auch in jedem Tag- |236
zeitengebet. Sie kann von einem Pfarrer, einem Gemeindeältesten oder Diakon gesprochen werden, jeder von seinem eigenen Platz oder vom Lesepult aus. Die Gemeinde kann das Kyrie singen (unterstützt vom Chor) oder aber sprechen.

D. Instrumentale und mehrstimmige Kirchenmusik

Die Abneigung, die manche Kirchen gegenüber Instrumentalmusik hegen, hat eher einen historischen als einen substanziellen Grund. Genauso wie die jahrhundertealte Abneigung der Kirche gegenüber dem Theater ursprünglich auf den Zustand des Theaters in der spät-römischen Zeit zurückgeht, lässt sich die Abneigung gegenüber der Instrumentalmusik mit dem Gegensatz zum heidnischen Opfergottesdienst erklären, in dem Instrumente, insbesondere die Flöte, notwendig waren. Sie hatten darin eine eigene Aufgabe: Der Klang musste die »Mächte« bezwingen; der *tibicen*, der das Opfer mit seinem Spiel begleitete, machte das auch wirkungsvoll. Es ist also verständlich, dass Instrumentalmusik bei den alten Christen unmittelbar Erinnerungen an den heidnischen Opferkult wecken musste. Darum setzt beispielsweise Gregor von Nazianz an die Stelle der Tympana und dergleichen den Gesang von Psalmen,[505] und die Sibyllinischen Orakel betrachten den Kirchengesang selbst als ein Opfer, dass den Platz des heidnischen Opfers eingenommen hat.[506] Der Gegensatz stammt übrigens – merkwürdigerweise – bereits aus der heidnischen Antike selbst: Griechische Philosophen stellten bereits Jahrhunderte vor Christus die innerliche Gottesverehrung *(logikè thusia)* dem äußerlichen Kult gegenüber. Platon verbot aus diesem Grund die Instrumentalmusik im Gottesdienst.[507] Doch gerade diese brachte von selbst die eigentliche Opferhandlung mit sich.

Die alten Christen setzten folglich an die Stelle einer mit Instrumentalmusik wirkungsvoll gemachten Epiklese zu einem blutigen Opfer das unblutige Opfer ihres Gesangs. Für uns liegen die Dinge jedoch ganz anders und die Instrumentalmusik kann darum auch ruhig ihren Platz erhalten. Auch sie passt zu der grundlegenden Auffassung von Gesang und Musik als Opfer der Gemeinde.

Etwas anderes ist, dass im Gottesdienst im Allgemeinen die Vokalmusik reiner und sauberer klingt. Das hat keine musikalischen, sondern religiöse Gründe: Sie kommt stärker direkt aus dem Herzen, sie kann leichter »Opfer« sein. Und, obwohl wir Gott für den reichen Schatz an mehrstimmiger Musik danken, müssen wir doch sagen, dass von der Vokalmusik die einstimmige im Allgemeinen für dieses musikalische Opfer am besten geeignet ist. Bereits die alten Christen betrachteten diese als ideal und fanden darin die Verwirklichung der Einstimmigkeit des Glaubensbekenntnisses. Sie drückten dies dadurch aus, dass sie in der Präfation ihren Lobgesang als einen Widerhall des einstimmigen Engelsgesangs erachteten: »Una voce dicentes: Sanctus«[508] usw.

E. Epiklese

Das folgende Gebet ist aus den ältesten Epiklesen aus Ost und West zusammengestellt, und es wird auch in *Eeredienst* vorgeschlagen: »Wir bitten dich, barmherziger Vater, dass du deinen Heiligen Geist auf dieses Abendmahl herabsteigen
|237 lässt und uns alle, die wir daran teilnehmen, vereinst, | sodass wir mit dem Heiligen Geist erfüllt und im Glauben bestätigt werden, damit wir dich preisen und verherrlichen durch deinen Sohn Jesus Christus; der in der Nacht, in der er verraten wurde, das Brot nahm und als er dafür gedankt hatte, brach er es und sprach: ›Nehmt und esst, das ist mein Leib, der für euch gebrochen wird, tut dies zu meinem Gedächtnis‹. Ebenso nahm er nach dem Essen des Abendmahls auch den Kelch und sprach: ›Dieser Kelch ist der neue Bund in meinem Blut; tut dies, sooft ihr daraus trinkt, zu meinem Gedächtnis‹. Denn sooft ihr von diesem Brot esst und aus diesem Kelch trinkt, verkündet ihr den Tod des Herrn, bis dass er kommt. Amen.«[509]

F. Das Wort »Sakrament«

Dieses Wort ist die Übersetzung des griechischen *mysterion. Sacramentum* bezeichnet ursprünglich ein sakramentales Wort, ein Gelöbnis oder Versprechen. Über das Taufgelübde kommt es in die »sakramentale« Sphäre. Im Griechischen bezeichnete *mysterion* ein Geheimnis, überdies auch ein Wort, das eine andere und tiefere Bedeutung hatte als die unmittelbare, z.B. eine alttestamentliche Prophetie. Der Komplex *mysterion-sacramentum* umfasst folglich die folgenden Vorstellungen: 1. Geheimnis, Unaussprechlichkeit; 2. ein Ritus oder Wort mit einer göttlichen Bedeutung; 3. ein Gelöbnis.

G. Abendmahlsfeier in Straßburg

Der Pfarrer befindet sich, abgesehen von der Schriftlesung und der Predigt, am Abendmahlstisch. Vergleiche dazu die treffende Aussage eines wallonischen Studenten, der 1545–1547 in Straßburg war: Nach dem zweiten Lied »le ministre se met à genoul devant *une table de boys* faicte à manier *dung autel,* lequel nest point paret sinoncq quant on celebre la Sainte cene de nostre Seigneur Jesus Chryst, laquelle se celebre tous les quinze jours … Le dict autel est mis quasy au milieu de leglise là où le ministre est, ainsy que vous ay dit, *la face envers le peuple,* faissant prieres pour le peuple en *langue maternelle,* hault et cler, que chascun l'entent: *l'oroison accomplie, il monte en la chaiere* et faict la predication, laquelle dure depuis sept heures et demie jusques à noeuf heures …«[510]

Auch die schottische Flüchtlingsgemeinde von Knox in Genf platziert den Pfarrer während der Liturgie am Tisch.[511] Erst langsam und mit Widerwille haben die Reformierten [*gereformeerd*] (auch bei uns) der Kanzel das liturgische Monopol verliehen. Der reformierte [*gereformeerd*] Gottesdienst hat jedoch seinen Ursprung nicht in einem Predigtgottesdienst oder einem Tagzeitengebet, sondern im eucharistischen Sonntagmorgengottesdienst.

H. Die Predigt in der Alten Kirche fand, seit dem vierten Jahrhundert, vor allem in der Fastenzeit statt. Morgens hielt ein Bischof die Katechese, während in der Vesper beliebte Redner sich um die *lectio et predicatio continua* kümmerten. So predigte Chrysostomos die ganze Genesis durch. Die alte Kirche wusste also das Perikopensystem, das in seinem Wesen Predigt und Auslegung ist, mit der fortlaufenden Auslegung zu vereinen.

Bibliographie

Liturgik

H. Asmussen, Gottesdienstlehre, 3 Bde., München 1936–1937.

J. Braun, Liturgisches Handlexikon, Regensburg 1924.

J. H. Gunning, Onze Eeredienst, Groningen 1890.

Handboek voor den Eeredienst in de Nederlandsche Hervormde Kerk, Rotterdam 1934.

Jahrbuch für Liturgiewissenschaft, hg. von O. Casel, Münster i.W. 1921 ff.

Kerk en Eeredienst. Nederlands-Hervormde Tijdschrift voor Liturgie, Arnhem 1945 ff.

E. F. Kruyf, Liturgiek ten dienste van Dienaren der Nederlandse Hervormde Kerk, Groningen, 1901.

A. Kuyper, Onze Eeredienst, Kampen 1911.

G. van der Leeuw, Liturgiek, Nijkerk 1940.

O. J. Mehl, Das liturgische Verhalten. Beiträge zu einem evangelischen Zeremoniale und Rituale, Göttingen 1927.

G. Rietschel, Lehrbuch der Liturgik, 2 Bde., Berlin 1900–1909.

Liturgie

W. Th. Boissevain, De kerk en hare liturgie, in: Th. L. Haitjema et al. (Hg.), De kerk in onzen tijd, Rotterdam 1933.

J. K. van den Brink, De achtergrond van het liturgisch streven, in: Nieuw Evangelische Tijdschrift 16 (1934), 35–64.

O. Casel, Die Liturgie als Mysterienfeier, Freiburg i.Br. 1923 (Ecclesia orans 9).

O. Casel, Glaube, Gnosis und Mysterium, in: Jahrbuch für Liturgiewissenschaft 15 (1935), 155–306.

J. H. Gerretsen, Liturgie, Nijmegen 1911.

R. Guardini, Liturgische Bildung. Versuche, Burg Rothenfels 1923.

A. G. Hebert, Liturgy and Society. The Function of the Church in the Modern World, London 1935.

F. Heiler, Katholischer und evangelischer Gottesdienst, München ^{2}1925.

Het Wezen van den Eeredienst. Rapport van de Kerkopbouwcommissie tot bestudeering van het liturgisch vraagstuk, Baarn 1933.

J. L. Koole, De zin der Liturgie, Amsterdam 1946.

G. van der Leeuw, Het Beeld Gods, Amsterdam 1939.

Liturgie in de crisis, Nijkerk 1939.

O. Noordmans, Liturgie, Amsterdam 1939.

E. Peterson, Himmlische und irdische Liturgie, in: Benediktinische Monatsschrift 16 (1934), 39–47.

W. H. van de Pol, Liturgie, Zeist 1931.

W. Stählin, Vom göttlichen Geheimnis, Kassel 1936.

A. J. Wensinck, De Nederlandsch-Hervormde Kerk en de gemeente van Christus, Rotterdam 1939.

R. Will, Le Culte. Étude d'histoire et de philosophie religieuses, 3 Bde., Straßburg 1925–1935.

W. A. Zeydner, Liturgie en Reformatie, Rotterdam 1940.

| Theologie der Sakramente |239

Yngve Brilioth, Eucharistic Faith and Practice. Evangelical and Catholic, London 1930.

F. Delekat, Die heiligen Sakramente und die Ordnungen der Kirche. Ein Beitrag zur Lehre von der Sichtbarkeit der Kirche, Berlin 1940.

Doctrine in the Church of England. The Report of the Commission on Christian Doctrine Appointed by the Archbishops of Canterbury and York in 1922, London 1938.

Firmung, Sonderheft zu: Eine Heilige Kirche, München 1936.

K. Hennig, Sakrament und Entscheidung, in: Zeitschrift für Theologie und Kirche NF 17 (1936), 316–333.

E. Käsemann, Leib und Leib Christi. Eine Untersuchung zur paulinischen Begrifflichkeit, Tübingen 1933 (Beiträge zur Historischen Theologie 9).

W. J. Kooiman, Het Heilig Sacrament en des Heeren Kruis, Amsterdam 1941.

G. van der Leeuw, Phänomenologie der Religion, Tübingen 1933.

E. Reisner, Kultus und Gemeinde, in: Zeitschrift für Theologie und Kirche NF 18 (1937), 208–228.

G. Söhngen, Symbol und Wirklichkeit im Kultmysterium, Bonn 1937 (Grundfragen zwischen Theologie und Philosophie 4).

Taufe, Sonderheft zu: Die Hochkirche, München 1933.

P. Tillich, Religiöse Verwirklichung, Berlin 1930.

A. Vonier, A Key to the Doctrine of the Eucharist, London 1931.

Kunst und Gottesdienst

G. van der Leeuw, Wegen en grenzen, Amsterdam 1932; ^{2}1948.

J. Maritain, Art et Scolastique, Paris ^{2}1927.

J. Pollmann, Calvijn's Aesthetica, 's-Hertogenbosch 1939.

Kirche und Amt

J. K. van den Brink, Eeredienst en priesterschap, in: Vox theologica 6 (1934), 25–34.

Der Dienst der Frau in den Religionen und Kirchen, Sonderheft zu: Eine Heilige Kirche, München 1939.

G. van der Leeuw, Virginibus puerisque. A study on the Service of Children in Worship, Amsterdam 1939 (Mededeelingen der Koninklijke Nederlandse Akademie van Wetenschappen. Afdeling Letterkunde. Nieuwe reeks 2/12).

Th. Michels, Die Akklamation in der Taufliturgie, in: Jahrbuch für Liturgiewissenschaft 8 (1928), 76–85.

Das allgemeine Priestertum, Sonderheft zu: Eine Heilige Kirche, München 1935.

W. Vos, Ambtelijke Dienst, Groningen 1945.

|240 ### | Liturgische Zeit

Das Gottesjahr, Kassel 1921 ff.

P. Guéranger, L'année liturgique, 15 Bde., Paris/Poitiers 1911.

Het jaar onzes Heeren, Baarn/'s-Gravenhage 1934 ff.

P. Parsch, Het Jaar des Heren, 4 Bde., Utrecht 1937–1942.

Liturgischer Ort

J. N. Bakhuizen van den Brink (Hg.), Protestantsche kerkbouw. Een bundel studies, Arnhem 1946.

J. Braun, Der christliche Altar in seiner geschichtlichen Entwicklung, 2 Bde., München 1924.

Kerkbouw. Ontwerpen van den studiekring »Eeredienst en Kerkbouw« van het Instituut voor Religieuze en Kerkelijke Kunst te Utrecht, Arnhem 1943.

P. Parsch/R. Kramreiter, Neue Kirchenkunst im Geist der Liturgie, Wien/Klosterneuburg 1939.

H. Weigert, Kerkelijke bouwkunst, Baarn 1932.

Liturgisches Wort und liturgischer Ton

F. Blume, Evangelische Kirchenmusik, Potsdam 1931 (Handbuch der Musikwissenschaft 8).

A. Bouman, Orgels in Nederland, Amsterdam 1943.

A. Engels, Tien onberijmde Psalmen als recitatief gezet, Baarn o.J.

P. Gennrich, Kirche und neues Lied, Göttingen 1939.

Handbuch der deutschen Evangelischen Kirchenmusik, nach den Quellen hg. von K. Ameln et al., Göttingen 1935 ff.

Kerkelijk Koorzangboek, hg. von der Vereeniging voor Protestantsche kerkmuziek, Arnhem 1945 ff.

G. van der Leeuw, Liturgische eischen aan Orgel en Organist, in: Abraham Brom et al. (Hg.), Gedenkboek van het Congres der Nederlandsche Organisten-Vereeniging gehouden 3–5 September 1931 te Amsterdam ter gelegenheid van haar veertig-jarig bestaan, Steenwijk 1932, 61–82.

G. van der Leeuw, Muziek en religie in verband met de verhouding van woord en toon, Amsterdam 1934.

G. van der Leeuw, Koor, Orgel en Organist in den Eeredienst, Baarn o.J.

G. van der Leeuw, Liturgische kennis voor den organist, Arnhem ^{2}1944.

G. van der Leeuw/H. P. Bernet Kempers, Beknopte geschiedenis van het kerklied, Groningen 1939 (darin ist weitere Litertaur zum Thema zu finden).
W. Mudde, Koor en orgel in den Eeredienst, Amsterdam 1941.
Psalmen, Lobgesänge und geistliche Lieder der Christenheit, bearb. von W. Vischer, 8 Hefte, Zürich 1944–1946.
H. Schouten, Onze oude orgels, Baarn o. J.
J. S. van Waesberghe, Gregoriaansche muziek en haar plaats in den Katholieken Eeredienst, Amsterdam 1941.

| Geschichte des Gottesdienstes und Textausgaben |241

Allgemein

A. Baumstark, Liturgie comparée. Conférences faites au Prieuré d'Amay, Chevetogne 1939.
H. A. Köstlin, Geschichte des christlichen Gottesdienstes, Leipzig 1887.
W. D. Maxwell, An Outline of Christian Worship. Its Development and Forms, London et al. 1936.

Jüdischer Gottesdienst

M. J. Premsela, Inleiding tot de Liturgische Poezie, Amsterdam 1941.
E. Schubert-Christaller, Der Gottesdienst der Synagoge, Gießen 1927.
A. J. Wensinck, Liturgie in het Oude Testament, Baarn o. J.

Gottesdienst in der Alten Kirche

O. Cullmann, Le culte dans l'Église primitive, Neuenburg/Paris 1944.
H. Duchesne, Origines du culte chrétien, Paris ^{4}1908.
C. E. Hammond, Liturgies Eastern and Western, Oxford 1878.
Th. Harnack, Der christliche Gemeindegottesdienst im apostolischen und altkatholischen Zeitalter, Erlangen 1854.
H. Lietzmann, Liturgische Texte VI: Die Klementinische Liturgie aus den Constitutiones Apostolorum VIII, Bonn 1910 (Kleine Texte und Vorlesungen 61).
H. Lietzmann, Messe und Herrenmahl. Eine Studie zur Geschichte der Liturgie, Bonn 1926 (Arbeiten zur Kirchengeschichte 8)
H. Lietzmann, Geschichte der alten Kirche, Bde. 1–3, Berlin 1932–1938.
L. D. Terlaak Poot, Het oud-christelijk Avondmaal en zijn historische perspectieven, Wageningen 1936.
F. Propst, Liturgie des vierten Jahrhunderts und deren Reform, Münster i. W. 1893.
G. Rauschen, Monumenta eucharistica et liturgica vetustissima, Bonn 1909 (Florilegium patristicum 7).

Ostkirche

S. Antoniadis, La place de la liturgie dans la tradition des lettres grécques, Leiden 1939.
S. Boulgakoff, L'Orthodoxie, Paris 1932.

I. Doens, De Heilige Liturgie van onzen h. Vader J. Chrysostomus vertaald uit het grieksch in het nederlandsch, Amay-sur-Meuse 1937.
I. F. Hapgood, Service Book of the Holy Orthodox-Catholic Apostolic Church, Boston/New York 1922.
P. Hendrix, Het Schoone Pascha, Leiden 1940.
R. Lesage, La Sainte Messe selon les rites orientaux, 1930.
P. de Meester, La divine Liturgie de saint Jean Chrysostome, Paris 1925.
S. Zankow, Das orthodoxe Christentum des Ostens, Berlin 1928.

|242 | Westkirche

Römisch-katholisch

A. de Cuyper, Liturgisch Handboek, 3 Bde., Leuven 1930.
I. Herwegen, Liturgische Texte XI: Taufe und Firmung nach dem römischen Missale, Rituale und Pontificale, Bonn 1920 (Kleine Texte für Vorlesungen und Übungen 144).
H. Lietzmann, Ordo Missae secundum Missale Romanum, Bonn 1911 (Kleine Texte für Vorlesungen und Übungen 19).

Lutherisch

Handbok för Svenska Kyrkan, Stockholm 1917.
H. Lietzmann, Martin Luthers Deutsche Messe 1526, Bonn 1900 (Kleine Texte und Vorlesungen 37).
H. Lietzmann, Martin Luthers Von Ordnung Gottesdiensts, Taufbüchlein, Formula Missae et Communionis, Bonn 1909 (Kleine Texte und Vorlesungen 36).
H. Lietzmann, Die preußische Agende im Auszug, Bonn 1911 (Kleine Texte und Vorlesungen 70).
J. Smend, Die evangelischen deutschen Messen bis zu Luthers Deutscher Messe, Gütersloh 1896.

Straßburg

F. Hubert, Die straßburger liturgischen Ordnungen im Zeitalter der Reformation, Göttingen 1900.
La manyere de faire prières aux eglises françoyses, imprimé à Rome par le commandement du Pape, par Théodore Brůß Allemant, son imprimeur ordinaire, o. O. 1542.

Reformiert [gereformeerd]

Book of Common Order for Use in Services and Offices of the Church, London 1928 (Schottland).
J. Calvin, La Forme des prières et chantzs ecclésiastiques (1542), in: Ioannis Calvini opera quae supersunt omnia, hg. von Wilhelm Baum et al., Bd. 6, Braunschweig 1867, 161–210.
E. Doumergue, Essai sur l'histoire du culte réformé, Paris 1890.

A. Doy, Les Liturgies de la Sainte Cène dans les Églises réformées de langue française, Paris 1891.

J. à Lasco, Forma ac ratio tota ecclesiastici ministerii, in: Joannis a Lasco opera, hg. von Abraham Kuyper, Bd. 2, Amsterdam/Den Haag 1866, 1–283.

Liturgie des Églises réformées de France – revisée par le Synode général officieux, Paris/Nancy 1897.

La manière et fasson quon tient es lieux que Dieu de sa grace a visites. Première liturgie des Églises réformées de France de l'an 1533, hg. von Jean-Guillaume Baum, Straßburg/Paris 1859.

W. D. Maxwell, John Knox's Genevan Service Book 1556, Edinburgh 1931.

M. Micron, De christlicke ordinancien der Nederlantscher ghemeinten te Londen, Emden 1554.

V. Pollanus, Liturgia sacra, Straßburg 1551.

J. Schweizer, Zur Ordnung des Gottesdienstes in den nach Gottes Wort reformierten Gemeinden der deutschsprachigen Schweiz, Zürich 1944 (Kirchliche Zeitfragen 12).

| *Niederländisch-Reformiert* |243

W. J. Aalders, Kennis van de symbolische en van de liturgische geschriften der Nederlandsche Hervormde Kerk, Groningen 1919.

J. N. Bakhuizen van den Brink, De Nederlandsche Belijdenisgeschriften. Vergelijkende teksten, Amsterdam 1940.

H. H. Barger, Ons kerkboek, Rotterdam 1907.

J. W. F. Gobius du Sart, De geschiedenis van de Liturgische geschriften der Nederlandsch Hervormde Kerk op nieuw onderzocht, Utrecht 1886.

Kanselboek voor de gewone Orde van den Eredienst op zon- en feestdagen, samengesteld door »Eredienst«, Nederlandsch-Hervormde Kring tot bestudering en vernieuwing van de Liturgie der Kerk, o.O. o.J.

E. Lacheret, La Liturgie Wallonne. Étude historique et pratique suivie des textes anciens et d'un projet de révision, Den Haag/Paris 1890.

L. A. van Langeraad, De tekst van de Liturgie der Nederlandsche Gereformeerde Kerken, Leiden 1901.

De Liturgie der Gereformeerde Kerken in Nederland en Formulieren om de Heilige Sacramenten te bedienen, o.O. o.J.

J. A. M. Mensinga, Verhandeling over de Liturgische Schriften der Nederlandsche Hervormde Kerk, 's-Gravenhage 1851.

H. H. Meulenbelt, Onze onderlinge bijeenkomsten. Bijdrage tot kennisen waardeering van den kerkdienst bij de Hervormden in Nederland, Utrecht 1918.

G. D. J. Schotel, De openbare eeredienst der Nederl[andsche] Hervormde Kerk in de zestiende, zeventiende en achttiende eeuw, Leiden ^{2}o.J.

Anglikanisch

The Book of Common Prayer (1662).

The Book of Common Prayer with the Additions and Deviations proposed in 1928, Oxford et al. 1928.

A. C. Headlam, The New Prayer Book. Directions for its Use, London 1929.

W. K. Lowther Clarke/Ch. Harris (Hg.), Liturgy and Worship. A Companion to the Prayer Books of the Anglican Communion, London 1932.

The First and Second Prayer Books of Edward VI, London 1910.

J. H. Maude, The History of the Book of Common Prayer, London 1909.

F. E. Warren, Prayer Book Commentary, London 1922.

Liturgische Bewegung

Ostervald

La Liturgie ou la manière de célébrer le service divin, qui est établie dans les Églises de la Principauté de Neufchâtel et Vallangin, Basel 1713.

Bersier

E. Bersier, La Liturgie à l'usage des Églises Réformées, Paris 1874.

E. Bersier, Projet de révision de la liturgie des Églises Réformées de France, Paris 1888.

|244 | Église et Liturgie (Lausanne)

A. Lavanchy, Le ministère féminin, Lausanne 1932.

Liturgie de Baptême et de Confirmation, Lausanne 1936.

Liturgie de Communion I: Partie générale, Lausanne 1931.

Liturgie de Communion II: Pour les fêtes, Lausanne 1933.

N. Vesper, Légitimité de la Réforme / H. Narbel, L'unification des Liturgies, Lausanne 1934.

R. Paquier, Le Dieu vivant et personnel, Lausanne 1932.

R. Paquier, Vers la catholicité évangélique, Lausanne 1935.

R. Paquier, Le problème oecuménique du Ministère. La succession apostolique, Lausanne 1937.

Lutherisch

Die Ordnung der Deutschen Messe, Kassel ^{2}[1937].

Freimund-Hefte, hg. von der Volksmission der Evangelisch-Lutherischen Kirche, 11 Hefte, Neuendettelsau 1934–1935.

E. Linderholm, Svensk Evangeliebok, Stockholm 1920.

G. Mensching, Die liturgische Bewegung in der evangelischen Kirche. Ihre Formen und ihre Probleme, Tübingen 1925.

R. Otto, Zur Erneuerung und Ausgestaltung des evangelischen Gottesdienstes, Gießen 1925.

Niederländisch-Reformiert

[J. G. R. Acquoy,] Formulierboek voor den Eeredienst der Hervormden. Eene handleiding tot het doelmatig gebruik van den Heidelbergschen Catechismus en de Liturgie der Hervormden Kerk, door een harer Leeraren, Schoonhoven 1849.

Avondgebed, Baarn o.J.
Eeredienst, Rotterdam [1933].
J. H. Grolle, De bediening van den H. Doop, Baarn o.J.
J. H. Grolle, De bediening van het H. Avondmaal, Baarn o.J.
Liturgieën voor Jeugddiensten vastgesteld door het Ministerie van Predikanten der Ned. Herv. Gem. te Utrecht, o.O. o.J.
Liturgische Handboekjes, samengesteld door den Liturgische Kring:
I. Inleiding. Waarom Liturgie? Beginsel en Practijk, Baarn 1923.
II. Hoofd-(Predik-)dienst, Baarn 1923.
III. Begrafenisdienst, Baarn 1925.
IV. Avondmaalsdienst, Baarn 1925.
V. Heilige Doop en Bevestiging van nieuwe leden, Baarn 1927.
VI. Hernieuwde Bezinning – herdenking der gestorvenen, Baarn 1928.
VII. Inzegening van het huwelijk, Baarn 1930.
Morgengebed, Baarn o.J.
| Orde der Bediening van den H. Doop, Rotterdam o.J. |245
Orde van den eeredienst voor de Nederlandsche Hervormde Kerk, hg. von Gerardus van der Leeuw et al., Amsterdam/Haarlem 1941.
Orde van Diensten, Rotterdam [1936].
P. H. Th. Stevens, Handelingen der Kerk, Baarn o.J.

Sonntagmorgengottesdienst

W. J. Aalders, Preek en Liturgie, Baarn o.J.
P. Blaauw, Dienst der Gebeden, Baarn o.J.
J. K. van den Brink, Votum, lntroitus, Zegen, Baarn o.J.
J. K. van den Brink, De Gang van den Eeredienst, Baarn o.J.
O. Casel, Art und Sinn der ältesten christlichen Osterfeier, in: Jahrbuch für Liturgiewissenschaft 14 (1934), 1–78.
H. W. Creutzberg, De preek in den eeredienst, ’s-Gravenhage o.J.
R. Guardini, Von heiligen Zeichen, Mainz 1929.
G. van der Leeuw, Openbare Schuld, Baarn o.J.
W. Maurer, Bekenntnis und Sakrament. Ein Beitrag zur Entstehung der christlichen Konfessionen, Berlin 1939.
G. W. Oberman, De dienst der Offerande of der Barmhartigheid, Baarn o.J.
W. H. van de Pol, De geloofsbelijdenis in onzen eeredienst, Baarn o.J.

Tagzeiten

Das Gebet der Tageszeiten, Kassel 1931.
H. Lietzmann, Einführung in das römische Brevier, Bonn 1917 (Kleine Texte für Vorlesungen und Übungen 141).
Die Ostkirche betet. Hymnen aus den Tagzeiten der byzantinischen Kirche, Leipzig 1934 ff.

Der Gottesdienst im Privat- und Gemeindeleben

Beichte und Absolution, Sonderheft zu: Eine Heilige Kirche, München 1935.

J. K. van den Brink, Gebeden voor de Huisgemeente, voor den eeredienst van het gezin en andere voorkomende gelegenheden, alsook voor persoonlijk gebruik, verzameld en geordend, Baarn o.J.

A. W. Bronsveld, De Evangeliedienaar bij het graf, in: Stemmen van waarheid en vrede. Evangelisch tijdschrift voor de Protestantsche Kerken 14 (1877), 1125–1128.

G. van der Leeuw, Gedachtenis onzer dooden, Baarn o.J.

W. A. Zeydner, Boete, Baarn o.J.

Register

Die Seitenangaben im Register beziehen sich auf die Paginierung im niederländischen Original. Da die Reihenfolge der Einträge in der deutschen Übersetzung vom Original abweicht, wird auf die Angabe der Seitenumbrüche im Register verzichtet.

Anmerkungen

1 Johannes Hermanus Gunning (1858–1940), Pfarrer in der *Nederlandse Hervormde Kerk* (= NHK), ab 1933 in Amsterdam. 1890 veröffentlichte er in Groningen die Studie *Onze eredienst. Opmerkingen over het liturgisch element in den gereformeerden cultus.* Vgl. Biografisch lexicon voor de geschiedenis van het Nederlands protestantisme, hg. von D. Nauta et al., 6 Bde., Kampen 1978–2006, hier Bd. 3, 156–159.

2 Ernst Frederik Kruyf (1834–1914), Pfarrer in der NHK, 1878–1905 Professor für Biblische und Praktische Theologie in Groningen. 1901 veröffentlichte er in Groningen seine *Liturgiek ten dienste van dienaren der Ned. hervormde Kerk.* Vgl. Biografisch lexicon (Anm. 1), Bd. 4, 269.

3 Abraham Kuyper (1837–1920), Theologe, Politiker, Journalist und Staatsmann. Kuyper war an der Gründung der Vrije Universiteit in Amsterdam (1880) sowie der *Gereformeerde Kerken in Nederland* (1892) maßgeblich beteiligt. 1911 veröffentlichte er in Kampen die Monographie *Onze eeredienst.* Vgl. Biografisch lexicon (Anm. 1), Bd. 4, 276–283.

4 Jan Hendrick Gerretsen (1867–1923), Pfarrer in der NHK und liturgischer Erneuerer, vgl. Biografisch lexicon (Anm. 1), Bd. 3, 132–135. Hendrik Willem Creutzberg (1875–1940), Pfarrer in der NHK und Mitgründer des *liturgische kring*, vgl. a.a.O., Bd. 4, 108f. Siehe auch oben, Einleitung, Kap. 1.

5 Vgl. oben, Einleitung, Kap. 1.

6 Der theologisch liberale Arbeitskreis »Eredienst« hatte in den 1930er Jahren ein *Kanselboek voor de gewone orde van den eredienst op zon- en feestdagen* (o.O. o.J.) herausgegeben.

7 Handboek voor den eeredienst in de Nederlandsche Hervormde Kerk, samengesteld door den Liturgische Kring, Rotterdam 1934.

8 Beginn des »Westfeldzuges« (10. Mai bis 25. Juni 1940) der deutschen Wehrmacht im Zweiten Weltkrieg.

9 Vgl. Gerardus van der Leeuw, Inleiding tot de theologie, Amsterdam 1935, 207–212. Siehe auch oben, Einleitung, Kap. 2.4.

10 Vgl. Leeuw, Inleiding (Anm. 9), 175–178.

11 Vgl. Odo Casel, Glaube, Gnosis und Mysterium, in: Jahrbuch für Liturgiewissenschaft 15 (1935), 155–306; Hans Lietzmann, Messe und Herrenmahl. Eine Studie zur Geschichte der Liturgie, Bonn 1926 (Arbeiten zur Kirchengeschichte 8); Yngve Brilioth, Eucharistic Faith and Practice. Evangelical and Catholic, London 1930.

12 Vgl. Leeuw, Inleiding (Anm. 9), 67–70; 171f.

13 Vgl. Historisches Wörterbuch der Philosophie, hg. von Joachim Ritter et al., Bd. 2, Darmstadt 1972, 978–984.

14 Im Original deutsch.

15 Im Original deutsch. Wilhelm Stählin, Vom göttlichen Geheimnis, Kassel 1936 (Kirche im Aufbau 4), 15.

16 Im Original deutsch. A.a.O., 81.

17 Nikolai Leskow, Die Klerisei, übers. von Günter Dalitz, Berlin 1975, 164: »Bestimmt habe ich's gesagt, ich habe gesagt: ›Laß die Finger vom Ritual‹, und damit basta! Und warum habe ich das gesagt? Weil das unser Leben, unser Wesen ist, und du sollst schön die Finger davon lassen. Hast du das jetzt begriffen?« Diese Worte spricht in Leskows Roman der Diakon Achilla Desnizyn.

18 Psalmen en Gezangen voor de eredienst van de Nederlandse Hervormde Kerk (1938), Zoetermeer 2010 (Nachdruck), 432f. [Strophe 1].

19 Der niederländische Begriff für »Gottesdienst« ist nämlich »eeredienst« (wörtlich: »Ehrendienst«).

20 Didache (auch »Lehre der zwölf Apostel«), die früheste Kirchenordnung, gewöhnlich zu den Apostolischen Vätern gezählt, vgl. Lexikon für Theologie und Kirche, hg. von Walter Kasper et al., 11 Bde., Freiburg i.Br. [3]1993–2001, hier Bd. 3, 207f.

21 Justinos (gest. 165), Philosoph und christlicher Märtyrer; in seiner »Ersten Apologie« sind wichtige Hinweise auf den christlichen Gottesdienst in der römischen Gemeinde zu finden. Vgl. Lexikon für Theologie und Kirche (Anm. 20), Bd. 5, 1112f.

22 Hippolyt von Rom (3. Jh.), Kirchenvater und Autor exegetischer, polemischer sowie apologetischer Schriften. Ihm wird traditionell die »Traditio Apostolica« zugeschrieben, eine aus dem 3. Jh. stammende Kirchenordnung, die zu den wichtigsten liturgiewissenschaftlichen Quellen gehört. Vgl. Lexikon für Theologie und Kirche (Anm. 20), Bd. 5, 147–149; Bd. 10, 147f.

23 Als »Apostolische Konstitutionen« wird traditionell eine umfangreiche pseudoepigraphische Kirchenordnung mit unsicherer Datierung bezeichnet. Buch 7 und 8 enthalten wichtige liturgische Texte, u.a. die sog. »Klementinische Liturgie« (VIII,11,7–15,11). Vgl. Lexikon für Theologie und Kirche (Anm. 20), Bd. 1, 872f.; Bd. 6, 973.

24 Lk 2,14.

25 Lk 2,29–32.

26 Im Original deutsch. Erik Peterson, Von den Engeln (1935), in: ders., Theologische Traktate, hg. von Barbara Nichtweiß, Würzburg 1994 (Ausgewählte Schriften 1), 217.

27 Zur Präfation vgl. Karl-Heinrich Bieritz, Liturgik, Berlin/New York 2004, 420f.

28 Dritte Ode aus dem Osternachtdienst, in: Mysterium der Anbetung. Göttliche Liturgie und Stundengebet der Orthodoxen Kirche, hg. von Sergius Seitz/Susanne Hausammann, Köln 1986, 567.

29 Vgl. Codex Iuris Canonici (1983), Kevelaer [3]1989, Can. 1166: »Sakramentalien sind heilige Zeichen, durch die in einer gewissen Nachahmung der Sakramente Wirkungen, besonders geistlicher Art, bezeichnet und kraft der Fürbitte der Kirche erlangt werden.«

30 Im Original deutsch. Vgl. Paul Tillich, Religiöse Verwirklichung, Berlin 1930, 46–51.

31 Zit. auch in: Gerardus van der Leeuw, Sacramentstheologie, Nijkerk 1949, 250f. Dort schreibt Van der Leeuw diesen Spruch Arthur Cayley Headlam (1862–1947), Theologe und Bischof von Gloucester, zu. Zu Headlam vgl. Oxford Dictionary of National Biography, hg. von H. C. G. Matthew/Brian Harrison, Bd. 26, Oxford et al. 2004, 124f.

32 Beide Strömungen entwickelten sich im 19. Jh. Während die »Anglo-Catholics« das katholische Erbe der englischen Nationalkirche betonten, betrachteten die »Evangelicals« die »Church of Engalnd« in erster Linie als reformatorische Kirche.

33 Gemeint ist: Oepke Noordmans, Liturgie (1939), in: ders., Verzamelde werken, hg. von J. M. Hasselaar et al., Bd. 6, Kampen 1986, 45–164. Zur Kontroverse zwischen Noordmans und dem *liturgische kring* siehe oben, Einleitung, Kap. 1.

34 Siehe oben, Anm. 23.

35 Siehe oben, Anm. 21.

36 Siehe oben, Anm. 22.

37 Siehe oben, Anm. 20.

38 Johannes Calvin, La forme des prieres et chantz ecclesiastiques (1542), in: Joannis Calvini opera selecta, Bd. 2, hg. von Peter Barth/Wilhelm Niesel, München 1952, 19.

39 A.a.O., 49.

40 Die sitzende Kommunion an einem oder mehreren Tischen stellte allerdings eine niederländische Besonderheit dar, vgl. Gilles D. J. Schotel, De openbare eeredienst der Nederl[andsche] Hervormde Kerk in de zestiende, zeventiende en achttiende eeuw, Leiden ^{2}o.J., 366f.

41 Vgl. Johannes Calvin, Institutio christianae religionis (1559), in: Joannis Calvini opera selecta, Bd. 5, hg. von Peter Barth/Wilhelm Niesel, München 1936, 412,1–20 [4.17.46]: »Et sane haec consuetudo quae semel quotannis communicare iubet, certissimum est diaboli inventum, cuiuscunque tandem ministerio invecta fuerit. […] Longe aliter factum oportuit: singulis ad minimum hebdomadibus proponenda erat Christianorum coetui mensa Domini.«

42 Als »Dienst des Betens« bezeichnet Van der Leeuw die Sequenz Fürbitten – Gebet des Herrn, vgl. Kap. 8, § 42.

43 Noordmans, Liturgie (Anm. 33), 49f.

44 Siehe oben, Anm. 33.

45 Diesem Thema widmete Van der Leeuw seine letzte Monographie, *Sacramentstheologie* (Nijkerk 1949) – dt. Übers.: *Sakramentales Denken* (Kassel 1959).

46 Gemeint ist Thomas von Aquin, Officium de festo corporis Christi, in: S[ancti] Thomae Aquinatis opera omnia, hg. von Roberto Busa, Bd. 6, Stuttgart-Bad Cannstatt 1980, 580f.

47 Vgl. Missale Romanum ex decreto Concilii Tridentini restitutum, S. Pii V. Pontificis maximi iussu editum aliorumque Pontificum cura recognitum, a S. Pio X. reformatum et Benedicti XV. auctoritate vulgatum, Bonn ^{28}2004, 341f.

48 Arent Jan Wensinck (1882–1939), niederländischer Islamwissenschaftler und Professor für semitische Sprachen an der Universität Leiden, vgl. Biografisch Woordenboek van Nederland, hg. von J. Charité et al., Bd. 4, 's-Gravenhage 1994, 545 f.

49 Vgl. Arent Jan Wensinck, Liturgie in het Oude Testament, Baarn o. J.

50 Psalmen en gezangen (Anm. 18), 664 f. [Strophe 2].

51 Joh 14,6.

52 Eph 1,7.

53 2Kor 5,17.

54 Joh 15,5.

55 So endet die Präfation, auf die das »Sanctus« unmittelbar folgt, vgl. Bieritz, Liturgik (Anm. 27), 416; 420.

56 Vgl. Georg Rietschel, Lehrbuch der Liturgik, Bd. 2, Göttingen [2]1952, 805–819.

57 Vgl. Articles of Religion, in: The Book of Common Prayer and Administration of the Sacraments (1662), Cambridge et al. 2004, 621 [Art. 25]: »Those five commonly called sacraments [...].«

58 Siehe oben, Anm. 29.

59 Siehe S. 29.

60 Noordmans, Liturgie (Anm. 33), 77: »Daarom kunnen wij niet zeggen [...] dat God ook naar de kerk gaat als wij er naar toe gaan.«

61 Psalmen en Gezangen (Anm. 18), 788 f. [Strophe 2].

62 Offb 4–5.

63 Offb 4,6.8.

64 Siehe S. 38 f.

65 Siehe S. 38 f.

66 Calvin, Forme des prieres (Anm. 38), 18 f.

67 Noordmans, Liturgie (Anm. 33); Wensinck, Liturgie (Anm. 49).

68 Im Original deutsch. Karl Hennig, Sakrament und Entscheidung, in: Zeitschrift für Theologie und Kirche NF 17 (1936), 324.

69 Nikolai Leskow, Der ungetaufte Pope. Eine unwahrscheinliche Begebenheit – Nahezu eine Legende, in: ders., Der ungetaufte Pope. Erzählungen, übers. von Erich Ahrndt et al., Berlin 1984, 198–259.

70 1Kor 10,2.

71 Gregor von Nazianz (um 329–390), Theologe und 380 kurzzeitig Patriarch von Konstantinopel; Basilius (um 329–379), ab 370 Bischof von Cäsarea. Sie zählen zusammen mit Basilius' Bruder, Gregor von Nyssa, zu den »Kappadokischen Vätern«, deren Stellungnahmen zu Fragen der Trinitätslehre die spätere theologische Entwiklung nachhaltig prägten. Vgl. Der Neue Pauly. Enzyklopädie der Antike, hg. von Hubert Candcik/Helmuth Schneider, Bd. 2, Stuttgart/Weimar 1997, 459–461; Bd. 4, Stuttgart/Weimar 1998, 1214 f.

72 Leskow, Der ungetaufte Pope (Anm. 69), 257.

73 Vgl. Joh 3,8.

74 Im Original deutsch.

75 Martin Luther, Tischreden, Bd. 1, Weimar 1912, 128f. [Nr. 314]: »Papistae in doctrina sacramentorum nimium in sinistram errant, quod nimium tribuunt sacramentis, quod iustificent ex opere operato. Sacramentarii nimium aberrant ad dextram, quod omnia derogant sacramentis. Sic: man falle aus dem schiffe vornen oder hinden, so ligt man im wasser.«

76 Heidelberger Katechismus. Textus receptus met toelichtende teksten, hg. von Maurits Albrecht Gooszen, Leiden 1890, 126 [Frage 66]: »Was seind die Sacrament? Es seind sichtbare heilige warzeichen und Sigill […].«

77 Im Original deutsch.

78 Siehe oben, Anm. 29.

79 Siehe S. 31–40.

80 Jacques Maritain, Art et scolastique, Paris ^{2}1927, 116.

81 A.a.O., 117.

82 Psalmen en gezangen (Anm. 18), 740 [Strophe 5].

83 Hos 1,2.

84 Andreas Rudolf Bodenstein (1486–1541), nach seinem Herkunftsort »Karlstadt« (*Carlostadius*) genannt. Zunächst als Mitarbeiter Luthers tätig, verließ Karlstadt später Wittenberg aufgrund der immer größer werdenden Differenzen zwischen ihm und Luther in der Bilder- und Abendmahlsfrage. 1530 zog er schließlich in die Eidgenossenschaft und wirkte zunächst in Zürich und später in Basel als Professor für Altes Testament. Vgl. Theologische Realenzyklopädie, hg. von Gerhard Krause et al., Bd. 17, Berlin/New York 1988, 649–657.

85 Im Original deutsch.

86 Johannes Oekolampad (1482–1531), Basler Reformator, vgl. Theologische Realenzyklopädie, hg. von Gerhard Krause et al., Bd. 25, Berlin/New York 1995, 29–36.

87 Martin Luther, Daß diese Wort Christi »Das ist mein Leib« noch feststehen, wider die Schwärmgeister (1927), in: D. Martin Luthers Werke, Bd. 23, Weimar 1901, 64–283.

88 Im Original deutsch. Hennig, Sakrament und Entscheidung (Anm. 68), 317.

89 Robert Ranulph Marett, Sacraments of Simple Folk, Oxford 1933.

90 Doctrine in the Church of England. The Report of the Commission on Christian Doctrine Appointed by the Archbishops of Canterbury and York in 1922, London 1938, 127.

91 Siehe oben, Anm. 29.

92 Thomas von Aquin, Summa theologiae Ia q. 1 a. 8 ad 2, in: S. Thomae Aquinatis opera omnia, hg. von Roberto Busa, Bd. 2, Stuttgart-Bad Cannstatt 1980, 186: »Cum enim gratia non tollat naturam, sed perficiat […].«

93 Karl Barth, Die kirchliche Dogmatik, Bd. I/1, Zollikon 1939, 97.

94 Im Original deutsch. Martin Luther, »Christ, unser Herr, zum Jordan kam«, in: Evangelisches Gesangbuch. Stammausgabe der Evangelischen Kirche in Deutschland, Stuttgart 1993, Nr. 202 [Strophe 7]. Vgl. D. Martin Luthers Werke, Bd. 35, Weimar 1923, 281–285.

95 Arthur Gabriel Hebert, Liturgy and Society. The Function of the Church in the Modern World, London 1935, 38f.

96 Im Original deutsch. Ernst Käsemann, Leib und Leib Christi. Eine Untersuchung zur paulinischen Begrifflichkeit, Tübingen 1933 (Beiträge zur Historischen Theologie 9), 157.

97 Im Original deutsch. Johann Rist, »Auf auf, ihr Reichsgenossen«, in: Gesangbuch der Evangelisch-reformierten Kirchen der deutschsprachigen Schweiz, Zürich et al. 1952, Nr. 105 [Strophe 2].

98 Vgl. Apostolisches Glaubenbekenntnis, in: Enchiridion symbolorum definitionum et declarationum de rebus fidei et morum / Kompendium der Glaubensbekenntnisse und kirchlichen Lehrentscheidungen, hg. von Heinrich Denzinger und Peter Hünermann, Freiburg i. Br. et al. ^{37}1991, Nr. 30.

99 Der Segensspruch über einen Becher Wein, mit dem der Schabbat und die jüdischen Feiertage eingeleitet werden, vgl. Bieritz, Liturgik (Anm. 27), 281f.

100 Siehe S. 23.

101 Hans Lietzmann, Messe und Herrenmahl. Eine Studie zur Geschichte der Liturgie, Bonn 1926 (Arbeiten zur Kirchengeschichte 8), 237f.

102 Lk 24,31.

103 Didache (Zwölf-Apostel-Lehre), hg. von Georg Schöllgen, in: Didache – Traditio Apostolica, Freiburg i.Br. et al. 1991 (Fontes Christiani 1), 122,2–7 [9.4].

104 Lietzmann, Messe und Herrenmahl (Anm. 101), 251–255.

105 Psalmen en gezangen (Anm. 18), 778 [Strophe 5].

106 Aurelius Augustinus, De civitate dei, hg. von Bernhard Dombart/Alfons Kalb, Turnhout 1955 (Corpus Christianorum. Series Latina, 47), 279,52f. [10,6(!)]: »Hoc est sacrificium Christianorum: multi unum corpus in Christo.«

107 Brilioth, Eucharistic Faith (Anm. 11), 285: »There is no need to fear any danger to evangelical faith, provided that the Act of Memorial [of Christ's sacrifice] is always associated with communion.«

108 Blaise Pascal, Les »Pensées« de Port-Royal, in: ders., Oeuvres complètes, Bd. 2, hg. von Michel Le Guern, Paris 2000, 1031.

109 Bezieht sich auf Gott: Im Niederländischen werden die Pronomina, die sich auf Gott beziehen, groß geschrieben, weshalb dort der Bezug eindeutiger ist [Anm. der Übersetzerin].

110 Theodoros (4./5. Jh.), Bischof von Mopsuhestia, Autor von »Katechetischen Homilien«, die eine wichtige liturgiewissenschaftliche Quelle darstellen, vgl. Der Neue Pauly. Enzyklopädie der Antike, hg. von Hubert Candcik/Helmuth Schneider, Bd. 12/1, Stuttgart/Weimar 2002, 330–332.

111 Erwin Reisner, Kultus und Gemeinde, in: Zeitschrift für Theologie und Kirche NF 18 (1937), 219; 224.

112 Im Original deutsch. Karl Barth, Die kirchliche Dogmatik, Bd. I/1, Zollikon 1939, 52.

113 Gemeint ist die »Gruppenbewegung«, die auf die Tätigkeit Frank Buchmans (1878–1961) in Oxford zurückging. Die Gruppenbewegung fand auch in deutsch-

sprachigen Ländern zahlreiche Anhänger. Von ihr stark beeinflusst war u.a. der Zürcher Systematiker Emil Brunner, vgl. Theologische Realenzyklopädie, hg. von Gerhard Krause et al., Bd. 23, Berlin/New York 1994, 291–294.

114 Als »Beichte ohne Absolution« bezeichnete Chesterton die Psychoanalyse, vgl. Gilbert Keith Chesterton, What I Saw in America, New York 1922, 170: »[...] psychoanalysis – that is [...] confession without absolution.«

115 Psalmen en gezangen (Anm. 18), 658–660 [Strophe 1].

116 Im Original deutsch. Siehe oben, Anm. 96.

117 Hans Asmussen, Die Lehre vom Gottesdienst, München 1937 (Gottesdienstlehre 1), 31–34.

118 Origenes (185/6–254), christlicher Theologe, Autor zahlreicher exegetischer Schriften sowie von *De principiis*, der ersten systematischen Gesamtdarstellung christlicher Lehre, vgl. Theologische Realenzyklopädie, hg. von Gerhard Krause et al., Bd. 25, Berlin/New York 1995, 397–420.

119 Im Original deutsch. Vgl. Martin Luther, An den christlichen Adel deutscher Nation (1520), in: D. Martin Luthers Werke, Bd. 6, Weimar 1888, 408,11–13: »Dan was auß der tauff krochen ist, das mag sich rumen, das es schon priester, Bischoff und Bapst geweyhet sey, ob wol nit einem yglichen zympt, solch ampt zu uben.«

120 Im Original: »Bij elkander kerken«.

121 Liturgies Eastern and Western, hg. von Frank Edward Brightman, Oxford 1896, 25,2–5. Siehe auch oben, Anm. 23.

122 Vgl. Konzil von Florenz: Bulle »Exsultate Deo« (1439), in: Enchiridion symbolorum (Anm. 98), Nr. 1317.

123 Enchiridion symbolorum (Anm. 98), Nr. 1310–1328. Eugenius IV. (Gabriele Condulmer), Papst 1431–1447, vgl. Lexikon des Mittelalters, hg. von Norbert Angermann et al., Bd. 4, Stuttgart et al. 1989, 80–82.

124 Enchiridion symbolorum (Anm. 98), Nr. 1628–1630.

125 Im Original deutsch. Vgl. Martin Luther, Großer Katechismus, in: Die Bekenntnisschriften der Evangelisch-Lutherischen kirche, hg. von Irene Dingel, Göttingen 2014, 1112,33–1114,3; 1116,6–8.

126 Vgl. Martin Luther, Taufbüchein (1526), in: D. Martin Luthers Werke, Bd. 19, Weimar 1897, 540f.

127 Guillaume Farel, La manière et fasson quon tient es lieux que Dieu de sa grace a visites. Première liturgie des Églises réformées de France de l'an 1533, hg. von Jean-Guillaume Baum, Straßburg/Paris 1859, 20–25; Calvin, Forme des prieres (Anm. 38), 36,16–32.

128 Vgl. die »Ordnung der firmunge und der handauflegen« aus der Kasseler Kirchenordnung (1539), in: Die evangelischen Kirchenordnungen des XVI. Jahrhunderts, hg. von Emil Sehling, Bd. 8, Tübingen 1965, 126: »Nimm hin den heiligen geist, schutz und schirm vor allem argen, sterk und hülf zu allem guten, von der gnedigen hand Gottes des Vaters, Sohns und heiligen Geistes, Amen.« Siehe dazu auch Bjarne Hareide, Die Konfirmation in der Reformationszeit. Eine Untersuchung der lutherischen Konfirmation in Deutschland 1520–1585, Göttingen 1966 (Arbeiten zur Pastoraltheologie 8), 145–151.

129 Johannes à Lasco (Jan Łaski, 1499–1560), Theologe und Reformator polnischer Herkunft. À Lasco übte als Superintendent in Emden und als Pfarrer der Londoner Flüchtlingsgemeinde (1549–1553) großen Einfluss auf die weitere Geschichte des Protestantismus in den Niederlanden aus. Vgl. Theologische Realenzyklopädie, hg. von Gerhard Krause et al., Bd. 20, Berlin/New York 1990, 448–451.

130 Johannes à Lasco, Forma ac ratio tota ecclesiastici ministerii, in: Joannis a Lasco opera, hg. von Abraham Kuyper, Bd. 2, Amsterdam/Den Haag 1866, 113.

131 Dies wurde an der Generalsynode von 1816 beschlossen, vgl. W. Verboom, De openbare geloofsbelijdenis. Historisch-theologische notities, in: Theologia Reformata 34 (1991), 29–53, hier 44f.

132 Marten Micron (Mikron / Micronius, 1523–1559), studierte Theologie in Basel und Zürich, und diente später in der Londoner Flüchtlingsgemeinde, die Johannes à Lasco leitete. Auf ihn gehen die *Christlicke Ordinancien* zurück, eine Kirchen- und Gottesdienstordnung für die Londoner Flüchtlingsgemeinde, welche allerdings erst 1554 nach deren Auflösung in Emden erstmals gedruckt wurde. Vgl. Biografisch lexicon (Anm. 1), Bd. 2, 327–330; siehe auch unten, Anm. 333.

133 Petrus Dathenus (Daten / Daete / Daets, ca. 1531–1588), reformierter Pfarrer, wirkte in den Niederlanden, aber auch in London, Frankfurt a.M. und Frankenthal. Dathenus wurde vor allem durch seine Übersetzung des Heidelberger Katechismus ins Niederländische sowie durch seine Übersetzung und Bearbeitung des Genfer Psalters bekannt. Zudem enthielt seine Ausgabe der vertonten Psalmen einen Anhang mit liturgischen Gebeten und Formularen. Vgl. Biografisch lexicon (Anm. 1), 4, 110–114; Tobias Schreiber, Petrus Dathenus und der Heidelberger Katechismus. Eine traditionsgeschichtliche Untersuchung zum konfessionellen Wandel in der Kurpfalz um 1563, Göttingen 2017 (Refo500 Academic Studies 32).

134 Vgl. Verboom, De openbare geloofsbelijdenis (Anm. 131), 45, Anm. 75.

135 Vgl. Liturgische Handboekjes V: Heilige Doop en bevestiging van nieuwe leden, uitgegeven vanwege den Liturgischen Kring, Baarn 1927, 10–16. Zum *liturgische kring* vgl. Einleitung, Kap. 1.

136 Mt 18,20.

137 Liturgische Handboekjes V (Anm. 135), 12.

138 Vgl. Formulier om den Heiligen Doop te bedienen aan de kleine kinderen der gelovigen, in: Psalmen en Gezangen voor de eredienst van de Nederlandse Hervormde Kerk (1938) [Anhang mit separater Paginierung], Zoetermeer 2010 (Nachdruck), 33f.

139 Siehe oben, Anm. 132.

140 Gemeint ist das sog. »Sintflutgebet«, vgl. Luther, Taufbüchlein (Anm. 126), 539,17–540,4; Kurpfälzische Kirchenordnung (1563), in: Die evangelischen Kirchenordnungen des XVI. Jahrhunderts, hg. von Emil Sehling, Bd. 14, Tübingen 1969, 340; Ordnung der christlichen Kirche zu Zürich (1535), hg. von Georg Finsler, in: Huldreich Zwinglis sämtliche Werke, Bd. 4, Leipzig 1927 (Corpus Reformatorum 91), 680,26–681,15; Book of Common Prayer (Anm. 57), 264 [The Publick Baptism of Infants].

141 Siehe oben, Anm. 133.
142 Siehe oben, Anm. 135.
143 Liturgische Handboekjes V (Anm. 135), 8.
144 A.a.O., 9.
145 A.a.O., 12.
146 Ebd.
147 A.a.O., 12f.
148 A.a.O., 13.
149 Vgl. Kurpfälzische Kirchenordnung (Anm. 140), 340: »Begeret ir dann auß warem glauben an die verheissung Gottes in Jesu Christo [...], daß dises kind getauft werde und die versiglung der kindschaft Gottes empfahe?«
150 Liturgische Handboekjes V (Anm. 135), 14.
151 Psalmen en gezangen (Anm. 18), 775 [Strophe 1].
152 Vgl. Verboom, De openbare geloofsbelijdenis (Anm. 131), 44–46.
153 Liturgische Handboekjes V (Anm. 135), 13f.
154 A.a.O., 23.
155 Ebd.
156 Psalmen en gezangen (Anm. 18), 796f. [Strophe 2].
157 Rietschel, Lehrbuch, Bd. 2 (Anm. 56), 838.
158 Vgl. Traditio Apostolica (Apostolische Überliefrung), hg. von Wilhelm Geerlings, in: Didache – Traditio Apostolica, Freiburg i.Br. et al. 1991 (Fontes Christiani 1), 220–226 [4].
159 Vgl. Ludwig Eisenhofer, Handbuch der katholischen Liturgik, Bd. 2, Freiburg i.Br. 1933, 373.
160 Vgl. Pontificale Romanum Clementis VIII., Antwerp 1765, 563.
161 Schotel, De openbare eeredienst (Anm. 40), 281.
162 Synode von ’s-Gravenhage (1586), in: Acta van de Nederlandsche Synoden der zestiende eeuw, hg. von Frederik Lodewijk Rutgers, Utrecht 1889, 488; Synode von Dordrecht (1574), in: a.a.O., 196f. Vgl. Schotel, De openbare eeredienst (Anm. 40), 281.
163 Synode von Wezel (1568), in: Acta (Anm. 162), 15. Vgl. Schotel, De openbare eeredienst (Anm. 40), 280.
164 W. Th. Boissevain, De dienaren der kerk, in: Handboek voor den eeredienst in de Nederlansche Hervormde Kerk, samengesteld door den Liturgischen Kring, Rotterdam 1934, 53.
165 Vgl. Orde van den eeredienst voor de Nederlandsche Hervormde Kerk, hg. von Gerardus van der Leeuw et al., Amsterdam/Haarlem 1941, 50–54.
166 Abraham Kuyper, Onze eeredienst, Kampen 1911, 532–537.
167 Psalmen en gezangen (Anm. 18), 506 [Strophe 1].
168 Orde van den eeredienst (Anm. 165), 47.
169 A.a.O., 48.
170 Liturgie des Églises réformées de France – revisée par le Synode général officieux, Paris/Nancy 1897, 194: »Nous vous installons dans la charge de pasteur de cette

paroisse, pour exercer, auprès des fidèles qui la composent, le ministère évangélique, selon les règles de notre Église et les lois de l'État, et à l'imitation du souverain Pasteur, notre Seigneur et Sauveur Jésus-Christ.«

171 Orde van den eeredienst (Anm. 165), 55.

172 Als »doophek« (wörtlich: Taufgitter) wird die niedrige (Holz-)Schranke bezeichnet, die in niederländischen reformierten Kirchen den Raum um die Kanzel – auch »dooptuin« (Taufgarten) oder »doophuisje« (Taufhäuschen) genannt – umzäunt. Wie der Name besagt, wurde in diesem umzäunten Raum die Taufe gespendet [Anm. der Übersetzerin].

173 Siehe Liturgies Eastern and Western (Anm. 121), 29,41f.

174 Orde van den eeredienst (Anm. 165), 56.

175 Siehe S. 146–148.

176 Siehe unten, Anm. 421.

177 Siehe Kap. 7.

178 Schotel, De openbare eeredienst (Anm. 40), 318f.

179 Psalmen en gezangen (Anm. 18), 526 [Strophe 2].

180 Joost van den Vondel, Adam in ballingschap of: Aller treurspelen treurspel, in: ders., Lucifer – Adam in ballingschap – Noah, hg. von M. A. Schenkeveld-van der Dussen, Amsterdam 2004, 170 [4,978–983]. Joost van den Vondel (1587–1679), niederländischer Dichter und Dramatiker, vgl. Nieuw Nederlandsch biografisch woordenboek, hg. von P. C. Molhuysen et al., Bd. 4, Leiden 1918, 1397–1409.

181 Psalmen en gezangen (Anm. 18), 590f. [Strophe 2].

182 A.a.O., 586f. [Strophen 1 und 4].

183 Caius Plinius Secundus (der Jüngere, ca. 61–117 n. Chr.), römischer Politiker und Prosaautor, vgl. Der Neue Pauly. Enzyklopädie der Antike, hg. von Hubert Cancik/Helmuth Schneider, Bd. 9, Stuttgart/Weimar 2000, 1141–1144.

184 Traianus (53–117), römischer Kaiser, vgl. a.a.O., Bd. 12/1, Stuttgart/Weimar 2002, 746–750.

185 Plinius d.J., Epistulae, in: C. Plini Caecili Secundi epistularum libri novem – epistularum ad Traianum liber – Panegyricus, hg. von Moritz Schuster, Leipzig 1952 (Bibliotheca scriptorum Graecorum et Romanorum Teubneriana), 356,11–13 [10,96,7]: »Adfirmabant autem hanc fuisse summam vel culpae suae vel erroris, quod essent soliti stato die ante lucem convenire carmenque Christo quasi deo dicere.«

186 Hans Lietzmann, Geschichte der Alten Kirche, Bd. 3: Die Reichskirche bis zum Tode Julians, Berlin [2]1953, 321–329.

187 Schotel, De openbare eeredienst (Anm. 40), 212.

188 Psalmen en gezangen (Anm. 18), 419.

189 Synode von 's-Gravenhage (1586), in: Acta (Anm. 162), 501. Vgl. Schotel, De openbare eeredienst (Anm. 40), 215.

190 A.a.O., 216.

191 Het jaar onzes Heeren, Baarn/'s-Gravenhage 1934ff. [letzte Lieferung: 1967].

192 Vgl. Lietzmann, Geschichte der Alten Kirche, Bd. 3 (Anm. 186), 313.

193 Gesänge zur Kreuzverehrung am Karfreitag im römischen Ritus, vgl. Rupert Berger, Pastoralliturgisches Handlexikon, Freiburg i.Br. et al. [5]2013, 174f.

194 Siehe oben, Anm. 191.

195 Siehe oben, Anm. 191.

196 Schotel, De openbare eeredienst (Anm. 40), 226.

197 A.a.O., 227.

198 Zum Marienbild Luthers und anderer Reformatoren vgl. Walter Tappolet, Das Marienlob der Reformatoren, Tübingen 1962.

199 Johannes Bugenhagen (Pomeranus, 1485–1558), Reformator und enger Mitarbeiter Martin Luthers, vgl. Theologische Realenzyklopädie, hg. von Gerhard Krause et al., Bd. 7, Berlin/New York 1981, 354–363.

200 Vgl. Georg Rietschel, Lehrbuch der Liturgik, Bd. 1, Göttingen [2]1951, 175.

201 Odilo (962–1048/9), Abt von Cluny, vgl. Lexikon des Mittelalters, hg. von Norbert Angermann et al., Bd. 6, Stuttgart et al. 1993, 1351f.; Rietschel, Lehrbuch, Bd. 1 (Anm. 200), 159.

202 Siehe oben, Anm. 191.

203 Stefan George, Der kindliche Kalender, in: ders., Tage und Taten. Aufzeichnungen und Skizzen, Stuttgart 1998 (Sämtliche Werke 17), 14–16. 1935 hatte Van der Leeuw einen Ausschnitt aus dieser Schrift Georges ins Niederländische übersetzt, vgl. Gerardus van der Leeuw, De kinderlijke kalender, in: ders., Levensvormen, Amsterdam 1948, 258–260.

204 Evangelisches Gesangbuch (Anm. 94), Nr. 24, Strophe 15: »Lob, Ehr sei Gott im höchsten Thron, / der uns schenkt seinen ein'gen Sohn. / Des freuet sich der Engel Schar / und singet uns solch neues Jahr.« Vgl. Gesangbuch der Evangelisch-reformierten Kirchen der deutschsprachigen Schweiz, erarb. und hg. vom Liturgie- und Gesangbuchverein der Evangelisch-reformierten Kirchen der deutschsprachigen Schweiz, Basel/Zürich [3]2006, Nr. 394, Strophe 15.

205 Zit. in: Rietschel, Lehrbuch, Bd. 1 (Anm. 200), 185. Vgl. Philipp Melanchthon, Postilla, in: Philippi Melanthonis opera quae supersunt omnia, hg. von Karl Gottlieb Bretschneider/Heinrich Ernst Bindseil, Bd. 24, Braunschweig 1856 (Corpus Reformatorum 24), 619: »Non simus ita barbari et agrestes, ut istum Ecclesiae morem, quae in omni aeternitate harum rerum memoriam celebrabit, ut nunc celebrat, contemnamus.«

206 Vgl. Apg 3,1; 10,9; 10,30.

207 Rietschel, Lehrbuch, Bd. 1 (Anm. 200), 140. Vgl. Regula Benedicti, in: Michaela Puzicha, Kommentar zur Benediktusregel, St. Ottilien 2002, 211 [Kap. 16.1–3].

208 Psalmen en gezangen (Anm. 18), 820 [Strophen 1 und 4].

209 A.a.O., 388 [Strophe 1].

210 Jacobus Revius (Jakob Reefsen, 1586–1658), niederländischer reformierter Pfarrer, Dichter und Kirchenhistoriker, vgl. Biografisch lexicon (Anm. 1), Bd. 3, 300–304.

211 Psalmen en gezangen (Anm. 18), 825 [Strophe 3].

212 Joh 14,2.

213 Offb 21,22.

214 »Hagepreek«: Predigt im Freien, besonders üblich während der Zeit der Verfolgungen gegen Reformierte in den Niederlanden [Anm. der Übersetzerin]. Vgl. auch Kuyper, Onze eeredienst (Anm. 166), 163.

215 1Kön 8,27; 2Chr 6,18.

216 Dtn 12,5.

217 Johannes Chrysostomos (ca. 349–407), ab 397 Erzbischof von Konstantinopel, gilt als der hervorragendste Prediger in der Geschichte der Ostkirche, vgl. Der Neue Pauly. Enzyklopädie der Antike, hg. von Hubert Candcik/Helmuth Schneider, Bd. 5, Stuttgart/Weimar 1998, 1059f.

218 Vgl. Theodoros Studites, Εἰς τὸ τέμβλον, in: Patrologia Graeca, hg. von Jacques Paul Migne, Bd. 99, Paris 1903, 1796A: »Θεῖαν τράπεζαν πρὸ προσώπον σου βλέπων, / Αἰδοῦ τὸ σεπτόν, καὶ ὅλως στῆθι φόβῳ.« Siehe auch: Sophie Antoniadis, La place de la liturgie dans la tradition des lettres grécques, Leiden 1939, 190.

219 Pius Parsch (1884–1954), Augustinerchorherr, römisch-katholischer Priester und zentrale Figur in der Liturgischen Bewegung der 1930er Jahre. Vgl. Pius Parsch, Volksliturgie. Ihr Sinn und Umfang, Würzburg 2004 (Nachdruck der 2. Aufl.; Pius Parsch Studien 1); Norbert Höslinger/Theodor Maas-Ewerd (Hg.), Mit sanfter Zähigkeit. Pius Parsch und die biblisch-liturgische Erneuerung, Klosterneuburg 1979.

220 Siehe oben, Anm. 172.

221 Vgl. Schotel, De openbare eeredienst (Anm. 40), 86.

222 Joost van den Vondel, Altaer-geheimenissen, in: De werken van Vondel, hg. von J. F. M. Sterck et al., Bd. 4: 1640–1645, Amsterdam 1930, 765f. [2,1649–1656]. Zu Vondel siehe oben, Anm. 180.

223 Gemeint ist die Kollekte, siehe S. 67.

224 Siehe S. 71f.

225 Im Original deutsch. Asmussen, Lehre vom Gottesdienst (Anm. 117), 120.

226 1Kön 8,12–53; 2Chr 6,1–42.

227 Psalmen en gezangen (Anm. 18), 815 [Strophe 2].

228 Martin Luther, Vorrede zum Psalter (1528), in: D. Martin Luthers Werke. Die deutsche Bibel, Bd 10/1, Weimar 1956, 102,8–10: »Wo findet man feiner wort von freuden, denn die lob Psalmen odder danck Psalmen haben? Da siehstu allen heiligen yns hertz, wie ynn schöne lůstige garten, ia wie ynn den hymel.«

229 Ps 22,4.

230 Apg 2,46.

231 Siehe oben, Anm. 185.

232 Ambrosius von Mailand, De officiis, hg. von Maurice Testard, Turnhout 2000 (Corpus Christianorum. Series Latina 15), 82,38 [1,45,221]. Ambrosius (ca. 340–397), ab 374 Bischof von Mailand, Autor von exegetischen, theologischen und ethischen Schriften. Ambrosius komponierte zudem zahlreiche Hymnen (liturgische Gesänge, deren Text nicht unmittelbar aus Bibelstellen abgeleitet ist). Vgl. Theologische Realenzyklopädie, hg. von Gerhard Krause et al., Bd. 2, Berlin/New

York 1978, 362–386; Der Neue Pauly. Enzyklopädie der Antike, hg. von Hubert Candcik/Helmuth Schneider, Bd. 1, Stuttgart/Weimar 1996, 582–584.

233 Multatuli (Eduard Douwes Dekker, 1820–1887), niederländischer Schriftsteller, vgl. Nieuw Nederlandsch biografisch woordenboek, hg. von P. C. Molhuysen et al., Bd. 1, Leiden 1911, 697–702.

234 »Kruissprook«: Eine dichterische Schilderung der Kreuzigung Jesu aus der Sicht von anwesenden Beobachtern, welche einen Bestandteil von Multatulis *Minnebrieven* (»Liebesbriefe«) bildet. Vgl. Multatuli, Minnebrieven, in: ders., Volledige werken, Bd. 2, Amsterdam 1973, 106–114; dt. Übersetzung: Multatuli, Liebesbriefe, übers. von Wilhelm Spohr, Minden i.W. ^{2}1902, 124–133.

235 Vgl. Aurelius Augustinus, Confessionum libri XIII, hg. von Lucas Verheijen, Turnhout 1990 (Corpus Christianorum. Series Latina 27), 116,56–58 [8,2,5]: »[Fides] uerbis certis conceptis retentisque memoriter de loco eminentiore in conspectu populi fidelis Romae reddi solet ab eis, qui accessuri sunt ad gratiam tuam.«

236 Lk 2,14.

237 Offb 5,9f.

238 Vgl. den Wortlaut des Apostolikums in: Formulier om het Heilig Avondmaal te houden, in: Psalmen en Gezangen voor de eredienst van de Nederlandse Hervormde Kerk (1938) [Anhang mit separater Paginierung], Zoetermeer 2010 (Nachdruck), 41: »[...] is gekruisigd, gestorven en begraven, nedergedaald *ter helle* [...].«

239 Als »statenbijbel« wird die 1637 erschienene, staatlich approbierte niederländische Bibelübersetzung bezeichnet, die durch die Synode von Dordrecht (1618) angeordnet worden war, vgl. C. C. de Bruin, De statenbijbel en zijn vorgangers, Leiden 1937, 276–329.

240 Gerardus van der Leeuw/Karel Philippus Bernet Kempers, Beknopte Geschiedenis van het Kerklied, Groningen 1939.

241 Karel Philippus [Bernet] Kempers (1897–1974), niederländischer Musikologe, vgl. Biografisch Woordenboek van Nederland, hg. von J. Charité et al., Bd. 2, Amsterdam 1985, 294f.

242 Adriaan Engels (1906–1973), niederländischer Organist und Komponist, vgl. John Henderson, A Directory of Composers for Organ, Swindon ^{3}2005, 214.

243 Adriaan Engels, Tien onberijmde Psalmen als recitatief gezet, Baarn [1940?].

244 Guillaume Dufay (ca. 1400–1474), Komponist und Sänger, vgl. Die Musik in Geschichte und Gegenwart. Allgemeine Enzyklopädie der Musik, hg. von Ludwig Finscher, Personenteil: Bd. 5, Kassel et al. 2001, 1510–1550.

245 Giovanni Pierluigi da Palestrina (1525–1594), Komponist, vgl. a.a.O., Personenteil: Bd. 13, Kassel et al. 2005, 7–46.

246 Jan Pieterszoon Sweelinck (1562–1621), Organist, Cembalist und Komponist, vgl. a.a.O., Personenteil: Bd. 16, Kassel et al. 2006, 339–357.

247 Heinrich Schütz (1585–1672), Komponist und Hofkapellmeister, vgl. a.a.O., Personenteil: Bd. 15, Kassel et al. 2006, 358–409.

248 Konstantinos V. »Kopronymos«, byzantinischer Kaiser 741–776, vgl. Lexikon des Mittelalters, hg. von Norbert Angermann et al., Bd. 5, München 1991, 1376.

249 Pippin III. »der Kurze«, König der Franken 751/752–768, vgl. Lexikon des Mittelalters, hg. von Norbert Angermann et al., Bd. 6, München 1993, 2168–2170.

250 Vgl. Schotel, De openbare eeredienst (Anm. 40), 64f.

251 Siehe S. 196f.

252 Vgl. Martin Luther, Deutsche Messe und Ordnung Gottesdiensts (1526), in: D. Martin Luthers Werke, Bd. 19, Weimar 1897, 73,32–74,21.

253 »Christian Science« ist die Bezeichnung der von Mary Baker Eddy (1821–1910) entwickelten Lehre sowie der darauf basierenden Heilungsbewegung, vgl. Theologische Realenzyklopädie, hg. von Gerhard Krause et al., Bd. 8, Berlin/New York 1981, 62–64.

254 Gemeint ist wohl die liturgische Erneuerungsbewegung im 19. Jh., die in der benediktinischen Abtei von Solesmes ein wichtiges Zentrum und in deren Abt, Dom Prosper Guéranger (1805–1875), ihren einflussreichsten Vertreter hatte. Vgl. Prosper Guéranger, Institutions liturgique, Bd. 3, Paris 1851, 84 [II.3]: »Les accents d'une langue mystérieuse retentissent seuls dans l'assemblée sainte, et transportent la pensée au-delà des limites du présent; ceux mêmes qui comprennent cette langue, sont avertis que quelque chose d'extraordinaire s'accomplit; bientôt les paroles de ce langage sacré viennent se perdre dans un silence au sein duquel Dieu seul entend; mais les cérémonies symboliques continuent toujours, et par leurs formes visibles ne cessent d'élever le peuple saint à l'amour des choses invisibles.« Siehe auch Guy-Marie Oury, Dom Prosper Guéranger 1805–1875. Ein Mönch im Dienst für die Erneuerung der Kirche, Heiligenkreuz im Wienerwald 2013.

255 Im Original deutsch. Wilhelm Dilthey, Von deutscher Dichtung und Musik, Stuttgart/Göttingen ^{2}1957, 197.

256 Paul Gennrich, Kirche und neues Lied, Göttingen 1939, 22. Paul Johannes Gennrich (1865–1946), deutscher evangelischer Theologe und Generalsuperintendent, vgl. Biographisch-Bibliographisches Kirchenlexikon, hg. von Friedrich Wilhelm Bautz et al., Bd. 15, Herzberg 1999, 608–625.

257 Psalmen en gezangen (Anm. 18), 590 [Strophe 1].

258 Vgl. Robert Will, Le culte, Bd. 3, Paris 1935 (Études d'Histoire et de Philosophie religieuses 29), 505f.

259 William D. Maxwell, An Outline of Christian Worship. Its Development and Forms, London et al. 1936, 64. Vgl. auch Johannes Pinsk, Die Missa Sicca, in: Jahrbuch für Liturgiewissenschaft 4 (1924), 90–118.

260 Maxwell, Outline (Anm. 259), 65.

261 Vermutlich deutet Van der Leeuw hier auf Rilkes Sonett »Archaischer Torso Apollos« an, in: Rainer Maria Rilke, Werke. Kommentierte Ausgabe in vier Bänden, hg. von Manfred Engel et al., Bd. 1, Frankfurt a.M. 1996, 513.

262 Siehe oben, Anm. 99.

263 Vgl. Odo Casel, Glaube, Gnosis und Mysterium, in: Jahrbuch für Liturgiewissenschaft 15 (1935), 155–306, bes. 269–305.

264 Vgl. Kap. 4, § 14.

265 Maxwell, Outline (Anm. 259). Die meisten Angaben und schematischen Darstellungen von liturgischen Ordnungen im folgenden »historischen Überblick« entnahm Van der Leeuw Maxwells Monographie.

266 Vgl. a.a.O., 7–10.

267 Clemens (2. Jh.), der Überlieferung nach dritter Bischof von Rom, vgl. Der Neue Pauly. Enzyklopädie der Antike, hg. von Hubert Candcik/Helmuth Schneider, Bd. 3, Stuttgart/Weimar 1997, 28f.

268 1Clem 59,2–61,3.

269 Plinius d.J., Epistulae (Anm. 185), 356 [10,96,7].

270 Didache (Anm. 103), 120–126 [9f.]. Siehe auch oben, Anm. 20.

271 Siehe S. 23.

272 Didache (Anm. 103), 132,13–15 [14.1].

273 Vgl. Maxwell, Outline (Anm. 259), 11–14.

274 Titus Aelius Hadrianus Antoninus Pius, römischer Kaiser 138–161, vgl. Der Neue Pauly. Enzyklopädie der Antike, hg. von Hubert Candcik/Helmuth Schneider, Bd. 1, Stuttgart/Weimar 1996, 803–805.

275 Justinos, Apologia Maior, in: Iustini Martyris apologiae pro christianis, hg. von Miroslav Marcovich, Berlin/New York 1994 (Patristische Texte und Studien 38), 125–130 [65–67]. Siehe auch oben, Anm. 21.

276 Vgl. Maxwell, Outline (Anm. 259), 14–21.

277 Titus Flavius Clemens von Alexandria (um 200), christlicher Philosoph, bes. bekannt für seine Schrift *Stromata* (»Flickenteppiche«), vgl. Der Neue Pauly. Enzyklopädie der Antike, hg. von Hubert Candcik/Helmuth Schneider, Bd. 3, Stuttgart/Weimar 1997, 30f.

278 Tertullian (Quintus Septimius Florens Tertullianus, geb. ca. 160/70 n.Chr.), frühchristlicher lateinischer Theologe, Verfasser von apologetischen, katechetischen und antihäretischen Werken. Nach 200 wandte er sich dem Montanismus zu. Vgl. Theologische Realenzyklopädie, hg. von Gerhard Krause et al., Bd. 33, Berlin/New York 2002, 93–107.

279 Serapion (ca. 300–370), Bischof von Thmuis in Unterägypten. Ihm wird das sog. »Euchologion«, eine Sammlung von dreißig liturgischen Gebeten, zugeschrieben. Vgl. Der Neue Pauly. Enzyklopädie der Antike, hg. von Hubert Candcik/Helmuth Schneider, Bd. 11, Stuttgart/Weimar 2001, 444f.

280 Kyrillos, 348–386 Bischof von Jerusalem, Autor von Katechesen für Taufbewerber. Ihm werden zudem Mystagogische Katechesen zugeschrieben, die eine wichtige Quelle für die Geschichte des altkrichlichen Gottesdienstes darstellen. Vgl. Der Neue Pauly. Enzyklopädie der Antike, hg. von Hubert Candcik/Helmuth Schneider, Bd. 6, Stuttgart/Weimar 1999, 1007.

281 Diese Angaben übernimmt Van der Leeuw wohl von Maxwell, Outline (Anm. 259), 14. Maxwell verweist seinerseits auf Richard Henry Cresswell, The Liturgy of the Eighth Book of the »Apostolic Constitutions«, Brighton/New York 1900, 20–25.

282 Vgl. Maxwell, Outline (Anm. 259), 17.

283 Vgl. a.a.O., 21–25.
284 Siehe oben, Anm. 22.
285 Lietzmann, Messe und Herrenmahl (Anm. 101), 174; 186f.
286 Vgl. Maxwell, Outline (Anm. 259), 26–34.
287 Siehe oben, Anm. 23. Text in: Liturgies Eastern and Western (Anm. 121), 3–27.
288 Vgl. Maxwell, Outline (Anm. 259), 27f.
289 Vgl. a.a.O., 37–43.
290 A.a.O., 38.
291 A.a.O., 39.
292 Vgl. a.a.O., 46–51
293 Vgl. Lietzmann, Messe und Herrenmahl (Anm. 101), 18–24.
294 Maxwell, Outline (Anm. 259), 48.
295 A.a.O., 51.
296 Vgl. a.a.O., 49f.
297 Vgl. a.a.O., 54–71.
298 Vgl. a.a.O., 56f.
299 Vgl. a.a.O., 69f.
300 Vgl. a.a.O., 73–80.
301 Luther, Deutsche Messe (Anm. 252), 80–102.
302 Vgl. Maxwell, Outline (Anm. 259), 79.
303 Vgl. a.a.O., 81–87.
304 Im Original deutsch.
305 Basler Abendmahlsordnung (1526), in: Coena Domini I. Die Abendmahlsliturgie der Reformationskirchen im 16./17. Jahrhundert, hg. von Irmgard Pahl, Freiburg i.Ü. 1983 (Spicilegium Friburgense 29), 203–215.
306 Vgl. Maxwell, Outline (Anm. 259), 87–111.
307 Theobald Schwarz (Nigrinus, 1485–1561), evangelischer Theologe und Reformator in Straßburg, vgl. Allgemeine Deutsche Biographie, hg. durch die Historische Commission bei der Königlichen Academie der Wissenschaften, Bd. 23, Leipzig 1886, 698f.
308 Siehe: Vons herren nachtmahl oder mess, in: Die Straßburger liturgischen Ordnungen im Zeitalter der Reformation, hg. von Friedrich Hubert, Göttingen 1900, 90–114. Obwohl einige 1526 eingeführte Veränderungen – namentlich der Verzicht auf Präfation und Sanctus – tatsächlich auf Anregungen Bucers zurückgingen (vgl. a.a.O., LXXI), kann Letzterer nicht als einziger Urheber dieser Gottesdienstordnung betrachtet werden.
309 Im Original deutsch, vgl. Vons herren nachtmahl (Anm. 308), 91,15.
310 Vgl. Ps 51,19.
311 Im Original deutsch, vgl. Vons herren nachtmahl (Anm. 308), 113,25.
312 Valérand Poullain (ca. 1520–1558), aus Lille (Flandern), wirkte als reformierter Prediger zunächst in Straßburg, später auch in Glanstonbury (1547–1553) und letztlich in Frankfurt a.M., vgl. Karl Bauer, Valérand Poullain. Ein kirchengeschichtliches Zeitbild aus der Mitte des sechzehnten Jahrhunderts, Elberfeld 1927;

Aart Arnont van Schelven, Zur Biographie und Theologie des Valérand Poullain, in: Zeitschrift für Kirchengeschichte 10/2 (1928), 227–249.

313 Poullain veröffentlichte diese Liturgie 1551 auf Latein und erst 1552 auf Französisch. Beide Texte liegen in historisch-kritischer Edition vor, vgl. Valerandus Pollanus, Liturgia Sacra (1551–1555), hg. von A. C. Honders, Leiden 1970 (Kerkhistorische bijdragen 1).

314 A.a.O., 54.

315 A.a.O., 55.

316 A.a.O., 58.

317 A.a.O., 60: »Hic ecclesia eandem orationem verbis prope iisdem Choraule praeeunte succinit.«

318 Vgl. ebd.: »[...] non illo quidem modo, quo truncatum fieri videmus in missariis libris [...].«

319 A.a.O., 62.

320 A.a.O., 78.

321 A.a.O., 94.

322 Calvin, Forme des prieres (Anm. 38), 25f.

323 Farel, La manière (Anm. 127), 50–69 (Abendmahlsformular); 69–77 (Predigtgottesdienst).

324 A.a.O., 71.

325 Ebd.: »mot a mot«.

326 A.a.O., 64f.

327 Maxwell, Outline (Anm. 259), 112: »To imagine that Calvin wished to replace sacramental worship by a preaching service is completely to misunderstand his mind and work and to ignore all that he taught and did.«

328 Zit. nach Maxwell, Outline (Anm. 259), 117: »Indeed [...] this custom that enjoins that men should communicate only once a year is certainly an invention of the devil. The Lord's Supper should be celebrated in the Christian congregation once a week at the very least.« Vgl. Johannes Calvin, Institutio christianae religionis (1536), in: Joannis Calvini opera selecta, Bd. 1, hg. von Peter Barth, München 1926, 149f.: »Et sane haec consuetudo, quae semel quotannis communicare iubet, certissimum est diaboli inventum [...]; singulis, ad minimum, hebdomadibus proponenda erat Christianorum coetui mensa Domini.«

329 Gemeint ist vermutlich die Tatsache, dass der Pfarrer nach dem Genfer Formular von 1542 erst unmittelbar vor der Austeilung die Kanzel verlässt, vgl. Markus Jenny, Die Einheit des Abendmahlsgottesdienstes bei den elsässischen und schweizerischen Reformatoren, Zürich 1968 (Studien zur Dogmengeschichte und Systematischen Theologie 23), 133.

330 Vgl. Maxwell, Outline (Anm. 259), 114f.

331 Kaspar Olevian (1536–1587), deutscher reformierter Theologe, maßgeblich beteiligt an der Abfassung des Heidelberger Katechismus. Vgl. Theologische Realenzyklopädie, hg. von Gerhard Krause et al., Bd. 25, Berlin/New York 1995, 237–239.

332 Siehe oben, Anm. 132.

333 Marten Micron, De Christlicke Ordinancien der Nederlandscher Ghemeynten Christi [...] te London (1550), Emden 1563. Microns Liturgie basierte auf der Gottesdienstordnung des Johannes à Lasco, vgl. H. H. Kuyper, De Post-Acta of nahandelingen van de nationale synode van Dordrecht in 1618 en 1619 gehouden, Amsterdam/Pretoria 1899, 393.

334 Siehe oben, Anm. 129.

335 Lasco, Forma (Anm. 130), 81–91 (Predigtgottesdienst); 142–169 (Abendmahlsformular).

336 A.a.O., 83: »[Concio] non ultra horae unius decursum protrahitur.«

337 Ebd.: »Precatio post concionem.«

338 A.a.O., 86.

339 Vgl. 1Kor 11,28.

340 Lasco, Forma (Anm. 130), 138f.

341 A.a.O., 142.

342 Siehe oben, Anm. 133.

343 Gaspar van der Heyden (1530–1586), niederländischer refomierter Prediger. Van der Heyden hielt sich 1562–1566 in Frankenthal auf und war dort ein enger Mitarbeiter des Petrus Dathenus, vgl. Biografisch lexicon (Anm. 1), Bd. 2, 243–246.

344 Vgl. Maxwell, Outline (Anm. 259), 152f. Bei Maxwell werden die Ordnungen aus dem *Book of Common Prayer* (1662) und aus dem Liturgieentwurf von 1928 synoptisch dargestellt.

345 Book of Common Prayer (Anm. 57), 237.

346 A.a.O., 244.

347 A.a.O., 255: »We do not presume to come to this thy Table, O merciful Lord, trusting in our own righteousness, but in thy manifold and great mercies. We are not worthy so much as to gather up the crumbs under thy Table. But thou art the same Lord, whose property is always to have mercy: Grant us therefore, gracious Lord, so to eat the flesh of thy dear Son Jesus Christ, and to drink his blood, that our sinful bodies may be made clean by his body, and our souls washed through his most precious blood, and that we may evermore dwell in him, and he in us. Amen.«

348 Dathenus' Sammlung von liturgischen Gebeten und Formularen (*Christelicke Gebeden*) wurde zwar ab 1566 im Anhang verschiedener Katechismus- und Bibelausgaben abgedruckt (vgl. Kuyper, Post-Acta [Anm. 333], 392f., Anm. 1). Das Formular für den Krankenbesuch (*Ziekentroost*), welches vermutlich durch Cornelis van Hille zusammengestellt worden war, begann jedoch erst ab 1590, im Anhang zur Liturgie gedruckt zu werden, vgl. J. A. M. Mensinga, Verhandeling over de Liturgische Schriften der Nederlandsche Hervormde Kerk, 's-Gravenhage 1851, 65f.

349 Vgl. Christelicke Gebeden, die in de Vergaderinge der Gelovigen ende elders gebruyckt werden, in: Biblia, dat is de gantsche H. Schrifture, Amsterdam 1709 [Anhang mit eigener Paginierung], (13)–(16); (21)–(24).

350 Jean-Frédéric Ostervald (1663–1747), Pfarrer in Neuenburg und Vertreter der sog. »Vernünftigen Orthodoxie«. Zu Ostervald und seiner liturgischen Reform vgl. Bruno Bürki, Cène du Seigneuer – Eucharistie de l'Église. Le cheminement des Églises réformées romandes et françaises depuis le XVIIIe siècle, d'après leur textes liturgiques, Bd. 2, Freiburg i.Ü. 1985 (Cahiers oecuméniques 17B), 21–36.

351 Jean Frédéric Ostervald, Liturgie ou maniere de celebrer le service divin dans la principauté de Neufchatel, Basel 1713, [§9]r.

352 Eugène Bersier (1831–1889), reformierter Pfarrer in Paris und wichtige Gestalt der liturgischen Erneuerung in der Reformierten Kirche Frankreichs, vgl. Bürki, Cène (Anm. 350), 36–46.

353 Vgl. Émile Doumergue, Essai sur l'histoire du culte réformé, Paris 1890, 179.

354 Eugène Bersier, Projet de révision de la liturgie des Églises Réformées de France, Paris 1888, 23f. Vgl. Doumergue (Anm. 353), 237f.

355 Bersier, Projet (Anm. 354), XLVIII.

356 Vgl. Bürki, Cène (Anm. 350), 46–56.

357 Maxwell, Outline (Anm. 259), 134–136.

358 Vgl. William D. Maxwell, A History of Worship in the Church of Scotland, Oxford et al. 1955, 183.

359 Johannes Gerardus Rijk Acquoy (1829–1896), Pfarrer und Kirchenhistoriker, ab 1878 Professor an der Universität Leiden, vgl. Biografisch lexicon (Anm. 1), Bd. 2, 11–13. 1849 veröffentlichte Acquoy anonym ein *Formulierboek voor den eeredienst der Hervormden* (Schoonhoven), in dem er den traditionellen Formularen revidierte Fassungen derselben gegenüberstellte.

360 Siehe oben, Einleitung, Kap. 1, Anm. 5, und die dort angegebene Literatur.

361 Vgl. Sach 2,17.

362 Psalmen en gezangen (Anm. 18), 806f. [Strophe 1].

363 Da die Männer zum Gebet in der Kirche gewöhnlich die Mütze abnahmen und diese mit gesenktem Kopf in der Hand hielten, machten sie den Eindruck, sie würden dabei »in die Mütze schauen« (»in de pet kijken«). Van der Leeuw kritisiert an dieser Stelle nicht die Geste an sich, sondern deren Verkommen zur bloßen Formalität, die »schnell« erledigt wurde, bevor man sich hinsetzte.

364 D.h. 1581–1795 [Anm. der Übersetzerin].

365 Vgl. Schotel, De openbare eeredienst (Anm. 40), 341.

366 Oskas Johannes Mehl, Das liturgische Verhalten. Beiträge zu einem evangelischen Zeremoniale und Rituale, Göttingen 1927, 24: »Wichtig erscheint mir vor allem das Niederschlagen der Augen. [...] Ob zwei Kirchgänger da sind oder zweitausend – was schiert mich das hier, wo ich die sakramentalen und sakrifiziellen Akte vollziehen soll!«

367 Acta ofte Handelingen des Provinciale Synodi [...] gehouden binnen Dordrecht [...] Anno 1574, in: Oude Kerkordeningen der Nederlansche Hervormde Gemeenten (1563–1638), Zalt-Bommel 1865, 102 [Kanon 37]: »Overmits dat men met verscheiden woorden, den ingank totten Gebede ende Predicatie, pleeg te maken, is goetgevonden, dat men eenderlei woorden gebruike, na dat den Psalm gezongen is,

namelyk deze: ›Onze hulpe staat in den naam des Heeren, die Hemel ende Aarde geschapen heeft, Amen‹.«

368 Eeredienst, hg. vom *Liturgische Kring*, Rotterdam 1933, 7.

369 Siehe § 31.

370 Im Original deutsch.

371 Eeredienst (Anm. 368), 9–11.

372 Theodor Beza (Théodore de Bèze, 1519–1605), Humanist, reformierter Theologe und Pfarrer in Genf sowie Nachfolger Johannes Calvins. Vgl. Theologische Realenzyklopädie, hg. von Gerhard Krause et al., Bd. 5, Berlin/New York 1980, 765–774.

373 Vgl. Alfred Erichson, L'origine de la confession des péchés dite de Calvin, in: Revue Chrétienne 43 (1896), 167–179.

374 Vgl. Christelicke Gebeden (Anm. 349), (16).

375 Calvin, Forme des prieres (Anm. 38), 18f.

376 Lk 2,14.

377 Vgl. die entsprechende Dreiteilung in: Heidelberger Katechismus (Anm. 76), 12 (»Von des Menschen Elend«); 25 (»Von des Menschen Erlösung«); 170 (»Von der Danckbarkeyt«).

378 Clément Marot (1496–1544), französischer Dichter und Autor von Psalmenbereimungen, die zum Kern des Genfer Psalters wurden. Vgl. Die Religion in Geschichte und Gegenwart. Handwörterbuch für Theologie und Religionswissenschaft, hg. von Hans Dieter Betz et al., Bd. 5, Tübingen [4]2002, 851.

379 Psalmen en gezangen (Anm. 18), 370f.

380 A.a.O., 521–528; 590–625.

381 Das *Book of Common Prayer* von 1662 enthält eine Ordnung für die monatliche Rezitation des gesamten Psalters, vgl. Book of Common Prayer (Anm. 57), 347–537. Die Benediktusregel schreibt hingegen eine wöchentliche Rezitation vor, vgl. Regula Benedicti (Anm. 207), 223 [Kap. 18.23].

382 Wensinck, Liturgie (Anm. 49), 7: »Het Psalmboek is, in den vorm waarin wij het bezitten, een liturgisch boek.«

383 Siehe oben, Anm. 243.

384 Im Original deutsch. Asmussen, Lehre vom Gottesdienst (Anm. 117), 31.

385 Als Paraschot bzw. Sidrot werden die verschiedenen Abschnitte aus der Tora bezeichnet, die im Jahreszyklus am Sabbat und an Feiertagen vorgetragen werden. Der Verlesung der Parascha (Sidra) folgt jeweils jene der Haftara, nämlich eines entsprechenden Abschnitts aus den Prophetenbüchern, vgl. Encyclopaedia Judaica, hg. von Fred Skolnik, 22 Bde., Detroit et al. [2]2007, Bd. 8, 198–200; Bd. 20, 46–50.

386 Book of Common Prayer (Anm. 57), 6 [Morning Prayer].

387 Im Original deutsch. Wilhelm Maurer, Bekenntnis und Sakrament. Ein Beitrag zur Entstehung der christlichen Konfessionen, Berlin 1939, 6.

388 Christelicke Gebeden (Anm. 349), (2); (28)f.

389 Gemeint ist die »Confessio Belgica« von 1561, vgl. Reformierte Bekenntnisschriften, Bd. 2/1: 1559–1563, hg. von Mihály Bucsay et al., Neukirchen-Vluyn 2009, 324–343 (französisch); 343–369 (lateinisch).

390 Acta des Synodi binnen Dordrecht (Anm. 367), 103 [Kanon 44]: »Men zal des Zondaags naar het tweede Gebed der voormiddagscher Predicatie deze woorden aanhangen: ›Wilt ons ook sterken in 't waarachtige Christen geloove etc.‹, met het Geloove daar aan.«

391 Calvin, Forme des prieres (Anm. 38), 45. Vgl. Jenny, Einheit (Anm. 329), 130.

392 Johannes Calvin, Adversus P[etri] Caroli calumnias (1545), in: Ioannis Calvini opera quae supersunt omnia, hg. von Wilhelm Baum et al., Bd. 7, Braunschweig 1868, 315.

393 Vgl. Karl Barth, Unterricht in der christlichen Religion (1924), Bd. 1, hg. von Hannelotte Reiffen, Zürich 1985 (Karl Barth Gesamtausgabe 2/17), 293: »[...] als ob man zum Verständnis der protestantischen Dogmen die Trinitätslehre von Nicaea und die Christologie von Chalcedon auch nur einen Augenblick wegdenken könnte und dürfte!«

394 Psalmen en gezangen (Anm. 18), 380f.; 382f.; 715–718.

395 Vgl. Nathan Söderblom, Das Studium der Religion (1916), in: ders., Ausgewählte Werke, Bd. 1: Offenbarung und Religionen, hg. von Dietz Lange, Göttingen 2011, 198f.

396 Siehe § 42.

397 »Onstichtelijk gehengel«: gemeint sind damit Klingelbeutel mit langen Stäben, die man zwischen die Kirchenbänke schieben konnte [Anm. der Übersetzerin].

398 Christelicke Gebeden (Anm. 349), (13).

399 Siehe oben, Anm. 240.

400 Psalmen en gezangen (Anm. 18), 617 [Strophe 1].

401 Aurelius Augustinus, Enarrationes in psalmos, hg. von von Eligius Dekkers und Johannes Fraipont, Turnhout 1956 (Corpus Christianorum. Series Latina 10/1), 254,29–32 [32,2,1,8]: »Et si eum fari non potes, et tacere non debes, quid restat nisi ut iubiles, ut gaudeat cor sine uerbis, et immensa latitudo gaudiorum metas non habeat syllabarum?«

402 Im Original deutsch. Asmussen, Lehre vom Gottesdienst (Anm. 117), 42.

403 Willem Jan Aalders (1870–1945), Pfarrer in der NHK, 1915–1940 Professor für Dogmatik und Kirchenrecht, später für Ethik und Religionsphilosophie in Groningen, vgl. Biografisch lexicon (Anm. 1), Bd. 1, 23–26.

404 Siehe oben, Anm. 4.

405 Willem Jan Aalders, Preek en liturgie, 's-Gravenhage o.J.; Hendrik Willem Creutzberg, De preek in den eeredienst, 's-Gravenhage o.J.

406 Siehe oben, Anm. 4.

407 Creutzberg, De preek (Anm. 405), 12–15.

408 Kuyper, Onze eeredienst (Anm. 166), 272: »Sterker dan bij eenig ander deel van den Dienst is het bij de Predicatie des Woords, dat het subjectieve van zijn [d.h. des Pfarrers] aanleg, van zijn gaven en talenten, en van heel zijn persoonlijkheid in aanmerking komt.«

409 Vgl. Didache (Anm. 103), 98–116 [1–6.1].

410 Gemeint ist der Zweite Weltkrieg.

411 Book of Common Prayer (Anm. 57), 240 [Order for the Administration of the Lord's Supper or Holy Communion].

412 Gemeint ist der sog. »Kanzelgesang«, d.h. die Unterbrechung der Predigt durch einen Liedvers. Diese Praxis hatte eine lange Tradition in den evangelischen Kirchen, war jedoch bereits zur Zeit Schleiermachers umstritten, vgl. Ilsabe Seibt, Friedrich Schleiermacher und das Berliner Gesangbuch von 1829, Göttingen 1998 (Veröffentlichungen zur Liturgik, Hymnologie und theologischen Kirchenmusikforschung 34), 44–46.

413 Im Original deutsch. Mehl, Das liturgische Verhalten (Anm. 366), 128.

414 Gemeint ist das »gebed voor allen nod der Christenheid«, vgl. Eeredienst (Anm. 368), 16–18.

415 Psalmen en gezangen (Anm. 18), 450–452.

416 Im Hintergrund dieser und der folgenden Ausführungen steht die niederländische Tradition, das Abendmahl an einem oder mehreren in der Kirche aufgestellten Tischen sitzend zu empfangen, vgl. Coena Domini I (Anm. 305), 432; 446.

417 Psalmen en gezangen (Anm. 18), 776–789 [Lieder Nr. 249–256].

418 Vgl. Missale Romanum (Anm. 47), 344 (in Anlehnung an Mt 8,8).

419 Liturgische Handboekjes IV: Avondmaalsdienst, uitgegeven vanwege den Liturgischen Kring, Baarn 1925, 20.

420 Christelicke Gebeden (Anm. 349), (24).

421 Diese Empfehlung bespricht Eligius Dekkers kritisch in einem Aufsatz, der in der Festschrift zum 60. Geburtstag Van der Leeuws publiziert wurde, vgl. Eligius Dekkers, De reservatie der eucharistie in de oudheid, in: Pro Regno Pro Sanctuario. Een bundel studies en bijdragen van vrienden en vereerders bij de zestigste verjaardag van Prof. Dr. G. van der Leeuw, hg. von W. J. Kooiman/J. M. van Veen, Nijkerk 1950, 141–156.

422 Vgl. Calvin, Forme des prieres (Anm. 38), 49.

423 J. K. van den Brink, Votum, introitus, zegen, Baarn o.J., 13.

424 Psalmen en gezangen (Anm. 18), 529.

425 Original: »hebbelijkheden en onhebbelijkheden«.

426 Siehe oben, Anm. 193.

427 Siehe S. 96.

428 Siehe S. 82f.

429 Im Original deutsch. Martin Luther, Tischreden, Bd. 3, Weimar 1914, 99,7–13 [Nr. 2933c].

430 Formulier om het Heilig Avondmaal te houden (Anm. 238), 36–43.

431 Avondmaalsdienst (Anm. 419).

432 Siehe Kap. 5, § 22.

433 Gemeint ist das »Te Deum«.

434 Psalmen en gezangen (Anm. 18), 590f.; 622.

435 A.a.O., 374f.

436 A.a.O., 818–822.

437 Vgl. Orde van den eeredienst (Anm. 165), 83.

438 Psalmen en gezangen (Anm. 18), 401–403; 372f.

439 A.a.O., 434; 376.

440 A.a.O., 388; 825–832.

441 Vgl. Orde van den eeredienst (Anm. 165), 83f.

442 Maxwell, Outline (Anm. 259), 181.

443 Orde van den eeredienst (Anm. 165), 77f.

444 Martin Luther, Predigt am Palmsonntage (24. März 1524), in: D. Martin Luthers Werke. Kritische Gesammtausgabe, Bd. 15, Weimar 1899, 486,20–27: »Darumb wenn du nu zur heimlichen beycht gehist, solltu nicht soviel auff deyn beychten acht haben als auff des priesters wort [...]. Hie ist gleich soviel er sey eyn priester und ym ampt zu predigen odder sonst eyn Christen, das wort, das er redet, ist nicht seyn, sondern Gottis wort, und Gott helt auch so fest druber, als er es selbs redte.« Vgl. Rietschel, Lehrbuch, Bd. 2 (Anm. 56), 811f.

445 Vgl. Codex Iuris Canonici (Anm. 29), Can. 1057.

446 Psalmen en gezangen (Anm. 18), 802f. [Strophe 2].

447 Nikolaus I., Papst 858–867, vgl. Lexikon des Mittelalters, hg. von Norbert Angermann, Bd. 6, München 1993, 1168–1170.

448 Vgl. Enchiridion symbolorum (Anm. 98), Nr. 643.

449 Siehe S. 32–34.

450 Pollanus, Liturgia (Anm. 313), 146–160.

451 Vgl. Acquoy, Formulierboek (Anm. 359), 102–112.

452 Liturgische Handboekjes VII: Inzegening van het huwelijk, uitgegeven vanwege den Liturgischen Kring, Baarn 1930, 7.

453 A.a.O., 12–14.

454 Orde van den eeredienst (Anm. 165), 60–62; 65–69.

455 Im Original deutsch. Asmussen, Lehre vom Gottesdienst (Anm. 117), 42.

456 Johannes Calvin, Consilia ad disciplinam ecclesiasticam, in: Ioannis Calvini opera quae supersunt omnia, hg. von Wilhelm Baum et al., Bd. 10/1, Braunschweig 1871, 213f.: »Cur coenam aegrotis negandam esse non arbitror, multae et graves causae me impellunt. Video interea quam proclivis in multos abusus sit lapsus, quibus prudenter seduloque occurrendum esset. Nisi enim sit communicatio, perperam deflectitur a sacra institutione Christi. Conveniat ergo aliquis coetus oportet ex cognatis, familiaribus et vicinis, ut fiat distributio ex mandato Christi; deinde coniuncta sit actio cum mysterii explicatione; nec quidquam a communi ecclesiae ratione diversum. Promiscue etiam huc et illuc deferre, valde periculosum est. Atque hic difficillimum est cavere, ne alios superstitio, alios ambitio et vana ostentatio ad petendum sollicitet. Itaque iudicio opus esset ac delectu, ne quibus daretur nisi in magno vitae discrimine. Panem tanquam sacrum e templo afferri praeposterum est; gestari vero in pompa nullo modo tolerabile.«

457 Damit sind wohl Obstweine gemeint [Anm. der Übersetzerin].

458 Christelicke Gebeden (Anm. 349), (27)f.

459 A.a.O., (18).

460 Cornelis van Hille (1540–1600), niederländischer reformierter Pfarrer, vgl. Biografisch lexicon (Anm. 1), Bd. 4, 196f.

461 Mensinga, Verhandeling (Anm. 348), 66f. Vgl. Kuyper, Post-Acta (Anm. 333), 403f.

462 Andries Willem Bronsveld (1839–1924), Pfarrer in der NHK (1880–1915 in Utrecht) und Publizist, vgl. Biografisch lexicon (Anm. 1), Bd. 2, 100–103.

463 Andries Willem Bronsveld, De Evangeliedienaar bij het graf, in: Stemmen van waarheid en vrede. Evangelisch tijdschrift voor de Protestantsche Kerken 14 (1877), 1126.

464 Das »Ghebedt by de Begravinge der dooden« ging allerdings auf Petrus Dathenus zurück und befand sich bereits vor dem hier durch Van der Leeuw angegebenen Datum in Ausgaben der *Christelicke Gebeden*, vgl. Petrus Dathenus, De psalmen Davids, o.O. 1572, H5v. Vgl. Kuyper, Post-Acta (Anm. 333), 399.

465 Johannes Calvin, Brief an die Pfarrer von Montbéliard, 7. Oktober 1543, in: Ioannis Calvini opera quae supersunt omnia, hg. von Wilhelm Baum et al., Bd. 11, Braunschweig 1873, 625: »In sepultura mortuorum hanc moderationem vellem adhiberi ne in templum funus deferretur, sed recta in coemeterium. Illic quoque exhortationem haberi vellem, ut in re praesenti funeris comites cognoscerent quod diceretur. Haec ratio non admodum improbanda foret.«

466 Synode von Middelburg (1581), in: Acta (Anm. 162), 446: »Alsoo de lyckpredicatien niet aenghenomen worden, is ghevraecht ofmen de Dancksegginghe bij de begrafnisse der dooden, staende achter in den Catechismo, voort aen int drucken niet achter laten sal? Is gheandwoordt datmen de Druckers alsulcks vermanen sal te doen.«

467 Vgl. Joan Willem Frederik Gobius du Sart, De geschiedenis van de Liturgische geschriften der Nederlandsch Hervormde Kerk op nieuw onderzocht, Utrecht 1886, 133.

468 Vgl. Lasco, Forma (Anm. 130), 272.

469 Psalmen en gezangen (Anm. 18), 590f.

470 Lasco, Forma (Anm. 130), 276.

471 Liturgische Handboekjes III: Begrafenisdienst, uitgegeven vanwege den Liturgischen Kring, Baarn 1925, 21f.

472 Psalmen en gezangen (Anm. 18), 576–578.

473 Vgl. Lasco, Forma (Anm. 130), 276f.; Liturgische Handboekjes III (Anm. 471), 13f. Weder bei À Lasco noch im *Handboekje* folgt jedoch das Gebet des Herrn unmittelbar auf das genannte Gebet.

474 Psalmen en gezangen (Anm. 18), 766f.

475 A.a.O., 754–771.

476 Liturgische Handboekjes III (Anm. 471), 22f.

477 A.a.O., 16f.; 21.

478 Psalmen en gezangen (Anm. 18), 757 [Strophe 1]. Vgl. Evangelisches Gesangbuch (Anm. 94), Nr. 518, Strophe 1; Gesangbuch der Evangelisch-reformierten Kirchen (Anm. 204), Nr. 648, Strophe 1.

479 Siehe S. 82.

480 Psalmen en gezangen (Anm. 18), 571–573 [Strophen 1 und 8].

481 A.a.O., 590.

482 Liturgische Handboekjes VI: Hernieuwde bezinning – herdenking der gestorvenen, uitgegeven vanwege den Liturgischen Kring, Baarn 1928, 59.

483 A.a.O., 50f.

484 Psalmen en gezangen (Anm. 18), 571–573.

485 Die niederländische Nationalhymne [Anm. der Übersetzerin].

486 Psalmen en gezangen (Anm. 18), 866f. [Lied Nr. 301].

487 Siehe oben, Anm. 191.

488 J. K. van den Brink, Gebeden voor de Huisgemeente, Baarn o.J.

489 Siehe oben, Anm. 191.

490 Frank Edward Brightman, The Sacramentary of Serapion of Thmuis, in: The Journal of Theological Studies 1/1 (1899), 105,27f.: »Πλήρωσον καὶ τὴν θυσίαν ταύτην τῆς σῆς δυνάμεως καὶ τῆς σῆς μεταλήψεως.« Vgl. auch Lietzmann, Messe und Herrenmahl (Anm. 101), 74; 186. Zu Serapion siehe oben, Anm. 279.

491 The Liturgy of Saint James, in: Liturgies Eastern and Western (Anm. 121), 54: »Αὐτὸ τὸ Πνεῦμά σου τὸ πανάγιον κατάπεμψον δέσποτα ἐφ' ἡμᾶς καὶ ἐπὶ τὰ προκείμενα ἅγια δῶρα ταῦτα.«

492 Vgl. die Gebete »Veni, sanctificator« sowie »Per intercessionem« und »Incensum istud«, in: Missale Romanum (Anm. 47), 276.

493 Enchiridion symbolorum (Anm. 98), Nr. 1743: »In divino hoc sacrificio, quod in Missa peragitur, idem ille Christus continetur et incruente immolatur, qui in ara crucis ›semel se ipsum cruente obtulit‹ [Hebr 9,14.27].«

494 Vgl. Konkordienformel – Solida Declaratio (1579), in: Die Bekenntnisschriften der Evangelisch-Lutherischen Kirche, hg. von Irene Dingel, Göttingen 2014, 1491,1f. [VII]: »Nihil habet rationem Sacramenti extra usum a Christo institutum seu extra actionem divinitus institutam.«

495 Im Original deutsch. Asmussen, Lehre vom Gottesdienst (Anm. 117), 35.

496 Johannes Calvin, Articles concernant l'organisation de l'église (1537), in: Joannis Calvini opera selecta, Bd. 1, hg. von Peter Barth, München 1926, 370.

497 Johannes Calvin, Projet d'Ordonnances ecclésiastiques (1541), in: Ioannis Calvini opera quae supersunt omnia, hg. von Wilhelm Baum et al., Bd. 10/1, Braunschweig 1871, 25.

498 Johannes Calvin an den Berner Rat, April 1555, in: Ioannis Calvini opera quae supersunt omnia, hg. von Wilhelm Baum et al., Bd. 15, Braunschweig 1876, 538 [Nr. 2173].

499 Johannes Calvin, Institutio christianae religionis (1559), in: Joannis Calvini opera selecta, Bd. 5, hg. von Peter Barth/Wilhelm Niesel, München 1936, 412,1–20 [4.17.46]: »Et sane haec consuetudo quae semel quotannis communicare iubet,

certissimum est diaboli inventum, cuiuscunque tandem ministerio invecta fuerit. [...] Longe aliter factum oportuit: singulis ad minimum hebdomadibus proponenda erat Christianorum coetui mensa Domini.« Dt. Übersetzung aus: Johannes Calvin, Unterricht in der christlichen Religion, hg. von Otto Weber, Neukirchen-Vluyn [3]1984, 987.

500 Johannes Calvin, Institution de la religion chrétienne (1561), hg. von Frank Baumgartner, Genf/Paris 1888, 653 [4.17.46].

501 Calvin, Consilia (Anm. 456), 213: »In coena administranda aliquando Pauli verbis usus sum; sed quia apud singulos repeti non poterant, quin longior mora iniiceretur (si autem inter ipsam recitationem plures transirent, vix decimus quisque assequebatur quid vellem, nemo percipiebat integram sententiam) desistere malui. Iam vero singulis mensibus coenam celebrari maxime nobis placeret, modo ne usus frequentior negligentiam pariat. Nam dum maior pars a communione abstinet, quodammodo dissipatur ecclesia. Malimus tarnen singulis mensibus invitari ecclesiam, quam quater duntaxat in singulos annos, ut apud nos fieri solet. Quum huc primum veni, non distribuebatur nisi ter quotannis, et quidem ut inter coenam Pentecostes et Natalis Christi, septem toti menses intercederent. Mihi placebant singuli menses; sed quum minime persuaderem, satius visum est populi infirmitati ignoscere, quam pertinacius contendere. Curavi tamen referri in acta publica vitiosum esse morem nostrum, ut posteris facilior esset ac liberior correctio.«

502 Siehe oben, Anm. 23.

503 Vgl. Liturgies Eastern and Western (Anm. 121), 9–13 (mit Auslassungen).

504 John R. Mott (1865–1955), Sekretär des Christlichen Vereins Junger Menschen (CVJM), Präsident des Weltbundes des CVJM und Friedensnobelpreisträger des Jahres 1946, vgl. Dictionary of the Ecumenical Movement, hg. von Nicholas Lossky et al., Genf [2]2002, 799f.

505 Vgl. dazu Henri-Irénée Marrou, Une théologie de la musique chez Grégoire de Nysse, in: Epektasis. Mélanges patristiques offerts au Cardinal Jean Daniélou, hg. von Jacques Fontaines/Charles Kannengiesser, Beauchesne 1972, 501–508.

506 Vgl. Sibyllinische Weissagungen, hg. von Alfons Kurfess, Berlin 1951, 184 [10,498].

507 Vgl. Platon, Nomoi, hg. von John Burnet, Oxford 1907 (Platonis opera 5), II 669e–670a.

508 Missale Romannum (Anm. 47), 329 [Praefatio de sanctissima Trinitate].

509 Eeredienst (Anm. 368), 20.

510 Zit. in: Alfred Erichson, L'Église française de Strasbourg au seizième siècle d'après des documents inédits, Straßburg 1886, 22f. Zur Identität des Autors dieses Briefes vgl. a.a.O., 7–10.

511 Vgl. William D. Maxwell, John Knox's Genevan Service Book 1556. The Liturgical Portions of the Genevan Service Book, Edinburgh/London 1931, 38.

Eine Einladung zum interkonfessionellen Gespräch: Ein (erster) Kommentar zur Liturgik Gerardus van der Leeuws aus römisch-katholischer Sicht

Birgit Jeggle-Merz

1. Warum eine Liturgik aus den 1940er Jahren heute lesen?

Bei der ersten Lektüre der Liturgik von Gerardus van der Leeuw ertappte ich mich, dass ich immer wieder bei Passagen hängenblieb, in denen er über die römisch-katholische Kirche und ihre Liturgie in Abgrenzung zu seinem Verständnis handelte. Mir ging viel durch den Kopf: Jenes muss richtiggestellt werden; dieses wird heute theologisch differenzierter gesehen; anderes entspricht nicht mehr dem Stand der gegenwärtigen wissenschaftlichen Forschung, usw. Ich fragte mich: Welchen Sinn hat es, eine solche Liturgik aus den 1940er Jahren im Jahr 2018 in deutscher Übersetzung neu aufzulegen? Gibt es mehr als ein wissenschaftshistorisches Interesse an einer solchen Liturgik? In meiner privaten Handbibliothek befinden sich einige Liturgiken und liturgiewissenschaftliche Handbücher aus dem neunzehnten und zwanzigsten Jahrhundert. Die meisten stammen von katholischen Autoren, einige evangelische Standardwerke sind aber auch darunter. Wie würde sich diese Liturgik aus der Niederländisch-Reformierten Kirche in dieser Sammlung machen? Wäre dadurch einfach das Bild bunter, angereichert durch eine weitere Konfession? Oder: Worin würde der Gewinn liegen? Bei welcher Thematik sollte ich in der gegenwärtigen Diskussion diese Liturgik aus den 1940er Jahren zu Rate ziehen?

Da ich zugesagt hatte, aus katholischer Sicht eine Stellungnahme zu verfassen, las ich trotz anfänglichen Reserven die Liturgik von Van der Leeuw ein zweites Mal. Und ein drittes Mal. Und immer mehr packte mich dieser Van der Leeuw mit seinen Ausführungen. Ich kam mehr und mehr in ein Gespräch mit ihm. Er inspirierte mich, über ganz grundsätzliche Fragen nachzudenken und meine Zugangsweisen zu diesen Fragestellungen mit seinen Überlegungen zu korrelieren. Ich fand erstaunlich viele Ähnlichkeiten mit einem katholischen Verständnis über das, was sich in der Liturgie zwischen Gott und Mensch ereignet. Könnte es sein, dass die Liturgie – also: der Dialog zwischen Gott und Mensch – in den verschiedenen christlichen Denominationen zwar unterschiedliche Gestalten gefunden hat, dass das, was gefeiert wird, also: der Gehalt des Gefeierten, im Grunde aber ähnlich oder (vielleicht sogar) gleich ist?

Man würde mit einer falschen Haltung an die Lektüre der Liturgik Van der Leeuws herangehen, erwartete man ein Lehrbuch für heute oder ein liturgisches Lexikon für die Gegenwart. Zwar finden sich eine Reihe von konkreten, ganz auf die pastorale Praxis ausgerichtete Passagen, doch ist hier nicht der eigentliche Wert dieser Liturgik zu sehen, der eine Übersetzung und einen Neudruck rechtfertigen würde. Praxisanleitungen sind auch in diesem Werk in ihrer Nachhaltigkeit begrenzt, da sie der jeweiligen zeitgeschichtlichen Situation geschuldet sind. Es ist anderes, was die Lektüre dieser Liturgik spannend sein lässt: Nahezu jedes Kapitel lädt den Leser und die Leserin zum Gespräch ein. So wie Van der Leeuw seinen Hörern damals zwar sein Konzept vorlegte, so ist doch alles auf Auseinandersetzung und Diskurs ausgerichtet. Fast fühlt man sich in einen seiner Ausbildungskurse hineinversetzt, in denen Van der Leeuw den angehenden Pfarrern den Reichtum der Liturgie zu vermitteln suchte. Es ging ihm – so der Eindruck – nicht zuvorderst um Vermittlung von Fertigkeiten oder Techniken, sondern um Formung von Identitäten. Er handelte über ganz grundsätzliche Fragen, die das Innerste des Glaubens betreffen, ohne dabei aber je in einen »dogmatischen« Stil zu verfallen.

2. Der Themenkatalog für ein interkonfessionelles Gespräch zu Fragen der Liturgie

Der Themenkatalog für das Gespräch ist weit: Wie ist das liturgische Geschehen zu verstehen in Raum und Zeit? Was hat Gott mit diesem Geschehen zu tun? Was ist die Rolle des und der Feiernden? Wie ist das Zueinander von himmlischer und irdischer Liturgie theologisch zu begreifen? Welche Rolle kommt der Versammlung zu? Welche den einzelnen Rollenträgern in der Liturgie? Welche den einzelnen Mitfeiernden im Gesamt der Versammlung? Wie ist das Zueinander von Rollenträgern und den übrigen Mitfeiernden? Wie viel Freiheit braucht die Liturgie, damit sie Ausdruck der in der Gegenwart Feiernden sein kann, und wie viel Tradition ist notwendig, um vom Erfahrungsschatz der Vorderen schöpfen zu können?

Doch damit nicht genug: Es sind auch die wissenschaftstheoretischen Überlegungen zu Gegenstand und Methode der Liturgiewissenschaft, die zum Gespräch im Hinblick auf eine »ökumenische Liturgiewissenschaft« einladen. Für Van der Leeuw ist Liturgie nicht irgendein Handeln in der Kirche, sondern sie hat fundamentale soteriologische und ekklesiologische Bedeutung. So ist auch eine Wissenschaft, die sich mit dem Glauben beschäftigt, wie er sich im liturgischen Feiern realisiert, kein nebensächliches Geschäft, sondern für theologisches Nachdenken grundlegend: »Als wesentlicher Bestandteil der Lehre des Dienstes ist die Liturgik also nicht ein wichtiger Zusatz der theologischen Wissenschaft, sondern vielmehr diese Wissenschaft selbst«, schreibt Van der Leeuw gleich in Kapitel 1 seiner Liturgik.[1]

Dieser gleichwohl unvollständige Themenkatalog, der sich aus der Liturgik Van der Leeuws herausfiltern lässt, verrät schon in den Formulierungen den Zugang einer katholischen Liturgiewissenschaftlerin zum Sujet. Doch es ist auch nicht so überraschend, dass sich gerade aus katholischer Sicht zahlreiche Anknüpfungspunkte finden lassen. Denn es war ein besonderes Anliegen Van der Leeuws und seiner Mitstreiter in der Liturgischen Bewegung der Niederlande, den »Reichtum der ›katholischen‹ Tradition wiederzuentdecken und für die NHK fruchtbar zu machen«[2]. Wobei »katholisch« in diesem Kontext wohl nicht zuerst eine konfessionelle Bedeutung hat, sondern im ursprünglichen Sinn »auf das Ganze bezogen«, »allumfassend« meint. In der ersten Hälfte des zwanzigsten Jahrhunderts lag eine große Sehnsucht nach einer Anbindung an die Ursprünge christlichen Feierns in der Luft. Man wollte das Eigentliche wiedergewinnen und nach den Wirrungen und Katastrophen der beiden Weltkriege neue Identität finden. In den Worten Van de Leeuws: »Die römisch-katholische liturgische Bewegung ist eine Erweckungsbewegung: Der jahrhundertealte Besitz muss bewusst gemacht werden, die ursprüngliche Kraft des Gottesdienstes muss wiedergefunden werden, die Gemeinde muss aktiviert werden.«[3] Und tatsächlich: Auf katholischer Seite führte die Sehnsucht nach einer Identität aus der Liturgie zu einem Aufblühen der liturgiehistorischen Forschung, zur Edition von grundlegenden liturgietheologischen Quellenwerken und letztendlich zu einer umfassenden Liturgiereform im Zuge des Zweiten Vatikanischen Konzils (1962–1965). Auch für die Niederländisch-Reformierte Kirche wünscht er sich eine solche »Entdeckungsfahrt«.[4]

3. Überlegungen aus römisch-katholischer Perspektive

Aus dem Vielen, über das die Liturgik von Van der Leeuw zum Gespräch einlädt, wähle ich im Folgenden drei Aspekte heraus: Zunächst das Verhältnis von Sakrament und Sakramentalien, dann die Bedeutung des Wortes Gottes für das liturgische Geschehen und schlussendlich sollen einige Überlegungen Van der Leeuws zur soteriologischen Dimension liturgischen Handelns aufgegriffen werden.

1 Siehe oben, S. 3.
2 Siehe oben (Baschera, Einleitung), S. 15*.
3 Siehe oben, S. 17.
4 Siehe oben, S. 20.

3.1 Die Unterscheidung der scholastischen Theologie zwischen Sakramenten und Sakramentalien und die Rede der gegenwärtigen katholischen Liturgiewissenschaft von »sakramentlichen Feiern«

Da in Van der Leeuws Gedankengang die Sakramentalität der Liturgie eine wichtige Rolle spielt, kommt er an verschiedenen Stellen seiner Liturgik auf die Unterscheidung zwischen Sakramenten und Sakramentalien zu sprechen. Diese Unterscheidung erscheint ihm wie selbstverständlich. So führt er beispielsweise aus: »Trägt der Gottesdienst als Ganzes sakramentalen Charakter, so unterscheidet man seit jeher zwischen Sakramenten und Sakramentalien.«[5] Dieses »seit jeher« ist allerdings relativ, denn diese klare Distinktion in liturgische Vollzüge, die als Sakramente gefasst werden und solchen, denen nur die Qualität von Sakramentalien zukommt, ist erst aus der spekulativen Theologie der Scholastik erwachsen. Bevor die Theologie an den Universitäten der Städte betrieben wurde, zuvorderst um intellektuelles Wissen durch begriffliche Klarheit und kritische Prüfung mittels philosophischer Methodik zu mehren, hatte die Theologie ihren Platz in den Mönchsgemeinschaften, die sich um geistliche Erfahrung bemühten und vom Glauben aus nach geistlicher Weisheit suchten. Einer mönchischen Theologie war eine Klassifizierung der symbolischen Vollzüge eher fremd, denn eine solche Distinktion geht nicht von realer Erfahrung aus, wie Gott sich den Menschen zuwendet und wirkt, sondern von abstrakter Reflexion. Allerdings ist auch Van de Leeuw die Unterscheidung zwischen Sakramenten und Sakramentalien nicht wirklich einleuchtend, denn: »Die Berufung auf die Einsetzung der Sakramente durch Christus, wohingegen die Sakramentalien lediglich kirchliche Einrichtungen sein sollen, ist zweifelhaft und kaum grundsätzlich.«[6] Van der Leeuw findet die Klassifizierung in Sakramente und Sakramentalien vor, will sie auch wohl nicht wirklich in Frage stellen, sieht aber, dass diese gewachsene Distinktion noch nicht das letzte Wort sein kann. Gott bediene sich in der sakramentalen Handlung des menschlichen Handelns für sein eigenes Handeln: »Und dies gilt sowohl für die Sakramente als auch für die Sakramentalien, d.h. für durch Christus mit Sicherheit eingeführte ebenso wie für durch ihn sicher nicht eingeführte Handlungen.«[7] Für ihn ist klar: »Das Problem der Sakramente geriet auf einen vollkommen falschen Weg, als der mittelalterliche Überfluss an Sakramentalien auf sieben reduziert und in der Reformationszeit wiederum auf zwei beschränkt wurde. Das sakramentale Leben der Kirche verlor dabei stets mehr die enge Beziehung zu Christus.«[8]

5 Siehe oben, S. 29.
6 Ebd.
7 Ebd.
8 Siehe oben, S. 33.

Und tatsächlich: Die systematische Sakramententheologie interessierte sich seit ihren Anfängen in der Frühscholastik nicht für die gottesdienstliche Realität der Vollzüge, die sie als Sakramente fasste, sondern ausschließlich für die (juridische) Gültigkeit des Vollzugs, also für die als »forma« und »materia« gedeutete Kernhandlung. In der Ausgestaltung des Sakramentenbegriffs spielte die Liturgie keine Rolle. Durch diese Abstraktion konnte die scholastische Theologie dann unterscheiden zwischen solchen Handlungen, die nicht nur auf eine religiöse Wirklichkeit (Gnade, Heil) hinweisen, sondern im Vollzug dem gläubigen Menschen diese Wirklichkeit vermitteln, also »ex opere operato«, d.h. aus Gottes Kraft und Ermächtigung wirken, und solchen symbolischen Vollzügen, die ihre Wirkung »ex opere operantis (ecclesiae)«, also kraft des Wirkens der Kirche entfalten. Da die Theologen der Reformation nicht nur diese Unterscheidung zwischen Sakramenten und Sakramentalien, sondern den Sakramentenbegriff überhaupt in Frage stellten, sah sich das Konzil von Trient (1545–1563) genötigt, all diejenigen mit dem Anathema zu belegen, die an der Siebenzahl der Sakramente und einer Vielzahl verschiedener Sakramentalien zweifelten.

Dass eine solche Unterscheidung aber letztlich nur theoretisch ist, zeigt sich in der Behandlung der Thematik in der Liturgiekonstitution »Sacrosanctum Concilium« des Zweiten Vatikanischen Konzils, verabschiedet im Dezember 1963. Dort wird ausgeführt, dass die Sakramentalien »in gewisser Nachahmung der Sakramente [...] das Leben in seinen verschiedenen Gegebenheiten« heiligen.[9] Es ist nach Aussage der Konzilsväter also nicht so, dass die »Zeremonien«, die symbolischen Handlungen, die Segnungen, sprich: die Sakramentalien, nur fromme, letztlich aber verzichtbare Bräuche sind. Im Gegenteil: All diese Handlungen setzen beim Menschen, bei seiner spezifischen Auffassungsgabe und der Vielfältigkeit seines Lebens an und sind jenseits aller modernen Rationalität sinnenvoll und anschaulich. Alles gottesdienstliche Feiern – das meint: immer dann, wenn Menschen sich bewusst in die Nähe Gottes stellen, auf ihn hören und ihm antworten (denn das ist Gottesdienst) – ist ein Beitrag dazu, das Leben von Christus her zu heiligen und als geheiligt zu erfahren. Deshalb deutet der dem gerade zitierten folgende Artikel der Liturgiekonstitution Sakramente *und* Sakramentalien vom Ostermysterium her und spricht von der materiellen Welt als dem notwendigen Medium der Begegnung mit Gott in Heiligung des Menschen und Lobpreis Gottes: »So führen sie [die Sakramentalien, BJ] fort, was die Sakramente und letztlich die Kirche selbst als Grundsakrament bleibend wirkmächtig bezeugen: die Rettung und Heiligung der Welt und der Menschen im Pascha-Mysterium Christi. Darin liegt der gemeinsame Grund des vielschichtigen kirchlich-sakramentalen

9 Konstitution über die heilige Liturgie »Sacrosanctum Concilium«, in: Die Dokumente des Zweiten Vatikanischen Konzils. Konstitutionen, Dekrete, Erklärungen. Lateinisch-deutsche Studienausgabe, hg. von Peter Hünermann, Freiburg i.Br. 2004, 3–56, Nr. 60.

Handelns.«[10] Alle Sakramentalien (und Sakramente) sind also wirksam, weil das ganze Leben der Kirche von sakramentlicher Struktur ist.

Betrachtet man die Thematik Sakramente und Sakramentalien von der Liturgie her – was die Scholastik ausblendete –, so ist eine klare Unterscheidung zwischen und eine Qualifizierung dieser symbolischen Vollzüge in sieben Sakramente und einer Vielzahl von Sakramentalien schwierig. Deshalb hat sich in der katholischen Liturgiewissenschaft die Rede von »sakramentlichen Feiern« eingebürgert. Ein solches Konzept wurde erstmals umgesetzt im katholischen Handbuch der Liturgiewissenschaft »Gottesdienst der Kirche«, dessen erster Band 1984 erschien.[11] Ausformuliert wurde er später von Reinhard Meßner[12] und ist im Grunde in der römisch-katholischen Liturgiewissenschaft Allgemeingut geworden. Das Ziel einer Rede von »sakramentlichen Feiern« ist »die rechte, vom Einzelvollzug ausgehende und ihm entsprechende Einordnung in einen gestuften Kosmos symbolischer Vollzüge, welche das eine große *mysterion / sacramentum* Gottes, Christus in seinem Leben, Sterben und Auferstehen, in der Geschichte wahrnehmbar und erfahrbar machen.«[13] Das bedeutet: In der Vielfalt des Lebens, in den je unterschiedlichen Situationen des Lebens und in den unterschiedlichsten Bereichen der geschaffenen Welt ist überall – in verschiedener Dichte und Intensität zweifellos – das Mysterium Gottes wahrnehmbar und spürbar. Dies gilt in besonderer Weise, wenn Christen sich zur Feier des Gottesdienstes versammeln. Dabei ist dann zunächst zweitrangig, welche Form von Gottesdienst die Menschen feiern, denn »das Mysterium ist immer ganz«, wie der Benediktiner Odo Casel unermüdlich betonte.[14] So geht es im Gottesdienst immer um Vergegenwärtigung und Fortsetzung des Heilswerkes Gottes, das im Pascha-Mysterium Jesu Christi seinen unüberbietbaren Höhepunkt gefunden hat.[15] Sakramentenfeiern und die Feier von

10 Arno Schilson, Sakramentalien. II. Systematisch-theologisch, in: Lexikon für Theologie und Kirche, hg. von Walter Kasper, Bd. 8, Freiburg i.Br. ³1999, 1454.

11 Gottesdienst der Kirche. Handbuch der Liturgiewissenschaft, hg. von Hans Bernhard Meyer et al., Regensburg 1983ff. (von geplanten 8 Bänden bisher erschienen: 2/1, 3, 4, 5, 6/1, 7/1, 7/2 und 8; Bd. 7/1 trägt z.B. den Titel »Sakramentliche Feiern I« und behandelt die Feiern der Eingliederung in die Kirche und Bd. 8 ist überschrieben mit »Sakramentliche Feiern II« und geht einem ganzen Kranz unterschiedlicher Feiern von Ordination über Sterbe- und Begräbnisliturgie zu Benediktionen nach).

12 Reinhard Meßner, Art. Sakramentalien, in: Theologische Realenzyklopädie, hg. von Gerhard Krause/Gerhard Müller, Bd. 29, Berlin/New York 1998, 648–663.

13 A.a.O., 656.

14 Vgl. z.B. Odo Casel, Das Heilige Jahr der Kirche, in: ders., Das christliche Kultmysterium, hg. von Burkhard Neunheuser, Regensburg ⁴1960 (Erstauflage 1932), 126 [Erstveröffentlichung in: Liturgische Zeitschrift 4 (1931/32), 37–44].

15 Vgl. Birgit Jeggle-Merz, Pascha-Mysterium. »Kurzformel der Selbstmitteilung Gottes in der Geschichte des Heils«, in: Internationale katholische Zeitschrift – Communio 39 (2010), 53–64; Winfried Haunerland, Erneuerung aus dem Paschamysterium. Zur heilsgeschichtlichen Leitidee der Liturgiekonstitution, in: Internationale katholische Zeitschrift – Communio 41 (2012), 616–625.

Sakramentalien lassen sich also nicht gegeneinander ausspielen, sie sind letztendlich unterschiedliche symbolhafte Realisierungen des einen Pascha-Mysteriums. Dies darf nicht missverstanden werden, als sollte die Unterscheidung der einzelnen Gottesdienste aufgehoben werden. Ganz im Gegenteil: Es geht darum, die verschiedenen Feiern in ihrer Eigenständigkeit wahrzunehmen und ihre je eigene Bedeutung in dem »gestuften Kosmos symbolischer Vollzüge«, durch die das eine »große Mysterium/Sakrament Gottes, Christus in seinem Leben, Sterben und Auferstehen, in der Geschichte wahrnehmbar und erfahrbar«[16] wird, zu erkennen.

Wieder ganz mit Van de Leeuw übereinstimmend, werden in diesem Konzept »sakramentliche Feiern« den Kirche begründenden Vollzügen Taufe und Eucharistie besondere Bedeutung zugesprochen, denn von diesen beiden Vollzügen erschließen sich die übrigen Vollzüge und zugleich sind sie wieder auf diese Vollzüge bezogen.

Ist ein solches Konzept »Sakramentliche Feiern« als Oberbegriff für alles symbolische Handeln, das Menschen die Nähe Gottes vermittelt und vergegenwärtigt, mit dem Verständnis Van der Leeuws kompatibel? Es ist denkbar, dass Van der Leeuw diese Begrifflichkeit gerne aufgreifen würde, denn bei ihm ist die Grenze zwischen Sakramenten und Sakramentalien fließend. Das Erlösungswerk in Jesus Christus wirkt weit: »Das Leben der Kirche hat zwar sein unentbehrliches Zentrum in der Inkarnation *und* in der Liturgie als dem Ort, an dem jenes Erlösungswerk immer wieder vergegenwärtigt wird. Aber das im Gottesdienst immer wieder beginnende neue Leben darf und soll sich entfalten weit über dessen Grenzen hinaus, damit letztlich alle Aspekte des individuellen und gemeinsamen Lebens dadurch erneuert werden.«[17]

3.2 Die sakramentliche Bedeutung des Wortes Gottes

In das sakramentale Verständnis des liturgischen Geschehens ordnet Van der Leeuw auch die Verkündigung des Wortes Gottes ein: »Die Verkündigung des Wortes ist wie keine andere Handlung sakramental, wie jeder weiß, der diese Handlung jemals ausgeführt hat.«[18] Die Heilige Schrift als Urkunde der Offenbarung ist allerdings keine »Heilstatsache oder Heilserscheinung, sondern lediglich der Bericht darüber«, führt er aus. »Als solcher hat sie jedoch normative Bedeutung für all dasjenige, was im Gottesdienst passiert, sowohl hinsichtlich der Verkündigung als auch in Bezug auf alles andere. Im Ausdruck ›Dienst am Wort‹ jedoch ist ›Wort‹ nicht gleich Heilige Schrift, sondern gleich *Logos*, d.h. Offenbarung in Christus, Gott im Fleisch, Immanuel. Dieses Wort wird in sakramentaler Verkündigung ausgeteilt.«[19] Vielfach wendet sich Van der Leeuw gegen eine Gegenüber-

16 Meßner, Sakramentalien (Anm. 12), 656.
17 Siehe oben (Baschera, Einleitung), S. 41*.
18 Siehe oben, S. 26.
19 Siehe oben, S. 98.

stellung und Abgrenzung von Wort und Sakrament: »Eine der fatalsten Folgen der Isolierung der Sakramente ist der Gegensatz zwischen Sakrament und Wort.«[20]

In römisch-katholischem Liturgieverständnis führte das Wort Gottes lange Jahrhunderte ein Schattendasein. So wurde bezeichnenderweise gegenüber dem als sakramentalen Vollzug verstandenen Aussprechen der als Konsekrationsworte identifizierten *verba testamenti* in der Messe die Wortverkündigung als »Vormesse« qualifiziert und geringgeschätzt. Den Gläubigen war nur das »Beiwohnen« bei der Opfermesse vorgeschrieben. Seit Beginn des 20. Jahrhunderts kam es jedoch durch Bibelbewegung und Liturgische Bewegung auch in der katholischen Kirche zu einer Neubesinnung auf das Wort Gottes in der Heiligen Schrift und in der Liturgie.[21] Immer deutlicher und zwingend gelangte ins Bewusstsein, dass in den Büchern der Heiligen Schrift nicht nur das Wort Gottes enthalten ist, sondern dass sich Christus in ihnen begegnen lässt. Man entdeckte wieder, dass im Wort eine eigene wirkmächtige Gegenwart des erhöhten Christus gegeben ist. Es ist Christus selbst, der »spricht, wenn die heiligen Schriften in der Kirche gelesen werden«, formulierte in Anknüpfung daran die Liturgiekonstitution.[22] Dass die Gegenwart Christi im Wort der Verkündigung nicht nur als eine Metapher zu verstehen ist, sondern dass es sich hierbei um eine wirkliche, reale, heilsmächtige und heilwirkende Gegenwart handelt, wird seither immer wieder in Theologie und Lehramt herausgestellt. Die Gegenwart Christi ist sozusagen das Schlüsselmoment der Liturgie.[23] Unter Rückgriff auf das Dokument der Päpstlichen Bibelkommission über »Die Interpretation der Bibel in der Kirche«[24] betonte Benedikt XVI. in seinem Nachapostolischen Schreiben *Verbum Domini* die Einheit von Wort und

20 Siehe oben, S. 38. Zur Diskussion innerhalb der katholischen Theologie vor dem Zweiten Vatikanischen Konzil vgl. Johannes Betz, Wort und Sakrament, in: Verkündigung und Glaube – FS Franz Xaver Arnold, hg. von Theodor Filthaut/Josef Andreas Jungmann, Freiburg i.Br. 1968, 76–99.

21 Vgl. zur Verbindung von Bibelbewegung und Liturgischer Bewegung Birgit Jeggle-Merz, »Gottesgaben zur Erneuerung des religiösen Lebens«. Die Synthese von Bibelbewegung und Liturgischer Bewegung bei Pius Parsch (1884–1954), in: Wort des lebendigen Gottes. Liturgie und Bibel – FS Hansjörg Becker, hg. von Alexander Zerfaß/Ansgar Franz, Mainz 2016 (Pietas Liturgica 16), 1–20.

22 Sacrosanctum Concilium (Anm. 9), Nr. 7.

23 Vgl. Thomas Söding, Gottes Gegenwart in seinem Wort. Lukanische Perspektiven zur Theologie der Liturgie, in: Liturgisches Jahrbuch 67 (2017), 3–28; Alexander Deeg, Von der vierfachen Gestalt des Wortes Gottes. Eine evangelische Perspektive zur Frage nach der Christusgegenwart in der Verkündigung der Schrift, in: Liturgisches Jahrbuch 67 (2017), 29–46; Roman Siebenrock, Christus-Gegenwart. Von der realen Gegenwart im Wort, in: Bibel und Liturgie 89 (2016), 185–194; Birgit Jeggle-Merz, Die Gegenwart Gottes im Wort feiern. Eine Gottesdienstform in Zeiten des Wandels, in: Bibel und Kirche 68 (2013), 87–93.

24 Vgl. Päpstliche Bibelkommission, Die Interpretation der Bibel in der Kirche, hg. vom Sekretariat der Deutschen Bischofskonferenz, Bonn 1994 (Verlautbarungen des Apostolischen Stuhls 115), 106f.

Sakrament: »Der Wortgottesdienst ist ein entscheidendes Element bei der Feier eines jeglichen Sakramentes in der Kirche«, denn »in der Beziehung zwischen Wort und sakramentalem Handeln zeigt sich in liturgischer Form das Gott eigene Wirken in der Geschichte durch den *performativen Charakter* des Wortes selbst. Es gibt nämlich in der Heilsgeschichte keine Trennung zwischen dem, was Gott *sagt*, und dem, was er *wirkt*; sein Wort erweist sich als lebendig und wirksam.«[25] Er spitzt dieses Verständnis noch einmal zu, wenn er schreibt: »Die Sakramentalität [des Wortes] lässt sich so in Analogie zur Realpräsenz Christi unter den Gestalten des konsekrierten Brotes und Weines verstehen.«[26]

Van der Leeuw betont, dass »die Heilige Schrift, die im Gottesdienst gelesen wird, [...] nicht eine Art Stiftungsurkunde [ist], an die man einander jeweils wieder erinnern muss, sondern das lebendige Wort Gottes, das als Ruf zum Menschen kommt.«[27] Es geht auch im katholischen Verständnis der Bedeutung des Wortes Gottes nicht um ein reines Verlesen eines Textes oder um das Erzählen einer alten Geschichte. Das Schriftwort, das im Gottesdienst verkündet wird, gibt nicht nur Zeugnis von dem Wirken Gottes zum Heil der Welt, sondern ermöglicht immer wieder neu die Begegnung mit diesem Gott und seinem in der Geschichte ergangenen und im Heute wirksamen Heil. Die Pastorale Einführung ins Messlektionar formuliert: »Dabei wird der Gottesdienst, der ganz aus dem Wort Gottes lebt, selbst zu einem Heilsereignis. Er legt das Wort neu aus und lässt es neu wirksam werden.«[28] So gilt seit dem Zweiten Vatikanischen Konzil wieder der Grundsatz, den Van der Leeuw so formuliert: »Kein Gottesdienst ohne Verkündigung.«[29]

Die herausragende Stellung des Wortes Gottes in allen gottesdienstlichen Zusammenkünften ist darin begründet, dass die Liturgie das in den Büchern der Heiligen Schrift festgehaltene Heilshandeln Gottes als im Heute noch wirkmächtig erleben lässt. Nie geht es darum, eine prinzipiell schon bekannte und schlechthin nur gewesene Geschichte aufs Neue zu erzählen. Im Gegenteil: Die Liturgie inszeniert das gehörte Wort Gottes als Ort der Gegenwart Gottes selbst. Die Bibel des Alten und Neuen Testaments enthält die Geschichte des von Gott gewirkten Heils an Mensch und Welt. Ihre Bücher benennen die Personen und schildern, wie

25 Nachsynodales Apostolisches Schreiben *Verbum Domini* Seiner Heiligkeit Papst Benedikt XVI. an die Bischöfe, den Klerus, die Personen gottgeweihten Lebens und an die christgläubigen Laien über das Wort Gottes im Leben und in der Sendung der Kirche (30. September 2010), hg. vom Sekretariat der Deutschen Bischofskonferenz, Bonn 2010 (Verlautbarungen des Apostolischen Stuhls 187), Art. 53 [Hervorhebungen im Original].

26 A.a.O., Art. 65.

27 Siehe oben, S. 42.

28 Pastorale Einführung in das Messlektionar (PEML), in: Die Feier der Heiligen Messe. Messlektionar. Für die Bistümer des deutschen Sprachgebietes. Authentische Ausgabe für den liturgischen Gebrauch, Einsiedeln et al. 1981, Nr. 3.

29 Siehe oben, S. 24.

deren Existenz in die Geschichte Gottes eingebunden ist (und eingebunden bleibt).[30]

In diesem Zusammenhang ist bemerkenswert, dass Van der Leeuw sein sakramentales Verständnis von Liturgie in der Inkarnation verankert: Der Sinn sakramentalen Handelns bestehe darin, die durch die Menschwerdung Gottes ermöglichte »Wirklichkeit des Glaubens« zu vergegenwärtigen. Im Gottesdienst als »Verkehr zwischen Gott und der Kirche«[31] spiegele sich die »Grundform der Fleischwerdung«.[32] Denn in der kirchlichen Liturgie geschehe ein »Einstimmen in die himmlische Liturgie«.[33]

3.3 Die sündentilgende Kraft der Liturgie, oder: Die soteriologische Dimension der Liturgie

»Sünde«, »Buße« und »Umkehr« gehören nicht zum favorisierten Vokabular heutiger Zeitgenossen und Zeitgenossinnen. Zu sehr klingen diese Worte nach Klosterzelle, Mittelalter, Gängelung oder nach (gerade durch die Reformatoren) überholtem römisch-katholischem Verständnis. Doch Umkehr und Versöhnung lassen sich nicht so einfach aus dem Katalog christlichen Lebens streichen. Schon das erste Wort, dass aus der Predigt des Jesus von Nazareth überliefert ist, weist darauf hin. Es lautet: »Die Zeit ist erfüllt, das Reich Gottes ist nahe. Kehrt um und glaubt an das Evangelium!« (Mk 1,15) Das inkarnierte Wort Gottes ruft zur Umkehr und zum Glauben an das Evangelium, weil die Königsherrschaft Gottes nahegekommen (und in Inkarnation, Kreuz und Auferstehung bereits angebrochen) ist. Damit greift Jesus ein zentrales Stichwort der Predigt Johannes des Täufers auf, der seinerseits ganz in der Tradition apokalytischer Gerichtsprophetie steht, und prägt es um, wie es dem eschatologischen Heilsgeschehen entspricht, das er verkündet. Dieser Ruf zur Umkehr, d.h. dieser Ruf, die Orientierung zu Gott nicht zu verlieren, bleibt bestimmend für die Sendung der Kirche. Trotz Taufe und der darin gewirkten Vergebung aller Sünden, bleiben Sünde und Schuld doch eine Realität des irdischen Lebens. Deshalb kann diese Dimension irdischer Existenz nicht aus dem »Verkehr zwischen Gott und der Kirche« herausgehalten werden. Für Van der Leeuw ist die Vergebung eine der grundlegenden Wirkungen der Liturgie überhaupt: »Die ganze Verkündigung des Evangeliums, wie sie von den Kirchen der Reformation verstanden wird, ist im Wesentlichen nichts anderes

30 Vgl. Birgit Jeggle-Merz, Die Feier des Wortes Gottes in der Liturgie, in: Heiliger Dienst 70 (2016), 99–108; dies., Das Wort will Ereignis werden, oder: Prolegomena zu einer Theologie der Wort-Gottes-Feier, in: Zwischen-Raum Gottesdienst. Beiträge zu einer multiperspektivischen Liturgiewissenschaft, hg. von Benedikt Kranemann et al., Stuttgart 2016 (Praktische Theologie heute), 151–169.

31 Siehe oben, S. 7.

32 Siehe oben, S. 33.

33 Siehe oben, S. 11.

als diese Gnadenzusage, die auf tausenderlei Art und Weise wiederholt und mitten in die Gemeinde gebracht wird. Das Sakramentale an der Verkündigung ist die Vergebung der Schuld.«[34]

Diese hier zum Ausdruck kommende soteriologische Dimension von Liturgie klingt auch im katholischen Liturgieverständnis an, wenn die Liturgiekonstitution die Heiligung des Menschen als den ersten Sinn und Zweck der Liturgie erkennt.[35] Erstaunlicherweise wird die Verherrlichung Gottes erst im Anschluss daran als Ziel aller Liturgie beschrieben. Diese Reihung ist im Liturgiebegriff verankert, wonach das liturgische Geschehen die vor Gott Stehenden immer wieder aufs Neue mit dem Heil Gottes in Berührung bringen will. Nach katholischem Verständnis ist die Liturgie nicht ein bloßer Kult, der dargebracht werden muss (auch wenn dies über viele Jahrhunderte den Anschein hatte). Sie ist als Weg zu verstehen, in die bei Gott bestehende Erlösung je und je neu einzutreten und ihr anteilig zu werden. Heil ist nicht ein Ereignis in einer fernen Vergangenheit, sondern durch die Feier der Liturgie Gegenwart, als Vorausschau auf das endzeitliche Reich Gottes. Die mit dem Pascha-Mysterium im Feiern aufs Neue Erlösten, werden – gerade weil sie mit dem Heil in Berührung gekommen sind – das Lob Gottes anstimmen.

Van der Leeuw verortet diese soteriologische Dimension gottesdienstlichen Feierns auch im Prozess des Feierns. Es erscheint ihm ganz bedeutsam, dass zu Beginn des »Verkehrs zwischen Gott und der Kirche« ein Sündenbekenntnis steht: »Wenn wir vor Gottes Angesicht erscheinen, können wir keinen Augenblick abwarten, das Allerwichtigste zu sagen, nämlich dass wir Sünder sind und dass unsere Sünde uns von Herzen leid tut. Wir können nicht fortfahren, ohne dass Gott uns die Sünde vergibt. Wir haben in seinem Namen begonnen, wir haben seinen Namen verherrlicht. Aber sobald wir nun fortfahren, muss ausgesprochen werden, dass das eigentlich nicht geht. Und dass es doch sein darf.«[36] Erst dann kann die Kirche ihre eigentliche Aufgabe wahrnehmen: »Die durch die Vergebung der Schuld befreite Kirche nimmt nun ihre Aufgabe auf Erden in Angriff: das Lob Gottes zu verkünden.«[37]

Auch die römisch-katholische Liturgie kennt in ihrer Feier der Eucharistie im Eröffnungsteil verschiedene Formen des Schuldbekenntnisses, denen stets die Heilszusage Gottes im liturgischen Gruß folgt. Fester Bestandteil der Eröffnung ist das Schuldbekenntnis jedoch erst seit der Einführung des neuen Messbuchs im Zuge der Liturgiereform nach dem Zweiten Vatikanischen Konzil. Das Confiteor der alten Messe wurde als Vorbereitung des Priesters mit der Assistenz unmittel-

34 Siehe oben, S. 26.
35 Sacrosanctum Concilium (Anm. 9), Nr. 5.
36 Siehe oben, S. 136.
37 Siehe oben, S. 138.

bar vor dem Beginn der Messe gebetet und nicht als Bestandteil der Messe verstanden. Die Neuplatzierung des Schuldbekenntnisses hat sowohl seitens der Gläubigen als auch seitens der wissenschaftlichen Reflexion Unbehagen und Kritik ausgelöst. Viele Mitfeiernde fühlen sich von der Aufforderung zum Schuldbekenntnis kurz nach der liturgischen Eröffnung moralisierend gemaßregelt und als Sünder bzw. Sünderin diffamiert. »Es zeigt sich ein Anti-Reflex gegenüber einer Kirche und ihrer Verkündigung, welche die Gläubigen über Jahrhunderte v.a. als ›Sünderinnen‹ und ›Sünder‹ verstanden und ihre kirchliche Verkündigung darauf ausgerichtet hat.«[38]

Die von Van der Leeuw skizzierte Dynamik, nach der die von Schuld befreite Kirche dann erst das Lob Gottes in vollem Sinne anstimmen kann, wird von den katholischen Gläubigen so nicht erlebt und von der liturgiewissenschaftlichen Reflexion hinterfragt. Ist nicht die grundlegende Dimension liturgischen Feierns zu betonen, wonach die Eucharistiefeier als Ganze sündentilgenden, versöhnenden Charakter hat (vgl. Mt 26,28; Joh 6,57f)? Ist nicht sogar jede sakramentliche Feier sündenvergebend, gerade weil sich in ihnen Christus den Menschen erlösend und rettend zuwendet? Braucht es wirklich ein explizites Schuldbekenntnis (zusammen mit einem Zuspruch der Vergebungsbereitschaft Gottes)?

4. Auf dem Weg zu einer ökumenischen Liturgiewissenschaft

Die Reflexion über liturgietheologische Fragestellungen ist auch im ökumenischen Diskurs in den letzten Jahrzehnten bemerkenswert vorangeschritten. Die verschiedenen Theologien und konfessionellen Traditionen werden als Ansporn verstanden, den jeweils anderen besser kennenzulernen und auch die eigene Liturgie im Vergleich noch einmal neu lesen zu lernen.[39] Die Neuauflage der Liturgik von Van der Leeuw macht dies noch einmal bewusst und ist eine interessante Grundlage für Gespräche und weitergehende Forschungen.

38 Walter Kirchschläger/Nicola Ottiger/Edith Zingg, Allgemeines Schuldbekenntnis, in: Gemeinsam vor Gott treten. Die Liturgie mit biblischen Augen betrachtet, hg. von Birgit Jeggle-Merz et al., Stuttgart ^{2}2015 (Luzerner Biblisch-Liturgischer Kommentar zum Ordo Missae 1), 92.

39 Vgl. Birgit Jeggle-Merz/Benedikt Kranemann, Ökumenekompatible Liturgiewissenschaft vor den Herausforderungen eines »säkularen Zeitalters«, in: Liturgie und Konfession. Grundfragen der Liturgiewissenschaft im interkonfessionellen Gespräch, hg. von Birgit Jeggle-Merz/Benedikt Kranemann, Freiburg i.Br. 2013, 9–16.

Form und Performanz – Nach der Erschöpfung des Liberalismus: Kommentar zur Liturgik von Gerardus van der Leeuw aus lutherischer Sicht

Michael Meyer-Blanck

1. Zu den hier verwendeten Kategorien

Über Leben und Werk des Autors muss an dieser Stelle nichts mehr gesagt werden, denn dazu findet sich alles in der vorzüglichen Einleitung von Luca Baschera zu diesem Band. Eine doppelte Vorbemerkung erfordert allerdings der Titel meines Beitrags. Er verwendet eine Begriffskombination, die Van der Leeuw fremd ist, impliziert also bestimmte Interpretationen. »Form« und »Performanz« sind zwei sehr unterschiedliche Schlagwörter. Die »Form« gehört eindeutig in die Liturgische Bewegung[1] der Zwischenkriegszeit; schon das Berneuchener Buch von 1926 schrieb ausführlich über das Thema »Evangelische Form«[2], nachdem es zuvor konstatiert hatte: »Der Formwille der Kirche verkümmert.«[3] Die »Performanz« bzw. »Performativität« ist dagegen eine aktuelle kulturwissenschaftliche Kategorie, die in letzter Zeit verstärkt Eingang in die Praktische Theologie gefunden hat, außer in die Liturgiewissenschaft[4] auch in die Religionspädagogik.[5]

1 Die liturgischen Bewegungen des 19. und 20. Jahrhunderts sind ein komplexes und in sich plurales Phänomen. In diesem Beitrag verwende ich die – groß geschriebene – singularische Form »Liturgische Bewegung«, um anzudeuten, dass damit nicht nur eine bestimmte Richtung gemeint ist, sondern die konfessions- und länderübergreifende liturgische und kulturelle Enzyklopädie, innerhalb derer damals der Gottesdienst neu zu denken versucht wurde.

2 Das Berneuchener Buch. Vom Anspruch des Evangeliums auf die Kirchen der Reformation, hg. von der Berneuchener Konferenz, Hamburg 1926, 97–134. Hier werden die Themen »1. Das Gleichnis, 2. Der Kultus, 3. Der Bau der Gemeinde« behandelt.

3 A.a.O., 49–55. Hier heißt es, die gegenwärtige lutherische »Liturgie« sei »im wesentlichen nichts anderes als ein Torso aus der Messordnung der römischen Kirche«, während in den reformierten Kirchen die »Formlosigkeit selbst wieder zu einem negativen Formgesetz erstarrt« sei (51). – Zum Thema »Form« siehe auch Michael Meyer-Blanck, Leben, Leib und Liturgie. Die Praktische Theologie Wilhelm Stählins, Berlin/New York 1994 (Arbeiten zur Praktischen Theologie 6), 150–155 sowie Michael Meyer-Blanck, 1926–2006: 80 Jahre »Berneuchener Buch«, in: Quatember 70 (2006), 132–141.

4 Ursula Roth, Die Theatralität des Gottesdienstes, Gütersloh 2006 (Praktische Theologie und Kultur 18), bes. 267–287.

5 Dazu siehe Silke Leonhard/Thomas Klie, Performatives Lernen und Lehren von Religion, in: Religionsunterricht neu denken, hg. von Bernhard Grümme et al., Stuttgart 2012, 90–104.

Die »Performativität« als Reflexionsbegriff verweist auf die Tatsache, dass die Form keine Seins-, sondern eine Geschehenskategorie ist. Die Form ist nicht konservierbar, weil sie in Zeit und Raum jeweils neu gewagt werden muss, damit sich Sinn und Verstehen ereignen können. »Performativ« betrachtet »gibt es« die Form nur in ihrer Aufführung und Rezeption und nicht als zuvor festgelegten Gehalt oder Bedeutung. Zeichentheoretisch kann man auch sagen: »Form« ist ein Zeichen, das von seinen Benutzern gebrauchend in Geltung gesetzt wird.[6] Die Form geschieht im Handeln; in diesem Zusammenhang aber ist sie mehr als eine äußere Einkleidung eines Sinngehaltes; sie ist vielmehr das Ereignis und damit Form und Inhalt zugleich. Dieses kulturwissenschaftliche Formverständnis stand der Liturgischen Bewegung des zwanzigsten Jahrhunderts noch nicht zur Verfügung, so dass dort meistens ontologisierend argumentiert wurde, als sei eine bestimmte überlieferte, historisch »richtige« Form der Garant für die gelingende Mitteilung und Darstellung des Evangeliums.[7] Daher haben die Texte aus der Liturgischen Bewegung generell eine konservativ-traditionalistische Schlagseite.[8] Sie unterliegen vielfach dem Irrtum, man könne mit den alten Formen zugleich deren Entstehungs- und Gebrauchsbedingungen wiederherstellen. Dieser Grundirrtum war wohl für das schnelle Erlahmen der Liturgischen Bewegung verantwortlich. Da die Form aber immer wieder neu entstehen muss, um Bedeutung, formative Kraft zu gewinnen, kann sie nur in Grenzen konserviert werden. Die angebliche Rückkehr in die Vergangenheit (meistens des vierten oder sechzehnten Jahrhunderts) verformt diese ebenso wie die Gegenwart. Das Grundgesetz des Wagnisses von Form und Formung[9] ist unhintergehbar. Diese Zusammenhänge werden durch die kulturwissenschaftliche Kategorie der »Performativität« auf den Begriff gebracht. Wenn Van der Leeuw diese auch nicht benutzt, so meine ich bei ihm Ansätze zu einem derartigen kulturwissenschaftlichen Denkstil ausmachen zu können – wenngleich selbstverständlich viel Zeitbedingtes in seinem Text anklingt.

Zum Zeitkolorit gehört sicher auch der Grundton der Wort-Gottes-Theologie, wie sie in der Zeit vor und nach dem Zweiten Weltkrieg beherrschend war. Hier bewegt sich Van der Leeuw im breiten Strom der Liturgischen Bewegungen. Ich deute diese allgemein als Reaktionen auf das Ende des Liberalismus. Nicht nur

6 Michael Meyer-Blanck, Gottesdienstlehre, Tübingen 2011, 18–22; 374–387.

7 Von theologischen Laien wird bis heute in dieser Weise argumentiert. Das gilt etwa für das Buch des Schriftstellers Martin Mosebach, Häresie der Formlosigkeit. Die römische Liturgie und ihr Feind, München 2012; dazu siehe meine Besprechung in: Theologische Literaturzeitung 138 (2013), 1025f.

8 So bedauert es Van der Leeuw, »dass die calvinistischen Kirchen in vielerlei Hinsicht radikal mit der Form des Gottesdienstes gebrochen haben« (oben, S. 18).

9 Speziell dazu siehe Michael Meyer-Blanck, Die reformatorischen Liturgiereformen und ihre Konsequenzen für die Gegenwart, in: Gottes Wort in der Geschichte. Reformation und Reform in der Kirche, hg. von Wilhelm Damberg et al., Freiburg i.Br. 2015, 184–190.

der kerygmatische Ansatz in der Theologie des zwanzigsten Jahrhunderts, sondern speziell der aus der Jugendbewegung stammende Impuls der Liturgischen Bewegung entspricht einer Erschöpfung des liberalen Paradigmas in Gesellschaft und Kultur, Kirche und Theologie: Form statt Formlosigkeit, Gemeinschaft statt Individualität, kerygmatische versus historistische Orientierung, Sakramentalität versus Rationalität, all das sind regressive Gegenbewegungen zur kulturellen und theologischen Verundeutlichung am Beginn des zwanzigsten Jahrhunderts. Dass dieses Phänomen vor allem die Liturgie betraf, verwundert nicht, so man denn den Gottesdienst psychologisch als eine kontrollierte Regression auf Zeit verstehen kann, wofür nach meiner Ansicht einiges spricht.

Die zweite Vorbemerkung betrifft die mir von den Herausgebern dieses Bandes angetragene lutherische Sichtweise auf die Liturgik Van der Leeuws. Ich hege gewisse Zweifel, ob man von einem »lutherischen Gottesdienst« sprechen kann. Luther hat seine eigenen Reformen bekanntlich nicht als paradigmatisch verstanden wissen wollen und sie sind auch in mehrfacher Weise gerade nicht vorbildlich. Zudem ist vor allem in Deutschland das lutherische Moment aus liturgiehistorischen Gründen eng mit dem unierten (und auch dem reformierten) verbunden.[10] Gleichwohl verstehe ich mich selbst als lutherisch urteilenden Theologen. Ich mache das Lutherische nicht an bestimmten liturgischen Formelementen fest, sondern vor allem an dem inszenatorischen Realismus des Wortverständnisses,[11] wie er der »Torgauer Formel«[12] entspricht, und an der Kunst der Unterscheidung – also an der Spannung von Performativität und Diskursivität.[13] Vorweggenommen sei, dass man eben diese Spannung auch bei Van der Leeuw feststellen kann, so dass man ihn durchaus lutherisch vereinnahmen könnte.

Aber derlei konfessionelle Zuschreibungen sind nur eine Perspektive der Wahrnehmung. Meine Annäherung an Van der Leeuw ist weniger an einer konfessionellen Einordnung orientiert als an einer geistesgeschichtlichen. Immer wieder verblüffend ist es für den Historiker, wie sehr gerade auch Theologen an geistig-

10 Eine gewisse Skepsis gegenüber dem Versuch, die lutherische liturgische Identität im Gegenüber zu reformierten und unierten Traditionen zu bestimmen, kann ich darum nicht verhehlen; das gilt z.B. für das vor drei Jahren erschienene Papier: Evangelisch-lutherische liturgische Identität. Ansätze zu ihrer Bestimmung und Konsequenzen aus ihrer Formulierung. Thesenpapier, erarbeitet im Auftrag der Bischofskonferenz der VELKD, Hannover 2014 (Texte aus der VELKD 169).

11 Dafür steht allerdings auch der reformierte Spitzensatz Heinrich Bullingers aus der Confessio Helvetica Posterior von 1566: »Praedicatio verbi Dei est verbum Dei«.

12 Martin Luther, Predigt am 17. Sonntag nach Trinitatis, bei der Einweihung der Schloßkirche zu Torgau gehalten, in: D. Martin Luthers Werke. Kritische Gesamtausgabe, Bd. 49, Weimar 1913, 588: »[…] das dis newe Haus dahin gericht werde, das nichts anders darin geschehe, denn das unser lieber Herr selbs mit uns rede durch sein heiliges Wort, und wir widerumb mit jm reden durch Gebet und Lobgesang.«

13 Dazu jetzt Michael Meyer-Blanck, Was heißt lutherisch predigen heute?, in: Liturgie und Kultur 8/2 (2017), 6–14.

kulturellen Großwetterlagen partizipieren, wenn sie meinen, eigenständig und individuell zu urteilen.[14] Gewiss war Van der Leeuw ein reformierter Theologe, aber sein Buch wird man kaum als eine explizit reformierte Gottesdienstlehre bezeichnen können. Von diesem Grundverständnis her skizziere ich zunächst sachliche Verbindungen Van der Leeuws zur Liturgischen Bewegung und schließe einige Eigentümlichkeiten und Auffälligkeiten seiner Liturgik an.

2. Gerardus van der Leeuws Liturgik im Kontext der Liturgischen Bewegung

Nach der Lektüre habe ich den Eindruck, dass Gerardus van der Leeuws Liturgik stärker vom Geist der Liturgischen Bewegung allgemein als von seiner reformierten Konfession bestimmt ist. Die von Luca Baschera in der Einleitung beschriebene Inspiration durch den Katholizismus, die Ostkirche und lutherische Theologen wie Wilhelm Stählin gehört in diesen Zusammenhang. Drei Punkte möchte ich benennen, die primär von diesem Kontext her zu interpretieren sind.

2.1 Sakramentalität der Liturgie

Die sakramentale Linie ist die am stärksten ausgearbeitete. Das betrifft nicht nur die Abschnitte über die Sakramente selbst, zu denen auch Konfirmation und Ehe[15] gerechnet werden – hier verlässt der Text eindeutig die klassische evangelische Dogmatik aller Spielarten –, sondern auch die liturgietheologische Grundorientierung und das Wortverständnis.[16] Geradezu monoton wiederholend – man meint den mündlichen Vortrag zu hören – formuliert Van der Leeuw:

> Darum *ist jeglicher Gottesdienst sakramental,* in all seinen Bestandteilen. […] Der Gottesdienst ist sakramental. Dies unterscheidet ihn von jeder religiösen Zusammenkunft, von Erweckung und Katechese, von Mysterienspiel und musikalischer Aufführung. […] Der Gottesdienst ist also sakramental in allen seinen Bestandteilen. Aber es muss auch ein Zentrum geben. Nicht jeder Teil an sich ist sakramental. […] Im Mittelpunkt dieses Gottesdienstes steht der Abendmahlstisch.[17]

14 Am deutlichsten wird das für mich an Friedrich Niebergall (1866–1932) und seinem Sohn Alfred Niebergall (1909–1978).

15 Siehe oben S. 38; 39. In der Tat ist hier – wie im Katholizismus – von der *Ehe* und nicht von der *Trauung* als Sakrament die Rede; der Unterschied wird aber nicht reflektiert. Zu der ansonsten vorgetragenen christologisch-performativen Beschreibung (dazu siehe unten) würde die Trauung allerdings besser passen als die Ehe. – Der sehr knappe § 52 über die Beichte wiederholt die schon im Hinblick auf den Sonntagsgottesdienst betonte sakramentale Qualität der Beichthandlung: »In der Absolution, die der Pfarrer erteilt, spricht, nach Luthers Meinung, Gott selbst.« (oben, S. 171)

16 Wenn man doch die von mir eher abgelehnten Etiketten verteilen würde, dann würde die Sakramententheologie katholisierend und das Wortverständnis lutherisch erscheinen.

17 Siehe oben, S. 22.

Typisch für die Liturgische Bewegung ist dabei die Gleichsetzung von »Hauptgottesdienst« und Abendmahl. Ein Sonntagsgottesdienst ohne Abendmahl ist unvollständig. Die Messe ist die allein zufriedenstellende Form, wobei in dieser, reformatorischer Tradition folgend,[18] unbedingt gepredigt werden soll:

> Der Sonntagmorgengottesdienst ist sowohl Sakramentsgottesdienst als auch Opfergottesdienst. [...] Praktisch: kein Abendmahlsgottesdienst am Sonntagmorgen ohne Predigt, aber auch kein Predigtgottesdienst um diese Zeit ohne Austeilung des Abendmahls. Zu anderen Zeiten gibt es die Gelegenheit zur Abendmahlsfeier ohne Predigt und zum Predigtgottesdienst ohne Abendmahl. Aber im Hauptgottesdienst nicht.[19]

Für dieses Grundverständnis des Gottesdienstes mit Predigt und Abendmahl wird auch Calvin in Anspruch genommen: Nichts habe diesem ferner gelegen, als den reinen Predigtgottesdienst einführen zu wollen.[20] Von daher versteht Van der Leeuw den gesamten Gottesdienst einschließlich der Predigt als ein sakramentales Geschehen. Explizit zurückgewiesen wird die Tradition der Predigt als religiöser Rede. Wiederum im erkennbar mündlichen Vortragsstil heißt es prägnant: »Die Verkündigung des Wortes Gottes, das Predigen, ist entweder ein Sakrament oder ein frommes Vergnügen. Natürlich ist sie Sakrament.«[21] Von daher liegt Van der Leeuw auch daran, Predigt und Sakrament sowie Predigt und Liturgie einander dramaturgisch zuzuordnen; darauf ist unter 3.2 zurückzukommen.

Was unter einem »Sakrament« verstanden wird, bleibt – mindestens definitorisch – im Dunkel. In § 6, in dem es um Verkündigung und Liturgie geht, kommt Van der Leeuw auf die christliche Versammlung in der Kirche – und nicht nur zu Hause – zu sprechen und argumentiert christologisch von Joh 14,6 her: Christus ist nicht nur der Garant des Weges zu Gott, sondern dieser Weg selbst. Unter Anspielung auf Joh 15,1–7 geht es weiter: Gottesdienst ist »Blühen als Trieb des Weinstocks. Darum *ist jeder Gottesdienst sakramental,* in all seinen Bestandteilen.«[22] Ohne Bezug auf die »Torgauer Formel«, aber in deutlicher Parallele dazu, heißt es: »Wir sprechen und handeln im Gottesdienst, jedoch lediglich antwortend, als Beauftragte. Wir geben unsere Liebe, aber nur, weil wir zuvor geliebt wurden. Wir dienen, aber nur, weil auch uns gedient wurde.«[23]

18 Martin Luther, Von ordenung des gottis diensts ynn der gemeine (1523), in: D. Martin Luthers Werke. Kritische Gesamtausgabe, Bd. 12, Weimar 1891, 35: »Darumb wo nicht gotts wort predigt wirt, ists besser, das man widder singe noch leße noch zu samen kome.«

19 Siehe oben, S. 106.

20 Siehe oben, S. 123.

21 Siehe oben, S. 38.

22 Siehe oben, S. 22.

23 Ebd.

Auf die leitende Kategorie des Sakramentalen kommt Van der Leeuw demnach eher assoziativ und erzählend zu sprechen. Das geschieht im ekklesiologischen und vor allem im christologischen Zusammenhang. Will man das von ihm in verkündigender Sprache Umschriebene begrifflich fassen, kann gesagt werden: *Das Sakramentale des gesamten Gottesdienstes besteht für Van der Leeuw in der Annahme der liturgischen Realität des Christusgeschehens bzw. in der – im Hinblick auf die gemeindliche Versammlung vorausgesetzten – Performativität des christologisch Geglaubten.* Damit liegt ein sehr weiter Sakramentsbegriff vor, der es leicht macht, alle Feierelemente und -situationen als »sakramental« zu bezeichnen. Sakramental im Sinne Van der Leeuws ist dann jegliche sich im gemeindlichen Ritus ereignende Christusbegegnung – und damit selbstverständlich auch alle Kasualien (also auch Konfirmation, Trauung, Ordination).

2.2 Kerygmatische versus historische Prinzipien

Mit der christologischen Konzentration hängt auch die kerygmatische Grundorientierung zusammen. Was die rechte Liturgie ausmacht, das kann Van der Leeuw zufolge nicht historistisch bestimmt werden, also etwa mit der frühesten christlichen Praxis oder einer normativen Zeit wie dem vierten oder sechzehnten Jahrhundert. Reformatorisch – und sicher auch nicht unbeeinflusst von der zeitgenössischen Wort-Gottes-Theologie (insbesondere Karl Barths, dem er bei dessen Hollandreise im Frühsommer 1926 in Groningen persönlich begegnet war[24]) – bestimmt Van der Leeuw das liturgisch Angemessene von Christus her. In expliziter Ablehnung einer von Schleiermacher herkommenden Tradition von Gottesdienstlehre, wie sie in der »Älteren Liturgischen Bewegung« bei Friedrich Spitta und Julius Smend geläufig gewesen war, lautet der erste Satz von § 3: »Liturgik ist keine ›Theorie des Kultus‹. Solch eine Theorie gehört in die Religionsphilosophie. Die Liturgik aber geht nicht von allgemeinen Prinzipien aus, sondern von der Offenbarung Gottes in Christus.«[25]

Die Anfänge der Kirche in den ersten vier Jahrhunderten sind zwar wichtig, heißt es in § 5, und namentlich genannt werden dazu die Didache, Justin der Märtyrer, Hippolyt und die Apostolischen Konstitutionen; aber dann heißt es in schönster Manier der Wort-Gottes-Theologie: »Wir fragen nicht nach dem Ältesten oder Klassischen, sondern wir fragen nach dem vom Herrn Gebotenen.«[26]

Das klingt zwar sehr fromm und steil, aber vom sachlichen Gehalt her wird man zustimmen müssen. Die Normativität des liturgisch Angemessenen lässt sich nicht historisierend, etwa mit einem Ursprungs- und Verfallsmodell (je älter, desto

24 Eberhard Busch, Karl Barths Lebenslauf. Nach seinen Briefen und autobiographischen Texten, München 1975, 184.

25 Siehe oben, S. 4.

26 Siehe oben, S. 12.

ursprünglicher und besser) oder mit einem Entwicklungsmodell (alles läuft auf den Zielpunkt des vierten, sechzehnten oder zwanzigsten Jahrhunderts zu), zureichend begründen.[27] Die angemessene Gestaltung der Liturgie kann in der Tat nur von der jeweils aktuell verantworteten Darstellung und Mitteilung des Evangeliums her erfolgen. Welche Form ist passend, damit die Darstellung zum Zeichen der Nähe des Herrn werden kann, so dass von den Feiernden das in der »Torgauer Formel« zum Ausdruck Gebrachte erfahren werden kann, damit nach menschlichem Ermessen alles dafür getan wird, dass »unser lieber Herr selbst mit uns rede«? Dazu gehören umfassende Kunstregeln aus Theologie und Kulturwissenschaften, die ins Spiel zu bringen die liturgische Kunst ausmacht. Will man diese umfassende hermeneutische Anstrengung mit der Frage nach dem »vom Herrn Gebotenen« zum Ausdruck bringen, dann hat Van der Leeuw zweifellos Recht gegenüber allen lediglich historistischen Argumentationsfiguren.

Entsprechend wird dann aber vor allem die Predigt kerygmatisch verstanden. In dem ausführlichen § 6 über das Verhältnis von Verkündigung und Liturgie wird dies an mehreren Stellen deutlich.[28] Die Predigt hat zwar Elemente von Exegese, Moralpredigt und Prophetie. Entscheidend ist dies alles für die Predigt nicht, sondern dass diese wie der gesamte Gottesdienst durch »das priesterliche Amt der Vergebung der Sünden« charakterisiert ist.[29] Hier nimmt Van der Leeuw eine bemerkenswerte dialektische Bestimmung vor. Einerseits gilt, dass in der Predigt »das Wort Gottes unter uns in seiner ganzen Demut und Anfechtbarkeit seiner gebrochenen Gestalt« wohnt.[30] Andererseits heißt es: »Die Verkündigung des Wortes ist wie keine andere Handlung sakramental, wie jeder weiß, der diese Handlung jemals ausgeführt hat.«[31] Diese zweifache Beschreibung erinnert in gewisser Weise an die Doppeldefinition in Karl Barths Homiletik als »Gottes Wort, gesprochen von ihm selbst« und als »der der Kirche befohlene Versuch, dem Worte Gottes [...] zu dienen«.[32] Die Predigt wird durch die Liturgie vor dem nur »Pädagogischen« ebenso bewahrt wie vor dem »zügellos Prophetischen (ekstatischen, lyrischen)«, stellt Van der Leeuw fest.[33]

Die Sakramentalität des Wortes wird auch noch an anderer Stelle geltend gemacht. In der Schriftlesung wird das Wort Gottes nach Van der Leeuw »nicht nur

27 Ausführlich dazu siehe Meyer-Blanck, Gottesdienstlehre (Anm. 6), 94–103.
28 Siehe oben, S. 16–26.
29 Siehe oben, S. 25.
30 Ebd.
31 Siehe oben, S. 26.
32 Karl Barth, Homiletik. Wesen und Vorbereitung der Predigt, Zürich ^{3}1986, 30.
33 Siehe oben, S. 152.

mitgeteilt, sondern gegenwärtig gemacht: Gottes Tat tritt in das Leben der Gemeinde«.[34] Die Lesung »trägt folglich einen sakramentalen Charakter«.[35]

2.3 Plädoyer für die gebrochene Form wider die Formlosigkeit

Die Formlosigkeit weiß Van der Leeuw – wie die gesamte Liturgische Bewegung – mit immer wieder neuen Formulierungen zu kritisieren. Ein typischer Spitzensatz (am Schluss von § 19, der sich u.a. mit der Amtskleidung beschäftigt) lautet so:

> Wer die Formlosigkeit präferiert in der Meinung, dass christliche Freiheit Ungebundenheit und christlicher Glaube Unsichtbarkeit fordert, bedenke, dass auch die Formlosigkeit, wenn sie absichtlich gesucht und systematisch durchgeführt wird, eine Form ist. Nur: es ist die schlechteste denkbare.[36]

Dieses Plädoyer für die Form deckt eine Schwäche mancher explizit reformierten Argumentation auf: Der Verzicht auf bestimmte Elemente ist ebenso eine Äußerlichkeit wie ihr Gebrauch. Van der Leeuw argumentiert eindeutig für die Form, nicht nur in diesem Paragraphen. So heißt es in dem bereits mehrfach zitierten großen § 6, wiederum stark kerygmatisch und in der Spur der Wort-Gottes-Theologie: »Für die Liturgie bedeutet das, dass jede Form jeden Tag und zu jeder Zeit durch den Geist Gottes zerschlagen werden können muss, dass jede Form gebrochen ist und ihrem Wesen nach offen.«[37] Hier wird – implizit vom reformatorischen Schriftprinzip her – die Form bei aller ihrer Hochschätzung stark relativiert. Die Form hat immer eine der Selbstvergegenwärtigung des Herrn dienende Funktion. In der Form kann das Wort von Christus gehört werden, aber auch nur in Bezug darauf ist die Form von Bedeutung. Der Gottesdienst als Form ist darum zwar schön, aber die Schönheit »ist niemals Selbstzweck«.[38] Schon fast nach dem ästhetischen Paradigma des einundzwanzigsten Jahrhunderts klingt dann die prägnante Maxime: »Es gibt keine Entschuldigung für das Hässliche im Gottesdienst, wohl aber für das Ärmliche.«[39] Dem ist auch aus heutiger Sicht nichts hinzuzufügen.

Sowohl dem Individuum als auch der Gemeinschaft würde es nach Van der Leeuw guttun, wenn man sich mehr an Formen hielte. Eher ungewöhnlich für die reformierte Tradition macht er das Kirchenjahr stark: Diesem zu folgen »ist das beste Mittel gegen fromme Einfälle in Liturgie und Predigt. In unserer Kirche

34 Siehe oben, S. 139.
35 Siehe oben, S. 141.
36 Siehe oben, S. 72.
37 Siehe oben, S. 24.
38 Siehe oben, S. 30.
39 Ebd.

herrscht auch in dieser Hinsicht leider meistens der Kult der Formlosigkeit.«[40] Und für die Gestaltung des persönlichen Frömmigkeitslebens »hat unsere Kirche also auch kein größeres Bedürfnis als ein eigenes Reformiertes Brevier«.[41]

In der Gegenwart könnte man eine solche Aussage gewiss unbeschadet von sich geben; damals muss sie jedoch – wie vieles aus der Liturgischen Bewegung – als »katholisierende Neigung« erschienen sein. Formbewusst, sakramental und kerygmatisch soll die Liturgie nach dieser Theorie sein. Dabei dürfte das Kerygmatische dem theologischen Zeitgeist weiter Teile der Kirche, besonders auch in den Niederlanden, entsprochen haben. Das Sakramentale und Formbewusste aber markierte gewiss einen Grundwiderspruch zum reformierten Selbstverständnis. Mir sind jedenfalls noch Äußerungen aus den letzten Jahrzehnten in rheinischen, reformiert geprägten Gemeinden im Ohr nach dem Motto »Wir sind reformiert. Wir haben keine Liturgie!«.

Neben diesen drei Grundorientierungen Van der Leeuws sind schließlich noch summarisch einige andere Auffälligkeiten seiner Liturgik zu markieren, die als durchaus eigentümlich gelten können.

3. Weitere Eigentümlichkeiten von Gerardus van der Leeuws Liturgik

3.1 Der Dienst des Menschen vor Gott

Typisch für das reformatorisch bestimmte, erst recht aber für das reformierte Verständnis von Gottesdienst ist die Betonung, dass der Gottesdienst kein gutes Werk ist, sondern eine Gestalt der Rechtfertigung. Im Deutschen kann das gut in dem Wortspiel zum Ausdruck gebracht werden, dass nicht wir Gott dienen, sondern dass Gott uns dient durch sein Wort und Sakrament.[42]

Bei Van der Leeuw aber ist beides von Bedeutung, der Dienst Gottes, aber auch sehr stark der Dienst des Menschen vor Gott. Gottesdienst bedeutet, »dass wir uns in den Dienst Gottes stellen, um ihn damit zu ehren. Liturgie beginnt folglich bei Gott, der uns in seinen Dienst stellt, und kehrt auch wieder zu Gott, dem der

40 Siehe oben, S. 83.

41 Siehe oben, S. 85.

42 Aus dezidiert reformierter Perspektive siehe Okko Herlyn, Theologie der Gottesdienstgestaltung, Neukirchen-Vluyn ^{2}1992, 37: »Gottesdienst«, verstanden als »menschlicher Dienst an Gott kann – wenn der primäre Sinn des Wortes nun nicht wieder synergistisch in Frage gestellt sein soll – dann nur noch so begriffen werden, dass die gottesdienstliche Gemeinde gerade darauf *verzichtet,* dem Dienst Gottes einen eigenen Dienst, ein – etwa kultisches – ›Werk‹ entgegenzusetzen, sozusagen eine Gegenleistung zu erbringen« (dort kursiv). – Dazu möchte man die Fragen stellen: Warum soll die Gemeinde auf ein solches »gutes Werk« verzichten? Ist Gott in einer solchen Theologie eine anthropologische Projektion perfekter Bedürfnislosigkeit? Wird Gott als kommunikationsresistent vorgestellt?

Dienst gilt, zurück«.[43] Hier geht Van der Leeuw einleitend von dem griechischen Begriff »Leiturgia« (»öffentlicher Dienst«) bzw. dem lateinischen »Officium« aus. Die reformatorische Reihenfolge ist dabei selbstverständlich: »Gott spricht und der Mensch antwortet, Gott handelt und der Mensch dient.«[44] Davor aber steht als erster Satz: »Der Gottesdienst erwächst weder einer unverbindlichen Andacht noch einer beliebigen Sehnsucht, sondern er ist ein wirkliches *Dienen*, d.h. ein existenzielles Verhältnis zwischen Gott und Kirche.«[45] In dem Leitsatz zu § 7 wird das »Dienen« außerdem mit dem Sakramentalen der Liturgie in Verbindung gebracht. Erinnert man sich an das oben dazu Gesagte, dann kann formuliert werden: Beim »Dienen« denkt Van der Leeuw nicht an eine vor Gott zu erbringende Leistung, sondern an die Realität der Christusbegegnung im Gottesdienst. Diese kann aber nur in die Nachfolge, in den Dienst Gottes münden. In diesem Zusammenhang dürfen darum Mk 10,45 einerseits und Ps 100,2 bzw. Lk 1,74 andererseits nicht gegeneinander ausgespielt werden. Das sakramental Erlebte hat nach Van der Leeuw Konsequenzen auf der Seite des Menschen. Dieser Gedanke steht auch hinter seiner Beschreibung der Konfirmation als »Ergänzung zur Taufe«.[46] Diese Formulierung ist höchst missverständlich[47] und erfordert mindestens die Unterscheidung, dass es sich bei der Konfirmation um eine *pädagogische* Entfaltung handelt, dass aber keinesfalls von einer Ergänzung der Taufe im *soteriologischen* Sinne die Rede sein kann. Diese Klarstellung sucht man allerdings in der Liturgik Van der Leeuws vergeblich.

3.2 Predigt und Liturgie

Eine große Stärke hat diese Liturgik in der Zuordnung von Liturgie und Predigt, die man so in liturgischen wie in homiletischen Entwürfen ihrer Zeit wenig finden kann. Daraus resultiert eine feinsinnige pastorale Ermahnung an die jungen Amtsbrüder, die nichts von ihrer Aktualität verloren hat: Gerade weil die Predigt in einem sakramentalen *Kontext* steht, muss sie selbst vom pastoralen Stil her grundsätzlich anders, mithin *nicht liturgisch* sein (§ 41): »Die Predigt geht anders vor als die Liturgie und es gibt nichts Schlimmeres als eine Liturgie, die zur Predigt wird, oder eine Predigt, die zur Liturgie wird.« Gerade das Fehlen einer guten

43 Siehe oben, S. 10.

44 Siehe oben, S. 27; Einleitung zu § 7 und damit zum dritten Kapitel »Liturgische Handlung«.

45 Ebd.

46 Siehe oben, S. 49.

47 Sie erinnert an die bekannte Formulierung Schleiermachers im Leitsatz zu § 138 seiner »Glaubenslehre«: »Die Kindertaufe ist nur eine vollständige Taufe, wenn man das nach vollendetem Unterricht hinzukommende Glaubensbekenntnis als den letzten dazu noch gehörigen Akt ansieht« (Friedrich D. E. Schleiermacher, Der christliche Glaube nach den Grundsätzen der evangelischen Kirche im Zusammenhange dargestellt – Zweite Auflage [1830/31], hg. von Rolf Schäfer, Berlin/ New York 2008, Bd. 2, 373).

Liturgie führe zu einem falschen Predigtton, »der schlechtem gregorianischem Gesang nahekommt«.[48]

Verblüfft war ich geradezu, als ich die Maximen las, die ich in letzter Zeit selbst neu entdeckt habe und vertrete;[49] bei Van der Leeuw klingt das so: »Die Liturgie sei der feste Boden, auf dem die christliche Rede erblühen kann« sowie »die legitime Subjektivität der Predigt muss sich auf die Objektivität der Liturgie berufen können«.[50] Van der Leeuw geht es um die »Schnittstelle zwischen Verkündigung und Liturgie«,[51] und die rhetorische Frage dazu lautet: »Muss Rom von der Verkündigung absehen und Genf von der Liturgie?«[52] Darum ist er auch skeptisch gegenüber einer Altarbibel (Bibel auf dem Abendmahlstisch): »Wir sind keine Bibel- sondern Christus-Anbeter.«[53] Die schönste Formulierung zu dem Problem eines Gottesdienstes »ohne Liturgie« aber findet sich in § 28 über den »liturgischen Stil«: »Der ›Predigtton‹ ist größtenteils nichts anderes als das schlechte Gewissen einer Kirche, die die Liturgie entstellt oder abgeschafft hat und nun doch – nur am falschen Ort! – den liturgischen Ton wiederfindet.«[54] Diese Einsicht verdiente es auch heute selbstkritisch in Anschlag gebracht zu werden.

Damit ist das aus meiner Sicht Wichtigste benannt. Ich zähle an dieser Stelle nur noch auf, was ich darüber hinaus auffällig finde, was zu kommentieren hier aber kein Raum mehr bleibt: Die Liturgik erhält auch einen theologisch erheblichen Stellenwert, denn »Mystik und Ethik wie auch Dogmatik entstehen im Gottesdienst«.[55] Das verweist auf die gegenwärtige internationale Diskussion einer »liturgischen Theologie« bzw. einer »theologia prima«.[56] Van der Leeuw lässt uns auch viel Lokalkolorit ahnen wie etwa bei der Rolle und auch der Kleidung der Ältesten, die ja von erheblicher Bedeutung für die Inszenierung der reformierten Liturgie sind.[57] Er propagiert das tägliche Stundengebet in der Gemeinde[58] – eine damals viel gehegte Hoffnung in der älter gewordenen Liturgischen Bewegung,

48 Siehe oben, S. 152f.

49 Michael Meyer-Blanck, Evangelium zeigen, in: Homiletik. Aktuelle Konzepte und ihre Umsetzung, hg. von Lars Charbonnier et al., Göttingen 2012, 137–152 sowie ders., Ritus und Rede. Eine Verhältnisbestimmung auf dem Hintergrund Ökumenischer Theologie, in: Gottesdienst und Predigt – evangelisch und katholisch, Neukirchen-Vluyn 2014 (Evangelisch-katholische Studien zu Gottesdienst und Predigt 1), 11–39.

50 Siehe oben, S. 154.

51 Siehe oben, S. 16.

52 Siehe oben, S. 20.

53 Siehe oben, S. 94.

54 Siehe oben, S. 100.

55 Siehe oben, S. 8.

56 Dorothea Haspelmath-Finatti, Theologia Prima. Liturgische Theologie für den evangelischen Gottesdienst, Göttingen 2014 (Arbeiten zur Pastoraltheologie, Liturgik und Hymnologie 80).

57 Siehe oben, S. 72.

58 Siehe oben, S. 167.

die sich kaum erfüllte – und er will den Hausgottesdienst stärken.[59] Selbstverständlich spricht er auch von der Judentaufe.[60] Schließlich ist seine eigene Frömmigkeit gut zu erkennen an den verschiedenen Gesangbuchversen, die er assoziativ in den Text einstreut. Hier spricht nicht nur der Liturgiker, sondern auch der treue Gottesdienstbesucher.

So kann ich mit dem Fazit schließen: Dieser Liturgik fehlt hin und wieder der letzte begriffliche und denkerische Schliff, sie ist eher eine Arbeitsprobe, bei der man dem Autor bei der Ausbildung, beim leidenschaftlichen Gespräch mit jungen Pfarramtskollegen über die Schulter schauen darf. Als ein solcher Entwurf hat diese Liturgik durchaus ihren pastoraltheologischen und siebzig Jahre später auch einen historischen und theoretischen Reiz. Und manche liturgischen Grundirrtümer sind eben langlebiger als ein altes Manuskript, für dessen Bereitstellung für den Druck den Herausgebern ausdrücklich zu danken ist.

59 Siehe oben, S. 189f.
60 Siehe oben, S. 49f.

Kommentar zu Van der Leeuws Liturgik aus freikirchlicher Perspektive

Stefan Schweyer

Die hochkirchlich reformierte Liturgik Van der Leeuws ist für Freikirchler keine leichte Kost. Das von ihm präsentierte Buffet enthält kaum typisch freikirchliche Zutaten. Es zeichnet sich nicht durch gestalterische Freiheit aus, sondern durch liturgische Strenge, nicht durch die Frömmigkeit der Menschen, sondern durch die Objektivität der Kirche, nicht durch spontane Charismen, sondern durch das geregelte Amt. Es wäre bequem und nachvollziehbar, die Finger von dieser Liturgik zu lassen, ganz nach dem Motto: »Was der Bauer nicht kennt, das frisst er nicht«. So einfach will ich es mir nicht machen. Und so einfach macht es Van der Leeuw mir nicht. Schon die ersten Zeilen der Liturgik strömen einen verlockenden Duft aus. Davon will ich mich anziehen und vom unbekannten Geschmack überraschen lassen. Auch wenn die Kost nicht leicht ist, erweist sie sich als kostbar. Ich beginne mit dem, was mir am meisten vertraut ist, nämlich mit den wenigen Passagen, in denen sich Van der Leeuw explizit freikirchlichem Gottesdienstverständnis zuwendet (Kap. 1). Aus dem reichhaltigen liturgischen Buffet wähle ich dann einige Köstlichkeiten aus (Kap. 2). Daran schließen sich Menütipps für freikirchliche Gottesdienstgestaltung an (Kap. 3), bevor abschließend gefragt wird, wie hochkirchliche Liturgie mit freikirchlicher Würze angereichert werden könnte (Kap. 4).

1. Erster Zugang: Das »liturgische Monstrum«

Es gibt wenige Textstellen, an denen Van der Leeuw sich unter den Labeln »pietistisch« oder »methodistisch« explizit freikirchlichem Gottesdienstverständnis zuwendet. Einen Seitenhieb auf freikirchliche Gottesdienstkultur findet sich in der Passage über Calvins Gottesdienstverständnis. Van der Leeuw weist dabei die Ansicht zurück, dass die Auffassung von Gottesdiensten als reine »erbauliche Zusammenkünfte« etwas »typisch calvinistisches« sei. Dieses seiner Meinung nach verdrehte Gottesdienstverständnis habe vielmehr »methodistisch-puritanischen Ursprung« und sei ein »liturgisches Monstrum«:

> Zwar war auch seine [Calvins] Reformation des Gottesdienstes keineswegs ein Bildersturm und ebenso wenig eine Reduktion auf das liturgische Monstrum methodistisch-puritanischen Ursprungs, das viele gegenwärtig ja als typisch calvinistisch ansehen. Dass

> auch Calvin nicht im Geringsten den christlichen Gottesdienst durch erbauliche Zusammenkünfte ersetzen wollte, zeigt sich zunächst an der großen Sorgfalt, die er persönlich in Bezug auf die kultische Form an den Tag legte.[1]

Damit erweist sich der erste Zugang bereits als schwer verdaulicher Brocken. Das, was Freikirchen lieb und teuer ist, nämlich die erbauliche Versammlung, ist nach Van der Leeuw ein Scheusal. Dieses harte Urteil klingt auch schon bei der ersten Thematisierung freikirchlicher Gottesdienstkultur an. Bei der Präsentation unterschiedlicher Liturgietypen (§ 5) charakterisiert van der Leeuw neben dem östlichen, westlichen, lutherischen, reformierten und anglikanischen Typus den freikirchlichen Typus folgendermaßen:

> Schließlich die pietistisch-methodistisch gefärbten Kirchen und Gemeinschaften. Man trifft diese nicht nur als selbstständige Kirchen (vor allem in Amerika und England) an, sondern auch und vor allem als Gruppen innerhalb anderer Kirchen. In unseren niederländischen Kirchen machen sie einen nicht geringen Teil dessen aus, was in der Regel »die Orthodoxie« genannt wird. Sie haben die Neigung, das ganze Leben mit Gott ins Innere zu verlegen. Jede Form wird dabei zu einer »bloßen Form« (dies gilt sowohl für die Lehre als auch für den Gottesdienst). Der Gottesdienst wird zu einer erbaulichen Zusammenkunft und damit im Grunde aufgehoben. Dasselbe gilt auch für das Sakrament. Als Korrektiv zur Rationalisierung und zur Kanalisierung leisten diese Strömungen immer noch einen unersetzlichen Dienst. Sie können aber der Kirche als Ganzes nicht eine Richtung weisen, im Gegenteil: Sie sind für den völligen Mangel an kirchlichem Bewusstsein verantwortlich, unter dem wir noch immer leiden. Auf der anderen Seite dürfen wir nicht vergessen, dass noch immer der größte Teil der lebendigen Frömmigkeit der christlichen Gemeinde (auch bei uns) in diesen Strömungen geboren und von ihnen genährt wird, für die die Frage nach der Form des Lebens mit Gott kaum in Betracht gezogen wird.[2]

Auch hier wird der negative Unterton deutlich. Eine erbauliche Versammlung ist für Van der Leeuw kein Gottesdienst. Es ist höchstens Ausdruck verinnerlichter Spiritualität. Das mangelnde »kirchliche Bewusstsein« verunmöglicht es, aus der freikirchlichen Bewegung wegweisende Impulse für die »Kirche als Ganzes« zu gewinnen. Etwas bekömmlicher wird dieser Abschnitt dadurch, dass er auch eine Würdigung der freikirchlichen Bewegung enthält. Diese sieht Van der Leeuw einerseits im »unersetzlichen« korrektiven Potenzial gegenüber einer rationalistisch verengten und erstarrten Kirche und andererseits in der »lebendigen Frömmigkeit«.

1 Siehe oben, S. 18.
2 Siehe oben, S. 14.

Der liturgische Beitrag der Freikirchen bleibt durch die Geringschätzung der Formfragen begrenzt. Dabei werde nicht bedacht, dass auch bewusste Formlosigkeit eine Art von Form darstellt:

> Gott gab unserem Leben in seinem Dienst eine Form. Wer die Formlosigkeit präferiert in der Meinung, dass christliche Freiheit Ungebundenheit und christlicher Glaube Unsichtbarkeit fordert, bedenke, dass auch die Formlosigkeit, wenn sie absichtlich gesucht und systematisch durchgeführt wird, eine Form ist. Nur: Es ist die schlechtest denkbare.[3]

Das Urteil Van der Leeuws ist deutlich. Formlosigkeit als Stil erhält die schlechtesten Noten. Umgekehrt spricht aus diesem Urteil eine Präferenz für bewusst geformte und gestaltete Formen.

Aus diesen wenigen expliziten Aussagen zu freikirchlichen Gottesdiensten ergeben sich erste Beobachtungen und Fragen: (1) Ohne Zweifel dominiert bei Van der Leeuw eine *kritische Sicht auf freikirchliches Gottesdienstverständnis*. Er offeriert damit den Freikirchen eine Perspektive, um das, was sie für selbstverständlich halten, zu hinterfragen. Diese Einladung sollte man annehmen. Wenn eine freikirchliche Leserschaft die Bereitschaft zur Selbstkritik mitbringt, dann wird man in dieser Liturgik manche Kostbarkeiten entdecken. (2) Die Begründung der Kritik am freikirchlichen Modell hat mit Van der Leeuws eigenem Zugang zum Gottesdienst zu tun. Dieser besteht nach meiner Wahrnehmung in der *Verknüpfung von regelgebundener Form und Sakramentalität*. Diese enge Verknüpfung verunmöglicht es Van der Leeuw, in »freien« Formen liturgische Sakramentalität zu identifizieren. Hier wäre zu bedenken, ob zwischen den beiden Polen – der absichtlichen Formlosigkeit und der absichtlichen Durchgeformtheit – nicht auch Raum bestehen würde für so etwas wie eine *improvisierte Sakramentalität*, die Regelförmigkeit und Spontaneität miteinander verbindet. (3) Das, was Van der Leeuw am Freikirchentum würdigt, findet ihm zufolge *außerhalb der Liturgie* statt. Er kann den positiven Beitrag der Freikirchen, nämlich deren »unersetzlichen Dienst« als Korrektiv einer rationalistisch-erstarrten Liturgie und deren »lebendige Frömmigkeit« nicht in seine liturgische Konzeption aufnehmen. Das wird exemplarisch beim Thema Gebet sichtbar. Obwohl Van der Leeuw betont, dass das »freie Gebet im Gottesdienst nicht verschwinden darf«,[4] ist er nicht in der Lage, dieses wirklich positiv zu würdigen, und es gibt keine Hinweise, wie die Praxis des freien Gebets konstruktiv gefördert werden kann. Dadurch, dass Van der Leeuw die positiven freikirchlichen Impulse zwar würdigt, aber nicht liturgisch integriert, wird meines Erachtens eine Chance vergeben. Ist es wirklich der richtige Weg, die »lebendige Frömmigkeit« aus der Liturgie zu verbannen? Wäre

3 Siehe oben, S. 72.

4 Siehe oben, S. 149f.

es nicht möglich, diese Impulse in die Gestaltung der Liturgie mit aufzunehmen? Könnte sich das nicht als Weg erweisen, in der »Kirche als Ganzes« Raum für die Entstehung und Entwicklung einer »lebendigen Frömmigkeit« zu eröffnen? Ich meine, dass freikirchliche Impulse dem hochkirchlichen Menü in dieser Hinsicht durchaus Würze verleihen können.

2. Köstlichkeiten

Aus dem reichhaltigen liturgischen Buffet, das Van der Leeuw präsentiert, wähle ich drei Köstlichkeiten aus, die aus freikirchlicher Sicht auffallen und sich meines Erachtens besonders eignen, in einer freikirchlichen Liturgik rezipiert zu werden. Bei der ersten Köstlichkeit handelt es sich um das grundlegende Gottesdienstverständnis Van der Leeuws, nämlich um die Verbindung von Regelförmigkeit und Sakramentalität, bei den beiden weiteren Köstlichkeiten handelt es sich um spezifische Modifikationen dieser beiden Grundzüge.

2.1 Regelförmige Sakramentalität

Beim Gottesdienstverständnis Van der Leeuws laufen zwei Linien zusammen. Zum einen zeichnet sich Gottesdienst durch *Regeln* aus, wie sich die Begegnung Gottes mit der Kirche vollzieht: »Liturgie ist eine amtlich festgelegte Form des Verkehrs zwischen Gott und der Kirche.«[5] Dass die Begegnung mit Gott nach bestimmten Regeln erfolgt, begründet Van der Leeuw mit der Offenbarung Gottes in der Inkarnation Jesu Christi. Diese in Raum und Zeit sich ereignende Offenbarung verunmögliche es, die Beziehung zu Gott zu spiritualisieren. Vielmehr erfolgt sie konkret, d.h. in einer bestimmten Gestalt und damit nie ohne Form. Das besondere am Gottesdienst ist nun, dass sich dieser Verkehr mit Gott nicht individuell, sondern ekklesial vollzieht. Die Form dieser Begegnung muss daher laut Van der Leeuw »amtlich festgelegt« sein. Diese Festlegung ist prozesshaft zu verstehen, so dass sich im Laufe der Zeit der liturgische Kanon weiterentwickelt.[6] Ausdruck der Regelförmigkeit sind dann die verbindlichen kirchlichen Ordnungen für den Gottesdienst.[7]

Diese ekklesiale Regelförmigkeit verknüpft nun Van der Leeuw mit einem zweiten Aspekt: der *Sakramentalität*. Der sakramentale Charakter unterscheidet den Gottesdienst von andern Arten von Versammlungen:

5 Siehe oben, S. 7.
6 Siehe oben, S. 4.
7 Siehe oben, S. 106–162.

> Der Gottesdienst ist sakramental. Dies unterscheidet ihn von jeder religiösen Zusammenkunft, von Erweckung und Katechese, von Mysterienspiel und musikalischer Aufführung.[8]

> Das liturgische Handeln trägt als Form des Verkehrs zwischen Gott und der Kirche den Charakter eines Dienstes, d.h. einen sakramentalen Charakter.[9]

Unter »sakramental« wird dabei eine Handlung verstanden, deren eigentliches Subjekt Gott ist und die ein Mensch im Auftrag Gottes und im Dienst an ihn ausführt. Im Sakrament verbinden sich göttliches und menschliches Handeln. Der Mensch wird so in Gottes Leben hineingezogen, ihm widerfährt Heil, nämlich »die erlösende und versöhnende Gegenwart Christi in der irdischen Leiblichkeit«.[10]

Die Grundform des Sakraments ist Jesus Christus selber in seiner Inkarnation, also in der Verbindung von Gott und Mensch. Um diesen Mittelpunkt gruppieren sich in konzentrischen Kreisen die eigentlichen Sakramente – das Abendmahl, die Taufe, die Sündenvergebung – dann die Sakramentalien, also weitere Segenshandlungen der Kirche.[11]

Der Gottesdienst zeichnet sich nun durch die *Verbindung von Regelförmigkeit und Sakramentalität* aus. Es geht also im Gottesdienst um ein regelhaftes Geschehen, in dem sich die Kirche in den Raum der heilswirksamen Gegenwart Gottes stellt. Beides, die Regelförmigkeit und die Sakramentalität, haben eine gemeinsame Norm: *Jesus Christus als das fleischgewordene Wort Gottes*, als wahrer Gott und wahrer Mensch. Wenn es im Gottesdienst darum gehen soll, dass Gott und Mensch zusammenkommen, dann muss sich der Gottesdienst an dieser initialen Gott-Mensch-Verbindung in Jesus Christus orientieren. Dieses regelförmig-sakramentale Verständnis ist für den Gottesdienst insgesamt, aber auch für die einzelnen Elemente bestimmend.

Freikirchen können sich theologisch zunächst sehr gut dieser Grundbestimmung anschließen, dass sich der Gottesdienst an Jesus Christus orientiert. Dass Jesus Christus die »Mitte« des Gottesdienstes bilden soll, ist in freikirchlichem Gottesdienstverständnis gut verankert.[12] Weniger ausgeprägt ist das sakramentale Bewusstsein, dass es sich dabei um ein heilswirksames Geschehen handelt, in dem

8 Siehe oben, S. 22.

9 Siehe oben, S. 27.

10 Siehe oben, S. 34.

11 Siehe oben, S. 29.

12 Vgl. Bryan Chapell, Christ-centered Worship. Letting the Gospel shape our Practice, Grand Rapids, MI 2009; Stefan Schweyer, Christozentrischer Gottesdienst, in: Christozentrik. Festschrift zur Emeritierung von Armin Mauerhofer, hg. von Jürg H. Buchegger/Stefan Schweyer, Wien 2016 (Studien zu Theologie und Bibel 17), 273–288.

es nicht nur darum geht, *über* Gott zu reden, sondern *mit* Gott in Beziehung zu treten. Die Beobachtung Van der Leeuws, dass die Kirchen der Reformation in Abgrenzung gegenüber einer *ex-opere-operato*-Sakramentalität keine eigene positive Sakramententheologie entwickelt haben,[13] trifft auch auf die Freikirchen zu. Mit seinem eigenen inkarnatorischen Ansatz der Sakramentalität eröffnet Van der Leeuw eine Perspektive, die für Freikirchen befruchtend ist und es ermöglicht, neu über den *Gottesdienst als Heilsereignis* nachzudenken.

Ebenso inspirierend dürfte für Freikirchen die *positive Konnotation der Regelhaftigkeit* des Gottesdienstes sein. Sie erlaubt es, die sowieso vorhandene Regelhaftigkeit, die es auch in freikirchlichen Gottesdiensten gibt, bewusst wahrzunehmen, zu reflektieren und an Jesus Christus als der Grundform des Gottesdienstes auszurichten. Die Bejahung der Regelhaftigkeit ermöglicht es auch, selbst bei unterschiedlichen Vorstellungen über die konkreten Inhalte dieser Regeln in ein konstruktives ökumenisches Gespräch einzutreten.

2.2 Kreuzgestalt

Die zweite Köstlichkeit, die ich auswähle, betrifft eine Präzisierung der Regelförmigkeit der Liturgie. Bei aller Hochschätzung der Regeln ist sich Van der Leeuw nämlich deren Grenzen sehr wohl bewusst. Das wird nirgendwo so deutlich wie bei der Betonung der *Kreuzform* für die Liturgie:

> Aber in der Inkarnation liegt zugleich das Prinzip der Dialektik. Die Gestalt, die Gott annimmt, ist eine gebrochene Gestalt, sie ist die Gestalt des Dieners, der sich entledigte, des Gekreuzigten, dessen Leib für uns gebrochen und dessen Blut für uns vergossen wurde. Die Form, die uns im Gottesdienst gegeben ist, ist eine gebrochene Form. Sie richtet sich nach der Grundform der Offenbarung. Sämtliche Liturgie trägt die Form des Kreuzes.[14]

Die Regelförmigkeit der Liturgie wird durch die Orientierung am Gekreuzigten durchbrochen. Die Form des Kreuzes präfiguriert den Gottesdienst. Ein solcher kruziformer Gottesdienst zeichnet sich dadurch aus, dass er nie abgeschlossen sein kann, nie in vollendeter Form vorliegt, die keine Veränderung mehr bedürfte. Vielmehr bedeutet es, dass »jede Form jeden Tag und zu jeder Zeit durch den Geist Gottes zerschlagen werden können muss«.[15] Van der Leeuw sieht hier das »berechtigte Misstrauen der Reformation gegenüber aller geschlossenen Form«,[16] damit auch gegenüber allem Vertrauen in liturgische Formen an sich. Diese prinzipielle Einsicht halte ich für eminent wichtig.

13 Siehe oben, S. 32.
14 Siehe oben, S. 8.
15 Siehe oben, S. 24.
16 Ebd.

Ich greife diesen Gedanken auf und schließe einige Überlegungen daran an: Es gibt keine Form, die eine Begegnung mit Gott garantieren könnte. Es gibt keine Form, auf die man sich verlassen könnte. Wenn im Gottesdienst wirklich eine dialogische Kommunikation mit Gott stattfindet, dann ist das ein Ereignis, das durch keine menschliche Handlung abgesichert werden kann. Mit anderen Worten: *Gottesdienst ist ein Risiko*. Es besteht das Risiko, bei aller Form – ob bewusst durchgeformt oder formlos, ob im Rückgriff auf Tradition, auf die Bibel oder auf spontanes Geistwirken begründet – Gott zu verpassen. Weder eine theologisch brillante Gottesdienstagende noch ein emotional-spontaner charismatischer Worship garantiert, dass im Gottesdienst geschieht, was man sich erhofft: die Begegnung mit Gott selber. Damit erhält diese Begegnung mit Gott eine personale Note, nämlich den Charakter der Liebe. Denn gerade das ist das Merkmal einer von Liebe geprägten Beziehung, dass sie bereit ist, das Risiko des Misslingens einzugehen. Vielleicht könnte es ertragreich sein, die Formhaftigkeit und Regelförmigkeit des Gottesdienstes mit dem Wesen der *Liebe Gottes* in Verbindung zu bringen. Der Gekreuzigte ist die äußerste und höchste Gestalt dieser Liebe. Es ist diese Gestalt, die den Gottesdienst prägt und bestimmt.

Die Kruziformität des Gottesdienstes markiert zusätzlich die *Differenz des irdischen zum himmlischen Gottesdienst*. Natürlich stimmt, dass »nach christlicher Überzeugung aller Gottesdienst […] ein Einstimmen in die himmlische Liturgie« ist.[17] Das gilt insbesondere im Blick auf den doxologischen Charakter des Gottesdienstes.[18] Aber gleichzeitig gilt, dass der irdische Gottesdienst nicht mit dem himmlischen identifiziert werden kann. Der irdische Gottesdienst ist an einen konkreten Ort und eine konkrete Zeit gebunden. Er ist noch nicht das Letzte, sondern das Vorletzte. Hier feiern nicht Engel, sondern auf der Erde lebende Menschen. Hier wird nicht nur in das himmlische Sanctus eingestimmt, sondern auch das Kyrie gerufen. Hier gibt es nicht nur die Anbetung des Lammes, sondern auch das Schuldbekenntnis, die Gnadenzusage, die prophetische Kritik, der Ruf in die Nachfolge. Die Gestalt des Gekreuzigten erinnert und mahnt daran, dass wir noch nicht vollendet sind. Im irdischen Gottesdienst »verkündigen wir den Tod des Herrn, bis er kommt« (1Kor 11,26). Die eschatologische Grundstimmung des Gottesdienstes besteht daher nicht nur in der Antizipation des vollendeten Gottesdienstes und der Partizipation an der himmlischen Liturgie, sondern auch im eschatologischen Vorbehalt.

17 Siehe oben, S. 11.
18 Siehe oben, S. 73.

2.3 Epiklese

Die dritte hier ausgewählte Köstlichkeit aus dem liturgischen Buffet betrifft die Art und Weise, wie die Sakramentalität bei Van der Leeuw im Gottesdienst Gestalt findet, nämlich in der Epiklese. Diese wird dabei von der Konsekration deutlich abgegrenzt:[19]

> Auf das Fürbittengebet und das Gebet des Herrn folgt die Epiklese. Nicht das Konsekrationsgebet. Wir konsekrieren keine Elemente, aber wir bitten darum, dass Gottes Heiliger Geist auf das Abendmahl, die Gaben, die Liturgen und auf die ganze Handlung herabsteigen möge.[20]

Van der Leeuw sieht hier eine Akzentverschiebung zwischen der epikletischen Sakramentalität der Alten Kirche hin zur konsekrierenden Sakramentalität im römisch-katholischen Ritus und erkennt darin eine Fehlentwicklung, die er auch als Ursache für theologisch fragwürdige Dogmen (Transsubstantion) und liturgisch bedenkliche Praktiken (fehlende Kommunion des Volkes; Aufbewahrung der Gaben) betrachtet.[21] Die Epiklese – so betont Van der Leeuw – betrifft nicht nur die Gaben, sondern auch die Gemeinde und den gesamten Vollzug der Abendmahlsfeier. Durch den Heiligen Geist wird die Handlung der Abendmahlsfeier zum Sakrament. Nicht die Verwandlung der Gaben, sondern der Vollzug der Kommunion rückt damit ins Zentrum der Abendmahlsfeier.

Mir geht es hier nun nicht um Van der Leeuws Bewertung des römisch-katholischen Ritus an sich – dazu wären sicher die neueren Entwicklungen mit zu bedenken –, sondern darum, dass das Sakramentsverständnis durch diese epikletische Ausrichtung freikirchlich anschlussfähig ist. Das Epiklesegebet könnte in theologischer und liturgiepraktischer Hinsicht gut in Freikirchen verwendet werden. Denn hier wird das Wirken des Heiligen Geistes in Bezug gesetzt zu den Menschen, die sich zum Gottesdienst versammeln und Abendmahl feiern. Der Heilige Geist wirkt in und an dieser gottesdienstlichen Versammlung. Nicht der Kirchenraum an sich, nicht die eucharistischen Gaben an sich, nicht das Amt an sich ist »heilig«, sondern alles nur in Bezug auf die gottesdienstfeiernde Gemeinde. Deshalb lässt sich das Wirken des Heiligen Geistes auch nicht konservieren, sondern wird immer wieder neu herbeigefleht und als Wunder erfahren.

Der Ansatz der epikletischen Sakramentalität eröffnet die Möglichkeit, die *pneumatologische Dimension des gottesdienstlichen Geschehens* insgesamt noch etwas breiter zu fassen, als das bei Van der Leeuw erfolgt. Durch den Heiligen Geist wird im Predigtwort Gottes Wort vernehmbar. Durch den Heiligen Geist

19 Vgl. bes. den Anhang A, oben, S. 191f.
20 Siehe oben, S. 158.
21 Siehe oben, S. 117.

wird das Menschenwort zum Gebet (Röm 8,26). Durch den Heiligen Geist werden Gläubige mit vielfältigen Charismen für den Dienst an Gott befähigt und in die Erbauung der Kirche (*oikodome*) einbezogen (1Kor 14). Durch den Heiligen Geist wird die Kommunikation mit Gott und untereinander erneuert (Apg 2, 1Kor 14). Die epikletische Sakramentalität würde sich gut in Verbindung bringen lassen mit dem, was Arnold van Ruler *theonome Reziprozität* nennt, nämlich die von Gott gesetzte und durch den Heiligen Geist gewirkte Wechselwirkung von menschlichem und göttlichem Handeln.[22] Damit würde die epikletische Sakramentalität es auch ermöglichen, *pfingstlich-charismatische Aspekte* in den Gottesdienst zu integrieren.

3. Menütipps für freikirchliche Gottesdienste

Van der Leeuw warnt davor, die Ordnung des Gottesdienstes willkürlich als eklektische Auswahl und Mischung von Elementen unterschiedlicher liturgischer Typen festzulegen, vielmehr seien dabei die organische Entwicklung und der historische Kontext zu beachten. Trotzdem sei es eine Pflicht, den Gottesdienst der näher verwandten und weiter entfernteren Kirchen zu erforschen und daraus zu lernen, denn keine Kirche könne leben »ohne die Berührung mit dem Gottesdienst in andern Zweigen der einen Kirche«.[23] In diesem Sinne wollen die beiden folgenden Menütipps als einen sich aus der Begegnung mit Van der Leeuws Liturgik ergebenden Lernertrag für freikirchliche Gottesdienstgestaltung verstanden wissen.

3.1 Hochschätzung des Abendmahls

Der erste Menütipp betrifft die zentrale Stellung des Abendmahls für den Gottesdienst. Sie ergibt sich aus dem oben skizzierten sakramentalen Liturgieverständnis, wonach das Abendmahl die liturgische Grundform darstellt.[24] Daraus leitet Van der Leeuw ab, dass das Abendmahl, wenn möglich, in jedem Sonntagsgottesdienst gefeiert werden sollte, dass aber auch diejenigen Gottesdienste, die ohne Abendmahl stattfinden, mit dem Abendmahl innerlich verbunden sind und diese

22 Arnold van Ruler, De Spiritu Sancto: Bijdragen tot de Heilige Geest, in Structuurverschillen tussen het christologische en het pneumatologische gezichtspunt, Utrecht 1964, 205–227. Für die Homiletik rezipiert bei Rudolf Bohren, Predigtlehre, Gütersloh [6]1993. Für die Praktische Theologie insgesamt siehe Dirk Kellner, Charisma als Grundbegriff der Praktischen Theologie. Die Bedeutung der Charismenlehre für die Pastoraltheologie und die Lehre vom Gemeindeaufbau, Zürich 2011.

23 Siehe oben, S. 16.

24 Ebd.

Verbindung in Gebet, Lobpreis, Schriftlesung und Predigt zum Ausdruck kommt.[25]

Eine solche Hochschätzung des Abendmahls steht den Freikirchen gut an. Es ist in der Tat beklagenswert, wenn das Abendmahl nur selten gefeiert wird, wenn es ein Anhängsel an einen Predigtgottesdienst ist, wenn die Einsetzung salopp und oberflächlich erfolgt – manchmal sogar ohne Einsetzungsworte und entsprechende Gebete, oder wenn das Abendmahl sogar den Charakter der Selbstbedienung erhält. Manchmal wird argumentiert, dass das Abendmahl selten gefeiert wird, um dessen Besonderheit zu erhalten. Dem ist entgegenzuhalten, dass die Besonderheit des Abendmahls gerade in dessen Regelmäßigkeit und Häufigkeit besteht – im Unterschied zur Einmaligkeit der Taufe. Eine »abergläubische Hemmung vor dem Abendmahl« – so Van der Leeuw – ist »nichts anderes als eine reformiert-pietistische Form des Mysteriengottesdienstes« – also des Gottesdienstes, bei dem die Gemeinde zur Zuschauerin degradiert wird und kein Anteil am Geheimnis des Glaubens erhält.[26] Das seltene Feiern fördert damit nicht ein genuin christliches, sondern ein magisches Verständnis des Abendmahls. Das heißt also: Die Reduzierung der Häufigkeit der Abendmahlsfeier ist nicht die richtige Antwort für den Umgang mit Schwierigkeiten, die sich rund um das Abendmahl ergeben – das galt damals für die Korinthergemeinde (1Kor 11; 14) gleichermaßen wie für die Freikirchen der Gegenwart.

Wenn Freikirchen danach fragen, wie sie das Abendmahl häufiger feiern können, wie dabei der Charakter des Abendmahls deutlicher zum Ausdruck kommen und wie die Art und Weise der Feier würdiger sein kann, dann müssen sie das Rad nicht ganz neu erfinden, sondern können aus denjenigen kirchlichen Traditionen lernen, in welchen das Abendmahl regelmäßig gefeiert wird. Freikirchen könnten sich vom Epiklesengebet[27] inspirieren lassen sowie auch die Anregung aufnehmen, in Gottesdiensten ohne Abendmahl implizit oder explizit darauf zu verweisen. Wenn Freikirchen nicht sonntäglich Abendmahl feiern, wird es wohl nicht möglich sein, sofort auf einen wöchentlichen Rhythmus umzustellen. Die Frequenz könnte aber erhöht werden, indem beispielsweise einmal monatlich und an allen kirchlichen Feiertagen das Abendmahl gefeiert wird. Die häufigere und intensivere Feier des Abendmahls würde den Freikirchen helfen, den Ereignischarakter des Gottesdienstes stärker zu betonen, so dass im Gottesdienst nicht nur über das Heil gepredigt wird, sondern Heil erfahren wird.

25 Siehe oben, S. 106–108.
26 Siehe oben, S. 108.
27 Siehe Anhang E, oben, S. 197.

3.2 Liturgische Einbettung der Predigt

Der zweite Menütipp betrifft das Verständnis der Predigt als Teil des Gottesdienstes: »Die Predigt gehört nicht nur zur Liturgie, sie ist auch selbst Liturgie.«[28] Es ist ein Verdienst der Reformation, die Verkündigung im Wort der Predigt wieder entdeckt zu haben.[29] Gleichzeitig hat die Predigt in den Kirchen der Reformation oft eine dermaßen hohe Dominanz erhalten, dass der Gottesdienst »in der Predigt aufging, mit ein bisschen Beiwerk davor und danach«.[30] Das Gebet wurde »zu einem Trabanten der Predigt degradiert«, Gottes Haus wurde dadurch zu einem »Haus der Predigt« statt zu einem »Haus des Gebets«.[31] Ein ähnliches Bewusstsein wird zum Ausdruck gebracht, wenn in Freikirchen der Gottesdienst aus »Predigt« und »Einleitung« besteht, oder wenn die anderen liturgischen Elemente außer der Predigt »Rahmen« oder »Umrahmung« genannt werden.

Wird hingegen die Predigt als Teil der Liturgie verstanden, dann kann sie ihre eigene liturgische Funktion erfüllen.[32] Sie darf und soll einseitig sein. Sie hat innerhalb der Liturgie ihren eigenen Ton – den Gesprächston –, ist im Unterschied zu andern Teilen der Liturgie sprachlich nicht gebunden und zeichnet sich durch einen stärker subjektiven Charakter aus.[33] Die liturgische Einbettung der Predigt entlastet die Predigt davor, alles selber tragen und sagen zu müssen. Sie ist zwar der prägnanteste, aber nicht der einzige Ort der Verkündigung.

Es ist eine freikirchliche Unsitte, die Predigt als »Minigottesdienst« im Gottesdienst zu gestalten, als ob vorher und nachher nichts Wesentliches erfolge. Diese Unsitte zeigt sich unter anderem daran, dass die Predigt mit einer Begrüßung beginnt, oder dass mit einer sehr ausführlich gestalteten Einleitung versucht wird, die Zuhörerschaft von weit her abzuholen, ohne zu bedenken, dass diese ja bereits mitten im Gottesdienst ist. Mangelndes liturgisches Bewusstsein zeigt sich auch dann, wenn man meint, in und mit der Predigt alles sagen zu müssen. Die anderen liturgischen Elemente dienen dann höchstens noch der Verdoppelung der Predigt, nicht deren Ergänzung.

Die liturgische Einbettung der Predigt gibt der Predigt ihren eigenständigen Platz. Sie kann, darf und soll Predigt sein, Verkündigung des göttlichen Wortes. Der gottesdienstliche Kontext befreit die Predigt dazu, wirklich Predigt zu sein,

28 Siehe oben, S. 152.

29 Siehe oben, S. 19f.; 24f.

30 Siehe oben, S. 86.

31 Siehe oben, S. 148f.

32 Vgl. dazu die Integration von Homiletik und Liturgik bei Michael Meyer-Blanck, Gottesdienstlehre, Tübingen 2011 (Neue Theologische Grundrisse). Wie »Wort« und »Kult« in gegenseitiger Ergänzung und Verfremdung zum Gesamten des Gottesdienstes beitragen, zeigt Alexander Deeg, Das äußere Wort und seine liturgische Gestalt. Überlegungen zu einer evangelischen Fundamentalliturgik, Göttingen 2012 (Arbeiten zur Pastoraltheologie, Liturgik und Hymnologie 68).

33 Siehe oben, S. 100; 153.

und bereitet einen Raum, in dem dieses verkündigte Wort eine Resonanz erzeugen und eine Antwort provozieren kann – zum Beispiel im Bekenntnis des Glaubens, in der Fürbitte, im gemeinsam gesungenen Lied, in der persönlichen Reflexion oder in der Feier des Abendmahls. Die Chance freikirchlicher Gottesdienstgestaltung besteht darin, die Abstimmung der Predigt mit den anderen gottesdienstlichen Elementen bewusst vorzunehmen. Das heißt nun nicht, dass alle Elemente passgenau auf die Predigtthematik hin konzipiert werden. Die Abstimmung kann und soll auch so erfolgen, dass gottesdienstliche Elemente bewusst parataktisch neben der Predigt stehen. In klassischen Gottesdiensten handelt es sich dabei um das *ordinarium*, in freikirchlichen Gottesdiensten, die kein festgelegtes *ordinarium* kennen, sind daher diese parataktischen Elemente intentional zu gestalten.

Die Hochschätzung des Abendmahls und die liturgische Einbettung der Predigt führen beide zu einer *stärkeren Betonung des sakramentalen Charakters* des Gottesdienstes. Hier würde eine große Chance bestehen, ein freikirchlich gut verankertes Anliegen mit einer theologisch reflektierten Liturgik zu verbinden. Es gehört zu den herausragenden Merkmalen freikirchlicher Gottesdienstkultur, dass sie in der Lage ist, sich sehr schmiegsam den kontextuellen Faktoren anzupassen. Das kann unter Umständen zu theologisch fragwürdigen Gottesdienstformen führen, wenn beispielsweise gesellschaftlich verankerte Konsumorientierung zum Kriterium für Gottesdienstgestaltung wird, oder wenn freizeitliche Event-Kultur im Gottesdienst verdoppelt wird, um der zeitgenössischen Erlebnisorientierung gerecht zu werden. Alternativ dazu könnte ein sakramentales Gottesdienstverständnis, das den Gottesdienst als Heilsereignis auffasst und gestaltet, die *Sehnsucht nach Erfahrung* positiv aufnehmen, ohne sich dabei in die Sackgassen einer Event-Kirche hineinmanövrieren zu lassen.

4. Freikirchliche Würze für hochkirchliche Liturgie

In diesem letzten Teil möchte ich einige Anregungen weitergeben, wie freikirchliche Aspekte einer hochkirchlichen Liturgie Würze geben könnten. Die Anregungen entstammen vor allem denjenigen Passagen, in denen sich Van der Leeuw gegen freikirchliche Gottesdienste abgrenzt. Solche Grenzmarkierungen sind zur Verdeutlichung einer liturgischen Konzeption zwar nachvollziehbar, sie weisen aber gleichzeitig auf Einseitigkeiten und damit auch auf Ergänzungsfähigkeit hin. Die Würztipps erfolgen also nach dem Motto: Integration statt Abgrenzung.

4.1 Erbauliche Gottesdienste

Van der Leeuw kann »erbauliche Zusammenkünfte« nicht als Gottesdienst auffassen. Diese Abgrenzung gegen das »Erbauliche« erweist sich bei näherer Betrachtung nicht als notwendig. Schon im Neuen Testament, besonders in 1Kor 14, besteht eine innere Verbindung von gottesdienstlicher Versammlung (*synerchomai*) und Erbauung (*oikodome*). Die *oikodome* wird sogar zum Kriterium für gottesdienstliches Handeln erhoben: »Alles geschehe zur Erbauung« (1Kor 14,26). Was dem Gemeindeaufbau nicht dient, gehört nicht in die gottesdienstliche Versammlung. Eine »erbauliche Zusammenkunft« ist also weder die Versammlung einer abgeschlossenen Gruppe noch eine Versammlung mit dem Ziel einer subjektiv-individuellen Erbauung, sondern ein Zusammenkommen, das auf den Aufbau der Gemeinde als Leib Christi ausgerichtet ist.[34] Wird also Erbauung nicht in einer individuellen oder gruppenorientierten Engführung verstanden, ist eine künstliche Trennung zwischen Gottesdienst und Erbauung überflüssig. Vielmehr gilt: Wo Gott geehrt wird, wird die Gemeinde erbaut – und wo die Gemeinde erbaut wird, wird Gott geehrt. Dieser innere Zusammenhang zeigt sich konkret darin, dass die sonntägliche gottesdienstliche Versammlung für den Aufbau der lokalen Gemeinde zentrale Bedeutung hat.[35]

4.2 Integrierte Glaubensüberzeugung

Van der Leeuw würdigt an den Freikirchen deren Beitrag zur Förderung einer »lebendigen Frömmigkeit«. In der Tat sind freikirchliche Gottesdienste von dieser lebendigen Frömmigkeit geprägt und umgekehrt nährt sich die lebendige Frömmigkeit durch diese Gottesdienste. Freikirchen lassen persönliche Glaubensüberzeugungen im Gottesdienst sichtbar werden. Das hat eine ansteckende Wirkung. Glaube wird geweckt und gefördert. Der Verdacht von hochkirchlicher Seite gegenüber dem Zeigen persönlicher Glaubensüberzeugungen besteht darin, dass damit sofort ein bestimmtes Level an Glaubensintensität eingefordert und weniger intensives Christsein abgewertet werden könnte. Aus Angst vor diesen Nebenwirkungen wird dann allerdings die Sichtbarkeit persönlicher Glaubensüberzeugungen im Gottesdienst zurückgebunden und gebremst. Auch bei Van der Leeuw ist der Vorbehalt gegenüber der Subjektivität der im Gottesdienst anwesenden Menschen deutlich spürbar. Der einzige Ort, an dem diese Subjektivität überhaupt einen Raum findet, ist die Predigt – und auch dort ist Van der Leeuw bedacht, diese Subjektivität durch objektive Größen auszubalancieren, so zum

34 So zum Beispiel bei Theodosius Harnack, Praktische Theologie, Bd. 1: Einleitung und Grundlegung, Erlangen 1877; Karl Barth, Die Kirchliche Dogmatik, Bd. IV/2, Zürich 1993 [Erstausgabe Zollikon 1955], 695–824.

35 Christian Grethlein, Gottesdienst und Gemeindeentwicklung, in: Kompendium Gottesdienst. Der evangelische Gottesdienst in Geschichte und Gegenwart, hg. von Hans-Joachim Eckstein et al., Tübingen 2011, 265–284; Jürgen Ziemer, Gottesdienst und Gemeindeaufbau, in: Handbuch der Liturgik. Liturgiewissenschaft in Theologie und Praxis der Kirche, hg. von Hans-Christoph Schmidt-Lauber et al., Göttingen ^{3}2003, 634–644. Das zeigt sich exemplarisch auch in der Studie: Wilfried Härle et al., Wachsen gegen den Trend. Analysen von Gemeinden, mit denen es aufwärtsgeht, Leipzig 2008.

Beispiel durch das Kirchenjahr, durch die übrigen liturgischen Elemente oder durch die Predigtordnung.[36]

Ich halte dies für eine übervorsichtige Strategie. Sie passt eigentlich nicht zur schöpfungsmäßigen und inkarnatorischen Sakramentalität, wie sie Van der Leeuw präsentiert. Wenn wir davon ausgehen, dass wir als wirkliche Menschen in Raum und Zeit Gottesdienst feiern, als Geschöpfe Gottes mit unterschiedlichen Geschichten, dann darf im Gottesdienst etwas von dieser Vielfalt sichtbar werden. Eigentlich muss man sagen: das geschieht sowieso, und seien die »objektiven« Aspekte des Gottesdienstes noch so betont. Es sind immer Menschen mit ihren Geschichten, Grenzen, Gaben, Hoffnungen und Wünschen, die Gottesdienst feiern und die damit auch die gottesdienstliche Atmosphäre prägen. Aus dieser Sicht muss die Individualität im Gottesdienst nicht ausgebremst werden, sondern sie darf im Gottesdienst Gestalt finden. Die gottesdienstfeiernden Menschen sind nicht eine namenlose Masse, sondern Subjekte, Gesichter mit Namen. So wie in der Schar der Apostel die unterschiedlichen Persönlichkeiten und unterschiedliche Intensitäten des Jesusbezugs deutlich in Erscheinung treten, so darf das auch in der Kirche geschehen. Das paulinische Bild des einen Leibes mit den charismatisch vielfältig begabten Gliedern (Röm 12, 1Kor 12–14) kann dabei richtungsweisend sein. Es integriert individuelle Vielfalt und die Einheit der Kirche. Es wird in der Kirche darauf ankommen, in einer positiven Weise zu würdigen, dass Menschen in unterschiedlicher Intensität glauben und in unterschiedlich wahrnehmbarer Weise im Gottesdienst Engagement zeigen.

Durch das Zusammenspiel von subjektiv und objektiv gefärbten Elementen im Gottesdienst könnte der Gottesdienst eine Würze erhalten, die sich als inspirierende Quelle lebendiger Frömmigkeit erweist. So könnten etwa geformte Gebete wie die Psalmen oder das Vaterunser mit frei formulierten Gebeten verbunden werden. Oder das Bekennen des Glaubens könnte sowohl durch ein gemeinsames Bekenntnis als auch durch individuelle Glaubenszeugnisse erfolgen. Die geformten und geregelten Stücke der Liturgie würden dabei einen idealen Rahmen für solche subjektiv und individuell gefärbten Elemente bilden. Das führt mich direkt zum letzten Würztipp.

4.3 Improvisierte Sakramentalität

Nach Van der Leeuw zeichnet sich gottesdienstliche Sakramentalität durch Regelförmigkeit aus. Das führt bei ihm zu einer Neigung, »das kleinste liturgische Detail« zu regeln.[37] Gegen die Regelhaftigkeit an sich ist nichts einzuwenden. Und auch Van der Leeuw selber ist, wie wir gesehen haben, sich der Grenzen der

36 Siehe oben, S. 75; 153: 155.

37 Siehe oben, S. 3; 6.

Regelhaftigkeit bewusst. Auch freikirchliche Gottesdienste zeichnen sich durch Regeln aus, selbst wenn diese nicht schriftlich fixiert und oft auch nicht bewusst vorhanden sind.[38] Meist werden sie mündlich und implizit tradiert. Sie sind von gleicher Art wie die Improvisation beim Musizieren, bekannt besonders aus dem Jazz. Auch diese folgt bestimmten »Patterns« und einer bestimmten Logik und ist trotzdem nicht von vornherein bis ins Detail bestimmt und daher auch nicht genau vorhersehbar.[39] Improvisation ist daher weder vollständig gebunden noch vollständig frei. Vielmehr verbindet sich in der Improvisation Regelhaftigkeit und Spontaneität. Improvisation in der Musik setzt versierte Musizierende voraus, die ihr Instrument beherrschen und die Regeln der Improvisation verstehen. In dieser Hinsicht setzt Improvisation voraus, dass gelebte Frömmigkeit im Gottesdienst Gestalt finden kann und soll. Wie bei den detailliert geregelten gottesdienstlichen Vollzügen darf auch bei den improvisierten erwartet werden, dass menschliches Handeln durch den Geist Gottes umgewandelt wird,[40] also sakramentalen Charakter hat. Die Improvisation verleiht dadurch der Regelhaftigkeit Würze, weil die zugrundeliegenden Regeln immer wieder neu interpretiert werden und so auch Raum zur Entdeckung von Neuem geschaffen wird. Improvisation hat damit auch ein liturgieinnovatives Potenzial.

Durch die Improvisation wird ein Erwartungsraum offengehalten, in dem auch ganz Unerwartetes geschehen kann – selbst jenseits aller liturgischer Regeln. Improvisierte Sakramentalität ist damit ein Signal der Offenheit für das auch ganz spontane und überraschende Wirken des Heiligen Geistes. Die Sakramentalität würde damit nicht nur schöpfungstheologisch und christologisch begründet, sondern auch von Pfingsten (Apg 2) her. Eine solche pentekostal-pneumatologische Sicht würde die inkarnatorische Sakramentalität nicht ersetzen, sondern ergänzen und erweitern. Sie könnte bei der epikletischen Ausrichtung der Sakramentalität und der Kruziformität des Gottesdienstes ansetzen und wäre dann in der Lage, auch Aspekte der pfingstlich-charismatischen Gottesdiensttradition zu würdigen und zu integrieren.[41]

Allen diesen Würztipps ist gemeinsam, dass die im Neuen Testament berichteten gottesdienstlichen Erfahrungen der ersten christlichen Gemeinden liturgieproduktiv gelesen werden. Van der Leeuw ist sich dieser Aspekte in historischer Hinsicht wohl bewusst, wie seine Charakterisierung neutestamentlicher Gottes-

38 David Plüss, Das Ritual der Antiritualisten. Anmerkungen zum rituellen Charakter evangelikaler Gottesdienste, in: Freie Gottesdienste zwischen Liturgie und Event. Beiträge der Tagung an der Staatsunabhängigen Theologischen Hochschule Basel vom 20. Juni 2011, hg. von Stefan Schweyer, Wien 2012 (Studien zu Theologie und Bibel 7), 9–22.

39 Walter J. Hollenweger, Charismatisch-pfingstliches Christentum. Herkunft, Situation, ökumenische Chancen, Göttingen 1997, 301–320.

40 Siehe oben, S. 33.

41 Vgl. Peter Zimmerling, Charismatische Bewegungen, Göttingen 2009, 123–164.

dienstpraxis zeigt.[42] Allerdings sind diese neutestamentlichen Aussagen für die Konzipierung seiner Liturgik nicht bestimmend – mit Ausnahme der Abendmahlspraxis, bei der sich Van der Leeuw explizit auf das Neue Testament beruft.[43] Freikirchen haben immer versucht, diese Anfangsimpulse lebendig zu erhalten, und haben sich dabei gerade von solchen neutestamentlichen Passagen wie Mt 18,19–20; Apg 2 oder 1Kor 11–14 inspirieren lassen. Die Würztipps gehen davon aus, dass solche Textstellen auch heute das Potenzial haben, für jede Gottesdiensttradition Salz und Pfeffer zu sein.

42 Siehe oben, S. 109.
43 Siehe oben, S. 12.

Der Unwille zur Form und der Widerstand der Form – Kommentar zur Liturgik von Gerardus van der Leeuw aus reformierter Sicht

Ralph Kunz

Gerardus van der Leeuws *Liturgiek* ist das seltene Beispiel für eine *hochkirchliche reformierte Gottesdienstlehre*.[1] Was Liebhaber der liturgischen Form als kostbare Rarität zu schätzen wissen, werden ihre Verächter als Kuriosität ansehen, die bestenfalls eine liturgiegeschichtliche Leserschaft interessiert. Einige Passagen der *Liturgiek* wirken tatsächlich museal. Gendersensible Leserinnen und Leser werden sich über Van der Leeuws Vorstellungen von der Rolle der Frau im Gottesdienst entrüsten.[2] Wieder anderes lässt sich schwerlich auf gegenwärtige Verhältnisse übertragen. Wer Anregungen zur Gestaltung einer zeitgemäßen Feier erhofft, wird von der Lektüre sicherlich enttäuscht sein. Die *Liturgiek* war einem konservativen Programm verpflichtet, das sich gegen Modernisierungsversuche wandte!

Welchen Sinn hat es also, dieses Opus wieder aufzulegen und einer deutschsprachigen Leserschaft zugänglich zu machen? In der Einleitung nennt Luca Baschera mit Bezug auf Van der Leeuws Person und Schaffen triftige Gründe, die für die Übersetzung des vergessenen Büchleins aus dem Holländischen gesprochen haben. Birgit Jeggle, Michael Meyer-Blanck und Stefan Schweyer benennen in ihrer kritischen Würdigung auch Stärken und Schwächen der Liturgie, die ich nicht zu wiederholen brauche. Ziel meines Kommentars ist es, die *Bedeutung* der liturgietheologischen Konzeption der *Liturgiek* für die Reformierten in der Deutschschweiz zu bedenken. Dabei geht es mir nicht um die Verteidigung einer Liturgie mit Jahrgang 1940, sondern um die Auseinandersetzung mit einer eleganten Liturgik. Um ihre Schönheit zu entdecken, bedarf es freilich einer »zweiten Übersetzung«.

1 Die deutschsprachigen Reformierten vergessen hin und wieder, dass die reformierte Tradition im anglophonen und frankophonen Raum eigene liturgische Bewegungen hervorbrachte, die eine neue Wertschätzung der Form und der formativen Dimension des Gottesdienstes begründete. Für die Romandie vgl. Bruno Bürki, die Form des reformierten Gottesdienstes, in: Gemeinsames Gebet. Form und Wirkung des Gottesdienstes, hg. von Luca Baschera et al., Zürich 2014, 121–144, bes. 127–138.

2 Siehe oben, S. 68.

Denn es braucht liturgisches Sprachvermögen, um Van der Leeuws Büchlein in der Tiefe zu verstehen. Aber möglicherweise fehlt uns Reformierten, die zwischen den freikirchlichen Liturgieverächtern und lutherischen Liturgieliebhabern zuhause sind, das Verständnis dafür. Wenn Liturgie mit einer Art Idiom vergleichbar ist, haben die meisten Reformierten vergessen oder nie gelernt, wie man »liturgisch« spricht.[3] So sieht es zumindest Van der Leeuw und er nimmt diesbezüglich kein Blatt vor den Mund. Insbesondere mit Zwingli geht er hart ins Gericht. Für ihn ist der Zürcher Reformator ein Rationalist und seinem Abendmahl von 1525 bescheinigt er: »Sie ist ein Humanistenwerk, das Herz blieb außen vor.«[4]

Ich denke nicht, dass Van der Leeuw dem Liturgiker Zwingli gerecht wird.[5] Aber darüber *posthum* einen Streit auszufechten wäre erstens sinnlos und zweitens langweilig. Spannender ist es, die innerreformierte Schelte zum Anlass zu nehmen, über die offensichtliche *Leerstelle* der reformierten Gottesdiensttheologie nachzudenken. Sie wurde auch in den Gottesdienstreformen der 1960er Jahre nicht als solche wahrgenommen und folglich auch nicht bearbeitet.[6] Um es mit dem Titel des Buches von Van der Leeuw zu sagen: Wir haben das »sakramentale Denken« verlernt.[7] Es ist uns abhandengekommen. Und dieser Verlust geht an die Substanz. Er hat uns, so meine These, liturgisch verstummen lassen. Es verwundert deshalb nicht, dass eine gewisse »Liturgismus-Angst« unter den Reformierten herrscht – oder phasenweise geherrscht hat.[8] Sie verdankt sich eher einem antikatholischen Reflex als einer ernsthaften Reflexion. Denn die Gefahr (oder die Chance), dass in unseren reformierten Landen Kirchenleitungen Gottesdienstagenden diktieren, ist weniger als gering.

Weil das so ist, wäre es schade, wenn es beim Widerstand gegen das Katholische oder Konservative bliebe. So kommen wir sicher nicht weiter und schon gar nicht in die Tiefe. Darum lohnt sich die Relecture der *Liturgiek*. Van der Leeuws Ziel war es, die Tiefe und Weite der Liturgie mit dem Anliegen einer theologischen

3 Dietrich Ritschl, Die Protestanten und das Wort, in: ders., Theorie und Konkretion in der Ökumenischen Theologie, Münster 2005, 159–163, 163 stellt diese Frage noch grundsätzlicher nach dem »biblischen Sprachstrom«. Er meint: »Unsere heutigen Mitmenschen ›bewohnen‹ die biblischen Geschichten vielfach nicht mehr. Sie sind wie leere, unbewohnte Straßenzüge in der Stadt, in der wir leben. […] Das ist eine Tragik, nicht nur der Sprache, sondern der Kirche.«

4 Siehe unten, S. 120. Andere Stellen, die Zwingli denunzieren: oben, S. 13f.; 21, 28, 31.

5 Vgl. dazu Ralph Kunz, Gottesdienst evangelisch reformiert. Liturgik und Liturgie in der Kirche Zwinglis, Zürich ^{2}2006, 301ff.

6 Vgl. dazu Ralph Kunz, Abendmahlsgottesdienst, in: Gottesdienst in der reformierten Kirche. Einführung und Perspektiven, hg. von David Plüss et al., Zürich 2017, 224–242.

7 Gerardus van der Leeuw, Sakramentales Denken, Kassel 1959 (Übers. von: Sacramentstheologie, Nijkerk 1949). Es handelt sich um Van der Leeuws letzte Monographie.

8 Zu den Wurzeln dieses Vorwurfs im Protestantismus des 20. Jahrhunderts vgl. Alexander Deeg, Das äußere Wort und seine liturgische Gestalt. Überlegungen zu einer evangelischen Fundamentalliturgik, Göttingen 2011, 170f.

Rückbesinnung zu verbinden.[9] Er war davon überzeugt, dass die Orientierung an der Ökumenizität der Liturgie, der Erneuerung der reformierten Kirche wegleitende Impulse geben wird. Ich teile seine Überzeugung.[10]

1. Die Liturgie als Zentrum und Angelpunkt einer Theologie für die Kirche

1.1 Mitte und Quell des Lebens

Als Van der Leeuw die *Liturgiek* schrieb, war er inspiriert von der liturgischen Bewegung in der Hervormde Kerk und beseelt von der Überzeugung, die Wilhelm Stählin den »Willen zur Form«[11] nannte. Das Buch ist ein Plädoyer für eine Gottesdienstreform, die auch Theologie- und Kirchenreform sein will. Argumentiert wird vom theologischen Mittelpunkt her: dem Zentraldogma der Inkarnation. Gott, der in Jesus Christus Mensch geworden ist, lebt und wirkt als realer Grund der Feier. Wenn die Gemeinde in seinem Namen zusammenkommt, schafft sie nichts Neues und repetiert nicht etwas Vergangenes. Sie aktualisiert Inkarnation.

Für Van der Leeuw hat das zur Konsequenz, dass – wenn möglich – in jedem Sonntagmorgengottesdienst das Sakrament des Heiligen Abendmahls gefeiert werden soll.[12] Denn das Abendmahl ist das Sakrament der Inkarnation, das dem Gottesdienst seine Form gibt. Der Wille zur Form verdankt sich also keiner abstrakten Einsicht! Was damit gemeint ist, muss weder andachtspsychologisch noch ritualtheoretisch noch kirchenrechtlich hergeleitet werden. Der gefeierte Glaube kommt vor dem gedachten Glauben. Also sind »Kirche«, »Wort Gottes«, »Verkündigung und Sakrament« zwar Themen, die in einem theologischen Diskurs erörtert werden, »[a]ber eigentliche Aktualität gewinnen diese Dinge erst im Gottesdienst, wenn man mit ihnen arbeitet.«[13]

9 Siehe oben, S. 20: »Es gibt nur etwas, was schlimmer als eine degenerierte Liturgie ist: eine aufgrund von Prinzipien des Denkmalschutzes restaurierte Liturgie.«

10 In diesem Sinne orientiert sich auch ein »reformierter Kommentar« letztlich an der Katholizität des Gottesdienstes. Vgl. dazu Gottfried Locher/Frank Mathwig, Liturgie als Heimat?, in: Gemeinsames Gebet. Form und Wirkung des Gottesdienstes, hg. von Luca Baschera et al., Zürich 2014, 118: »Die Ökumenizität der Liturgie besteht darin, dass sie die eine Kirche in ihrer Katholizität, Heiligkeit und Apostolizität als Schöpfung des göttlichen Wortes mit Jesus Christus als ihrem Haupt und Herrn bezeugt.«

11 Die »Form« war ein Kampfbegriff, mit dem Wilhelm Stählin gegen das Ideal des Lebendigen polemisiert. Die Form wird als »Gesetz alles höheren Lebens« bezeichnet. Vgl. Wilhelm Stählin, Wille zur Form, in: ders., Fieber und Heil der Jugendbewegung, Hamburg 1922, 26–31, bes. 28. Zu Wilhelm Stählin vgl. Michael Meyer-Blanck, Leben, Leib und Liturgie. Die Praktische Theologie Wilhelm Stählins, Berlin 1994, 80f.

12 Siehe oben, S. 107.

13 Siehe oben, S. 1.

Liturgik ist darum mehr als nur eine Anleitung oder Erläuterung der gottesdienstlichen Handlungen. Sie *ist* Theologie, die beim konkreten Erleben anfängt und wieder dahin zielt. »Unser Verkehr mit Gott«, meint Van der Leeuw, »hat ein irdisches Gesicht; er ist sichtbar oder hörbar oder greifbar oder erlebbar. Er ist konkret.«[14] Denn im Beten, Singen, Hören und Empfangen der Sakramente geschieht der *Verkehr* zwischen Gott und seiner Gemeinde. Also beginnt und mündet auch die Theologie in den Gottesdienst. Denn in seinem *Dienst für die Menschen* offenbart sich Gott[15] und in ihrem *Dienst für Gott* bezeugt die *Kirche*, wer sie ist. Das meint Verkehr. Im Gottesdienst kommt es zur Begegnung und es verschränken sich der Akt und das Sein der Kirche. Es kann nicht anders sein. Denn die Feier kann nur das aktualisieren, was Gott geschehen lässt. Darum bildet der Gottesdienst die Mitte und Quelle des geistlichen Lebens der Gemeinde.

Nun drängt eine dogmatisch prominente Positionierung der Feier geradezu danach, zu fragen, ob der Gottesdienst auch empirisch »Mitte«, »Kern« oder »Herzstück« der Gemeinde genannt werden kann oder ob er als ein Handlungsfeld neben anderen Handlungsfeldern wie Diakonie, Seelsorge oder Bildung betrachtet werden muss.[16] Die Frage drängt sich auf, weil das theologische Postulat der real erfahrenen Gottesgegenwart in Spannung zur *Realität* des *aktuellen Gottesdienstbesuchs* steht, wie Uta Pohl-Patalong in ihrem Band zur empirischen Gottesdienstforschung zu Recht feststellt.[17] Der Verdacht kommt auf, dass der Zentrumsbegriff eine normative Zuschreibung ist, die mit der kirchlichen Wirklichkeit und der wirklichen Kirche nicht übereinstimmt …

Nun ist das Faktum der geringen Gottesdienstbeteiligung ebenso wenig zu bestreiten, wie die Forderung berechtigt ist, die daraus resultierende Spannung von Anspruch und Wirklichkeit praktisch-theologisch zu bearbeiten.[18] Wer aber die

14 Siehe oben, S. 7. Die erlebte Liturgie geht als erste der reflektierten als zweiter Liturgie (Liturgik) voraus. Vgl. dazu die »Primary Liturgical Theology« von Gordon W. Lathrop, Holy Things. A Liturgical Theology, Minneapolis, MN 1998, 87–160. Einen Überblick bietet: Dorothea Haspelmath-Finatti, Theologia Prima. Liturgische Theologie für den evangelischen Gottesdienst, Göttingen 2014.

15 So betont bei Okko Herlyn, Theologie der Gottesdienstgestaltung, Neukirchen-Vluyn ^{2}1992. Ob dieser Akzent als »typisch reformiert« gelten soll, ist m.E. mehr als fraglich. Der »Westminster Shorter Catechism« formuliert wunderbar prägnant den reformierten Nachdruck auf diese Bestimmung der menschlichen Existenz. Das Bekenntnis antwortet auf die erste Frage, was denn diese Bestimmung sei, mit dem ebenso schön wie knapp formulierten Grundsatz: »Man's chief end is to glorify God, and to enjoy him forever.« Der Westminster Shorter Catechism ist zu finden unter: www.reformed.org/documents/WSC.html (12.12.2017).

16 Eilert Herms, Überlegungen zum Wesen des Gottesdienstes. Aus Anlaß des Entwurfs für die »Erneuerte Agende« (1992), in: ders., Kirche für die Welt. Lage und Aufgabe der evangelischen Kirchen im vereinigten Deutschland, Tübingen 1995, 332.

17 Uta Pohl-Patalong, Gottesdienst erleben. Empirische Einsichten zum evangelischen Gottesdienst, Stuttgart 2011, 36f.

18 Siehe oben, S. 6: »[…] keine Praxis im Sinn von Technik, die mit dem Grundsätzlichen nichts zu

Metapher der Mitte deswegen schon von vornherein für »unbrauchbar« erklärt oder im Nachhinein als eine »fromme Illusion« verabschieden möchte, macht es sich zu einfach.[19] Was zur Debatte steht, rührt an das Selbstverständnis der Kirche. Kann eine Gemeinde, die nicht mehr aus der Quelle trinkt, der sie ihr Leben verdankt, noch »sichtbar oder hörbar oder greifbar oder erlebbar« Gemeinde sein?

Schaut man in die Grundlagentexte der Kirche, ist der Fall klar. In den meisten reformierten Kirchenordnungen finden sich Artikel, die einen sachlichen Zusammenhang von Leben und Gottesdienst der Kirche voraussetzen. Programmatisch formuliert es die Kirchenordnung der evangelisch-reformierten Landeskirche des Kantons Zürich: »Die Verkündigung des Evangeliums geschieht in Wort und Tat. Sie berührt das ganze Leben. Der Gottesdienst ist Mittelpunkt der Verkündigung. Er ist Quell des Lebens der Gemeinde und Zeugnis in der Welt.«[20] Es ist alles in Ordnung mit der Kirchenordnung. Oder etwa nicht?

1.2 Das Abendmahl als Zentrum des Zentrums

Bezeichnenderweise fehlt in diesem Artikel der Sakramentsbegriff. Aus dem Gottesdienst der Gemeinde wird hier der »Mittelpunkt der Verkündigung«, die in »Wort und Tat« geschieht. Wie die liturgische Gestalt dieser Mitte aussieht, bleibt offen! Der Zusammenhang von Verkündigung, Wort und Gottesdienst lässt vermuten, dass an die *Predigt* als Zentrum des Gottesdienstes gedacht ist. Aber ist *sie* die Mitte des Gottesdienstes? Ist es nicht das Abendmahl, wie dies Van der Leeuw immer wieder betont? Und wäre eine so prominente Zentralstellung des Sakraments noch reformiert? Haben die Protestanten nicht das Wort ins Zentrum gestellt?

Vielleicht ist hier (im doppelten Sinne des Genetivs) von einem Missverständnis der Wort-Gottes-Theologie zu sprechen.[21] Einerseits gab es in der ersten Phase der Erneuerungsbewegung im 20. Jahrhundert eine sakramentskritische Tendenz, die tatsächlich dezidiert das Wort ins Zentrum rückte.[22] Andererseits zeigte sich aber

tun hat, oder im Sinn von Kunst, die nur nach dem Stil fragt. Ich muss […] aus dem Gegebenen, Verstandenen und Grundsätzlichen die praktische Schlussfolgerung ziehen.«

19 Pohl-Patalong, Gottesdienst erleben (Anm. 17), 37, mit Bezug auf Jörg Rothermund, Der Sonntagsgottesdienst als Mitte – Illusion oder Chance, in: Schritte zum Vertrauen, hg. von Rainer Strunk, Stuttgart 1989, 90.

20 Kirchenordnung der Evangelisch-reformierten Landeskirche des Kantons Zürich, in: Loseblattsammlung der kantonalen Gesetzessammlung – Kanton Zürich, Bd. 2, Zürich 2010, Nr. 181.10, Art. 31.

21 Van der Leeuw hat sich immer wieder auf Karl Barth als wichtigsten Vertreter der Wort-Gottes-Bewegung berufen. Die reformierten Kirchenordnungen, die nach den Kriegsjahren entstanden sind, haben das Gedankengut dieser Theologie aufgenommen.

22 Vgl. dazu Karl-Heinrich Bieritz, Dass das Wort im Schwang gehe. Lutherischer Gottesdienst als Überlieferungs- und Zeichenprozess, in: ders., Zeichen setzen, Stuttgart 1995, 82–106.

gerade in der weiteren Entwicklung der Wort-Gottes-Theologie eine Rückbesinnung auf das Abendmahl. Doppelt ist also das Missverständnis, weil die Wort-Gottes-Theologie das Anliegen der Liturgischen Bewegung zunächst missverstanden hat, aber nachdem sie es verstanden hat, nun ihrerseits missverstanden wurde. Denn das gottesdienstliche Anliegen der Wort-Gottes-Theologie wurde nicht erkannt oder zu wenig bekannt.

Ein wichtiger Zeuge ist Dietrich Bonhoeffer. Er entdeckte die Kraft der sakramentalen Mitte der Kirche schon in seiner Dissertation »Sanctorum Communio«. Mit der dreifach gestuften Konzentrik von Taufe, Wort und Abendmahl verschränkt Bonhoeffer Soziologie, Sakramentstheologie und Ekklesiologie.[23] Sein Modell der *sozialen Gestalt* der Kirche folgt also einer *rituellen Logik*. Innen und Außen werden dynamisch gedacht: Das Abendmahl als Zentrum des Zentrums wirkt von innen nach außen in die Verkündigungsgemeinde und von da weiter in die Taufgemeinde hinaus. Umgekehrt werden die Getauften durch die Verkündigung in die eucharistische Mitte des Gottesdienstes hineingeführt.

> In der Kon-Zentration auf den im Abendmahl immer neu geschenkten Lebensgrund liegt die Voraussetzung jeglichen Wirkens nach außen hin. Diesen Lebensgrund besitzt die Kirche nicht; er bildet vielmehr ihre »externe Mitte«.[24]

Als zweiter Zeuge für die zentrale Stellung des Abendmahls kann Karl Barth genannt werden.[25] Noch 1922 konnte Barth die Versuche und Vorschläge verschiedener Akteure der evangelischen liturgischen Erneuerungsbewegungen pauschal als »naives religiöses Stimmung-Machenwollen« anprangern.[26] Gleichwohl wäre es verfehlt, aus dieser und ähnlichen Aussagen, etwa in seiner Homiletik, eine Aversion Barths gegenüber dem kirchlichen Gottesdienst ableiten zu wollen.[27] Im Gegenteil: Der »liturgische Akt« der Anrufung Gottes stellte in seinen Augen den Inbegriff theologischer Arbeit überhaupt dar, denn Theologie sei »von ihrem Ansatz her liturgische Bewegung«, die »in Proskynese ins Werk gesetzt wird«.[28] Seine Kritik richtete sich also nicht gegen den Gottesdienst als solchen, sondern gegen dessen Auffassung als Kultus, den er als menschliches religiöses Handeln

23 Dietrich Bonhoeffer, Sanctorum Communio. Eine dogmatische Untersuchung zur Soziologie der Kirche, München 1986.

24 Martin Abraham, Evangelium und Kirchengestalt. Reformatorisches Kirchenverständnis heute, Berlin 2007, 483.

25 Vgl. Friedemann Merkel, Karl Barth und der kirchliche Gottesdienst, in: ders., Sagen – Hören – Loben. Studien zu Gottesdienst und Predigt, Göttingen 1992, 149–166.

26 Karl Barth, Not und Verheißung der christlichen Verkündigung, in: ders., Vorträge und kleinere Arbeiten 1922–1925, Zürich 1990, 93.

27 Karl Barth, Homiletik. Wesen und Vorbereitung der Predigt (1932/33), Zürich 1966, 45.

28 Karl Barth, Einführung in die evangelische Theologie, Zürich [6]2006, 181.

interpretierte. Dem hält Barth in einer seiner »Gifford-Lectures« (1937/38) entgegen, dass der Gottesdienst in erster Linie *opus dei*, göttliches Handeln sei:

> Der kirchliche Gottesdienst ist zuerst, er ist primär, ursprünglich, substantiell ein göttliches – er ist dann erst, sekundär, abgeleitet, akzidentiell ein menschliches Handeln. [...] Daß dieser Dienst Gottesdienst ist, das schafft nicht der Mensch, das schafft Gott ganz allein. Er, Gott, will es, daß Gottesdienst gefeiert werde; Gott stellt die dazu geeigneten Mittel bereit; Gott bezeugt durch sie seine Gnade; Gott erweckt, reinigt und fördert damit den Glauben: auf der ganzen Linie Gott – und nicht der Mensch – der Mensch auf der ganzen Linie nur als der Diener und Vollstrecker des Willens Gottes.[29]

Barth plädierte in seinen späten Jahren dafür, dass der reformierte Gottesdienst – entsprechend dem Wunsch Calvins – wieder zur Einheit von Wort und Herrenmahl zurückfände. Schon 1938 klagt er, dass die Reformierten nicht einmal mehr wüssten, dass »ein Gottesdienst ohne die Sakramente ein äußerlich unvollständiger Gottesdienst« sei.[30] Und 1969 fragt er, warum die Reformierten denn eigentlich nicht jeden Sonntag in jeder Kirche auch das Heilige Abendmahl feierten: »Würden wir nicht gerade so umfassend ›Kirche des Wortes‹ – des Wortes, das nun einmal nicht Rede, sondern Fleisch wurde?«[31]

Barths Überzeugung, dass Wort und Herrenmahl prinzipiell als die »zwei Brennpunkte einer Ellipse«[32] zusammengehören, unterstreicht die Bedeutung des sakramentalen Charakters des ganzen Gottesdienstes.

> Was uns heute fehlt, ist das Sakrament im sonntäglichen Gemeindegottesdienst. Praktisch müsste sich das so gestalten, dass zu Beginn getauft würde – im Beisein der Gemeinde! – und am Ende Abendmahl gefeiert. In der Mitte zwischen beiden hätte dann die Predigt ihren sinnvollen Ort. Das hieße dann recte administrare sacramenta et pure docere evangelium.[33]

1.3 Der Widerstand der Form und der Widerstand gegen die Form

Bonhoeffers konzentrisches Modell der Tauf-, Predigt- und Abendmahlsgemeinde entspricht in der Reihung und der Außen-Innen-Richtung Barths idealer Gottesdienstordnung. Auf diesem Hintergrund besehen sind Van der Leeuws Ansichten weniger kurios, als es (für einige Leserinnen und Leser) möglicherweise den Anschein macht. Sein Ansatz spiegelt vielmehr eine Wertschätzung des Abendmahls-

29 Karl Barth, Gotteserkenntnis und Gottesdienst nach reformatorischer Lehre. 20 Vorlesungen (Gifford-Lectures) über das Schottische Bekenntnis von 1560, gehalten an der Universität Aberdeen im Frühjahr 1937 und 1938, Zollikon 1938, 185.

30 A.a.O., 199; vgl. auch a.a.O., 184.

31 Karl Barth, Letzte Zeugnisse, Zürich 1969, 55.

32 A.a.O., 54.

33 Barth, Homiletik (Anm. 27), 44f.

gottesdienstes wider, die in der Erneuerungsbewegung der Wort-Gottes-Theologie durchaus geteilt worden ist. Dies wiederum lässt nach den Gründen fragen, warum das Abendmahl gegenwärtig (immer noch) nicht den Stellenwert hat, der ihm eigentlich zukommen müsste. Und damit hängt auch die zweite Frage zusammen: Woher kommt der Unwille gegen die Form?

Die geforderte praktisch-theologische Bearbeitung der Spannung kann ich hier nicht leisten. Ich will mich damit bescheiden, hellhörig zu machen für eine Gottesdienstlehre, die zwischen Dogmatik, Mystik, Ethik und Praktischer Theologie vermittelt, um der Bedeutung, die die Liturgie für das Glaubensleben hat, auf die Spur zu kommen. Van der Leeuw macht darum unmissverständlich klar, dass die Gottesdienstlehre als eine »Lehre des Dienstes« das Ganze der Theologie betrifft. Liturgik ist Theologie und als solche »Antwort auf Gottes Tat«.[34]

In diesem denkbar weiten Horizont des theologischen Denkens könnte man freilich alles Handeln als (alltäglichen) Gottesdienst bezeichnen und den (sakralen) Gottesdienst als Sonderform unterordnen – eine Position, die in der von der prophetischen Kultkritik inspirierten Polemik gegen den »Liturgismus« vertreten wurde! Mit dem Argument, dass alle Begriffe des Neuen Testamentes eigentlich eine profane Bedeutung hätten, wird das Gottesdienstliche *ausgeweitet* in den Alltag. Van der Leeuw steht sozusagen für eine Position am anderen Ende der Skala, wenn er den auf das *gemeinsame Gebet konzentrierten* Gottesdienst ins Zentrum stellt. Es ist der Ritus, für den er sich interessiert. Also ist Liturgie amtliches Handeln, »das an feste Formen gebunden ist«.[35] Diese Bindung ist keine gesetzliche und auch keine aus ästhetischen Gründen. Es geht hier nicht um die *Verehrung von Formen*, sondern um den bewussten *Umgang mit Formen*, die dafür bestimmt sind, Gott die Ehre zu geben.

Der Widerstand der Form richtet sich also nicht gegen den alltäglichen Gottesdienst! Der Wille zur Form protestiert gegen das Beliebige und Zufällige eines liturgischen Handelns, das mehr oder weniger dem Gusto einer Theologin oder eines Theologen entspricht. Man hätte darum das Anliegen Van der Leeuws komplett verkannt und eine falsche Alternative konstruiert, wenn man darin einen Gegensatz zwischen Leben und Liturgie auszumachen meinte. Der auf das gemeinsame Beten konzentrierte Gottesdienst ehrt dadurch Gott, dass er dem Gottesdienst im Alltag, dem Leben und dem Zeugnis der Gemeinde dient.

34 Siehe oben, S. 3.
35 Siehe oben, S. 4.

2. Form als Prinzip und Formen als Material der Liturgie

2.1 Das abduktive Verfahren der Liturgik

Wenn Van der Leeuw nicht müde wird, den Dienstcharakter der Liturgie in Erinnerung zu rufen, so ist es für einen reformierten Theologen doch ungewöhnlich, wie positiv bei ihm das gebundene und amtliche Beten bewertet und dem freien Beten vorgezogen wird. Für formlose religiöse Versammlungen hat Van der Leeuw nicht viel übrig.[36] Sowohl Spiritualismus als auch Pietismus sind ihm suspekt, weil diese Strömungen dazu verführen, die Form als belanglos anzusehen. Aber aufgepasst! In § 3 definiert Van der Leeuw die Aufgabe der Liturgik merkwürdig kompliziert: Sie bestehe darin, »die *festen Regeln*, nach denen der Gottesdienst stattfindet, *aufzuspüren*, aus der Offenbarung heraus zu rechtfertigen und für die Anwendung bereitzustellen.«[37] Also stehen auch die Regeln, die hinter der Formgebung stehen, nicht auf Steintafeln geschrieben. Man soll sie aufspüren und ihre Eignung für den Dienst müssen die aufgespürten Regeln erweisen, wie »jedes Element der Liturgie [...] sich immer wieder rechtfertigen [muss], und auch neue Elemente [...] sich anbieten müssen und beurteilt werden [können].«[38]

Warum dieser eigenartige Zirkel? Warum nicht einfach mit Prinzipien hantieren? Weil Van der Leeuw vom Gottesdienst her denkt und nicht ein Denkgerüst entwirft, das er auf ein leeres oder nacktes Gottesdienstgerüst anwenden möchte. Liturgik untersucht vielmehr das, was liturgisch der Fall ist, also die vorhandene, überlieferte oder unter Umständen auch die vergessene und vergrabene Liturgie. Darum muss, »wer die Regeln des Gottesdienstes finden möchte, [...] zuallererst *historisch* vorgehen«.[39] Mit Liturgismus hat das gerade nichts zu tun.

> Die Liturgiegeschichte ist für die Liturgik nur von Bedeutung, weil sie ihr das Material zur Verfügung stellt: Diese Regeln hatten einst Gültigkeit. Aber in diesem Punkt ist sie [sc. die Liturgiegeschichte] dann auch absolut unentbehrlich. Wer über Gottesdienst ohne historisches Wissen spricht, kann noch so scharfsinnig sein – er redet trotzdem in den Wind.[40]

Aufs erste Hinhören – die Metapher sei mit Bezug auf einen Holländer erlaubt – ist Van der Leeuws Plädoyer Wind in den Mühlen der Traditionalisten. Aber man hört in seinem Votum auch den Geist, der weht, wo er will. Denn weder ist die Macht der Gewohnheit sakrosankt, noch ist das Althergebrachte immer besser. Gewohnheit und Recht können in die Irre führen. Darum muss man die Geschich-

36 Siehe oben, S. 14; 83.
37 Siehe oben, S. 4.
38 Ebd.
39 Ebd.
40 Siehe oben, S. 5.

te kennen. Denn um die Regeln zu prüfen, die eine bestimmte Liturgie leiten, muss man ihre Formen verstehen, ihre Objektivität respektieren und das Beliebige und Subjektive bekämpfen. Das Regelaufspüren ist daher weder induktiv noch deduktiv. Es verlangt ein *abduktives Verfahren*. Wer Liturgik treibt, prüft Formen auf der Grundlage der Form, bestimmt den Typus im Typischen, versucht das Ganze theologisch zu verstehen und ist bemüht, das Gegebene, Verstandene und Grundsätzliche wieder zu einer gegenwärtigen Handlung werden zu lassen.[41] Das Ziel der Liturgik ist die »bewusste Anwendung der gefundenen Regel«[42] oder ein praxistheoretischer Zirkel, der auf eine besonnene Einwirkung auf den Gottesdienst ausgerichtet ist – im Wissen, dass der Sinn und Zweck jeder Feier darin besteht, Gott wirken zu lassen und nicht einer Überlieferung zu huldigen.

2.2 Die gebrochene und die entstehende Form

Der eigentlichen Pointe dieses dialektischen Ansatzes wird man erst gewahr, wenn man eine weitere Unterscheidung in Van der Leeuws Formbegriff mitbedenkt und nachvollzieht. Was Form ist, gewinnt bei ihm durch die Näherbestimmung der Liturgie als »Antlitz« ein eigenes Gepräge. Mit diesem Begriff ist etwas Entscheidendes gesagt. Wenn uns in der Liturgie das *Antlitz des Menschensohnes* begegnet, ist die Grundform theologisch bestimmt. Dann gehört die Gestalt, die niemals in einer gegebenen Form aufgehen kann, ihm allein. Dann gehört der Gottesdienst nicht uns. Und es ist diese Grundbedingung der *Differenz*, aus der und in der überhaupt ein Verkehr zwischen Gott und der Kirche möglich wird. Wäre sie nicht, bliebe die Gemeinde bei sich und drehte sich in einem religiösen Zirkel um sich selber. Also kann es niemals sein, dass eine noch so begabte Dichterin oder ein noch so frommer Beter eine Form *schaffen* kann, die den Verkehr mit Gott herstellt, was wiederum bedeutet, dass die gegebene Form, damit sie Begegnung ermöglicht, immer wieder *zerbrochen* werden muss.[43]

Es ist das Kriterium der Konkretheit, das nach dieser Dialektik verlangt, insofern auch die Gestalt, die Gott annimmt, immer nur als gebrochene Gestalt erkannt wird – nämlich in der Gestalt des auferweckten Gekreuzigten.[44] Das ganze Gewicht und die Wucht der *Liturgiek*, aber auch ihre Klarheit und Schönheit, liegen in dieser theologischen Begründung. Die Aufgabe der Liturgik, die darin besteht, die gegebene Form an dieser vorgegebenen Grundform zu überprüfen, ist an den Menschen Jesus Christus gebunden und durch ihn zugleich auch auf das neue Geschöpf ausgerichtet.

41 Siehe oben, S. 5f.
42 Siehe oben, S. 6.
43 Siehe oben, S. 7.
44 Siehe oben, S. 8.

> In der Neuschöpfung wird Gottes Schöpfung erst vollendet […]. Die Neuschöpfung ermöglicht die Form, weil sie die Fleischwerdung des Wortes ist.[45]

Die Bestimmung der Grundform als Inkarnation *und* Neuschöpfung, die sowohl das Entstehen als auch das Zerbrechen der Form begründet, ist der eigentliche Schlüssel in Van der Leeuws Gottesdienstlehre. Denn mit dieser dialektischen Figur wird das Missverständnis einer mechanisch verstandenen Wiederholung korrigiert. Und es wird zugleich verständlich, dass eine Kirche sich Liturgie nicht anschafft, wie sie sich eine Orgel *anschafft.*[46] Denn die Liturgie, die sich auf das Leben und Sterben Jesu beruft, ist schon da. Sie ist ein lebendiger Organismus und führt ihr »eigenes unantastbares Leben«.[47]

Interessant ist die Frage, wie sich das theologische Postulat der Grundform zur manifesten Gestalt eines *ursprünglichen Gottesdienstes* verhält. Wieder überrascht Van der Leeuw mit einer dezidierten Absage. Für ihn ist klar: Das Neue Testament hilft nicht weiter. Es liefert keine Urliturgie. Und das ist weder ein Unfall noch ist es ein Unglück. Van der Leeuw betont, dass, wer Liturgie als Organismus verstehe, gar keinen Archetypus der christlichen Liturgie identifizieren könne – und wenn er in der Bibel stünde! Alte Ordnungen haben zwar durchaus große Bedeutung, dürfen jedoch nicht zur Norm erhoben werden. Denn der Gottesdienst ist immer auch Teilnahme an der himmlischen Liturgie, die im eigentlich eschatologischen Sinn »ursprünglich« genannt werden kann und als solche jedem phänomenologischen oder historischen Zugriff entzogen bleibt. Also entsteht die Form immer wieder neu. Wir haben sie nicht. Sie zeigt sich uns.[48]

2.3 Warum es eine zweite Reformation braucht

Eine letzte Pointe der Van der Leeuwschen Dialektik erschließt sich, wenn man sie konsequent als Grundlage einer *ökumenischen Liturgik* liest. Die Differenz von Grundform, Form und den daraus sich ergebenden Formen ist der eigentliche Grund für die Vielfalt der Kirchen, die zwangsläufig auch liturgische Vielfalt

45 Siehe oben, S. 9.

46 Siehe oben, S. 11.

47 Ebd.

48 Paul Tillich, Dynamics of Faith, New York 1957, 52–54, spricht vom »gebrochenen Mythos und dem gebrochenen Ritual«. Die Brechung der alten Sprachbilder ist eine Form der Dekonstruktion, die der Rekonstruktion des Neuen dient. Im Neuen Testament wird der Opfergottesdienst zur Metapher, weil der »junge Wein« des Heilsgeschehens den »alten Schlauch« der Liturgie zerreißt. Lathrop, Holy Things (Anm. 14), 31: »This rhetoric of the broken myth is already present in the simple New Testament title Jesus Christus. The title, thought perhaps originate as liturgical formula of confession and praise, carries with it the whole tradition of kingship an anointing and messianic hope. Yet, in juxtaposing that tradition to a crucified first-century man, the title Christ is given to one who is no king nor any messiah of ordinary expectation. The whole tradition is broken.«

impliziert. Diese Differenz begründet und legitimiert die konfessionelle Prägung einerseits. Kirche wird sichtbar in der je eigenen Spielform einer Liturgie. Gleichzeitig relativieren der Rückhalt und die Rücksicht auf die sich entziehende und offenbare Grundform die konfessionelle Gestalt der Liturgie. Denn eine Kirche, die dynamisch ist, kann »nicht einfach der historischen Entwicklungslinie folgen«,[49] weil »jede Kirche, die sich auf ihren Gottesdienst besinnt, [...] ihren Platz im lebendigen Organismus des christlichen Gottesdienstes suchen [muss]«.[50] In dieser Suche kann sie sich nicht mit dem abfinden, »was sie im Augenblick ihrer Besinnung zu besitzen scheint. Sie würde dann Gefahr laufen, dem Historizismus und dem Traditionalismus anheimzufallen«.[51]

Van der Leeuw warnt davor, eine Konfession, was die Liturgie angeht, immer im gleichen Zustand zu erhalten. Liturgismus und Konfessionalismus und Liberalismus haben ironischerweise dieselbe Wurzel. Sie verharren in einer Position oder Gegenposition. Wo es kein Suchen nach der *ursprünglichen Liturgie* mehr gebe, so Van der Leeuw, werde es gefährlich für die theologische Gesundheit der Kirche; es könne »den Tod des Gottesdienstes zur Folge [haben]«.[52] Wo die problematischen Tendenzen der konfessionellen Selbstbehauptung jeweils zu finden sind, wird aus der Beschreibung der Haupttypen deutlich. Wenig überraschend wird der Gottesdienst der reformierten Kirche in dieser Typologie als defizitär wahrgenommen. Das Sakrament sei eingeschränkt worden und habe seinen zentralen Stellenwert im Gottesdienst verloren, was wiederum zu einer erneuten Rationalisierung geführt habe, »wie wir sie vor allem bei Zwingli sehen«.[53] Der reformierte Gottesdienst entbehre einer festen, dauerhaften Form. Er sei immer *ad hoc*, meint Van der Leeuw.

Das Pauschalurteil ist sicher zu hart.[54] Für wichtig halte ich hingegen die Einsicht Van der Leeuws, dass keine Konfession einen unmittelbaren Zugang zum lebendigen Gottesdienst der Kirche haben kann. Vielmehr gilt: »Sie muss diesen Zugang suchen.«[55] Für die Reformierten (wie für alle anderen Konfessionen) bedeutet es, dass sie weder die Gestalt des Gottesdienstes im 16. Jahrhundert noch die Ordnungen in den Kirchenbüchern der letzten zweihundert Jahre als ihre

49 Siehe oben, S. 15.

50 Siehe oben, S. 12.

51 Siege oben, S. 15.

52 Ebd.

53 Siehe oben, S. 14.

54 Van der Leeuw (siehe oben, S. 18) relativiert und präzisiert das Urteil: »Der ›Dienst des Betens‹, in den reformierten Kirchen ursprünglich ein selbstständiger Teil des Kultus, wurde immer mehr zur Umrahmung der Predigt.« Was er zu wenig berücksichtigt: Die mageren Riten der Reformierten waren mehr oder weniger Zufallsprodukte, die sich so lange halten konnten, weil sie gerade nicht *ad hoc* verändert wurden.

55 Siehe oben, S. 15.

einzige Grundlage für das Aufspüren der Regeln voraussetzen können. Sie würden sonst Regeln zu Prinzipien erheben, die auf Problemlagen reagiert haben, die so gar nicht mehr bestehen. Zu Recht meint Van der Leeuw darum, es gebe eine *Pflicht*, auch den Gottesdienst anderer Kirchen zu erforschen und daraus zu lernen. Nicht die Mischung von Typen ist das Ziel. »Aber die Kirche wird ebenso wenig leben können ohne die Berührung mit dem Gottesdienst in anderen Zweigen der einen Kirche.«[56]

Aber noch einmal zurück zur besagten Leerstelle: Es ist klar, dass der radikale Bruch mit der Messe in der reformierten Kirche zu einer fundamentalen *Verschiebung* der liturgischen Struktur geführt hat. In der Separierung des Abendmahls und der Zentrierung der Kanzel entdecken wir gleichsam die starke Regel, die Form zerbricht, aber – und das scheint mir entscheidend – mit einer anderen Logik als derjenigen, die in der oben geschilderten Dialektik der Inkarnation zum Zuge kam. Die Zentralstellung der Predigt war die Folge einer Reform, die den Missbrauch des Aberglaubens mit einer strikten Unterscheidung von Zeichen und Bezeichnetem bekämpfte und mit der Prädikantenliturgie eine Form für die Glaubenskommunikation schuf, die auf Gewissheit zielte und an das Gewissen appellierte.

Von einer lebendigen und freudigen Abendmahlsfrömmigkeit blieb in dieser Konstellation nicht viel übrig. Sozusagen notgedrungen entwickelte die liturgische Bewegung in der reformierten Kirche eine andere Dynamik als in den lutherisch geprägten Kirchen. Van der Leeuw sieht das glasklar. Er will den Schatz der Predigt, den die Reformation wiederentdeckt hat, nicht verlieren, fasst aber auch beherzt die Möglichkeit einer zweiten Reformation ins Auge, die dort weitermacht, wo die erste Reformation abgebrochen hat:

> Eine reformierte liturgische Bewegung muss zu einem Wiederfinden der Struktur des Gottesdienstes führen, wobei sowohl die Verkündigung als auch die sakramentale Ordnung zur Geltung kommen sollen. Sie kann und muss sich dabei am altkirchlichen Gottesdienst orientieren, von dem sowohl der reformierte als auch der römisch-katholische Typus des Kultus Entwicklungen bzw. Degenerationen sind, natürlich in entgegengesetzter Richtung.[57]

56 Siehe oben, S. 16.
57 Siehe oben, S. 20.

3. Sakramental wahrnehmen, empfinden und denken – ein reformiertes Vakuum

3.1 Wo stehen wir?

Das war ein prophetisches Wort! Tatsächlich hat sich seit 1940 vieles bewegt. Das Stichwort der »wiedergefundenen Struktur« sollte tatsächlich zum Leitwort der Gottesdienstreform nach dem Krieg werden.[58] Die Orientierung am altkirchlichen Gottesdienst, die Impulse von Maria Laach, auf die Van der Leeuw in »Sakramentales Denken« ausführlich und würdigend eingeht,[59] haben die ökumenische Liturgik inspiriert. Zweifellos hat auch die reformierte Gottesdienstlehre davon profitiert. Die Gottesdienstformen und -ordnungen der Reformierten haben sich stark verändert.[60] Nicht zu vergessen ist der Quantensprung, den die Deutschschweizer Reformierten mit dem Reformierten Gesangbuch gemacht haben.[61]

Es ist hier nicht der Ort, diese Entwicklungen zu rekapitulieren und zu resümieren. Ich frage nur: Kann man die *Liturgiek* ad acta legen? Sind wir dort angelangt, wo die Liturgische Bewegung hin wollte? Feiern wir schöne Gottesdienste? Forschen wir nach Regeln? Üben wir das Spiel? Brennt unser Herz, wenn wir Abendmahl feiern?

Ich habe das, was uns die empirischen Studien sagen, schon zitiert. Es ist immer riskant, aus einzelnen Stimmen eine Stimmung ablesen zu wollen. Aber der Eindruck, dass sich die Begeisterung über das im Gottesdienst Erlebte mehrheitlich in Grenzen hält, ist sicher nicht ganz falsch. Kritiker wie Erik Flügge melden sich zu Wort. Der junge Kommunikationsspezialist hat der Kirche einen Spiegel vorgehalten und über den »Jargon der Betroffenheit« gewettert.[62] Es gibt vergleichbare Klagen über die liturgische Verwahrlosung. Christian Lehnert lästert:

> Oft fängt es schon mit der Raumgestaltung an, mit geschmacklosen Lampen, billigen Glaskugeln ähnlich gekrümmten Toilettenfenstern, mit wahllos vollgestellten Altarräumen, mit abgelegten Mappen und Ringbüchern neben den Abendmahlsgeräten, mit nachlässigen Bewegungen der Geistlichen, deren schlechtem Schuhwerk. Die Gebete höre ich vollgepackt mit abgegriffenen Metaphern und jener unsäglichen Leier von »Laß uns …«, »Gib uns …«, »Guter Gott …«, die kaum noch erträglich ist, wie klebriger Zu-

58 Thomas Melzl, Einheit und Vielfalt des Gottesdienstes, in: Jahrbuch für Liturgik und Hymnologie 51 (2012), 19–47, bes. 20–23.

59 Leeuw, Sakramentales Denken (Anm. 7), 185f.

60 Vgl. dazu Alfred Ehrensperger, Die Gottesdienstreform der evangelisch-reformierten Zürcher Kirche von 1960–1970 und ihre Wirkungsgeschichte, in: Liturgie in Bewegung. Beiträge zum Kolloquium »Gottesdienstliche Erneuerung in den Schweizer Kirchen im 20. Jahrhundert«, hg. von Bruno Bürki/Martin Klöckener, Freiburg i.Ü./Genf 2000, 192–205.

61 Andreas Marti, Singen – Feiern – Glauben. Hymnologisches, Liturgisches und Theologisches zum Gesangbuch der Evangelisch-reformierten Kirchen der deutschsprachigen Schweiz, Basel 2001.

62 Erik Flügge, Der Jargon der Betroffenheit. Wie die Kirche an ihrer Sprache verreckt, Stuttgart 2016.

ckerguß über fauligem Konfekt, zähes Rinnsal einer völlig kontaminierten religiösen Sprache.[63]

Christian Lehnert und Erik Flügge treffen ins Schwarze. Das eigentliche Problem, das sich in der Formlosigkeit äußert, lässt sich aber nicht mit Rhetorikkursen und Weiterbildungen in Liturgischer Präsenz beheben. Es geht tiefer. Darum ist es ein Irrglaube, wenn man religiöse Virtuosen ausbildet und meint, die können es dann schon richten. Vergessen geht dabei die liturgische Kompetenz der Gemeinde.

Darum richtete sich Van der Leeuw an die Gemeinde und nicht nur an Pfarrer. In seiner Vision des erneuerten gottesdienstlichen Lebens spielen *Ämtervielfalt* und *liturgische Bildung der ganzen Gemeinde* eine zentrale Rolle.[64] Spätestens dann, wenn aus ganz pragmatischen Gründen dem Priestertum aller Gläubigen mehr Verantwortung in der Gottesdienstleitung übertragen werden muss,[65] stellt sich die Frage nach einer theologisch fundierten und verständlichen Gottesdienstlehre, die zum Regellernen aufgrund von gegebenen Formen anleitet, die also mit einer Unterscheidung von Michael Meyer-Blanck gesagt *traditional* und nicht traditionell ist.[66] Das Herzstück der Lehre ist etwas, das uns (noch) fehlt: den Geschmack, das Gespür und das Gedächtnis der Sakramente!

3.2 Zeichen setzen und empfangen

Mich fasziniert die Klarheit und Schönheit von Van der Leeuws Theologie der Sakramente. Was in der *Liturgiek* da und dort noch sperrig wirkt, gewinnt in »Sakramentales Denken« an Konturen und Tiefe. Auffällig und originell ist der dreigliedrige Aufbau in einen historisch-exegetischen, phänomenologischen und theologischen Teil. Daraus wird ein Ringen um die Sache im doppelten Sinne des Wortes erkennbar. Es ist Ausdruck seiner intensiven Auseinandersetzung mit den Traditionen und zugleich ein Kreisen um eine Mitte, die sich nicht konfessionell greifen lässt. In »Sakramentales Denken« setzt Van der Leeuw um, was er in der *Liturgiek* anfängt. Es bleibt beim Urteil, dass Martin Luther der einzige Refor-

63 Christian Lehnert, Der Gott in einer Nuß. Fliegende Blätter von Kult und Gebet, Berlin 2017, 16.

64 Siehe oben, S. 44–46.

65 Vgl. dazu Jens Martin Sautter, Keine Angst vor Ehrenamtlichen, in: Pastoraltheologie 105 (2016), 283–302.

66 Vgl. dazu Michael Meyer-Blanck, Tradition – Mythos oder Wirklichkeit der Beständigkeit von Kirchenbildern?, in: Ekklesiologische Spiegelungen. Wie sich die Kirchen wiederfinden in der Liturgie, hg. von Alexander Deeg/Christian Lehnert, Leipzig 2016, 81f.: »Traditionelle Rückgriffe sind in der Moderne nicht mehr möglich, da jede Verwendung von Sprach- und Zeichenkomplexen begründungsbedürftig geworden ist […]. Tradition ist nur möglich als bewusste Intervention mit re-formierender und damit innovierender Absicht. Diese Übereinkunft lässt sich mit dem Begriff ›traditional‹ wiedergeben. Das Traditionale ist schöpferisch und selbstreflexiv auf die Tradition bezogen.«

mator gewesen sei, »der einen Versuch in Richtung einer konstruktiven Theologie der Sakramente wagte«.[67]

Diese These wird sehr differenziert und durchaus kritisch gegenüber der Idee einer Konsekration, die seines Erachtens die Epiklese verdrängt hat, entfaltet.[68] Van der Leeuw würdigt an Luthers Ansatz insbesondere den Gedanken der Ubiquität Christi.[69] An einen Christus, der »nur« im Himmel, aber nicht mehr in der Schöpfung gegenwärtig ist, kann man sich nur noch erinnern. Hier setzt die Kritik des reformierten Theologen, der sich auf die Seite Luthers schlägt, an seiner eigenen Konfession an: Die überscharf gemachte Fundamentaldifferenz von Schöpfer und Geschöpf, die den Gottesdienst vor dem menschlichen Zugriff schützt, provoziert einen spiritualistischen Kurzschluss, der das gottesdienstliche Erleben einseitig und letztlich ärmer macht. Die Reformierten *setzen* ein *Zeichen für Gott*, wenn sie feiern. Das Sakrament ist aber das *Zeichen von Gott*, das man *empfängt*. Wenn dieser Erfahrung der theologische Boden entzogen wird, fehlt in der Wahrnehmung und dem Empfinden der Sakramente das, was theologisch postuliert wird, nämlich »dass es beim Abendmahl mehr wahrzunehmen als zu schmecken gibt und auch mehr zu verstehen, als der verbale Sinn allein erkennen lässt«.[70]

Van der Leeuws sakramentstheologischer Ansatz bei Schöpfung und Neuschöpfung korrigiert den Fehler einer Kopfreligion, die die geistliche Dimension des Körperrituals nicht begreifen kann. Zeichentheoretisch gesprochen, lassen die Sakramente eine Form der Repräsentanz Gottes in der Welt erleben, die einzigartig ist, weil der Ritus Erstheit, Zweitheit und Drittheit des Zeichens zu einer Form verbindet, die den Glauben formiert.[71] Darum läuft jeder Versuch, den spezifischen Charakter des christlichen Gottesdienstes aus einer allgemeinen Ritualstruktur abzuleiten, ins Leere. Es ist gerade umgekehrt: Die Symbolik der sakra-

67 Siehe oben, S. 21.

68 Leeuw, Sakramentales Denken (Anm. 7), 60; 65.

69 In a.a.O., 67, würdigt Van der Leeuw den Gedanken der *Ubiquität*. Anders als Zwingli gelingt es Luther, Materie und Geist zusammenzudenken, ohne der römischen Transsubstantiation zu erliegen: »Luther ist hier nicht ein veralteter Denker des Mittelalters, sondern er ist seiner Zeit weit voraus. Er erkennt keine ›Dinge‹, sondern lebt aus der Schöpfung Gottes, die die ganze geistige und leibliche Welt umfaßt. Er nähert sich der Schöpfung nicht als etwas, das einfach gegeben ist, sondern im Glauben. Der Glaube schützt ihn davor, einerseits das Sakrament zu einem bloßen Gleichnis zu machen, wie es die Zwinglianer taten, andererseits es zu einem objektiv vollzogenen Wunder werden zu lassen, wie es die Scholastik gemacht hatte. Er ist hiermit anthropologisch und theologisch Descartes und der ganzen Entwicklung nach ihm schon voraus und sogar schon weiter als viele in der heutigen Zeit.«

70 Martin Vetter, Zeichen deuten auf Gott. Der zeichentheoretische Beitrag von Charles S. Peirce zur Theologie der Sakramente, Marburg 1999, 263.

71 Martin Vetter hat die sakramentstheologische Rezeption des Zeichenbegriffs forschungsgeschichtlich aufgearbeitet. Die Semiotik von Peirce führt den phänomenologischen Ansatz Van der Leeuws

mentalen Riten lehrt eine bestimmte Form des Rituals, die den Feiernden ermöglicht, Christi Gegenwart real zu erleben.[72]

3.3 Der symbolfähige Protestant – ein Ausblick

Man könnte nach der Lektüre von Van der Leeuws Buch auf die Idee kommen, dass allen voran die von Zwingli und Bullinger geprägten Reformierten kaum eine Chance haben, wieder auf den Geschmack der Liturgie zu kommen. Ist der Zugang zum Erleben nicht unwiederbringlich verschüttet? Man könnte fortfahren und jammern, dass kein Empfinden für die Form vorhanden sei und wir nicht einmal den Hunger nach dem Herrenmahl verspüren. Leiden wir an einer sakramentalen Magersucht?

Es tröstet kaum, dass die Klage von der Kult- und Symbolunfähigkeit weder neu noch auf den Protestantismus beschränkt ist.[73] Die meisten Protagonisten der Liturgischen Bewegung waren nicht gerade optimistisch, was die Zukunft der (traditionellen) Liturgie angeht. Man fände sicher Belege dafür, dass die Klage nicht aus der Luft gegriffen ist. Aber ich halte nicht viel von solchen Diagnosen und den entsprechenden Prognosen. Der Geist weht, wo er will. Ob es gelingt, (wieder) Mehrheiten für den »Weg im Gottesdienst« zu gewinnen,[74] wird sich weisen. Aber nur nach Mehrheiten schielen und dann doch das Gefällige zu fordern, hat ein Gefälle hin zur Selbstsäkularisierung.

Der Weg, den Van der Leeuw einzuschlagen versucht, ist verheißungsvoller. Er beginnt mit der Entscheidung, sich von einer Regel zu verabschieden, die die Liturgie regelrecht deformiert hat, nämlich die irrige Idee, dass die Verkündigung »nicht im Geringsten in einem Zusammenhang mit dem abseits gefeierten Sakrament«[75] stehe. Es ist dieser (falsche) Gegensatz, gegen den Van der Leeuw so leidenschaftlich antritt, weil er ein reformierter Theologe ist und am eigenen Leib erfahren hat, was die Spiritualisierung und Rationalisierung des Gottesdienstes im geistlichen Leben anrichtet. »Sinnenhaftigkeit« und »Sinn« dürfen nicht gegenein-

weiter, kommt aber in den Konsequenzen zum selben Schluss (a.a.O., 259): »Die Herausforderung der semiotischen Lehre vom Sakrament besteht also darin, den Zusammenhang zwischen dem eschatologischen Handeln Gottes in dem Mysterium Jesus Christus und dem jeweiligen Handeln der Kirche zu explizieren. Und dies geschieht unter der Prämisse, Unendliches sei im Endlichen sakramental anschaubar, wobei der Ausdruck ›sakramental‹ hier die glaubensstiftende Symbolisierung als solche bezeichnet.«

72 Das ist auch die Pointe der bemerkenswerten Arbeit der reformierten amerikanischen Theologin Martha L. Moore-Keish, Do This in Remembrance of Me. A Ritual Approach to Reformed Eucharistic Theology, Grand Rapids (MA) 2008.

73 Vgl. die pessimistische Einschätzung von Romano Guardini, Der Kult und die gegenwärtige Aufgabe der liturgischen Bildung. Ein Brief, in: Liturgie und liturgische Bildung, Würzburg, 16–17.

74 Vgl. dazu Martin Nicol, Weg im Geheimnis. Plädoyer für den evangelischen Gottesdienst, Göttingen 2009, 122f., der von einer »gebrochenen Kultfähigkeit« des Protestanten spricht.

75 Siehe oben, S. 21.

ander ausgespielt werden.[76] Liturgie ist nicht nur Illustration, Schmuck oder Ornament und nicht nur Struktur, Gerüst oder Rahmen, die dazu dienen, das Eigentliche – die Predigt – rituell einzubetten.

Wenn diejenigen, die ernsthaft über den Gottesdienst nachdenken, das *begriffen* haben, ist schon viel gewonnen! Es wird Zeit, die zweite Lektion zu lernen: Dass der ganze Gottesdienst Liturgie im Sinne eines dynamischen, schöpferischen und heiligen Geschehens ist, das Van der Leeuw mit vollem Recht als »sakramental« bestimmt.[77] Was aber der Kopf der Liturgik begriffen hat, muss im Leib der Liturgie noch ankommen. Man muss *erleben*, was im Abendmahl geschieht, und erlebt es dann, wenn sich im Zeichen und der Besiegelung der Menschwerdung Gottes eine Gegenwart des Lebendigen einstellt, die auch das Denken transformiert. Am Ende läuft es darauf hinaus, dass jede ernsthafte Theologie mit dem heiligen Spiel anfängt. Wenn sie es wagt, könnte es ja sein, dass sie eines Tages die These von der Symbolunfähigkeit der reformierten Protestanten revidieren muss!

76 Vetter, Zeichen (Anm. 70), 261.
77 Siehe oben, S. 22: »Darum ist jeglicher Gottesdienst sakramental in all seinen Bestandteilen.«

Verzeichnis der Beitragenden

Baschera, Luca, Dr. phil., ist Privatdozent für Praktische Theologie an der Theologischen Fakultät der Universität Zürich sowie wissenschaftlicher Mitarbeiter am dortigen Institut für Reformationsgeschichte.

Jeggle-Merz, Birgit, Dr. theol., ist Professorin für Liturgiewissenschaft an der Theologischen Fakultät der Universität Luzern sowie an der Theologischen Hochschule Chur.

Kunz, Ralph, Dr. theol., ist Professor für Praktische Theologie an der Theologischen Fakultät der Universität Zürich.

Meyer-Blanck, Michael, Dr. theol., Dr. theol. h.c., ist Professor für Praktische Theologie an der Evangelisch-Theologischen Fakultät der Rheinischen Friedrich-Wilhelms-Universität Bonn.

Schweyer, Stefan, Dr. theol., ist Assistenzprofessor für Praktische Theologie an der Staatsunabhängigen Theologischen Hochschule Basel (STH Basel) und Habilitand am Liturgiewissenschaftlichen Institut der Universität Freiburg (Schweiz).

Siever, Christina, Dr. phil., ist Sprachwissenschaftlerin, Lektorin und Übersetzerin (Niederländisch–Deutsch).